# 金融犯罪防治研究

Study on Prevention and Control of Financial Crime

吴 羽 李振林／著

中国政法大学出版社

2018·北京

**图书在版编目（ＣＩＰ）数据**

金融犯罪防治研究/吴羽，李振林著. —北京：中国政法大学出版社，2018.12（2022.3重印）
ISBN 978-7-5620-8742-7

Ⅰ.①金…　Ⅱ.①吴…　②李…　Ⅲ.①金融犯罪—研究　Ⅳ.①D914.330.4

中国版本图书馆CIP数据核字(2018)第280321号

---------------------------------------------------------------------------------------------

| 出 版 者 | 中国政法大学出版社 |
| --- | --- |
| 地　　址 | 北京市海淀区西土城路 25 号 |
| 邮寄地址 | 北京 100088 信箱 8034 分箱　邮编 100088 |
| 网　　址 | http://www.cuplpress.com (网络实名：中国政法大学出版社) |
| 电　　话 | 010-58908289(编辑部) 58908334(邮购部) |
| 承　　印 | 北京九州迅驰传媒文化有限公司 |
| 开　　本 | 720mm×960mm　1/16 |
| 印　　张 | 21.25 |
| 字　　数 | 340 千字 |
| 版　　次 | 2018 年 12 月第 1 版 |
| 印　　次 | 2022 年 3 月第 2 次印刷 |
| 定　　价 | 65.00 元 |

# 刑事一体化视野下金融犯罪研究

　　当代社会，金融在国民经济中发挥着关键作用，它是现代经济的核心。一般认为，传统社会是道德社会，道德在调整各种社会关系中发挥着重要作用；现代社会被认为是经济社会，金融是现代经济的核心，它是各种经济活动展开的重要工具。最高人民法院于 2001 年 1 月 21 日发布的《全国法院审理金融犯罪案件工作座谈会纪要》中指出，各种现代化的金融手段和信用工具被普遍应用，金融已经广泛深刻地介入我国经济并在其中发挥着越来越重要的作用，成为国民经济的"血液循环系统"，是市场资源配置关系的主要形式和国家宏观调控经济的重要手段。金融的安全、有序、高效、稳健运行，对于经济发展、国家安全以及社会稳定至关重要。最高人民法院于 2017 年 8 月 4 日发布的《关于进一步加强金融审判工作的若干意见》又强调："金融是国家重要的核心竞争力，金融安全是国家安全的重要组成部分，金融制度是经济社会发展中重要的基础性制度。"然而，在金融业发展过程中，金融犯罪也如影随形。金融犯罪的社会危害性较大，它不仅破坏金融管理秩序，侵害公私财产权益，甚至危及经济安全，一些涉众型金融犯罪还易造成区域性风险。因此，研究金融犯罪问题具有重要的现实意义。对此，本书立足于刑事一体化的视角研究金融犯罪问题。

一

德国刑法学者弗兰茨·冯·李斯特提出"整体刑法学"的理念,"它囊括了大量的研究领域,从实体刑法、刑事诉讼法到青少年刑法、刑事执行法再到犯罪学。"[1]"整体刑法学"强调犯罪学、刑事政策学、刑法学三者之间的互动关系。德国刑事法学者汉斯·海因里希·耶塞克和托马斯·魏根特进一步探讨了"刑事科学"的内涵,刑事科学致力于研究、规范和描写由犯罪及其防治所决定的整个生活领域。它部分是规范性科学,部分是经验性科学,处于各学科的交叉关系中。刑事科学包括实体刑法、刑事诉讼法、行刑法和犯罪学,其研究对象是犯罪的原因、行为人的个性和环境、犯罪被害人、刑事制裁效果等。[2]可见,立足于"整体刑法学"和"刑事科学"的理念,我们应当综合、整体、融合地运用犯罪学、刑法学、刑事政策学、刑事诉讼法学研究犯罪问题。

犯罪学、刑法学、刑事政策学、刑事诉讼法学可统称为"刑事法学",盖因它们之间本身是紧密相关、互相交织的。"犯罪学就是研究被称为犯罪(criminality)的现象的科学。"[3]"刑法规定了什么样的违反社会秩序的行为是犯罪,以及作为犯罪的法律后果——刑罚"[4],因而"刑法学,一般来说,是以规定犯罪、刑罚或刑事责任等的法律为研究对象的领域"[5]。"刑事诉讼法由调整以下调查活动的规则所组成:违反刑法的行为是否已经发生?被指控人是否实施了被指控的罪行?"[6]所以,刑事诉讼法学是

---

〔1〕[德]埃里克·希尔根多夫:《德国刑法学:从传统到现代》,江溯、黄笑岩等译,北京大学出版社2015年版,第165页。

〔2〕[德]汉斯·海因里希·耶塞克、托马斯·魏根特:《德国刑法教科书》(上),徐久生译,中国法制出版社2017年版,第58页。

〔3〕[荷]W. A. 邦格:《犯罪学导论》,吴宗宪译,中国人民公安大学出版社2009年版,第1页。

〔4〕[德]汉斯·海因里希·耶塞克、托马斯·魏根特:《德国刑法教科书》(上),徐久生译,中国法制出版社2017年版,第13页。

〔5〕[日]大谷实:《刑法总论》,黎宏译,中国人民大学出版社2008年版,第11页。

〔6〕[美]约书亚·德雷斯勒、艾伦·C. 迈克尔斯:《美国刑事诉讼法精解》(第1卷·刑事侦查),吴宏耀译,北京大学出版社2009年版,第1页。

以规定刑事诉讼程序的法律为研究对象的。广义上而言，刑事政策是指国家和社会整体应对犯罪问题而采取的各种对策。因此，"刑事政策学研究的对象与范围，几乎涉及刑事科学的各个方面，如犯罪学、犯罪社会学、犯罪统计学、刑法学、刑事诉讼法学、刑罚学。"[1]因此，犯罪学、刑法学、刑事政策学、刑事诉讼法学各个学科之间既存在密切的联系，又有各自的侧重点。

犯罪学研究对象中的犯罪，大部分也是刑法评价的对象。"没有犯罪学的刑法是个瞎子，没有刑法的犯罪学是无边无际的犯罪学"[2]，这深刻地表明了二者之间的密切关系，"犯罪学的课题为阐明犯罪的本质、原因、对策手段；方法为实证学科的方法；刑法学的课题为认定将怎样的行为作为制定法上的犯罪，确定是否应该科以适当的刑罚；方法为规范伦理学的方法。通过两者的并行发展，推动与作为整体的犯罪的斗争。可以说一般都是强调两者相互依存、相互提供养分的性质。"[3]当然，犯罪学与刑法学仍有其侧重点，"刑法学的研究范围主要限定在评价个别犯罪行为的构成要件的该当性和行为人的责任，犯罪学的研究对象是从整个社会层面理解犯罪。刑法学考察个人犯罪的事实只是出于通过查明真相、决定是否有必要让其接受治疗或其他援助、是否应承担刑事责任，或者与其被害相关联的法律诉求考虑，而这与通过大量现象分析犯罪产生的原因，并以遏制犯罪为目的的犯罪学是有非常大的区别的。"[4]可见，犯罪学关注于社会整体层面的犯罪现象，而刑法学聚焦于个体的犯罪行为。

刑事政策与刑法的发展相辅相成，可以说，刑法学的发展史就是刑事政策学的发展史，反之亦然。"刑事政策的刑法化"和"刑法的刑事政策化"是对二者密切关系的深刻描述。冯·李斯特指出，"刑法是刑事政策

---

〔1〕　卢建平主编：《刑事政策学》，中国人民大学出版社 2013 年版，第 23 页。

〔2〕　[德] 汉斯·海因里希·耶塞克、托马斯·魏根特：《德国刑法教科书》（上），徐久生译，中国法制出版社 2017 年版，第 59 页。

〔3〕　[日] 上田宽：《犯罪学》，戴波、李世阳译，商务印书馆 2016 年版，第 13 页。

〔4〕　[日] 上田宽：《犯罪学》，戴波、李世阳译，商务印书馆 2016 年版，第 8 页。

不可逾越的屏障"[1]，亦表明二者之间的密切关系，而刑法上的各种制度也是刑事政策的重要手段。从刑事政策发展史上看，其也推动了刑法的文明化与科学化，"刑事政策学的研究也要涉及诸如犯罪与刑罚等刑事科学的根本问题，但它并不拘泥于现行或过去的刑法条文，并不依循刑法限定的范围，而侧重从历史和现实的角度、用哲学思辨的眼光去分析刑法，并批判刑法中的某些制度缺陷，探讨刑法改革和完善的途径。"[2]究其原因，刑法是静态的法律规范，而犯罪却是动态的社会现象，静态的刑法治理动态的犯罪的适时、有效性有赖于刑事政策功能的发挥。刑事政策能及时协调刑法的合法性与合理性，顺畅刑法的运作，强化刑法的适时、有效性。[3]

犯罪学与刑事政策学是共生、共存的。刑事政策学作为独立的学科，是在德国、法国等国家发展起来，主要研究对象为犯罪对策，但它与犯罪学始终保持着"难解难分"的关系。"刑事政策学被称为'刑事学'，'刑事学'的用语最初被用于总称'犯罪学'和'刑事政策学'。'犯罪学'一语有广、狭两义。狭义的犯罪学是指作为事实的犯罪原因论，广义的犯罪学则与刑事学同义。一般来说，德文中的 Kriminologie 相当于狭义的犯罪学，英文中的 Criminology 相当于广义的犯罪学"[4]，一些学者在界定犯罪学时，涵盖了犯罪现象、犯罪原因和犯罪对策的内容，[5]这其实是立足于广义犯罪学的视角，可见，广义犯罪学将刑事政策学纳入其中加以讨论；而在狭义犯罪学中，其研究重点是犯罪现象和犯罪原因，刑事政策学则关注犯罪对策，二者有各自的研究领域。从另一个角度上说，广义犯罪学只是更加凸显了犯罪学与刑事政策学之间的密切关系，盖因"犯罪现象在一定的时空范围内是可以控制和减少的，因此，犯罪学研究犯罪对策是

〔1〕［德］克劳斯·罗克辛：《刑事政策与刑法体系》，蔡桂生译，中国人民大学出版社 2011 年版，第 3 页。

〔2〕卢建平主编：《刑事政策学》，中国人民大学出版社 2013 年版，第 24 页。

〔3〕储槐植、闫雨："刑事一体化践行"，载《中国法学》2013 年第 2 期。

〔4〕［日］大谷实：《刑事政策学》，黎宏译，中国人民大学出版社 2009 年版，第 3 页。

〔5〕如有学者认为，犯罪学是指，把握犯罪形象，以其原因、对策、预防以及与之相关联的各种问题为研究对象的综合性学科。参见［日］上田宽：《犯罪学》，戴波、李世阳译，商务印书馆 2016 年版，第 18 页。

其必然的逻辑要求”，“如果说犯罪原因是‘犯罪学’的出发点，那么，刑事政策则是‘犯罪学’的归宿点。作为犯罪对策，刑事政策在逻辑上应当是‘犯罪学’的部分内容。当然，随着它的发展程度的提高，也可以作为‘犯罪学’的分支学科而独立出来。”[1]申言之，犯罪学专门研究犯罪的科学，具体包括犯罪原因（个人原因和社会原因）、犯罪现状（犯罪统计学）和犯罪人；刑事政策也研究上述问题，但研究目的是利用犯罪学的研究成果和数据，作为制定刑事政策的科学依据或检验刑事政策的参照，[2]所以，“偏离原因论的刑事政策不是科学的刑事政策”[3]。科学的犯罪观，即犯罪是不可消灭的但却是可以控制的，也为刑事政策确立了科学的目标，以及实现这个目标的切实可行、积极有效的措施、方法、手段等。[4]在某种意义上，刑事政策的科学制定得益于犯罪学研究的进步。

　　作为实体法的刑法需要借助于作为程序法的刑事诉讼法，实现其对犯罪行为的评价，“实体刑法典规定了社会意欲威慑和惩罚的行为。诉讼程序法则发挥着手段的作用，即社会通过它来贯彻刑事实体法目标。”[5]然而，现代刑事诉讼法已不仅仅是实现刑法的工具、手续或“助法”，“法有实体、程序之分。实体法，犹车也；程序法，犹轮也。轮无车则无依，车无轮则不行。故国家贵有实体法，犹贵有程序法。”[6]现代刑事诉讼法越来越体现其独立的价值，“过去，刑事诉讼法一直处于刑罚的辅助法地位（即重视实体法的思想）。但是，现在人们认为刑事诉讼法是独立于刑法的法律，程序自身所具有的价值得到了重视（即重视程序法的思想）。程序法固有的规范，有时会导致实体法规范发生变化。”[7]

　　〔1〕　王牧主编：《新犯罪学》，高等教育出版社 2016 年版，第 229~230 页。
　　〔2〕　卢建平：《刑事政策与刑法》，中国人民大学出版社 2004 年版，第 11 页。
　　〔3〕　[日]大谷实：《刑事政策学》，黎宏译，中国人民大学出版社 2009 年版，第 89 页。
　　〔4〕　谢望原、卢建平等：《中国刑事政策研究》，中国人民大学出版社 2006 年版，第 39 页。
　　〔5〕　[美]约书亚·德雷斯勒、艾伦·C. 迈克尔斯：《美国刑事诉讼法精解》（第 1 卷·刑事侦查），吴宏耀译，北京大学出版社 2009 年版，第 1 页。
　　〔6〕　朝阳大学法律科讲义：《刑事诉讼法》，朝阳大学 1920 年版，第 5 页。转引自张建伟：《刑事诉讼法通义》，北京大学出版社 2016 年版，第 30 页。
　　〔7〕　[日]田口守一：《刑事诉讼法》，张凌、于秀峰译，中国政法大学出版社 2010 年版，第 2 页。

概言之，因为犯罪的出现，就需要分析犯罪现象和犯罪原因，这属于犯罪学研究的领域；对犯罪予以定罪处罚，这属于刑法的领域；采取何种方式追究犯罪人的刑事责任，这属于刑事诉讼法的领域；而最终的目的是预防与控制犯罪，这属于刑事政策的领域。如果说，犯罪学和刑事政策学是实证学科或经验科学，那么，刑法学和刑事诉讼法学是规范学科。犯罪学、刑法学、刑事政策学、刑事诉讼法学的逻辑起点都是犯罪现象，而一定意义上刑事政策学是各个刑事法学科的连接点。只有立足于刑事一体化的视角，对犯罪问题的研究才可能真正深入与全面。

## 二

遵循着"整体刑法学"和"刑事科学"的发展方向，我国学者提出了"刑事一体化"理念。储槐植教授认为，作为刑法学方法的一体化至少应当与有关刑事学科（诸如犯罪学、刑事诉讼法学、监狱学、刑罚执行法学、刑事政策学等）知识相结合，疏通学科隔阂，关注边缘（非典型）现象，推动刑法学向纵深开拓。[1]"刑事一体化"既是一种观念，更是一种方法，"'刑事'是指治理犯罪的相关事项，其外延涵盖犯罪、刑法（包含实体和程序）、刑罚制度与执行等。'一体化'是指相关事项深度融通。"[2]而"刑事一体化"的主要功能，就是以刑事价值观念及其共性或融通性为主线，发挥其系统的、整体的、联系的功效与势能，最终发挥其整体优势解决与刑事有关的一切问题。[3]因此，从静态上来看，"刑事一体化"是指刑事政策学与犯罪学、刑法学、刑事诉讼法学之间的互动关系；从动态上来看，"刑事一体化"是指刑事政策与刑事立法、刑事司法、刑事执法之间的互动关系。究其原因，"刑事法实践本来就是刑事实体法与

---

〔1〕 储槐植："再说刑事一体化"，载《法学》2004 年第 3 期。
〔2〕 储槐植、闫雨："刑事一体化践行"，载《中国法学》2013 年第 2 期。
〔3〕 李晓明："P2P 网络借贷刑事法律风险防控再研究——以刑事一体化为视角"，载《中国政法大学学报》2015 年第 4 期。

刑事程序法并行，刑事立案、侦查、起诉、审判与刑罚执行继起，犯罪预防、犯罪惩治与罪犯矫正并重的法律实践活动。"[1]犯罪学、刑法学、刑事政策学、刑事诉讼法学之间的互动、共生恰恰是"刑事一体化"的实践基础。在笔者看来，"刑事一体化"之可能性还因"刑事法学"在价值取向上具有一定的趋同性，刑法和刑事诉讼法要实现惩治犯罪的目标，保障权利更是它们的价值诉求；刑事政策学的学科使命是批判与建构，其价值基础也包含权利保障。从宏观层面上而言，惩治犯罪和保障权利并行不悖，这是刑事法学科的研究目标。

金融犯罪是当前社会的热点问题，研究金融犯罪防治问题理应立足于"刑事一体化"的思路：从犯罪学的角度分析金融犯罪的现状、特点与原因；从刑法学的视角解析金融犯罪中个罪的司法适用问题；从刑事诉讼法学的角度评析金融犯罪的刑事司法问题；从刑事政策学的角度探究金融犯罪的防治对策问题。当然，"刑事一体化"内容是非常丰富的，应对金融犯罪问题不应仅仅局限于各个刑事法学科相互联系的视角，还要强调行政执法与刑事司法的衔接问题，行刑衔接也是"刑事一体化"精神的体现。因此，立足于广义刑事政策观，有效应对金融犯罪问题，还需要采用政治、法律、行政、经济、文化、道德、教育等多种手段，建构富有成效的社会预防体系。

本书由吴羽和李振林合作并共同修订完成，全书具体分工如下：前言由吴羽和李振林共同撰写，第一章、第二章、第三章全文以及第四章至第十章中的第一节和第三节由吴羽撰写；第四章至第十章中的第二节由李振林撰写。

由于水平有限，本书不妥或错误之处在所难免，敬请读者诸君批评、指正。

作　者

2018 年 10 月

---

〔1〕　赵秉志："走在'刑事一体化'的路上"，载《光明日报》2010 年 8 月 26 日，第 9 版。

# CONTENTS ......... 目 录

金融是社会发展到一定阶段的产物，可以预见的是，金融业将不断地创新与发展。然而，事物总是具有一体两面的特征。金融既推动了社会经济的发展，而金融风险、金融危机也时有发生，金融犯罪亦如影随形。在某种程度上，金融犯罪是金融风险的外在表征。为了维护金融秩序，促进金融业的健康发展，各国通过制定法律规范金融市场交易行为。

## 第一节　金融功能与金融犯罪及其法律规制

"金融"一词诞生于 20 世纪初，金融理论与实践活动却早已存在。在中国古代，一些金融理论观点散见于论述"财货"问题的各种典籍中。[1]《史记·货殖列传》记载："'仓廪实而知礼节，衣食足而知荣辱'……故君子富，好行其德；小人富，以适其力。渊深而鱼生之，山深而兽往之，人富而仁义附焉。富者得势益彰，失势则客无所之，以而不乐……天下熙熙，皆为利来；天下攘攘，皆为利往。"新中国成立后很长的一段时期内，"金融"一词在社会生活中的使用并不常见，改革开放之后，"金融"一词频繁地出现在社会经济生活中。随着市场经济体制的逐渐完善，金融在社会经济生活中的作用越来越大，我国也逐步完善金融立法以保障金融管理秩序。

### 一、金融功能概说

按照《现代汉语词典》的解释，金融是指货币的发行、流通和回笼，贷

---

〔1〕　张友麟、杜俊娟主编：《金融学概论》，上海财经大学出版社 2013 年版，第 7 页。

款的发放和收回，存款的存入和提取，汇兑的往来以及证券交易等经济活动。从金融学的角度出发，金融或可界定为：凡是既涉及货币，又涉及信用，以及以货币与信用结合为一体的形式生成、运作的所有交易行为的集合；换一个角度，也可以理解为：凡是涉及货币供给，银行与非银行信用，以证券交易为操作特征的投资，商业保险，以及以类似形式进行运作的所有交易行为的集合。[1]简言之，金融（finance）一词由"金"和"融"构成，金有"钱"之意，融有"流通"之意，就字面而言，"金融"乃指钱之流通。

金融通过金融机构和金融市场予以实现的。金融机构也称为金融中介、金融中介机构等，它是指专门从事货币信用或金融活动的各种组织。我国金融机构的种类较多，一般可以分为两类：一类是各种银行，包括控制全国货币流通和信用活动职能的中央银行（中国人民银行），以贯彻国家产业政策、区域发展政策为目的，不以盈利为目标的政策性银行（国家开发银行、中国进出口银行、中国农业发展银行等）以及各类商业银行；另一类是非银行金融机构，是指除银行及其分支机构以外，其他依法参与金融活动、开展金融业务的，具备法人资格的组织，如保险公司、信托投资公司、证券公司等。市场是提供资源流动和资源配置的场所。按照交易产品类别的标准，市场分为两大类：一类是提供产品的市场，进行商品和服务的市场；另一类是提供生产要素的市场，进行劳动力和资本的交易。金融市场专门提供资本，属于要素类市场。在这个市场上进行资金融通，实现借贷资金的集中和分配，完成金融资源的配置过程。[2]根据不同的标准，金融市场可以进行不同的分类，如按照次级的不同，金融市场可分为一级市场和二级市场，又如按交易对象不同，金融市场可分为货币市场、资本市场、外汇市场等。质言之，金融市场是实现资金融通的场所，是通过信用工具实现资金供应者和资金需求者之间的交易。当前，与金融相关的业务活动表现为银行、证券、期货、保险、信托等，上述金融产品已完全与人们的生活融为一体。

金融之所以能够发挥巨大作用，推动社会经济的发展，关键是"金融的核心是跨时间、跨空间的价值交换，所有涉及价值或者收入在不同时期、不

---

〔1〕 黄达编著：《金融学》，中国人民大学出版社 2012 年版，第 110~111 页。
〔2〕 黄达编著：《金融学》，中国人民大学出版社 2012 年版，第 208 页。

同空间之间进行配置的交易都是金融交易"。[1]例如，银行可以充当出借人和借款人的进行资金融通的平台，因此，金融本质上促进了价值的流通。当前，"所有经济活动都会带动金融（资金和价值）的流动。离开了流通性，金融就会变成'一潭死水'，价值就无法转换；价值无法转换，经济就无法运转；经济无法运转，新的价值也无法产生；新的价值无法产生，人类社会就无法发展。"[2]可见，"没有金融，就没有一国经济和社会的发展；没有金融，就没有现代意义上人们的经济生活。在现代社会中，我们可以毫不夸张地说，经济须臾离不开金融，金融活动是经济活动的中心。"[3]随着中国成长为全球第二大经济体，物质层面的建设和积累已达到一个新高度。服务实体经济、并且与实体经济共同发展的金融业进入高速发展阶段。[4]

## 二、金融犯罪及其法律规制

人们很早关注金融安全问题，17世纪荷兰的"郁金香泡沫"可以说是最早的金融危机。金融安全得不到有效保障，金融危机就有可能发生。然而，金融安全问题与信用货币历史一样久远，因为信用货币从诞生之日起就埋下了货币发行量与真实财富相背离的隐患，具备了通货膨胀的条件。随着金融工具的不断创新、信用活动的日益普及，金融风险也不断生成和扩散。[5]20世纪末以来，金融危机困扰着世界各国，如1997年亚洲金融风暴、2008年金融危机等负面影响巨大。随着金融全球化的深入，尤其互联网金融的出现，金融安全日益受到重视，如很多金融犯罪打着金融创新的幌子实施非法集资的活动。因此，金融业不是孤立存在的，金融促进价值流通本质上应当服务于实体经济，并与实体经济共同发展，脱离实体经济的金融创新与发展，无疑将会导致一系列的负面影响，甚至引发金融危机。"金融发展要回归本源，要以实体经济为本，服务于实体经济的发展。金融行业和各类企业发展定位如果偏离了实体经济发展的主流，将很难避免出现系统性风险，并最终酿成

---

〔1〕张友麟、杜俊娟主编：《金融学概论》，上海财经大学出版社2013年版，第2页。
〔2〕张友麟、杜俊娟主编：《金融学概论》，上海财经大学出版社2013年版，第1页。
〔3〕刘宪权：《金融犯罪刑法学原理》，上海人民出版社2017年版，第1页。
〔4〕王地："'对破坏经济秩序者应予严惩'"，载《检察日报》2017年3月7日，第3版。
〔5〕董秀红：《金融安全的刑法保护》，法律出版社2015年版，第17页。

经济与金融危机。"[1]

因此,"如何维护金融安全成为目前许多国家的第一要务。金融犯罪滋生和蔓延是破坏金融管理秩序的相当重要的因素。预防金融犯罪、预防金融风险对于国家经济建设和社会发展有重大的意义。"[2]2001年《全国法院审理金融犯罪案件工作座谈会纪要》指出,金融犯罪严重破坏社会主义市场经济秩序,扰乱金融管理秩序,危害国家信用制度,侵害公私财产权益,造成国家金融资产大量流失,有的地方还由此引发了局部性的金融风波和群体性事件,直接影响了社会稳定。在某种程度上,金融犯罪高发本身就是引发金融风险的重要原因。"随着风险社会的到来,法定犯时代也随之到来了。"[3]显然,促进金融业健康发展、防范金融风险、维护金融安全、防治金融犯罪需要借助于完善的立法。当前,我国对金融风险和金融犯罪的法律规制主要包括三大法律体系:金融法律法规体系、金融刑事法律体系、金融犯罪规制的国际法律体系。

1. 金融法律法规体系

金融法律法规体系是以银行法、保险法、证券法、票据法等为核心的法律体系,"金融法具有强行性、准则性特点,其法律规范多为义务性、禁止性规范。由于金融业的社会共同性与高风险性,决定了金融机构的组织及活动的开展对整个社会的一般商业活动和人民大众的生活具有重大影响,需要由国家法律强行规定并予以强制实施。"[4]金融法律法规体系的完善能够有效预防金融风险和防控金融犯罪。20世纪90年代开始,我国加快了金融立法步伐。1993年正式实施《中华人民共和国公司法》(以下简称《公司法》)(1999年、2004年、2005年、2013年、2018年修正);1995年被称为"金融立法年",《中华人民共和国中国人民银行法》(以下简称《中国人民银行法》)(2003年修正),《中华人民共和国商业银行法》(以下简称《商业银行法》)(2003年、2015年修正),《中华人民共和国票据法》(以下简称《票据法》)

---

〔1〕 中国生产力学会"金融危机"课题组、王力:"后金融危机时期我国金融安全若干问题研究",载《经济研究参考》2011年第7期。

〔2〕 刘宪权:《金融犯罪刑法学原理》,上海人民出版社2017年版,第1页。

〔3〕 李运平:"储槐植:要正视法定犯时代的到来",载《检察日报》2007年6月1日,第3版。

〔4〕 朱大旗:《金融法》,中国人民大学出版社2015年版,第7页。

（2004 年修正），《中华人民共和国保险法》（以下简称《保险法》）（2002 年、2009 年、2014 年、2015 年修正）都于 1995 年出台；1999 年正式实施《中华人民共和国证券法》（以下简称证券法）（2004 年、2005 年、2013 年、2014 年修正）。经过二十多年的立法工作，我国规范金融市场运行的法律体系已经形成。

2. 金融刑事法律体系

金融刑事法律体系，即以刑事实体法（主要为金融刑法）和刑事程序法为核心的金融刑事法律体系。金融刑事法律体系，尤其是金融刑法的制定、修改与金融犯罪的现状密切相关。我国金融刑法体系的形成以 1997 年《刑法》的颁布为标志。金融刑法是指刑法典、单行刑法、刑法修正案规定的金融犯罪，以及相关刑事责任及处罚的法律规范的总和。1979 年《刑法》颁布之际，鉴于当时金融犯罪较少的现实，仅仅规定了伪造货币罪、伪造国家有价证券罪等少数罪名。1997 年《刑法》则在分则第三章"破坏社会主义市场经济秩序罪"第四节和第五节分别规定了"破坏金融管理秩序罪"和"金融诈骗罪"，至此，我国金融刑法体系已然建成。此后，我国出台了一个单行刑法（1998 年《关于惩治骗购外汇、逃汇和非法买卖外汇犯罪的决定》）和十个刑法修正案，其中，《刑法修正案》《刑法修正案（三）》《刑法修正案（五）》《刑法修正案（六）》《刑法修正案（七）》《刑法修正案（八）》《刑法修正案（九）》七个修正案涉及对金融犯罪的修订，"我国绝大多数金融犯罪的罪状设置采用的是叙明罪状形式，其尽可能地明确金融犯罪的构成要件，特别是客观要件，从而便于司法操作。而且，随着金融市场的不断发展变化，立法机关定期通过刑法修正案等形式对金融犯罪罪状进行的修正，也大大提高了金融犯罪罪状设置的科学性和可操作性。"[1]当前，我国金融犯罪的刑法规定比较全面和科学。不过，随着金融业的发展，金融犯罪手段也在翻新和变化，为有效防治金融犯罪，金融刑法的继续调整也不可避免，"可以合理预期的是，随着时代的发展以及金融在国家经济生活中所占的比重越来越高，将会不断出现涉及金融犯罪内容的新刑法修正案的出台，以回应刑事处罚与国家治理的需要。"[2]同时，我国制定了一系列的司法解释、司法解

---

〔1〕 罗开卷、马骏："论金融犯罪的立法及完善"，载《铁道警察学院学报》2016 年第 3 期。
〔2〕 刘宪权："我国金融犯罪刑事立法的逻辑与规律"，载《政治与法律》2017 年第 4 期。

释性质的文件、部门规章，使公检法机关在办理金融犯罪案件时能够正确适用法律。

3. 规制金融犯罪的国际法律体系

在金融全球化的背景下，金融犯罪已跨越国界，国际社会制定了一些惩治金融犯罪的国际公约。例如，1929 年《惩治伪造货币国际公约》规定了对伪造货币犯罪的惩治；1988 年《联合国禁止非法贩运麻醉药品和精神药物公约》、2000 年《联合国打击跨国有组织犯罪公约》、2003 年审议通过的《联合国反腐败公约》等公约都存在防治洗钱犯罪的规定。目前，我国全国人民代表大会常务委员会批准加入了《联合国禁止非法贩运麻醉药品和精神药物公约》《联合国打击跨国有组织犯罪公约》《联合国反腐败公约》《制止向恐怖主义提供资助的国际公约》等国际公约，这有助于我国与其他国家建立合作机制共同打击跨国金融犯罪。

## 第二节　金融犯罪的概念与范围

在不同的历史时期，人们对金融犯罪的内涵与外延存在不同的理解，因而金融犯罪的定义具有鲜明的时代特征。在我国，金融犯罪作为重要的学术用语，肇始于 20 世纪 90 年代初。鉴于当时金融业的不发达，金融犯罪一般指银行犯罪。随着金融业的发展，金融犯罪的内涵与外延随之变化。

### 一、金融犯罪的概念

当前，金融犯罪的提法为学界与实务界所普遍接受，金融犯罪并非刑法规定的一个独立罪名，而是指某一类犯罪的总称，"金融犯罪并不是一个确定的法律概念，在法律文件中并不能直接找到这一称谓，但是它却是一个为我国刑法理论界、立法机关、实务部门以及公众所普遍接受的约定俗成的概念。"[1]在理论研究中，最为困难的事情似乎是对某一事物进行定义，界定概念意味着要对被界定事物的本质特征或共同特征予以抽象概括，并且明确这一概念的内涵与外延，所谓"困难始于界说"，"给某一概念下定义往往非常困难，

---

〔1〕　曲新久：《金融与金融犯罪》，中信出版社 2003 年版，第 60 页。

有时甚至是不可能的，虽然它在日常生活实践中经常被使用，并被认为是不言自明的。"[1]

"金融犯罪"一词，并无确切、权威、公认的概念。[2]有荷兰学者认为，无论在荷兰还是在欧盟的法律文件里没有金融犯罪的概念。在其他国家也不容易找到一个令人信服的定义。金融犯罪和许多其他类似概念一样，人们知道概念的核心，然而却无法轻易地确定其边界。[3]日本学者芝原邦尔认为，"对金融犯罪并没有什么严格的定义。"[4]当前，立足于不同的原则或标准，人们对金融犯罪概念的界定也是见仁见智，[5]如很多学者立足于刑法学的视角，也有学者采用犯罪学的立场。然而，金融犯罪是金融从业人员进行的犯罪，还是金融行业发生的犯罪？抑或是损害金融利益的犯罪，还是破坏国家金融管理秩序的犯罪？[6]"刑法理论界对于金融犯罪的定义各有不同，既有广义的，也有狭义的；既有列举式，也有概括式；既有行为说，也有结果说，可谓众说纷纭，莫衷一是。"[7]笔者认为，金融犯罪概念的多元化表明了金融犯罪与金融业的共生关系，其多元化正是由于金融业快速发展的客观事实，在定义金融犯罪时应当明确如下三个方面问题：

1. 金融犯罪是指发生在金融领域或与金融相关领域中违反金融法律法规的行为[8]

金融犯罪的发生场域不同于传统财产犯罪，"违法从事金融活动或相关活

---

〔1〕　[阿塞拜疆] И. М. 拉基莫夫：《犯罪与刑罚哲学》，王志华、丛凤玲译，中国政法大学出版社2016年版，第5页。

〔2〕　毛玲玲：《金融犯罪的实证研究——金融领域的刑法规范与司法制度反思》，法律出版社2014年版，第3页。

〔3〕　B. F. Keulen、J. Hielkema & J. A. Nijboer："荷兰和欧盟的反金融犯罪斗争"，郝艳兵译，载刘明祥、冯军主编：《金融犯罪的全球考察》，中国人民大学出版社2008年版，第10页。

〔4〕　[日] 芝原邦尔：《经济刑法》，金光旭译，法律出版社2002年版，第6页。

〔5〕　有代表性的观点请参见：白建军主编：《金融犯罪研究》，法律出版社2000年版，第3页；胡启忠：《金融刑法运用论》，中国检察出版社2003年版，第29页；曲新久：《金融与金融犯罪》，中信出版社2003年版，第62~63页；屈学武：《金融刑法学研究》，中国检察出版社2004年版，第41页；李永升主编：《金融犯罪研究》，中国检察出版社2010年版，第9页；罗开卷、马骏："论金融犯罪的立法及完善"，载《铁道警察学院学报》2016年第3期；刘宪权：《金融犯罪刑法学原理》，上海人民出版社2017年版，第3页；等等。

〔6〕　安曦萌："金融犯罪概念之争"，载《河北学刊》2015年第5期。

〔7〕　刘宪权：《金融犯罪刑法学原理》，上海人民出版社2017年版，第2页。

〔8〕　有观点认为，变造货币罪并不一定发生在金融业务活动领域。

动，这是金融犯罪的行为特征。"[1]金融犯罪一般只能发生在金融活动中（如货币、信贷、集资、证券期货交易、保险、外汇等金融活动中），即金融犯罪是行为人在参与非法金融活动过程中实施的，行为构成犯罪的前提条件一般首先是违反金融法规。[2]如果从行业的角度上看，金融犯罪主要发生在银行、证券、保险等领域，即"金融犯罪是发生在银行、证券、保险等领域中的刑事犯罪"[3]。人们将发生在金融领域、违反金融法规、具有严重社会危害性的行为认定为金融犯罪，因而金融犯罪为法定犯。[4]

2. 金融犯罪侵犯的客体主要是国家的金融管理制度和金融管理秩序

金融管理制度是金融管理法律、法规所建构的金融管理制度体系；"金融管理秩序即国家管理金融活动及其相关活动，保证金融活动及其相关活动正常进行而建立的调控秩序。"[5]金融犯罪主要是危害金融管理制度与金融管理秩序的犯罪，"金融犯罪本质上是通过破坏金融制度或者经济制度赖以建立的基础即信用来威胁这些制度的完整性。"[6]我国一些学者在界定金融犯罪概念时，也特别强调金融犯罪侵犯的客体是金融管理制度和金融秩序。当然，金融犯罪行为也会到侵害公私财产所有权，这与传统财产犯罪存在一定共同之处，但金融犯罪侵犯的主要是国家的金融管理制度和金融管理秩序，这也是金融犯罪与传统财产犯罪最为重要的区别。因此，金融犯罪属于经济犯罪，它是经济犯罪中相对独立的一类犯罪。如有学者认为，金融犯罪侵犯或主要侵犯金融交易秩序或金融管理秩序的犯罪，而金融交易和金融管理秩序都属于经济秩序的范畴，而不是财产所有权的范畴，所以金融犯罪是经济犯罪而不是财产犯罪，甚至金融犯罪是核心经济犯罪。[7]从刑法意义上说，金融犯罪实为侵犯同类客体——国家的金融管理制度和金融管理秩序的犯罪行为，

---

〔1〕 胡启忠等：《金融犯罪论》，西南财经大学出版社2001年版，第1页。

〔2〕 刘宪权：《金融犯罪刑法学原理》，上海人民出版社2017年版，第3~4页。

〔3〕 白建军："金融犯罪的危害、特点与金融机构内控"，载《政法论坛》1998年第6期。

〔4〕 有观点认为，伪造货币罪、金融诈骗犯罪等少数犯罪属于自然犯。

〔5〕 胡启忠等：《金融犯罪论》，西南财经大学出版社2001年版，第16页。

〔6〕 B. F. Keulen、J. Hielkema & J. A. Nijboer："荷兰和欧盟的反金融犯罪斗争"，郝艳兵译，载刘明祥、冯军主编：《金融犯罪的全球考察》，中国人民大学出版社2008年版，第11页。

〔7〕 刘远、赵玮："论金融犯罪和金融刑法的概念和地位"，载张智辉、刘远主编：《金融犯罪与金融刑法》，山东大学出版社2006年版，第8页。

因而理论上将这一类犯罪统称为金融犯罪。

3. 金融犯罪是依法应受刑罚处罚的行为

"金融犯罪是触犯刑法的犯罪行为"[1]，"从刑法理论上分析，所有的金融犯罪均属于法定犯，即金融犯罪行为均违反了行政法规中的禁止性规定，在其社会危害性达到一定程度时，刑法强调要加以惩罚。"[2]金融违法行为与金融犯罪行为界分的标准是行为情节的程度，只有严重破坏了金融管理制度和金融管理秩序的行为才构成金融犯罪。某种行为违反了金融管理法律法规，如果没有达到严重破坏金融管理秩序和金融管理秩序的程度，就不构成犯罪，因而我国《刑法》对金融犯罪的构罪条件往往规定了"数额较大的""数额特别巨大的""造成特别重大损失的""情节严重的"等。

综上所述，金融犯罪，是指发生在金融领域或与金融相关的领域，违反有关金融管理法律、法规，侵犯金融管理制度和金融管理秩序，依法应受刑罚处罚的行为。

## 二、金融犯罪的范围与分类

金融犯罪的范围与分类的确定是对金融犯罪进行犯罪学、刑法学、刑事政策学研究的前提。一般意义上，只有先明确金融犯罪的范围或外延，才有可能对纳入金融犯罪范围的具体罪名进行分类。

（一）金融犯罪的范围

金融犯罪的范围实际上是考察《刑法》规定的哪些罪名可纳入金融犯罪予以研究。对此，学界和实务界存在一定的争议。

1. 关于金融领域中贪污、贿赂犯罪

《刑法》第183~185条分别规定了职务侵占罪、贪污罪、非国家工作人员受贿罪、受贿罪、挪用资金罪、挪用公款罪六个罪名，上述罪名统称为金融领域中贪污、贿赂犯罪，其是否应纳入金融犯罪的范围进行探讨，存在肯定说与否定说两种观点。持否定说者认为，对某一侵害复杂客体的犯罪，究

---

〔1〕　[美]尼尔·沙福尔、安迪·霍克斯特勒："金融犯罪的成因及控制"，杨洁译，载刘明祥、冯军主编：《金融犯罪的全球考察》，中国人民大学出版社2008年版，第435页。

〔2〕　刘宪权：《金融犯罪刑法学原理》，上海人民出版社2017年版，第3页。

竟哪一个客体为主要客体，取决于立法者意图。《刑法》第183~185条仅是提示性规定，而非归类型规定，不能因上述条文规定在"破坏金融管理秩序罪"一节中，就简单地将金融领域中贪污、贿赂犯罪侵害的主要客体理解为金融管理秩序，更不能就此认为刑法将金融领域中贪污、贿赂罪归入了金融犯罪。[1]如《刑法》第184条的受贿罪，虽然发生在金融业务活动中，但其行为本身不属于金融业务活动，不是"违法从事金融活动"，因此本质上不是金融犯罪。[2]持肯定说者认为，研究破坏金融管理秩序罪的目的是更好地防范和打击此类犯罪，不能因这类犯罪同时侵犯了多类客体，就以破坏金融管理秩序罪不是主要客体为由，将其排除在破坏金融管理秩序罪之外。如果从维护金融市场的角度看，此类犯罪金融秩序、金融安全的破坏性要远大于对金融机构从业人员职务廉洁性的侵害。[3]遏制、预防金融犯罪的对策主要是针对金融机构内部人员利用职务所犯的侵占、贪污、挪用和受贿等罪提出来的，把上述几种犯罪纳入金融犯罪，有助于突出金融犯罪的整体特点，提出富有说服力的预防对策，也有助于更深刻地认识金融犯罪的危害。[4]

2. 关于非法经营等扰乱市场秩序的犯罪

《刑法》分则第三章"破坏社会主义市场经济秩序罪"第八节"扰乱市场秩序罪"中的第224条和第225条分别规定了合同诈骗罪，组织、领导传销罪和非法经营罪三个罪名。学界与实务界对上述罪名是否应纳入金融犯罪范畴也存在一定的争议。持肯定说者是出于侦查实践的考虑，因为很多利用金融工具的犯罪在侦查阶段尚不能确定准确的罪名，这也符合审判实践中对金融犯罪的一般归类。[5]我国一些地方往往把非法经营金融业务的案件，纳入到金融犯罪中进行考察，如上海市检察院公布的上海金融检察白皮书往往会统计非法经营案件，如《2012年上海金融检察白皮书》指出，非法经营金

---

〔1〕 刘宪权：《金融犯罪刑法学原理》，上海人民出版社2017年版，第7页。

〔2〕 胡启忠等：《金融犯罪论》，西南财经大学出版社2001年版，第24页。

〔3〕 吴卫军主编：《刑事案例诉辩审评——破坏金融管理秩序罪》，中国检察出版社2014年版，第5页。

〔4〕 孙际中主编：《新刑法与金融犯罪》，西苑出版社1999年版，第36页。转引自刘宪权：《金融犯罪刑法学原理》，上海人民出版社2017年版，第5页。

〔5〕 刘燕：《金融犯罪侦查热点问题研究》，知识产权出版社2014年版，第11页。

融业务案件增长迅速，占金融犯罪案件的 8.2%。[1]

综上可见，关于金融犯罪的范围尚未完全达成共识。金融领域中贪污、贿赂犯罪是否应纳入金融犯罪？否定说主要立足于刑法理论，肯定说主要从金融犯罪的防治角度出发。考虑到本书是从刑事一体化的视角研究金融犯罪问题，而金融领域中职务犯罪是防治金融犯罪的重点领域，本书将对金融领域中贪污、贿赂犯罪予以探讨。同样，非法经营罪、合同诈骗罪、组织、领导传销罪涉及金融活动，也需要从犯罪学和刑事政策学的视角予以相应的分析。因此，立足于犯罪学和刑事政策学的角度，从广义的金融犯罪出发，[2]本书所指的"金融犯罪"的范围主要包括在《刑法》分则第三章"破坏社会主义市场经济秩序罪"中的第四节"破坏金融管理秩序罪"和第五节"金融诈骗罪"中所规定的罪名，以及其他相关罪名。

### （二）金融犯罪的分类

当前，学界与实务界对金融犯罪的分类见仁见智。李永升主编的《金融犯罪研究》一书将金融犯罪划分为：货币犯罪、金融管理犯罪、证券犯罪、金融渎职犯罪、外汇犯罪、洗钱犯罪、金融诈骗犯罪。刘宪权所著的《金融犯罪刑法学原理》一书将金融犯罪划分为：危害货币管理制度犯罪、危害金融机构设立管理制度犯罪、危害金融机构存贷管理制度犯罪、危害客户、公众资金管理制度犯罪、危害金融票证、有价证券管理制度犯罪、危害证券、期货市场管理制度、危害外汇管理制度犯罪、洗钱犯罪、金融诈骗罪。陈伶俐、于同志和鲍艳合著的《金融犯罪前沿问题审判实务》一书将金融犯罪划分为：货币犯罪、金融管理犯罪、证券、期货犯罪、外汇犯罪、洗钱犯罪、金融票证犯罪、银行卡犯罪、集资诈骗犯罪、贷款诈骗犯罪、保险诈骗犯罪。郭华主编的《金融证券犯罪案例精选》（第 1 辑）一书将金融证券犯罪划分为：金融管理犯罪、证券犯罪、金融渎职犯罪、金融诈骗犯罪、其他金融犯罪，等等。

学界和实务界对金融犯罪的某一类型应包括哪些罪名的看法也并不一致。例如，李永升教授主编的《金融犯罪研究》一书中证券、期货犯罪涉及的罪

---

〔1〕　参见官平："去年上海金融犯罪案件增近八成"，载《中国证券报》2013 年 5 月 9 日，第 A2 版。

〔2〕　《刑法》第 151 条规定的走私假币罪、第 160 条规定的欺诈发行股票、债券罪，也可以包括在广义的金融犯罪中。

名包括：伪造、变造金融票证罪，伪造、变造国家有价证券罪，伪造、变造股票、公司、企业债券罪，擅自发行股票、公司、企业债券罪内幕交易、泄露内幕信息罪，利用未公开信息交易罪，编造并传播证券、期货交易虚假信息罪，诱骗投资者买卖证券、期货合约罪和操纵证券、期货市场罪。而根据2012年3月14日《最高人民法院、最高人民检察院关于贯彻执行〈关于办理证券期货违法犯罪案件工作若干问题的意见〉有关问题的通知》，"证券期货犯罪"涉及的罪名包括：欺诈发行股票、债券罪，违规披露、不披露重要信息罪，背信损害上市公司利益罪，伪造、变造股票、公司、企业债券罪，擅自发行股票、公司、企业债券罪，内幕交易、泄露内幕信息罪，利用未公开信息交易罪，操纵证券、期货市场罪和背信运用受托财产罪。又如，有的研究将非法吸收公众存款罪、高利转贷罪、骗取贷款罪、违法发放贷款罪、吸收客户资金不入账罪、贷款诈骗罪归类为存贷款犯罪进行研究；有的研究将非法吸收公众存款罪、高利转贷罪、违法发放贷款罪归类为危害信贷管理犯罪进行研究；有的研究将伪造、变造金融票证罪，伪造、变造国家有价证券罪，票据诈骗罪归类为金融票证罪进行研究；有的研究将妨害信用卡管理罪，窃取、收买、非法提供信用卡信息罪，信用卡诈骗罪归类为银行卡犯罪进行研究；有的研究将伪造、变造金融票证罪，妨害信用卡管理罪，窃取、收买、非法提供信用卡信息罪，伪造、变造国家有价证券罪，伪造、变造股票、公司、企业债券罪，擅自发行股票、公司、企业债券罪，违规出具金融票证罪，对违法票据承兑、付款、保证罪归类为危害金融票证、有价证券管理制度犯罪进行研究；有的研究将背信运用受托财产罪、违法运用资金罪、违规出具金融票证罪和对违法票据承兑、付款、保证罪归类为危害客户、公众资金管理制度犯罪进行研究，等等。

在借鉴已有研究的基础上，笔者对金融犯罪的分类主要考虑三点因素：一是立足于刑事一体化的理念，即具体罪名的归类还要出于犯罪学和刑事政策学研究的需要；二是尽量依据客体分类标准；三是在一定程度上遵循《刑法》罪名规定的排列顺序。因此，本书有关金融犯罪的分类不一定完全合乎刑法学意义上的标准。概言之，我国《刑法》中金融犯罪的分类及其所涉罪名如下：①货币犯罪。货币犯罪涉及的罪名有：走私假币罪（第151条）；伪造货币罪（第170条）；出售、购买、运输假币罪（第171条第1款）；金融工作人员购买假币、以假币换取货币罪（第 171 条第 2 款）；持有、使用假币罪（第 172 条）；变造货币罪（第 173 条）。②金融管理犯罪。金融管理犯罪又划分为三类：一是危害金融机构设立管理制度犯罪，涉及的罪名有：擅自设立金融机构罪（第 174 条第 1 款）；伪造、变造、转让金融机构经营许可证、批准文件罪（第 174 条第 2 款）。二是危害金融机构存贷管理制度犯罪，涉的罪名有：高利转贷罪（第 175 条）；骗取贷款、票据承兑、金融票证罪（第 175 条之一）；非法吸收公众存款罪（第 176 条）。三是危害金融票证、有价证券管理制度犯罪，涉及的罪名有：伪造、变造金融票证罪（第 177 条）；妨害信用卡管理罪（第 177 条之一第 1 款）；窃取、收买、非法提供信用卡信息罪（第 177 条之一第 2 款）；伪造、变造国家有价证券罪（第 178 条第 1 款）。③证券期货犯罪。证券期货犯罪涉及的罪名有：伪造、变造股票、公司、企业债券罪（第 178 条第 2 款）；擅自发行股票、公司、企业债券罪（第 179 条）；内幕交易、泄露内幕信息罪（第 180 条第 1 款）；利用未公开信息交易罪（第 180 条第 2 款）；编造并传播证券、期货交易虚假信息罪（第 181 条第 1 款）；诱骗投资者买卖证券、期货合约罪（第 181 条第 2 款）；操纵证券、期货市场罪（第 182 条）。④金融职务犯罪。金融职务犯罪又分为两大类：一是金融领域中贪污、贿赂犯罪，涉及的罪名有：职务侵占罪（第 183 条第 1 款）；贪污罪（第 183 条第 2 款）；非国家工作人员受贿罪（第 184 条第 1 款）；受贿罪（第 184 条第 2 款）；挪用资金罪（第 185 条第 1 款）和挪用公款罪（第 185 条第 2 款）。二是金融渎职犯罪，涉及的罪名有：背信运用受托财产罪（第 185 条之一第 1 款）；违法运用资金罪（第 185 条之一第 2 款）；违法发放贷款罪（第 186 条）；吸收客户资金不入账罪（第 187 条）；违规出具金融票证罪（第 188 条）和对违法票据承兑、付款、保证罪（第 189 条）。⑤外汇犯罪。外汇犯罪涉及的罪名有：逃汇罪（第 190 条）；骗购外汇罪（《关于惩治骗购外汇、逃汇和非法买卖外汇犯罪的决定》第 1 条）。⑥洗钱犯罪。洗钱犯罪涉及的罪名为洗钱罪（第 191 条）。⑦金融诈骗犯罪。金融诈骗犯罪涉及的罪名有：集资诈骗罪（第 192 条）；贷款诈骗罪（第 193 条）；票据诈骗罪（第 194 条第 1 款）；金融凭证诈骗罪（第 194 条第 2 款）；信用证诈骗罪（第 195 条）；信用卡诈骗罪（第 196 条）；有价证券诈骗罪（第 197 条）；保险诈骗罪（第 198 条）。

第二章

# 金融犯罪的犯罪学分析

CHAPTER 2

　　欧洲坚持狭义犯罪学的学者大都认为犯罪学只应当研究犯罪原因，而不研究犯罪对策，认为犯罪对策属于社会对策学的内容。在欧洲，刑事政策学与犯罪学是两个各自独立的学科。[1]狭义的犯罪学又称犯罪原因学，以犯罪原因为重心。[2]立足于狭义的犯罪学观点，金融犯罪的犯罪学分析主要探究金融犯罪的现象和原因。

## 第一节　金融犯罪的状况与特征

　　犯罪现象，是指一定时空中表征、状况和反映犯罪原因并被犯罪原因所决定，进而为预防犯罪提供依据的而有关犯罪、犯罪人—被害人的非刑法条文形态的诸经验事实的总括。[3]"进行犯罪学性质的以及刑事政策学性质探讨的大前提是以国为单位，正确把握犯罪现象。"[4]显然，犯罪现象的研究属于经验科学，对犯罪原因的正确认识，以及合理提出有效的犯罪都离不来对犯罪现象的客观描述。当然，"关于犯罪的各种统计，不管在哪个国家，有关犯罪的各种统计数据都不免带上各个时期政府发表的'政策性'文书这一性质，此外还存在'黑数'问题。"[5]作为法定犯，金融犯罪具有一些不同于传统自然犯罪的特点。

---

〔1〕　王牧主编：《新犯罪学》，高等教育出版社 2016 年版，第 14 页。
〔2〕　康树华、张小虎主编：《犯罪学》，北京大学出版社 2011 年版，第 11 页。
〔3〕　许章润主编：《犯罪学》，法律出版社 2016 年版，第 53 页。
〔4〕　[日]上田宽：《犯罪学》，戴波、李世阳译，商务印书馆 2016 年版，第 17 页。
〔5〕　[日]上田宽：《犯罪学》，戴波、李世阳译，商务印书馆 2016 年版，第 17 页。

### 一、金融犯罪的状况

自改革开放以来，金融犯罪问题日益受到重视。2001 年《全国法院审理金融犯罪案件工作座谈会纪要》指出，金融犯罪的情况仍然是严重的。从法院受理案件的情况看，金融犯罪的数量在逐年增加；涉案金额越来越大；金融机构工作人员作案和内外勾结共同作案的现象突出；单位犯罪和跨国（境）、跨区域作案增多；犯罪手段趋向专业化、智能化，新类型犯罪不断出现；犯罪分子作案后大肆挥霍、转移赃款或携款外逃的情况时有发生，危害后果越来越严重。

近年来，金融犯罪在案件数量、涉案人数、涉案金额等方面呈现出增长的态势。我国最高人民检察院和最高人民法院的工作报告显示出当前金融犯罪的整体状况。2013 年全国检察机关依法惩治金融诈骗、合同诈骗、内幕交易、非法集资和传销等严重经济犯罪，起诉破坏市场经济秩序犯罪嫌疑人84 202 人。[1]2014 年全国检察机关起诉非法吸收公众存款、集资诈骗、内幕交易、保险诈骗等金融犯罪 22 015 人，同比上升 12.2%。其中，全国检察机关在 2013~2014 年起诉破坏金融秩序罪分别为 7295 人、8185 人、起诉金融诈骗罪分别为 12 317 人、13 830 人。[2]2015 年全国检察机关起诉非法吸收公众存款、集资诈骗等涉众型经济犯罪 12 791 人。[3]2016 年全国检察机关起诉集资诈骗等犯罪 16 406 人。[4]2013~2017 年全国检察机关起诉破坏金融管理秩序、金融诈骗犯罪 14.4 万人，是前五年的 2.2 倍。起诉非法吸收公众存款、集资诈骗、传销等涉众型经济犯罪 8.2 万人。[5]

2013 年全国各级法院审结传销、走私、洗钱、非法集资、金融诈骗、内

---

〔1〕 曹建明：“最高人民检察院工作报告——2014 年 3 月 10 日在第十二届全国人民代表大会第二次会议上”，载《中华人民共和国最高人民检察院公报》2014 年第 2 期。

〔2〕 曹建明：“最高人民检察院工作报告——2015 年 3 月 12 日在第十二届全国人民代表大会第三次会议上”，载《中华人民共和国最高人民检察院公报》2015 年第 2 期。

〔3〕 曹建明：“最高人民检察院工作报告——2016 年 3 月 13 日在第十二届全国人民代表大会第四次会议上”，载《中华人民共和国最高人民检察院公报》2016 年第 2 期。

〔4〕 曹建明：“最高人民检察院工作报告——2017 年 3 月 12 日在第十二届全国人民代表大会第五次会议上”，载《人民日报》2017 年 3 月 20 日，第 4 版。

〔5〕 曹建明：“最高人民检察院工作报告——2018 年 3 月 9 日在第十三届全国人民代表大会第一次会议上”，载《人民日报》2018 年 3 月 26 日，第 3 版。

幕交易、商业贿赂等经济犯罪案件 5 万件，判处罪犯 6.9 万人。[1]2014 年全国各级法院审结金融诈骗、内幕交易等经济犯罪案件 5.6 万件，判处罪犯 7.3 万人。[2]2015 年全国各级法院审结虚假陈述、内幕交易等案件 4238 件，审结非法集资、金融诈骗等犯罪案件 5.8 万件，判处罪犯 7.2 万人。[3]2016 年全国各级法院审结内幕交易、集资诈骗等案件 2.3 万件。[4]

金融犯罪在我国经济发达地区亦呈现高发态势。例如，北京市涉众型非法集资犯罪案件大要案频发，从 2008 年至 2015 年 2 月，各类非法集资案件累计达 187 件，涉及投资人达 27.5 万人，涉案金额达 351.8 亿元。[5]又如，根据上海市检察院发布的《2012 年上海金融检察白皮书》至《2017 年度上海金融检察白皮书》，上海市检察机关的受理的金融犯罪审查逮捕案件和审查起诉案件呈增长态势。2012 年上海市检察机关共受理金融犯罪审查逮捕案件 849件 1188 人，审查起诉案件 2490 件 3381 人；金融犯罪案件数量大幅上升，同比增长了 78.5%。[6]2013 年上海市检察机关共受理金融犯罪审查逮捕案件 681 件 772 人，审查起诉案件 1411 件 1609 人。[7]2014 年上海市检察机关共受理金融犯罪审查逮捕案件 1245 件 1395 人，金融犯罪审查起诉案件 2063 件 2378 人。[8]2015 年上海市检察机关共受理金融犯罪审查逮捕案件 1387 件 1725 人，金融犯罪审查起诉案件 2140 件 2684 人。[9]2016 年上海市检察机关

〔1〕 周强："最高人民法院工作报告——2014 年 3 月 10 日在第十二届全国人民代表大会第二次会议上"，载《人民日报》2014 年 3 月 18 日，第 2 版。

〔2〕 周强："最高人民法院工作报告——2015 年 3 月 12 日在第十二届全国人民代表大会第三次会议上"，载《人民日报》2015 年 3 月 21 日，第 2 版。

〔3〕 周强："最高人民法院工作报告——2016 年 3 月 13 日在第十二届全国人民代表大会第四次会议上"，载《人民日报》2016 年 3 月 21 日，第 2 版。

〔4〕 周强："最高人民法院工作报告——2017 年 3 月 12 日在第十二届全国人民代表大会第五次会议上"，载《人民日报》2017 年 3 月 20 日，第 3 版。

〔5〕 非法集资犯罪问题研究课题组："涉众型非法集资犯罪的司法认定"，载《国家检察官学院学报》2016 年第 3 期。

〔6〕 林中明、金红："上海首次发布金融检察白皮书"，载《检察日报》2013 年 5 月 9 日，第 1 版。

〔7〕 上海市检察院金融检察处："信用卡诈骗罪连续五年居首位"，载《检察日报》2014 年 11 月 30日，第 3 版。

〔8〕 上海市人民检察院金融检察处："金融犯罪上升 监管及法规都需跟进"，载《检察日报》2015年 5 月 10 日，第 3 版。

〔9〕 上海市检察院金融检察处："涉互联网金融犯罪骤增"，载《检察日报》2016 年 8 月 10 日，第3 版。

共受理审查逮捕金融犯罪案件 1238 件 1921 人，审查起诉金融犯罪案件 1683
件 2895 人。[1]2017 年上海市检察机关共受理审查逮捕金融犯罪案件 1217 件
1836 人，批准逮捕 1525 人，审查起诉金融犯罪案件 1662 件 3107 人。[2]可
见，就上海地区而言，2012~2017 年的 6 年间，2012 年上海市检察机关审查
起诉的金融犯罪案件总量和涉案人数达到最高值，此后 5 年审查起诉的金融
犯罪案件数量波动较大，至 2016 年时总量呈下降趋势，但金融犯罪涉案人数
总体上呈上升趋势（参见表 1）。

**表 1　2012 年至 2017 年上海检察机关受理审查起诉金融犯罪案件情况**

| 年　份 | 金融犯罪案件件数 | 金融犯罪人数 |
|---|---|---|
| 2012 年 | 2490 | 3381 |
| 2013 年 | 1411 | 1609 |
| 2014 年 | 2063 | 2378 |
| 2015 年 | 2140 | 2684 |
| 2016 年 | 1683 | 2895 |
| 2017 年 | 1662 | 3107 |

## 二、金融犯罪的特征

当前，我国金融犯罪总体上呈现高发态势，金融犯罪的主要特征体现在
如下九个方面：

（一）金融犯罪案件类型呈多元化，但相对集中

改革开放初期，我国的金融犯罪主要集中在货币犯罪方面，随着金融业
的发展，市场经济的不断深入，金融犯罪的类型逐步扩大，但案件类型较为
集中，即某些类型案件高发，其余类型案件发案相对较少。例如，以近年来
上海市检察机关受理的金融犯罪案件为例。2012 年上海市检察机关受理的金

---

〔1〕　上海市检察院金融检察处："涉互联网金融领域刑事风险上升"，载《检察日报》2017 年 7 月
17 日，第 3 版。

〔2〕　上海市检察院金融检察处："涉众型金融犯罪风险容易扩散叠加"，载《检察日报》2018 年 7
月 27 日，第 3 版。

融犯罪案件中信用卡诈骗犯罪仍居首位，占比 79.1%；非法经营金融业务案件增长迅速，占金融犯罪案件的 8.2%。[1]2013 年上海市检察机关受理的金融犯罪案件共涉及 5 类 22 个罪名，包括破坏金融管理秩序类犯罪 74 件，扰乱市场秩序类犯罪 31 件，金融诈骗类犯罪 1301 件，其他类犯罪 10 件。其中信用卡诈骗罪已连续 5 年居金融犯罪案件首位，占全部金融犯罪案件的 87.3%，非法经营罪次之，占全部金融犯罪案件的 2.2%。[2]2014 年上海市检察机关受理的金融犯罪案件共涉及 6 类 25 个罪名，包括金融诈骗类犯罪 1823 件，破坏金融管理秩序类犯罪 192 件，扰乱市场经济秩序类 19 件，金融从业人员职务犯罪 21 件，金融从业人员侵犯公民人身权利、财产权利犯罪 8 件。其中信用卡诈骗犯罪案件以 1752 件的数量占全部金融犯罪案件的 84.9%，连续 6 年居金融犯罪案件首位外，其他案件的罪名分布较 2013 年出现较大变化。非法经营金融业务案件持续下降，非法吸收公众存款、集资诈骗、骗取贷款、妨害信用卡管理、保险诈骗、利用未公开信息交易 6 个罪名的案件大幅上升，合计占比由 2013 年的 4.4% 升至 9.3%。其他 5.8% 的案件分散于伪造、变造金融票证，内幕交易、泄露内幕信息，逃汇等十余个罪名。[3]2015 年上海市检察机关受理的金融犯罪案件共涉及 28 个罪名，包括金融诈骗类犯罪 1793 件，破坏金融管理秩序类犯罪 296 件，扰乱市场秩序类犯罪 31 件，金融从业人员犯罪 29 件。其中操纵期货市场罪首次出现；信用卡诈骗案件连续 7 年居金融犯罪首位，计 1701 件，占总量的 79.5% 之外；其他案件出现较大变化，集中表现为非法集资和妨害信用卡管理二类案件数量大幅增长，分别较 2014 年上升 45% 和 261%；涉银行业、保险业犯罪发案量相对平稳，证券犯罪案件大幅下降，受理案件数量较 2014 年降低 76%。[4]2016 年上海市检察机关受理的金融犯罪案件共涉及 7 类 28 个罪名，包括金融诈骗类犯罪案件 1137 件，破坏金融管理秩序类犯罪案件 504 件，扰乱市场秩序类犯罪案件 25 件。其中

---

〔1〕 官平："去年上海金融犯罪案件增近八成"，载《中国证券报》2013 年 5 月 9 日，第 A2 版。

〔2〕 上海市检察院金融检察处："信用卡诈骗罪连续五年居首位"，载《检察日报》2014 年 11 月 30 日，第 3 版。

〔3〕 上海市人民检察院金融检察处："金融犯罪上升　监管及法规都需跟进"，载《检察日报》2015 年 5 月 10 日，第 3 版。

〔4〕 上海市检察院金融检察处："涉互联网金融犯罪骤增"，载《检察日报》2016 年 8 月 10 日，第 3 版。

信用卡诈骗案件以 1027 件的数量占全部金融犯罪案件 61%，连续 8 年居金融犯罪案件首位；非法吸收公众存款罪案件上升至第二位，伪造、变造金融票证罪案件有所减少，退出前十；利用未公开信息交易罪案件上升，成为 2016 年案件量第十的罪名；涉银行业案件下降，涉证券和保险业案件增加。[1] 2017 年上海市检察机关受理的金融犯罪案件共涉及 5 类 19 个罪名，包括金融诈骗类犯罪 878 件，破坏金融管理秩序类犯罪 737 件，妨害对公司、企业管理秩序类犯罪 3 件，扰乱市场秩序类犯罪 10 件，金融从业人员犯罪 34 件。案件数量与 2016 年基本持平，仍保持高位运行，信用卡诈骗等金融诈骗类犯罪案件数量下降明显，而以非法集资为主的破坏金融管理秩序类犯罪骤升。[2] 可见，从检察环节来看，2012～2017 年的 6 年间，上海地区金融犯罪案件类型不断扩大，其中信用卡诈骗案件数量一直占据金融犯罪的首位，所占比重较大，同时，非法集资类案件呈上升趋势，其他类型的金融犯罪案件在不同年度也略有变动，总体而言，金融犯罪案件类型相对集中。

（二）金融犯罪案值大、涉众型金融犯罪问题凸显

金融犯罪主要是以资金运作为犯罪对象，普通的涉财型案件相比，金融犯罪案值巨大且涉众型金融犯罪案件高发。[3]例如，2013 年 1 月至 2015 年 6 月，北京市检察机关共依法审查起诉非法吸收公众存款和集资诈骗犯罪案件共计 141 件 506 人，其中涉案金额总计折合人民币 159.54 亿余元，涉及投资人达 73 693 余人。[4]2014 年北京市检察机关受理非法集资犯罪公诉案件 72 件，涉案金额高达 81 亿余元，分别是 2013 年的 2.1 倍、4.1 倍。[5]在"徐翔案"中，2010 年至 2015 年徐翔单独或伙同他人，先后与 13 家上市公司的董

---

〔1〕 上海市检察院金融检察处："涉互联网金融领域刑事风险上升"，载《检察日报》2017 年 7 月 17 日，第 3 版。

〔2〕 上海市检察院金融检察处："涉众型金融犯罪风险容易扩散叠加"，载《检察日报》2018 年 7 月 27 日，第 3 版。

〔3〕 涉众型金融犯罪主要集中在非法吸收公众存款、集资诈骗、擅自发行股票、公司、企业债券等犯罪活动中。

〔4〕 非法集资犯罪问题研究课题组："涉众型非法集资犯罪的司法认定"，载《国家检察官学院学报》2016 年第 3 期。

〔5〕 参见徐日丹："关注新趋势聚焦新问题严厉打击金融犯罪"，载《检察日报》2015 年 9 月 24 日，第 2 版。

事长或者实际控制人合谋操纵上述公司的股票交易，实际非法获利 93.38 亿元。[1]2014 年 6 月至 2015 年 12 月，安徽钰诚控股集团、钰诚国际控股集团有限公司在不具有银行业金融机构资质的前提下，通过 e 租宝、芝麻金融两家互联网金融平台发布虚假的融资租赁债权项目及个人债权项目，非法吸收 115 万余人公众资金累计人民币 762 亿余元，扣除重复投资部分后非法吸收资金共计 598 亿余元。至案发，集资款未兑付共计 380 亿余元。[2]截至 2016 年上半年，上海出问题的线下理财平台包括中晋资产、融宜宝、上恒资产、炳恒集团、长来财富、盈玺资产、盘聚资产、上海鹏华、晋兴资产、金鹿财行、当天财富、国洲金融、大骏财富、国弘汇金融、巨玺财富等，涉及金额达 1000 亿元以上，预计待还金额超过 800 亿元。[3]在中晋系非法集资案中，截至 2016 年 4 月 5 日案发，国太集团非法集资共计 400 多亿元，绝大多数集资款被国太集团消耗、挥霍于还本付息、支付高额佣金、租赁豪华办公场地、购买豪车、豪华旅游、广告宣传等，案发时未兑付本金共计 48 亿余元，涉及 1.2 万余名集资参与人。[4]在非法吸收公众存款、集资诈骗等涉众型金融犯罪中，老年人成为主要的受害群体。

（三）金融从业人员犯罪比例较高

金融从业人员实施金融犯罪的比例较高，金融犯罪亦被称为"白领犯罪"。究其原因，金融犯罪主要发生在金融领域或与金融相关领域的行为，"金融犯罪主体在很大比例上为合法的真实组织的所有者、管理者或雇员。"[5]国外金融犯罪中金融从业人员的比例也较高，美国的金融罪犯凭借物质环境、受尊敬以及很多情况下在组织中占据的权威地位处于更有利的位置，中产阶级双亲家庭的特征占据了金融犯罪者的相当大的份额；一些实证也指出，美

〔1〕 参见"投资者应以'徐翔案'为戒"，载《第一财经日报》2017 年 6 月 9 日，第 A2 版。

〔2〕 刘双霞："'e 租宝'案进入立案执行阶段"，载《北京商报》2018 年 2 月 8 日，第 7 版。

〔3〕 参见李冰："上海成线下理财爆雷'重灾区'，投资人逾 800 亿元恐打水漂"，载《证券日报》2016 年 7 月 16 日，第 B2 版。

〔4〕 余东明、梁宗："中晋系非法集资 400 亿元案一审宣判"，载《法制日报》2018 年 9 月 20 日，第 8 版。

〔5〕 ［美］尼尔·沙福尔、安迪·霍克斯特勒："金融犯罪的成因及控制"，杨洁译，载刘明祥、冯军主编：《金融犯罪的全球考察》，中国人民大学出版社 2008 年版，第 447 页。

国的白领和金融罪犯年龄偏长，受过更良好的教育。[1]在我国，金融从业人员实施金融犯罪的比例也较高。近年来，我国各地银行或者其他金融机构的工作人员购买伪造的货币或者利用职务上的便利，以伪造的货币兑换货币的案件时有发生。[2]在北京市涉众型非法集资犯罪案件中，很多涉案公司内部设置了财务部、人事部、行政部、客服部、市场部、企宣部等业务部门，与此同时，具有金融从业或学业背景的涉案人员增多：一方面，"非法集资发起者"多在证券金融业工作多年，从业经验丰富；另一方面，"非法集资从业者"有不少曾是银行职员或具有理财咨询的从业经验，在非法集资活动中从事具体的融资业务，驾轻就熟，披上了一层专业的外衣，极具欺骗性。[3]2009~2013年，北京市检察机关共立案侦查金融领域职务犯罪案件35件48人，行为人的文化程度普遍较高，具有大学以上学历的35人，占总人数的72.9%，其中具有硕士、博士研究生学历的14人。[4]在上海地区，金融从业人员犯罪案件自2009~2011年保持平稳，而2012~2014年则逐年上升，2014年已达84件109人，比2013年的26件41人分别上升223%和166%。从机构分布看，保险业41件，银行业（含信托）25件，证券业18件。案件类型多出现于非法吸收公众存款和利用未公开信息交易两个罪名，分别为26件41人和19件22人。由检察机关反贪部门侦查的案件由2013年的2件上升至9件，增幅为350%，分别为受贿罪6件7人，贪污罪2件2人和行贿罪1件1人。2014年金融从业人员犯罪案件为历史峰值。[5]2015年上海市检察机关受理金融从业人员犯罪案件29件52人，涉及银行、证券、保险行业和互联网金融行业有10起，占34.5%。[6]2016年上海市检察机关共受理的金融犯罪

〔1〕 ［美］尼尔·沙福尔、安迪·霍克斯特勒："金融犯罪的成因及控制"，杨洁译，载刘明祥、冯军主编：《金融犯罪的全球考察》，中国人民大学出版社2008年版，第442页。

〔2〕 刘宪权：《金融犯罪刑法学原理》，上海人民出版社2017年版，第157页。

〔3〕 非法集资犯罪问题研究课题组："涉众型非法集资犯罪的司法认定"，载《国家检察官学院学报》2016年第3期。

〔4〕 参见池强主编：《金融领域职务犯罪预防与警示》，法律出版社2014年版，第3页。

〔5〕 王菲："案件总量上升新型犯罪高发"，载《上海金融报》2015年5月26日，第B10版。

〔6〕 上海市检察院金融检察处："涉互联网金融犯罪骤增"，载《检察日报》2016年8月10日，第3版。

案件，金融从业人员犯罪案件 32 件 39 人。[1] 2017 年上海检察机关共受理金融从业人员犯罪案件 34 件 39 人。案件数、涉案人数以及犯罪金额处于历年的较高数量水平，并且犯罪日趋高管化、年轻化，2017 年从业人员犯罪案件 39 名被告人中 21 人担任金融机构高级管理等职务，20 人在 40 岁以下，年龄最小的仅 26 岁。[2] 概言之，金融行业风险性较高，金融机构往往会建立内控制度，金融从业人员通常具备较高的专业水平和文化程度，更可能规避相关内控制度，利用监管漏洞实施金融犯罪，因而金融犯罪具有专业性、行业性、智能性的特征。

（四）金融共同犯罪比例较高

金融业务一般较为复杂、手续环节也多，金融犯罪者为了规避风险，逃避法律责任，相互勾结，分工配合，进而形成利益共同体，共同实施金融犯罪。金融共同犯罪包括"内-外"勾结型金融犯罪和"内-内"勾结型金融犯罪两种情形，前者是指金融从业人员与非金融从业人员之间共同实施金融犯罪活动，后者是指金融从业人员内部之间共同实施金融犯罪活动。实践中，金融犯罪"在一定条件下，可能发展成为某种在利益关系上互惠共生，在违法形式上相对稳定，在时间上具有一定持续性，在组织形式上相对松散的利益结合体。当这种结合发展为银行、企业、政府三者中不法分子构成的结合体时，金融犯罪也许成为在一定程度上控制社会经济的一支势力"。[3] 例如，金融机构内部人员在收受贿赂或达成共谋后，出于私利考虑，采取多种形式将金融机构资金不经认真审查便发放贷款，或不对票据、金融凭证进行认真审查，造成贷款诈骗罪、票据诈骗罪、金融凭证诈骗罪等成为内外勾结型犯罪中较为集中的犯罪类型，[4] 一些犯罪分子也常常采用引诱等方式，勾结金融从业人员作为同伙共同实施金融犯罪。可见，金融机构内部人员利用职务

---

〔1〕 上海市检察院金融检察处："涉互联网金融领域刑事风险上升"，载《检察日报》2017 年 7 月 17 日，第 3 版。

〔2〕 上海市检察院金融检察处："涉众型金融犯罪风险容易扩散叠加"，载《检察日报》2018 年 7 月 27 日，第 3 版。

〔3〕 白建军："金融犯罪的危害、特点与金融机构内控"，载陈光中、[加] 丹尼尔·浦瑞方廷主编：《金融欺诈的预防和控制》，中国民主法制出版社 1999 年版，第 106～107 页。

〔4〕 毛玲玲：《金融犯罪的实证研究——金融领域的刑法规范与司法制度反思》，法律出版社 2014 年版，第 276 页。

便利，规避监管体系，再由外部人员具体实施犯罪，此种犯罪手段往往较为隐蔽。

（五）金融犯罪手段不断翻新

近年来，我国金融新市场、新业务不断推出，互联网金融市场的不断扩大，一些犯罪分子打着"金融创新"的幌子，犯罪手段不断翻新。《2014年度上海金融检察白皮书》指出，金融犯罪案件涉及银行、证券、保险、信托、基金等金融行业的各种金融业务，并呈现出向金融新产品、新业务蔓延的趋势。[1]2016年上海市检察机关受理的金融犯罪案件显示，金融新市场、新业务一直容易被犯罪分子所突破和利用，如银行业新推出的电子承兑汇票业务被不法分子利用，证券业发生非法经营股指期货、利用高频程序化交易操纵期货市场以及利用"新三板"股票实施非法经营犯罪等新类型案件。[2]例如，一些涉众型非法集资犯罪案件的犯罪手法不断翻新，投资人更易深陷非法集资圈套，如犯罪手法由早期直接吸款的债权类投资、生产经营类投资，转变为私募基金、信托产品等股权类投资，以及承诺商品回购、公司加盟返利等商品营销类投资，套用金融政策，趋新迎变。[3]总之，集资人诱骗投资人的手段日趋隐秘化，依托貌似规范、完整的业务流程、风险告知和合同文本，诱人以利，数量众多的投资者往往掉入非法集资陷阱。[4]

（六）涉互联网金融犯罪日益凸显

科学技术是"中性"的，它既可以推动社会的发展，也可能被犯罪分子利用，成为实施犯罪的工具，互联网金融体现了这一特点。一般认为，互联网金融于20世纪90年代诞生于美国。中国人民银行发布的《中国金融稳定报告（2014年）》中指出，互联网金融是"互联网与金融的结合，是借助互联网和移动通信技术实现资金融通、支付和信息中介功能的新兴金融模式"。

---

〔1〕　上海市人民检察院金融检察处："金融犯罪上升　监管及法规都需跟进"，载《检察日报》2015年5月10日，第3版。

〔2〕　上海市检察院金融检察处："涉互联网金融领域刑事风险上升"，载《检察日报》2017年7月17日，第3版。

〔3〕　非法集资犯罪问题研究课题组："涉众型非法集资犯罪的司法认定"，载《国家检察官学院学报》2016年第3期。

〔4〕　上海市检察院金融检察处："涉众型金融犯罪风险容易扩散叠加"，载《检察日报》2018年7月27日，第3版。

有学者认为，狭义的互联网金融本质上就是体现互联网精神、互联网技术和金融业务模式二者之间系统全面的交互、关联、延展和创新而形成的一种新的金融业态。[1]质言之，互联网金融是"金融与互联网相互融合形成的新型金融业务模式"，它是传统金融业与现代信息科技的有机结合。互联网金融被认为是对传统金融的颠覆，是一场金融革命。[2]互联网金融的积极意义是显而易见的，它已经成为公众投资、中小微企业乃至个人募资的重要途径，有理由相信未来的融资走向是互联网融资。[3]但是，近年来互联网金融领域中的金融犯罪日益猖獗。普华永道发布的第六期全球经济犯罪调查结果显示，全球互联网犯罪事件不断增加，成为影响金融服务行业第二严重的经济犯罪活动，发生率仅次于资产挪用案件。据悉，这次问卷调查的对象是来自78个国家的3877名受访者，其中有23%的受访者来自金融服务行业。调查显示，所有受访者中有23%经历过互联网犯罪，而在金融服务行业中，这一比例高达38%。[4]我国利用互联网犯罪的案件正以每年30%的速度递增，犯罪数额和危害性随之不断扩大。在金融领域中，互联网案件占全国互联网案件的61%。[5]实践中，涉互联网金融犯罪主要有非法吸收公众存款、集资诈骗、擅自设立金融机构、擅自发行股票、公司、企业债券、洗钱等犯罪活动。当然，互联网金融犯罪并非改变金融犯罪的本质，而是使金融犯罪的手段更加多样化、复杂化，金融犯罪越发隐蔽。当前，我国互联网金融犯罪比较突出的是以P2P（Peer to Peer）网贷平台模式实施的金融犯罪问题。[6]以上海为例，上海市检察机关2014年受理涉P2P网络借贷刑事案件仅1件1人，涉案金额105万余元，投资者20余人；2015年受理涉P2P网络借贷刑事案件共

---

〔1〕 孙国茂："互联网金融：本质、现状与趋势"，载《理论学刊》2015年第3期。

〔2〕 我国互联网金融主要包括四种业务模式：一是银行借助互联网技术来拓展支付业务；二是第三方支付以及在第三方支付的基础上衍生出的新兴网络金融平台；三是网络信贷，即P2P网络借贷平台；四是众筹融资。参见孙国茂："互联网金融：本质、现状与趋势"，载《理论学刊》2015年第3期。

〔3〕 李永升、冯文杰："金融诈骗罪若干争议问题解析"，载《贵州警官职业学院学报》2016年第4期。

〔4〕 参见袁蓉君："全球互联网犯罪日益威胁金融业"，载《金融时报》2012年5月9日，第8版。

〔5〕 郭华：《互联网金融犯罪概说》，法律出版社2015年版，第58页。

〔6〕 第一网贷报告显示，2018年1月份，全国P2P网贷成交额2749.21亿元，1月份全国P2P网贷参与人数日均70.57万人；截至1月末，全国的基本正常经营P2P网贷平台为2346家。参见"2018年1月份全国P2P网贷行业大数据"，载 http://www.p2p001.com/Netloan/shownews/id/17276.html，2018年3月5日访问。

36 件 139 人，其中集资诈骗罪 4 件 19 人，非法吸收公众存款罪 32 件 120 人，涉案金额逾 12.83 亿元。[1]2017 年上海检察机关受理的金融犯罪案件反映，不少传统金融犯罪在网络空间衍生出新的模式。如支付宝推出的"蚂蚁花呗""蚂蚁借呗"等原本旨在服务社会公众个人小额消费信贷和小微企业融资需求的普惠金融产品，被不法分子利用实施犯罪，侵害了合法金融创新主体的正当权益。[2]可见，利用互联网金融产品（如第三方支付平台、网络融资平台等）实施犯罪的现象日益严重。例如，刘某等人在网上购买 600 余万条银行客户信息，再利用某著名网络融资平台存在的一个账户可以捆绑多张银行卡的漏洞，盗划他人账户资金 600 余万元。[3]

（七）金融犯罪具有欺骗性与隐蔽性特征，"犯罪黑数"大[4]

欺骗性与隐蔽性是金融犯罪最为显著的特点，金融犯罪犹如"隐形犯罪"，而不易被人察觉。"相当比例的金融犯罪都是罪犯远离被害人而实施的，如果其直接面对受害人，便会竭力使交易行为合乎常规和形式合法。"[5]实践中，犯罪分子实施金融犯罪活动大多经过精心策划，"很多金融犯罪者在选择犯罪时头脑都是清醒的，他们对金融犯罪的实施决策可能会极端复杂。不同寻常的是，他们在犯罪之前对机遇和制约因素有深刻的理解。很多犯罪分子会紧密跟踪、了解国家的政治、当地和外地的经济发展动态，他们可能对组织和个人生活如何依靠政治经济大背景及如何引导组织和个人的生活有着敏锐和复杂的诠释。"[6]因此，金融犯罪分子无非是将其犯罪活动披上所谓

---

〔1〕 上海市检察院金融检察处："涉互联网金融犯罪骤增"，载《检察日报》2016 年 8 月 10 日，第 3 版。

〔2〕 上海市检察院金融检察处："涉众型金融犯罪风险容易扩散叠加"，载《检察日报》2018 年 7 月 27 日，第 3 版。

〔3〕 上海市检察院金融检察处："信用卡诈骗罪连续五年居首位"，载《检察日报》2014 年 11 月 30 日，第 3 版。

〔4〕 所谓犯罪黑数（dark number of crime），即已经实际发生却因种种原因未被发现和未被纳入官方犯罪统计之中的那部分犯罪案件数。"犯罪黑数"对应的是"犯罪明数"。"犯罪明数"是指表面犯罪数和法定犯罪数、已知犯罪数或记录在案的犯罪数。参见王牧主编：《新犯罪学》，高等教育出版社 2016 年版，第 139 页。

〔5〕 ［美］尼尔·沙福尔、安迪·霍克斯特勒："金融犯罪的成因及控制"，杨洁译，载刘明祥、冯军主编：《金融犯罪的全球考察》，中国人民大学出版社 2008 年版，第 435 页。

〔6〕 ［美］尼尔·沙福尔、安迪·霍克斯特勒："金融犯罪的成因及控制"，杨洁译，载刘明祥、冯军主编：《金融犯罪的全球考察》，中国人民大学出版社 2008 年版，第 449 页。

"合法"的外衣，这导致金融犯罪不易查处，"犯罪黑数"大。例如，在一些涉众型非法集资犯罪案件，犯罪嫌疑人多成立以"基金管理""投资基金""理财咨询"冠名的公司，公司内横向机构设置与纵向层级划分已由早期的"作坊式"组织向现代化企业模式转变，组织结构的正规性具有很大的迷惑性。[1]

（八）金融犯罪具有区域性特征

金融犯罪的区域性特征主要体现在两个方面：一方面，某些类型的金融违法犯罪案件在一些地区高发。例如，在广东、福建以非法买卖港币为主，山东等地以非法买卖韩币为主；浙江、福建等省以非法吸存为主要业务；非法典押、非法高利贷主要分布在湖南、江西。[2]而一些涉众型非法集资犯罪案件往往发生在经济发达地区的一线商圈。例如，北京市涉众型非法集资犯罪案件的发案地段集中在朝阳区和西城区，CBD、国贸、金融街等一线商圈成为从事非法集资人员注册公司的聚集之地，一线商圈的财经影响力为此类企业的成立和发展创造了条件。[3]另一方面，金融犯罪案件涉及的区域往往较为广泛。"金融犯罪的活动范围扩大，且很多完全突破了地域限制。无论是富庶的沿海发达地区或中心城市，还是贫困的内陆欠发达地区或偏远乡村，都毫无例外地发生过这样那样的金融违法犯罪案件，且跨省、跨国、涉港澳台或涉外犯罪所占比重增加。"[4]金融犯罪发生区域广在于金融犯罪者借助于互联网从而摆脱了地理上的限制。

（九）金融犯罪具有国际性特征

金融全球化既是我国金融业发展的重要机遇，同时我国也要面对金融犯罪国际化的重大挑战。随着我国对外开放的逐步深入，尤其是加入 WTO 之后，我国的经济发展与世界经济发展的联系更为紧密。对此，有研究指出，全球金融一体化是金融发展的一个重要趋势，金融证券犯罪也必然会向跨国的方向发展，以假融资、信用证诈骗、金融票证欺诈、信用卡欺诈等伪造、

---

〔1〕 非法集资犯罪问题研究课题组："涉众型非法集资犯罪的司法认定"，载《国家检察官学院学报》2016 年第 3 期。

〔2〕 董纯朴："金融犯罪防控研究"，载《犯罪与改造研究》2017 年第 11 期。

〔3〕 非法集资犯罪问题研究课题组："涉众型非法集资犯罪的司法认定"，载《国家检察官学院学报》2016 年第 3 期。

〔4〕 刘宪权：《金融犯罪刑法学原理》，上海人民出版社 2017 年版，第 24 页。

欺诈为主要形式的违法犯罪具有国际性的特点。同时，国际金融证券犯罪组织为在全球范围内争取更多的犯罪空间与机遇，其触角不断向我国金融证券领域延伸，金融证券犯罪成为犯罪分子转移、隐匿非法所得从而逃避追缴的重要手段，促发了洗钱犯罪的增多。[1]质言之，当前我国的金融体制、金融法制仍有诸多不完善的地方，这使得一些国际上的不法分子将其目标转向我国，尤其是一些国内外金融犯罪分子勾结起来，共同实施金融犯罪活动，如一些犯罪分子采取境内外勾结的方式实施外汇犯罪、洗钱犯罪。

## 第二节　金融犯罪的原因

犯罪原因是指引起犯罪行为或者犯罪现象的各种因素。[2]人们对犯罪原因的认识不断全面和深刻，"罪因学说是而且永远是特定文明类型的产物，很多时候，不妨说是特定时代的特定文明类型的特定学人的特定观察与思考。也正是因为此，古往今来，尤其是近代以还，各种罪因理论和学说异彩纷呈，几乎涉及人类现有科学与人文知识的全部领域。"[3]从刑事古典学派开始，有关犯罪原因及其预防的探讨逐渐深入起来。刑事实证学派的诞生得益于实证主义方法论的引入，这使得对犯罪原因的认识进入到新的阶段。刑事实证学派强调个体原因与社会原因的综合作用是产生犯罪的重要原因，如生理因素、社会因素、自然因素、心理因素等，从而诞生了犯罪人类学派、犯罪社会学等。菲利将"社会学的见解导入人类学的方法中"[4]，认为犯罪是生理因素、自然因素和社会因素三种因素相互作用的结果。当前，我国学者大体从社会因素、个人因素等角度分析犯罪原因。质言之，犯罪的发生是多种因素共同作用的结果，研究犯罪现象和犯罪原因的目的是为提出有效的犯罪对策，"为了制定行之有效的对策，必须明确犯罪发生的原因。"[5]从这个意义上说，要制定有效的犯罪对策，首先需要揭示犯罪的原因。

---

〔1〕　郭华主编：《金融证券犯罪案例精选》（第1辑），经济科学出版社2015年版，第5页。

〔2〕　张远煌主编：《犯罪学》，中国人民大学出版社2015年版，第141页。

〔3〕　许章润主编：《犯罪学》，法律出版社2016年版，第33页。

〔4〕　[日]大谷实：《刑事政策学》，黎宏译，中国人民大学出版社2009年版，第46页。

〔5〕　[日]川出敏裕、金光旭：《刑事政策》，钱叶六等译，中国政法大学出版社2016年版，第1页。

金融犯罪原因，是指引起金融犯罪行为或者金融犯罪现象的各种因素。引起金融犯罪行为或者金融犯罪现象的原因是多方面的，既有社会因素，也有个体因素；既有法制因素，也有非法制因素；既有金融系统内部因素，也有金融系统外部因素。正如有美国学者指出的，西方世界正面临金融犯罪率不断上升的狂潮，这一狂潮甚至也可能正席卷世界各地，这些具体的原因包括金融诱惑形式不断翻新和诱惑不断在全球扩散增加、监督不力以及对犯罪者几乎没有惩处或者惩处过轻。[1]金融犯罪属于法定犯，金融犯罪的原因存在一些特殊之处。当然，社会原因在金融犯罪中居于重要地位，"萨庶兰所进行的白领犯罪研究等，均是以犯罪社会学的方法进行的多方面的探索。"[2]因此，要制定有效的金融犯罪对策，前提是揭示金融犯罪的原因。

## 一、社会原因

犯罪的社会原因是指引发犯罪的各种社会因素及其过程，包括宏观层面的政治因素、经济因素和文化因素与微观层面的学校教育因素和家庭环境因素。[3]据此，金融犯罪的社会原因是指引发金融犯罪的各种社会因素及其过程，如经济因素、社会结构因素和文化因素等。

（一）经济因素

"经济条件和潜在的金融犯罪的数量关系是曲线形的，剧烈的经济好转和衰退都会增加权衡犯罪选择的个人和组织的数量。"[4]显然，金融犯罪与经济形势、金融体制密切相关，"新旧经济体制之间的摩擦、矛盾和监控真空，为金融犯罪提供了机会"，[5]并且"我国目前的金融体制改革尚处于'瓶颈'阶段，许多金融犯罪的滋生与金融体制的不完善直接相关"[6]。《2016年度上海金融检察白皮书》指出，金融犯罪与国内外经济形势密切相关，发案形

---

〔1〕 ［美］尼尔·沙福尔、安迪·霍克斯特勒："金融犯罪的成因及控制"，杨洁译，载刘明祥、冯军主编：《金融犯罪的全球考察》，中国人民大学出版社2008年版，第453页。

〔2〕 ［日］大谷实：《刑事政策学》，黎宏译，中国人民大学出版社2009年版，第52页。

〔3〕 许章润主编：《犯罪学》，法律出版社2016年版，第163页。

〔4〕 ［美］尼尔·沙福尔、安迪·霍克斯特勒："金融犯罪的成因及控制"，杨洁译，载刘明祥、冯军主编：《金融犯罪的全球考察》，中国人民大学出版社2008年版，第440页。

〔5〕 刘宪权：《金融犯罪刑法学原理》，上海人民出版社2017年版，第32页。

〔6〕 李永升主编：《金融犯罪研究》，中国检察出版社2010年版，第63~64页。

势依然严峻。在我国经济转型过程中，面临政策调整和增长减速等压力，可能造成一段时间内金融犯罪发案形势依然严峻。[1]当前，我国经济处于转型时期，金融服务市场不够健全，这成为金融犯罪产生的重要根源。例如，一些非法集资案件反映出，一方面许多企业从正规渠道不能以市场价格借到钱，另一方面是地下金融市场极度活跃，但也极度危险。企业对资本的渴求和现有资金供给体制的矛盾已经成为当前经济领域的主要矛盾之一。[2]可见，当前我国涉众型金融犯罪高发，一定程度上是金融制度无法适应现实的需求，有调查指出，受全球经济衰退、国内货币政策从紧的影响，一些中小企业资金紧张，但银行等金融机构信贷门槛高、手续复杂，导致资金供求关系失衡。与此同时，银行存款利率持续走低，大量民间资本缺乏保值增值渠道，二者互相迎合，催化了民间借贷市场的活跃，为涉众型金融犯罪滋生提供了现实"土壤"。[3]当然，金融犯罪的发生并不能否定经济转型的发展趋势，"金融犯罪的产生是由旧经济体制向新经济体制过渡的必要代价。在此意义上，金融犯罪不能归咎于市场取向的体制改革，它不是市场经济的必然产物，但尚未真正建立起平等竞争的市场机制与市场秩序为其提供了可乘之机。"[4]

### （二）社会结构因素

社会结构是指社会中各种社会地位之间相互关系的制度化或模式化体系。[5]作为存在范型的社会结构转型，不是社会某些交往规则、资源系统的局部改变，而是系统整体性的改变。首先，社会结构性转变只是发生于社会历史性转折时期，它是一种生活、存在、交往方式向另一种生活、存在、交往方式的跃迁。其次，结构本身有局部与全局之分，此处社会结构则是作为社会总体存在之结构。最后，在发生了根本变化的社会结构中，原有的某些因素并没有消失，但是它们会在一种新的秩序中获得新的规定、拥有新的功

---

〔1〕　上海市检察院金融检察处："涉互联网金融领域刑事风险上升"，载《检察日报》2017年7月17日，第3版。

〔2〕　越石："吴英案引爆舆论关注"，载《国际融资》2012年第3期。

〔3〕　周绪平、邱勇、游若望："涉众型金融犯罪亟待防范与化解"，载《检察日报》2016年3月20日，第3版。

〔4〕　刘宪权：《金融犯罪刑法学原理》，上海人民出版社2017年版，第33页。

〔5〕　郑杭生、李路路："社会结构与社会和谐"，载《中国人民大学学报》2005年第2期。

能。[1]在社会转型时期，社会结构的改变，成为金融犯罪产生的重要原因。

（三）文化因素

文化表现为人们的价值观、态度、信念、见解、认识等，人的一切有自主意识的行为，都是特定的文化活动。[2]"所谓犯罪的文化原因，是指触引、促发主体实施犯罪，从而与犯罪现象具有因果关系，作为构成主体生存与活动的外部文化背景的诸因素及其过程。"[3]随着我国市场经济的发展，一些人的价值观产生变化，"市场经济模式的确立，使得人们的价值观发生了很大变化，主要表行为过分注重物质利益和极端个人主义。"[4]一些人对财富与金钱形成了片面的观念，"拜金主义""一切向钱看""金钱万能""利己主义"成为某些人的道德观念。在"金钱至上"观念的影响下，一些人企图通过实施金融犯罪获取金钱。可见，从文化层面上而言，"金钱至上""道德失范"[5]是金融犯罪发生的"外部文化背景"。"道德失范"意味着既有的价值观的否定，而新的价值观又未形成，从而导致部分人对是非、善恶的判断模糊不清，"我国是在精神失血和道德缺氧的状态下开始经济狂奔的，旧的道德观念无法适应新的经济发展形态，人们为了获取金钱、获得利润不顾一切铤而走险。"[6]

## 二、立法原因

金融犯罪的立法原因意在探讨金融法律体系的不完善与金融犯罪发生之间的关系。从国内法而言，金融法律体系包括金融法律法规体系和金融刑事法律体系。金融犯罪作为法定犯，刑法的介入应当是行为人的行为既违反金融法律法规，同时又违反刑法，只有在这种"二次违法"的情况下，才可以通过刑法予以规制。

---

〔1〕 高兆明：《道德失范研究：基于制度正义视角》，商务印书馆2016年版，第26~27页。

〔2〕 吴羽："刑事政策的文化基础分析"，载《云南行政学院学报》2011年第2期。

〔3〕 许章润主编：《犯罪学》，法律出版社2016年版，第328页。

〔4〕 赵秉志主编：《防治金融欺诈——基于刑事一体化的研究》，中国法制出版社2014年版，第33页。

〔5〕 "道德失范"指因作为存在意义传统的道德价值及其规范要求，或者缺失、紊乱，或者缺少有效性，不能对社会生活发挥正常的整合调节作用，社会所表现出的道德价值混乱、道德行为失范现象。参见高兆明：《道德失范研究：基于制度正义视角》，商务印书馆2016年版，第29页。

〔6〕 李永升主编：《金融犯罪研究》，中国检察出版社2010年版，第400页。

（一）金融法律法规原因

金融法律法规，是指调整金融关系的民事和行政法律规范的总和。改革开放以来，国家立法部门对金融立法给予了高度重视，迄今已制定了《中国人民银行法》《商业银行法》《票据法》《证券法》《担保法》等法律，当前规范我国金融市场运行的民事和行政法律体系已经建构起来。但是，随着经济体制改革不断深入，以及互联网金融的发展，我国金融法律法规的滞后性开始显现，"与市场经济体制相适应的金融法律制度本身所具有的不完整性和滞后性，也构成了市场经济体制本身的缺陷，为金融犯罪现象的发生创造了空间。"[1]例如，近年来涉 P2P 网络非法集资案件集中爆发，很大程度上是由于互联网金融的创新缺乏相关法律法规的规制，如《网络借贷信息中介机构业务活动管理暂行办法》等规范性文件出台之前，P2P 行业几乎处于无准入门槛、无监管的状态中，投资者无法判断新金融产品的风险和性质，因而给金融犯罪者可乘之机。又如，在金融机构授信审批工作中，具体规范贷款行为的为部门规章，由于部门规章效力层级较低，一定程度上不利于预防与控制金融机构贷款领域中的职务犯罪。因此，与金融业不断地发展以满足社会需求相适应，金融法律法规的立改废应当与时俱进，否则，金融法律法规的滞后性与不完备性将不利于预防与控制金融犯罪。

（二）金融刑事法律原因

1997 年《刑法》专门规定了金融犯罪，我国金融刑法得以建构起来，这对于惩治金融犯罪具有重要的意义。但是，1997 年《刑法》仍受制于计划经济思维，同时，当前金融犯罪呈现新的特征，一些金融刑法存在无法有效惩治金融犯罪的问题。笔者试举例说明之：①关于《刑法》的规定与金融法律的规定不协调的问题。例如，《刑法》与《证券法》的有关规定存在诸多不一致的地方，这无疑影响到司法实践的统一。②关于罪名除罪化的问题。例如，高利转贷罪、非法吸收公众存款罪在很大程度上是金融垄断的产物，这两个罪名对民间融资行为进行否定性的评价，已经不符合当前金融市场逐步开放的客观需求，很多人呼吁取消上述两个罪名，或者至少应当限缩适用。

---

〔1〕 赵秉志主编：《防治金融欺诈——基于刑事一体化的研究》，中国法制出版社 2014 年版，第34页。

又如，伪造、编造、转让金融机构经营许可证、批准文件罪，伪造、变造股票、公司、企业债券罪，擅自发行股票、公司、企业债券罪属于单纯秩序不法，缺乏法益侵害，应当予以"去罪化"。[1]③关于犯罪主体的问题。《刑法》规定了大多数金融犯罪的单位犯罪主体，但货币犯罪、妨害信用卡管理罪、利用未公开信息交易罪、贷款诈骗罪、信用卡诈骗罪、有价证券诈骗罪等未规定单位犯罪主体，实践中，单位亦有可能实施上述犯罪活动；《刑法》没有规定逃汇罪的自然人犯罪主体，而自然人也可能实施逃汇罪。④关于定罪量刑要件的问题。在规定金融犯罪的《刑法》条文中，定罪量刑要件主要为"情节严重""情节特别严重""造成严重后果""情节特别恶劣"等，公安部、最高人民检察院、最高人民法院出台了一些部门规章、司法解释和司法解释性质的文件，但仍不够完善和具体，这易导致司法实践的不统一，而且公安部、最高人民检察院制定的立案追诉标准，是否能作为定罪量刑标准，也存有争议。⑤关于罚金刑的问题。《刑法》对单位实施高利转贷、伪造、变造金融票证、操纵证券、期货市场、违法发放贷款等犯罪活动规定了罚金刑，"这种只对自然人犯罪规定具体的罚金数额而对单位犯罪不作规定的情况，很难从理论上加以解释，因而两者之间存在不协调的问题。由于这一不协调的存在，实践中就很难掌握标准，特别是对单位判处罚金时，究竟应该是重于还是轻于对自然人判处的罚金刑，难以作出决策。"[2]同时，有的罚金刑数额与犯罪所得形成巨大落差，并不利于威慑金融犯罪者，如编造并传播证券、期货交易虚假信息罪罚金为"1万元以上10万元以下"，这与期货犯罪涉案金额动辄数亿、数十亿元不成比例，刑罚与犯罪并不对称。⑥关于资格刑的问题。金融从业人员实施金融犯罪占有较大的比重，对金融犯罪者实行"从业禁止"有助于预防金融犯罪，但《刑法》的规定并不明确。⑦关于金融犯罪立法技术的问题。在金融市场中，维护市场流通能力与市场的创新自由是发展金融市场的前提，因而金融市场中的刑事立法无法采用明确的、限制性的立法技术方式，而是更多运用了"引证罪状"或"空白罪状"的表达方式。这使得一些案件的法律适用问题缺少明晰的罪刑规定，并由此造成司法

---

[1] 孙国祥："经济刑法犯罪化须秉承审慎精神"，载《检察日报》2017年12月11日，第3版。
[2] 刘宪权：《金融犯罪刑法学原理》，上海人民出版社2017年版，第79~80页。

适用中的困难。[1]当然，目前学界和实务界对金融刑法领域中的争论并非仅仅如上所列举的方面，金融犯罪作为法定犯，意味着金融刑法必然会随着经济制度和金融市场的发展而不断变化，由此也会带来对现行金融刑法规定的争议。另外，在金融犯罪的刑事程序法方面，同样存在一些困境，如金融犯罪案件的侦查和诉讼所需时间一般比其他刑事案件要长，然而《刑事诉讼法》并没有根据这一事实进行合理调整，增加了司法机关的办案压力和消极情绪。[2]

## 三、刑事司法原因

如果应对金融犯罪的刑事司法功能不彰，一方面有可能放纵金融犯罪分子，致使金融犯罪危及金融业的健康发展，另一方面亦有可能因简单的重刑主义立场下妨害金融创新的积极性，从而背负扼杀金融市场发展的"恶名"。国外应对金融犯罪的司法存在不足，[3]我国亦是如此，这是金融犯罪未能得到有效遏制的原因之一。金融犯罪具有欺骗性、隐蔽性、专业性、智能性、预谋性、网络化、手段多样化、国际性等诸多特征，这使得应对金融犯罪的刑事司法面临巨大挑战，如办案人员面临着"发现难、查证难、认定难"的难题。

第一，金融犯罪案件案发周期一般较长，案件侦破难度较大。例如，江苏省镇江市检察院对 2013~2016 年全市检察机关办理的金融犯罪案件调研显示，由于被害人早期有利可图，不到东窗事发往往不会主动举报，导致案发周期长，一般案发时间为 2 年以上，其中 8 起案件案发时间长达 5 年以上。[4]由于金融犯罪潜伏期长，公安机关在立案侦查时，一些犯罪分子已经挥霍或转

---

〔1〕 毛玲玲：《金融犯罪的实证研究——金融领域的刑法规范与司法制度反思》，法律出版社 2014年版，第 7~8 页。

〔2〕 刘宪权：《金融犯罪刑法学原理》，上海人民出版社 2017 年版，第 36 页。

〔3〕 在美国，调查和起诉金融犯罪面临着技术挑战，调查员可能欠缺充分调查金融犯罪的专门知识和技术。为调查金融犯罪，经常需要由各个机构人士组成任务小组，但要明确责任人并证明其有犯罪故意很困难，公诉人常常会选择民事起诉部分，因民事诉讼胜诉所需要的证明标准相对较低。参见［美］尼尔·沙福尔、安迪·霍克斯特勒："金融犯罪的成因及控制"，杨洁译，载刘明祥、冯军主编：《金融犯罪的全球考察》，中国人民大学出版社 2008 年版，第 452 页。

〔4〕 周绪平、邱勇、游若望："涉众型金融犯罪亟待防范与化解"，载《检察日报》2016 年 3 月 20日，第 3 版。

移赃款、毁灭证据，甚至逃匿，尤其是互联网金融犯罪的背景下，证据的收集、固定面临更多的挑战。同时，近年来，伴随着非法集资犯罪等金融犯罪高发，与之相配套的洗钱、掩饰隐瞒犯罪所得、犯罪所得收益犯罪案件也频频出现，加大了案件侦查和追赃挽损的难度。如当前信用卡等犯罪与网络黑产结合，已经形成较为完整的犯罪链条，不法分子形成申领改装 POS 机、盗取持卡人信息、制作伪卡、买卖他人信用卡、盗刷他人信用卡等专业分工，各个环节人员"各司其职、紧密合作"，查处打击难度很大。[1]

第二，刑事司法专业化不足。金融犯罪案件的查办涉及金融、金融法、财税法、刑法、刑事诉讼法、计算机等不同学科知识体系，不少办案人员面临知识结构上的不足。例如，在侦查环节，金融案件的侦办依托于刑侦部门，办案民警通常并不具备专业的金融知识，导致所收集的证据与定罪标准有一定差距。[2]实践中，金融犯罪侦查队伍结构又经常变动，有时由经侦支队独立办案；有时从派出所调取警力组成专门小组办案；有时又将案件指标下发各派出所完成，客观上造成了新型的金融案件因办案人员的专业知识及经验不足而未能及时发现或者未能准确、全面地收集、固定证据，造成后续追究刑事责任的困难。[3]同时，金融领域的罪名更多采用了法定犯的方式，罪刑规范中空白罪状的内容需要运用刑法解释——这使金融法律法规和刑法的规定能够互相衔接。由于法律规范本身不明确，而在成文法国家，留给司法人员创造裁判规则的司法能动空间有限，因此，无论是对行为性质究竟属于合法还是违法的金融司法审查能力、属于有罪还是无罪的金融刑事裁判能力都不够完善，无法及时、高效地判定案件性质。[4]可见，金融犯罪具有专业性的特征，而办案人员又缺乏专业素养，如在检察环节，截至 2009 年年底，上

---

〔1〕 上海市检察院金融检察处："涉众型金融犯罪风险容易扩散叠加"，载《检察日报》2018 年 7 月 27 日，第 3 版。

〔2〕 吴美满、庄明源："金融犯罪案件认罪协商制度的完善"，载胡卫列、董桂文、韩大元主编：《2017 年认罪认罚从宽制度的理论与实践——第十三届国家高级检察官论坛》，中国检察出版社 2017 年版。

〔3〕 潘玲华："金融犯罪查证困局及破解对策研究"，载《犯罪研究》2015 年第 4 期。

〔4〕 毛玲玲：《金融犯罪的实证研究——金融领域的刑法规范与司法制度反思》，法律出版社 2014 年版，第 327~328 页。

海市检察机关共有 3604 人，其中有金融相关学历者仅 183 人，[1]这导致办案人员在查办金融犯罪时面临取证难、法律适用难、办案成本高的问题，如区分罪与非罪、此罪与彼罪，以及金融创新和金融违法犯罪的界限等方面的新挑战，而办理互联网金融犯罪还面临着电子证据的收集与固定问题。对此，最高人民检察院公诉厅有关负责人指出，金融犯罪案件专业性强，作案手段隐蔽，需要办案人员具有专业的金融知识，并且往往涉及大量电子数据极易毁损、流失，案件发生以后，收集、固定证据和证明等方面的难度和投入的司法成本远高于其他案件。[2]而且部分办案人员对金融犯罪的危害性认识不足，这在一定程度上使专业化不足的负面效应被进一步的扩大。

第三，针对金融犯罪的行政执法与刑事司法衔接机制不够有效。实践中，金融监管部门与刑事司法部门的衔接机制仍需进一步的完善。例如，中国证监会有关负责人曾指出，证券稽查执法部门的组织框架以及行政稽查与刑事司法衔接的工作流程与运行模式，还存在行政调查取证强制力不足、取证困难、行政执法与刑事司法协作机制不完善等困难与挑战。[3]

第四，惩治金融犯罪存在重刑化倾向。在金融犯罪中，刑法以外的事先预防性行为比事后的刑事制裁更为重要，这在西方国家的理论界和司法界是共识。我国绝大多数刑事司法部门仍停留在"打击是对付犯罪的主要手段"的传统思想上，预防意识淡薄。[4]例如，在金融诈骗犯罪中，信用卡诈骗犯罪（主要为恶意透支型信用卡诈骗犯罪）占到案件总数的80%以上，这与信用卡诈骗罪入罪门槛低有关联，在司法裁判环节，由于未能坚持宽严相济的刑事政策，导致信用卡诈骗罪呈高度犯罪化的态势。

第五，查办金融犯罪案件时受到地方保护主义的干扰。实践中，在查办金融犯罪案件过程中，可能由于地方保护主义、腐败和误解等各方面的原因，司法机关面临着各种压力：通风报信、层层设防、说情打招呼，甚至社会黑

---

〔1〕　毛玲玲：《金融犯罪的实证研究——金融领域的刑法规范与司法制度反思》，法律出版社 2014 年版，第 332 页。

〔2〕　参见周斌、李豪："加快办理证券期货案件进度"，载《法制日报》2015 年 11 月 26 日，第 5 版。

〔3〕　参见林中明："金融检察宜走专业化道路"，载《检察日报》2015 年 9 月 23 日，第 3 版。

〔4〕　刘宪权：《金融犯罪刑法学原理》，上海人民出版社 2017 年版，第 36~37 页。

势力进行恐吓和煽动不明真相的群众聚众闹事等等；接受赃款单位和个人拒绝交出赃款，为追赃设置种种障碍。[1]可见，在办理金融犯罪案件时，办案人员面临较大的阻力。

第六，金融犯罪社会影响大，处理不当易引发区域性风险，这一定程度上不利于刑事司法功能的实现。当前很多金融犯罪案件涉案值巨大、社会影响面广，尤其是一些涉众型金融犯罪案件，涉及众多投资者利益，一旦处理不当，易引发区域性风险。实践中，一些涉众型金融犯罪案件追赃减损率却普遍偏低，有研究指出，多数案件的资金返还比例在10%～30%左右，这是此类案件多出现集体上访的重要原因。[2]例如，上海法院2013年审结的22件非法集资犯罪案件，涉案金额4亿余元，投资人、被害人2000余人，将近2.4亿余元赃款未追回。[3]

## 四、金融监管原因

金融体制是指一国划分金融管理机构和金融业务机构的法律地位、职责权限、业务范围，协调彼此之间的活动及相互关系而形成的制度体系。[4]现代国家的金融体制包括金融机构体系、金融市场体系、金融监管体系、金融调控体系等内容。金融体制的完备有助于维护金融秩序、防范金融风险、保护投资者利益等；如果金融体制存在问题，其负面效应也是巨大的。在金融体制中，一套富有成效的金融监管体系是防控金融违法犯罪的前提。金融监管是金融监督和金融管理的简称，它是指"金融监管主体为实现监管目标而利用各种手段和措施对监管对象所采取的一种有意识的、主动的干预和控制活动"[5]。按照金融监管主体的划分标准，金融监管存在狭义和广义之说，狭义上的金融监管主要是指国家有关监管主体实施的监管活动；广义上的金融监管还包括金融机构内部自我监管、金融行业自律性组织的监管以及其他

---

〔1〕 刘宪权：《金融犯罪刑法学原理》，上海人民出版社2017年版，第36页。

〔2〕 非法集资犯罪问题研究课题组："涉众型非法集资犯罪的司法认定"，载《国家检察官学院学报》2016年第3期。

〔3〕 卫建萍、严剑漪："上海高院通报金融典型案例"，载《人民法院报》2014年4月3日，第3版。

〔4〕 朱大旗：《金融法》，中国人民大学出版社2015年版，第19页。

〔5〕 朱大旗：《金融法》，中国人民大学出版社2015年版，第89～90页。

社会中介组织的监管。

我国当前的金融监管体制，属于集权多头式。2003 年之前是由中国人民银行、中国证券监督管理委员会（以下简称"中国证监会"）、中国保险监督管理委员会（以下简称"中国保监会"）三方共同承担着对我国金融业的监管职责，即中国人民银行主要负责银行、信托业的监管；中国证监会主要负责证券市场、证券业和投资基金的监管；中国保监会主要负责保险市场和保险业的监管。2003 年 4 月 28 日，中国银行监督管理委员会（以下简称"中国银监会"）成立，承担了原由中国人民银行承担的监管职责，监管权限高度集中于中央政府。[1]应该说，"一行三会"的监管模式对于防控金融犯罪起到了重要作用。但是，金融监管在各国都是棘手的问题。在美国，金融诱惑的增长速度超过了对其监督的技术手段的发展，而且监督机构及其人员的腐败进一步妨碍和降低了监督的有效性。[2]在我国，金融业正处于一个急速发展的时代，而金融监管却赶不上金融发展的步伐，这是金融犯罪高发的重要原因，"在金融犯罪中，金融管理层面的原因可能不是决定的，但是它的存在为金融犯罪的发生提供了条件，并且弱化了对金融犯罪行为的惩罚机制和社会抗制机制"，[3]还有学者认为，"金融犯罪的主要诱因是金融市场存在着监管滞后、治理不当等缺陷。"[4]在我国分业监管的模式下，一方面，在金融业的发展过程中，无论是金融品种还是金融交易方式的创新，都存在许多审核环节；另一方面，这种多头审核使各层级及各行业的金融监管之间，存在衔接不力的情况。一些案件反映，某种金融品种是隶属银行还是保险业抑或证券业，界限十分不明确。"一行三会"的分业监管模式针对性强，但难免形成监管空白地带，尤其对新兴金融品种或游离于监管之外的模糊性行为，往往监管权限不明确，难以进行有效监管。[5]而且，当前互联网金融的发展已

---

〔1〕　黄达编著：《金融学》，中国人民大学出版社 2012 年版，第 696 页。

〔2〕　［美］尼尔·沙福尔、安迪·霍克斯特勒："金融犯罪的成因及控制"，杨洁译，载刘明祥、冯军主编：《金融犯罪的全球考察》，中国人民大学出版社 2008 年版，第 452 页。

〔3〕　刘宪权：《金融犯罪刑法学原理》，上海人民出版社 2017 年版，第 34 页。

〔4〕　李娜、赵辉："防控金融犯罪的刑事政策研究"，载《北京工业大学学报》（社会科学版）2011 年第 2 期。

〔5〕　毛玲玲：《金融犯罪的实证研究——金融领域的刑法规范与司法制度反思》，法律出版社 2014 年版，第 328 页。

经对我国现有的金融监管体制提出了更高的要求。

同时，金融机构内控机制的不健全也是导致金融犯罪的重要原因。《2016年度上海金融检察白皮书》指出，金融机构内控措施不足、推出新产品时对风险考虑不周，难以有效防范犯罪。部分案件还暴露出金融机构在推出新产品、新业务时，往往重效益轻风控，明显缺乏风险评估和犯罪预防环节。[1]例如，2013 年上海市检察机关受理的针对金融机构 1200 多起案件中，不少案件反映出金融机构内部控制机制存在如下缺陷：①部分银行为提高市场比重而对资信审核不严或过度授信的现象依然严重，大量低信用等级人群透支信用卡后无法还款，造成银行损失；②一些金融机构内部监管、稽核方法手段单调、效果不彰，使一些违规违纪现象长时间未被发现；③一些新型、小型金融机构内部机制不健全，重视市场拓展而忽视法律风险评估与防范；④金融机构间缺乏风险信息共享机制，导致一些具有不良信用记录的人多头授信，转战多家金融机构作案。[2]可见，我国中小型、新型金融机构风险防范意识较弱、监管效果不佳。同时，我国金融犯罪中从业人员实施犯罪的比例较高，但由于金融监管体制缺乏有效性，导致我国金融犯罪"黑数"非常大。实践中，金融部门对其内部人员违法犯罪行为多采取"大事化小、小事化了"的态度，要么调一个工作岗位，要么写一个检讨，扣点奖金，交点罚金，尽量内部消化处理。即使有重大犯罪行为发生，司法机关有时并不知晓，无从追究行为人的刑事责任，犯罪分子便侥幸成了"漏网之鱼"。[3]

## 五、犯罪人原因

犯罪人原因是促使行为人实施犯罪行为的生物、生理、心理等主体的内在素质及其相互关系。犯罪心理因素可以分为非观念层面的因素和观念层面的因素：前者是指导致行为人实施犯罪行为的一切人格、个性因素，诸如情绪、情感、需要和动机、成瘾性、个性、变态心理等；后者是指支配犯罪人

---

〔1〕 上海市检察院金融检察处："涉互联网金融领域刑事风险上升"，载《检察日报》2017 年 7 月 17 日，第 3 版。

〔2〕 上海市检察院金融检察处："信用卡诈骗罪连续五年居首位"，载《检察日报》2014 年 11 月 30 日，第 3 版。

〔3〕 刘宪权：《金融犯罪刑法学原理》，上海人民出版社 2017 年版，第 36 页。

行为的观念及其理据，犯罪人对此具有明确的意识并且信守不渝，诸如价值观、道德观和法律意识等。[1]自刑事实证学派开始，人们越来越强调社会因素在导致、触发行为人实施犯罪行为中的主导作用，但在相同社会、经济、文化等外在环境背景下，有些人实施了犯罪，有些人未实施犯罪，可见，犯罪人因素在一些犯罪的发生中起到关键作用。显然，金融犯罪者在心理方面存在一些特殊之处。

1. 需要和动机原因

动机是基于内在需要和外部刺激而引发的、推动人们去行动的动力。[2]金融犯罪的主要动机是物质追求，行为人在实施金融犯罪时，往往能同时意识到行为的不法性，因而在继续实施该行为，还是放弃该行为产生强烈的内心冲突。有些行为人心存侥幸心理，认为其犯罪行为能够逃避法律惩罚。其实，大多数行为人实施故意犯罪时都存在侥幸心理，但行为人在实施金融犯罪时，其侥幸心理的形成在于：不少行为人为金融从业人员，且具有较高学历，他们自信自己的犯罪技巧和反侦查能力，能够"瞒天过海"。

2. 价值观原因

金融犯罪者在实施金融犯罪时，他们的价值观严重扭曲。一方面，金融犯罪者往往具有贪婪的贪利心理。金融犯罪通常具有"非法占有"的目的，这恰恰表明金融犯罪者的贪利心理，贪利心理是引发金融犯罪的重要心理因素。"尽管从评论的角度看，贪婪是罪魁祸首，银行家及其奖金是核心问题。很显然，规范金融业的一个主要因素就是对利润的追逐。"[3]金融犯罪行为人大多对财富有极强的占有欲和支配欲，一般在追究享乐方面也强于一般人而拥有较多的需要和享乐诱惑；对心理协调机制不强的人来说，心理平衡极易遭受破坏。[4]另一方面，金融犯罪者在成就观上的迷失。当前，对金钱的疯狂追求成为一些人的终极目标，金钱似乎成为一个人是否受到尊重、是否自我现实、是否具有成就的唯一标准，"现代工商社会的悖论在于，成功与善恶

---

〔1〕 许章润主编：《犯罪学》，法律出版社 2016 年版，第 227~245 页。

〔2〕 许章润主编：《犯罪学》，法律出版社 2016 年版，第 231 页。

〔3〕 ［英］史蒂芬·普拉特：《资本犯罪：金融业为何容易滋生犯罪》，赵晓英、张静娟译，中国人民大学出版社 2017 年版，第 204 页。

〔4〕 刘宪权：《金融犯罪刑法学原理》，上海人民出版社 2017 年版，第 37 页。

已经在人们的意识中分解为可以相互割裂开来的评判标准，作恶并不妨碍成名，甚至有助于成名。"[1]司马迁云："天下熙熙，皆为利来；天下攘攘，皆为利往"，然而，"君子爱财，取之有道"，但在成就与善恶割裂的评价体系下，即便采用非法手段获取财富，也是成功的，这些所谓有"成就"的人，当通过非法手段获取财物却未得到应有的法律制裁时，就更加剧了一些人甚至采用犯罪手段追求财富，以满足其所谓的成就感。

3. 道德判断原因

罪责感是道德判断的一种体现。金融犯罪属于法定犯，它不同于自然犯。自然犯是指在一个行为被公众认为是犯罪前，其所必需的不道德因素是对道德的伤害，而这种伤害又绝对表现为对怜悯和正直这两种基本利他情感的伤害。[2]当前，一些人对金融犯罪的道德判断出现了严重偏差。作为白领犯罪，"当罚感和犯罪意识较小的原因根源在于，在追求物质利益的自由竞争的资本主义社会，如果经济上取得了成功，即便采取了伴有一定狡猾色彩的手段，反倒可能有受赞美的倾向；另一方面，犯罪人也容易认为自己是不走运。"[3]可见，现代社会中许多法律具有技术规范的特性，可能进一步克减了道德约束。法律规范的技术性越来越强，比如金融犯罪等，在合法与非法的界线上就越有模糊不清的地方，这一方面使人们容易判断失误，当规则模糊两可之时，人们更容易在进行道德判断时回避道德压力。[4]当前，无论是社会公众，还是犯罪者本人，对金融犯罪都存在道德判断上的偏差。很多行为人在实施金融犯罪时，罪责感很轻甚至没有罪责感，这不同于行为人实施传统自然犯罪后，往往会产生害怕、悔恨的情感，金融犯罪者易回避道德上的压力，受良心的谴责也弱，"道德冒险有别于传统的恶意型犯罪，因此，它的行为人往往对自己的冒险行为进行'合理化解释'，失去了罪恶感等心理体验对犯罪的遏止作用。"[5]而且，对于那些实施杀人、抢劫、绑架的犯罪分子而言，社会公众更容易宽容金融犯罪者。

〔1〕 许章润主编：《犯罪学》，法律出版社 2016 年版，第 241 页。

〔2〕 ［意］加罗法洛：《犯罪学》，耿伟、王新译，中国大百科全书出版社 1996 年版，第 44 页。

〔3〕 ［日］上田宽：《犯罪学》，戴波、李世阳译，商务印书馆 2016 年版，第 285 页。

〔4〕 许章润主编：《犯罪学》，法律出版社 2016 年版，第 242 页。

〔5〕 白建军："金融犯罪的危害、特点与金融机构内控"，载陈光中、［加］丹尼尔·浦瑞方廷主编：《金融欺诈的预防和控制》，中国民主法制出版社 1999 年版，第 105 页。

### 六、被害人原因

犯罪被害因素，是指诱发或强化犯罪行为发生的被害人自身因素和客观因素的总称。[1]在金融犯罪中，被害人包括国家、社会和自然人、单位。[2]金融犯罪被害人原因主要包括两个方面：一方面，贪利原因。在一些金融犯罪案件中，不少投资人淡漠"高收益伴随高风险"的投资规律。一份对安阳市部分参与非法集资受骗人员的心理调查显示，趋利暴富心理类占46.83%，侥幸投机心理类占26.98%，盲从理财心理占13.49%，依赖上访心理类占7.14%，综合与其他类占5.56%。[3]同时，在单位作为受害人的金融犯罪案件中，不少单位为了获取高额利益，往往忽视必要的监管环节。例如，有的单位为了获取高额利益而违反国家金融管理规定，非法向他人出借资金，或者非法将资金储存于不符合规定的单位、机构和个人手中，最后是血本无归。[4]在金融犯罪中，正是由于一些受害人自身的贪利心理，使得犯罪人与受害人之间形成一种互动关系，从而推进了犯罪活动发生。另一方面，防范意识淡薄原因。金融犯罪受害人的防范意识淡薄是金融犯罪发生的重要原因。例如，2016年度上海市静安区金融检察白皮书指出，非法集资类案件中的投资人多为中老年人群。据统计，2/3以上的投资人为45岁以上中、老年人。[5]非法集资类案件的受害人多为老年人，实因老年人往往防范意识不强。同时，不少金融机构也缺乏防范意识，一些本该避免发生的金融犯罪因防范意识淡薄而发生。例如，银行是金融诈骗犯罪的主要被害单位，其中贷款诈骗是被害的主要形式。许多被骗银行放贷前审查不严，对开放项目的前景、贷款人的还贷能力、自由资金等内容不严格审核；放贷后对贷款疏于管理，不关心资

---

〔1〕　康树华、张小虎主编：《犯罪学》，北京大学出版社2011年版，第164页。

〔2〕　并非所有的金融犯罪被害人都存在自然人和单位，如擅自设立金融机构罪的被害人不可能有特定的自然人和单位。本书立足于狭义上的被害人，即自然人和单位（如金融机构）被害人。

〔3〕　李林安："安阳市非法集资人员心理分析与健康干预对策"，载《健康教育与健康促进》2013年第3期。

〔4〕　刘宪权：《金融犯罪刑法学原理》，上海人民出版社2017年版，第38页。

〔5〕　苏双丽等："共商风险对策保障金融创新——静安区检察院发布2016年度金融检察白皮书"，载《上海人大月刊》2017年第6期。

金的流向、项目的建设等问题，致使血本无归。[1]

## 七、金融全球化原因

国际货币基金组织认为，"全球化是指跨国商品与服务贸易及国际资本流动规模和形式的增加，以及技术的广泛迅速传播使世界各国经济的相互依赖性增强。"全球化的概念是 20 世纪提出来的，其首先体现为经济全球化，这是资本跨国界运行的必然结果。"资本具有跨市场、跨国境逐利的天性，国内外经济形势的发展变化都将影响国内金融犯罪的态势"，[2]因此，金融全球化是金融犯罪国际化的重要原因，这也导致金融犯罪的查处难。究其原因，全球化趋势使得货币运动和信用活动发生了更广泛的结合，使得原本以国家主权为基础建构的金融监督体制的有效性大打折扣，导致金融资本在不同国家之间流动过程中不断发生违法和犯罪案件。[3]随着我国对外开放程度的不断加大，金融犯罪也日益呈现国际化的趋势。例如，国际上的不法分子会把侵害目标指向我国金融业，他们会把一些新型的金融犯罪手段带入我国，利用我国金融系统的漏洞和打击金融犯罪经验的不足，大肆进行金融犯罪，使我国蒙受巨大损失。[4]又如，国内的金融欺诈犯罪分子往往在犯罪得逞后将赃款通过各种途径汇往国外或直接携款潜逃国外，利用国家之间刑事合作机制不畅通的障碍，企图逃避刑事责任的追究，给案件的追诉和审判带来一定的难度。[5]金融全球化既是金融业发展的重大机遇，同时也导致金融犯罪更为复杂。

---

〔1〕 刘宪权：《金融犯罪刑法学原理》，上海人民出版社 2017 年版，第 38 页。

〔2〕 上海市检察院金融检察处："涉互联网金融领域刑事风险上升"，载《检察日报》2017 年 7 月 17 日，第 3 版。

〔3〕 张淼："金融犯罪的全球化趋势及法律防范机制研究"，载刘明祥、冯军主编：《金融犯罪的全球考察》，中国人民大学出版社 2008 年版，第 481 页。

〔4〕 徐岱、马宁："论全球化背景下的金融犯罪立法完善"，载刘明祥、冯军主编：《金融犯罪的全球考察》，中国人民大学出版社 2008 年版，第 39 页。

〔5〕 赵秉志主编：《防治金融欺诈——基于刑事一体化的研究》，中国法制出版社 2014 年版，第 94 页。

# 第三章

# 金融犯罪的刑事政策学分析

## CHAPTER 3

"刑事政策"一词源于德语 Kriminalpolitik，法文为 Politique Criminelle，英文为 Criminal Policy。刑事政策思想在东西方可以追溯至远古时代。究其原因，犯罪作为一个社会问题，在人类社会初期就受到统治者的关注，"防止犯罪对策对于社会共同生活来说是必不可少的，因此，可以说，刑事政策在人类社会生活之初便已存在。"[1]金融犯罪的刑事政策学分析是在对金融犯罪现象和原因分析的基础上，探究防治金融犯罪的具体对策。

## 第一节　刑事政策与金融犯罪刑事政策的选择

金融犯罪刑事政策与刑事政策属于种属关系。金融犯罪刑事政策首先要遵循刑事政策的一般原理，同时基于金融犯罪的特殊性，金融犯罪刑事政策的选择也具有其特殊性。

### 一、刑事政策的内涵、历史沿革与内容

现代意义上的刑事政策诞生于资产阶级反对封建刑罚擅断斗争的过程中。自现代意义上的刑事政策等产生以来，人们对刑事政策的内涵、目的、内容展开了深入的探究。

#### （一）刑事政策的内涵解读

刑事政策思想源远流长，何谓刑事政策则是见仁见智。对刑事政策做出一个"放之四海而皆准"的定义绝非易事，"刑事政策的定义呈现出四分五

---

〔1〕 ［日］大谷实：《刑事政策学》，黎宏译，中国人民大学出版社 2009 年版，第 7 页。

裂、支离破碎的特征。"[1]从现代意义上的刑事政策诞生至今，人们对刑事政策概念的认识从狭义的刑事政策观向广义的刑事政策观转变。最狭义的刑事政策的手段为"刑罚手段"；狭义的刑事政策的手段为广义的刑法手段，包括刑罚手段在内的诸如保安处分、缓刑、假释、更生保护等刑事法处分方式；广义的刑事政策手段是指国家和社会应对犯罪行为（包括违法行为和越轨行为）的控制体系的整体。[2]当前，广义刑事政策观得到普遍认可。在国外，随着文化的变迁，尤其是权利、人权、人道主义、法治等文化价值理念的确立，以及市民社会不断发展壮大，刑事政策的概念也随之经历了从最狭义到狭义再到广义的过程，我们从费尔巴哈到李斯特再到米海依尔·戴尔玛斯-马蒂对刑事政策概念的不同界定，可以清晰地看到这种嬗变的过程。[3]在我国，"广义刑事政策观也正慢慢地被人们所接受"[4]。对刑事政策作广义的理解当然是正确的，因为犯罪是由社会造成的，它不仅是法律上的犯罪问题，同时更是严重的社会问题，只靠刑事惩罚不可能取得更大的成效，更不可能根除犯罪；只有从社会着手，以各种社会对策措施与刑事惩罚相配合，才能更好地预防犯罪，所以刑事政策应该是广义的。[5]狭义和广义刑事政策观的区别在于刑事政策主体与手段的不同，即刑事政策主体是国家一元主体，还是国家和社会二元主体；刑事政策手段是限定在刑罚手段之中，还是扩展到宽泛的刑法手段之中，甚至更为广阔社会政策领域。立足于广义刑事政策观，笔者认为，刑事政策是指国家和社会整体应对犯罪问题而采取的各种对策。

与刑事政策密切相关的一个概念是犯罪对策。犯罪对策，就是防止犯罪发生的策略即防止犯罪对策。[6]中外一些学者界定刑事政策时，往往也将其视为应对犯罪的对策。[7]刑事政策经历了从狭义刑事政策观向广义刑事政策观的转变，狭义刑事政策观立足于采用刑法（或刑罚）方法防治犯罪问题，

〔1〕 曲新久：《刑事政策的权力分析》，中国政法大学出版社 2002 年版，第 34 页。
〔2〕 卢建平：《刑事政策与刑法变革》，中国人民公安大学出版社 2011 年版，第 9 页。
〔3〕 吴羽："刑事政策的文化基础分析"，载《云南行政学院学报》2011 年第 2 期。
〔4〕 卢建平：《刑事政策与刑法》，中国人民公安大学出版社 2004 年版，第 131 页。
〔5〕 王牧主编：《新犯罪学》，高等教育出版社 2016 年版，第 231 页。
〔6〕 ［日］大谷实：《刑事政策学》，黎宏译，中国人民大学出版社 2009 年版，第 85 页。
〔7〕 参见［日］川出敏裕、金光旭：《刑事政策》，钱叶六等译，中国政法大学出版社 2016 年版，第 1 页；谢望原、卢建平等：《中国刑事政策研究》，中国人民大学出版社 2006 年版，第 5 页。

其不包含更为广泛的社会政策。因此，有学者将犯罪对策理解为社会政策与刑事政策的总和，"基于国家政策视角，犯罪对策表现为社会政策与刑事政策。社会政策以社会问题的解决为核心，着力于社会稳定、建构社会和谐，由此也使犯罪得以预防与控制；刑事政策直接针对犯罪问题的解决，着力建构合理有效的罪行惩罚，以使犯罪得以更为有效的预防与控制。"[1]可见，如果遵循狭义刑事政策观，则无法包含社会政策，这在某种程度上也是犯罪对策概念得到普遍认可的重要原因。正如有学者指出的是，从原意上看，现在用汉语"刑事政策"所表达的西语，汉语的"犯罪对策"是最接近的，汉语"刑事政策"不能准确地反映原意。西语原意的所谓"刑事政策"包含有政策的意思。但又不仅仅限于"政策"，比"政策"的含义更广，在汉语中，在"对策"的意义上来理解最为合适。西语的刑事政策概念，正是在离开单纯地利用刑法的刑事惩罚而强调社会预防的意义上提出来的。西语的刑事政策概念，其宗旨和核心正是社会预防，没有社会预防的内容，就没有揭示西语刑事政策概念的本质。因此，虽然刑事政策这个术语出现在19世纪，但是，只有到20世纪初的社会预防对策出现后，刑事政策的概念才真正产生。所以，"刑事政策"中的"刑事"理解为"犯罪现象"比较合适；而"政策"理解为"对策"才合适。这样，从汉语上看，西语上的所谓的刑事政策实际应当是犯罪对策。[2]总之，刑事政策作为一种理论与实践，乃至一门学科，肇始于19世纪初。20世纪初开始，广义刑事政策观已经包含社会政策应对犯罪问题的内容。从这个角度上说，广义刑事政策观（或当代刑事政策观）与犯罪对策的内涵与外延大体是一致的。

（二）刑事政策的历史沿革

1. 西方刑事政策的历史沿革

现代意义上的刑事政策诞生于启蒙运动时期，刑事政策"加以自发性认识，则是在欧洲启蒙运动时期才出现的"[3]。启蒙运动在思想文化层面强调人道主义和理性批判。在人道主义理念的指引下，人们开始反思法律的价值，认识到法律的根本目的在于保护人民；理性批判指向既存制度，是以"理性

---

〔1〕 张小虎主编：《犯罪学》，中国人民大学出版社2013年版，第120~121页。

〔2〕 王牧主编：《新犯罪学》，高等教育出版社2016年版，第230页。

〔3〕 ［日］大谷实：《刑事政策学》，黎宏译，中国人民大学出版社2009年版，第7页。

权威反对上帝权威","法律权威反对君主权威",启蒙思想家们从"理性至上"出发,"对中世纪的权威的刑罚制度进行了彻底的批判"[1],尤其对封建刑罚擅断、残酷的非人道的法律制度进行了猛烈地批判。贝卡里亚的刑事政策思想具有强烈的批判性与建构性,他主张罪刑法定,"只有法律才能为犯罪规定刑罚",强调刑罚目的的二元性,"刑罚的目的仅仅在于:阻止罪犯再重新侵害公民,并规诫其他人不要重蹈覆辙",反对滥用死刑,"滥用极刑从来没有使人改恶从善……在一个组织优良的管理体制中,死刑是否真的有益和公正。"[2]费尔巴哈最初使用了"刑事政策"一语,认为人是在对刑罚产生痛苦和犯罪产生的快乐进行合理计算,觉得痛苦更甚的话就会打消犯罪念头的"理性人",因此,刑罚应当通过事先预告痛苦,威吓一般人不要犯罪,这种见解就是"心理强制说"。[3]总体上,刑事古典学派刑事政策思想促进了刑罚轻缓化的改革方向,犯罪控制模式走向文明与现代化。

19 世纪后,自由资本主义开始向垄断资本主义阶段过渡,社会矛盾突出,犯罪问题严重。人们发现,犯罪学的理论研究达到顶峰,但犯罪问题空前的严重。奥古斯特·孔德创立了实证主义哲学,实证主义研究方法从自然科学领域进入社会科学领域,最终也促成刑事实证学派的诞生。龙勃罗梭开创了利用生物学与遗传学研究犯罪原因,他认为要揭示犯罪的本质,应从犯罪、行为的角度转移到罪犯、行为人的角度上。李斯特以犯罪是基于个人和社会二者的原因而产生的二元说为基础,主张由于社会原因而产生的犯罪应以社会政策,由于个人原因而产生的犯罪应以对犯罪人的改造来处理。[4]李斯特提出的"最好的社会政策,也就是最好的刑事政策"具有深远的影响。刑事实证学派并不坚持古典学派的报应刑理论,而是强调目的刑理念。然而,受到社会连带思想的影响,欧洲大陆一些国家基于维护社会秩序的需要,刑事政策开始从批判性走向防卫性。社会防卫论的目的在于惩罚、打击犯罪和保护社会。但是,社会防卫运动似乎并未找到既保护社会安全又保护个人权利

---

〔1〕 [日]大谷实:《刑事政策学》,黎宏译,中国人民大学出版社 2009 年版,第 9 页。

〔2〕 [意]切萨雷·贝卡里亚:《论犯罪与刑罚》,黄风译,商务印书馆 2017 年版,第 15、45、48 页。

〔3〕 [日]大谷实:《刑事政策学》,黎宏译,中国人民大学出版社 2009 年版,第 9 页。

〔4〕 [日]大谷实:《刑事政策学》,黎宏译,中国人民大学出版社 2009 年版,第 47 页。

的方法，"龙勃罗梭、菲利、李斯特等人基于犯罪原因论、目的论、教育刑论等学说思想提出的刑事政策既具有古典学派的刑事政策所不具有的科学性和合理性，但也存在着法治和人权保障方面的致命缺陷。"[1]社会防卫运动对于刑事古典学派的批判与背离，使其最终失去了终极价值的指引，为功利主义所用而走向了极端。

实证主义的刑事政策存在着法治和人权方面的致命缺陷，这种缺陷很快显露并为实践所证明。1930年的意大利刑法典和1935年经希特勒修订的刑法典扩大了政治犯的概念，规定对于社会有危险的人，不论是否实行犯罪都可以适用保安处分，广泛适用类推，等等。[2]社会防卫思想被法西斯所利用，成为残害民众的工具。因此，人们开始反思实证学派的缺陷，古典自然法思想重新被提倡。马克·安塞尔倡导的新社会防卫理论是"一场人道主义的刑事政策运动"[3]，"社会防护，特别是在其确立之初，与其说是一种理论，不如说是一场对刑事政策的思想运动和改革运动，也就是说，要合理地组织对犯罪的反应。"[4]新社会防卫运动主张"刑法不是唯一的，甚至也不是主要的对付犯罪的工具"，刑法应该强调"人权保障机能而非威慑机能"等，刑事政策的理论与实践出现了"非犯罪化""非刑罚化""罪犯重新社会化"的趋势。同时，新社会防卫运动主张犯罪人有"复归社会"的权利，国家应该尊重个人，反对死刑等。新社会防卫运动试图融合刑事古典学派与刑事实证学派两者的优越之处，尝试找到解决保护个人权利与维护社会安全之间矛盾的方法，从而"合理地组织对犯罪的反应"。

当代西方国家的刑事政策呈现出两极化、社会化、人道化、国际化的发展趋向。[5]刑事政策的两极化对各国刑法改革产生了深远影响，它被认为是现代西方国家刑事政策的基本走向。两极化的刑事政策表现为"轻轻重重"，即对于轻微犯罪及某种程度上有改善可能性者，采取宽松的刑事政策，而对

---

〔1〕　梁根林：《刑事政策：立场与范畴》，法律出版社2005年版，第1页。

〔2〕　卢建平：《刑事政策与刑法》，中国人民公安大学出版社2004年版，第55页。

〔3〕　格拉玛提卡是激进社会防卫论的代表人物，其提出否定整个刑法体系的社会防卫思想受到很大的质疑。

〔4〕　马克·安赛尔："从社会防护运动角度看西方国家刑事政策的新发展"，王立宪译，载《中外法学》1989年第2期。

〔5〕　卢建平主编：《刑事政策学》，中国人民大学出版社2013年版，第72页。

于重大犯罪及危险犯罪，采取严格的刑事政策。[1]西方国家两级化刑事政策的产生与发展的背景在于：20世纪70年代以来犯罪问题日趋严重，而教育刑、矫治刑却不能有效地应对犯罪问题。两级化刑事政策并不是放弃轻缓的刑事政策，在一定程度上表现在为"轻者更轻""重者更重"。"现代西方国家采取两极化刑事政策，是经过理性反思之后所实行的一种比较科学的社会公共政策，这种理性反思主要体现在它首先坚持了现代刑事政策的基本理念、严格限制重重政策的界限范围、进一步保持对重重政策的再反思。"[2]刑事政策的两极化表明，新社会防卫运动不得不面对理想与现实之间的考验。

综上所述，刑事政策的产生和发展与犯罪现状及理念学说存在密切的关联。当今世界仍面临着新的犯罪压力，犯罪形式和手段也有新的变化，相关理论学说也处于不断创新的过程中。若从人类文明发展的趋势上分析，刑事政策的发展方向仍为轻缓化。

2. 我国刑事政策的历史沿革

中国传统文化总体特征是外儒内法，政治文明层面是国家主义，社会文明层面是家族主义，国家主义与家族主义本质上是同构的，都是一种义务本位文化，这种文化基础下的中国传统社会刑事政策思想表现在三个方面：其一，因时而变的刑事政策思想，即指依社会形势的不同，采取相应的刑事策略。《周礼》记载："大司寇之职，掌建邦之三典，以佐王刑邦国，诘四方，一曰，刑新国用轻典；二曰，刑平国用中典；三曰，刑乱国用重典。"[3]因时而变的刑事政策思想表现出重刑主义和刑罚轻缓化两种倾向，"世轻世重"与"畸轻畸重"在中国历史上犹如一部反复弹奏的变调曲。商鞅是重刑主义的倡导者，他认为："行罚，重其轻者，轻者不至，重者不来，此谓以刑去刑，刑去事成。罪重刑轻，刑至事生，此谓以刑致刑，其国必削。"[4]《唐律疏议》规定："德礼为政教之本，刑罚为政教之用，犹昏晓阳秋相须而成者也"，这又体现了"慎刑""轻刑""恤刑"的刑罚轻缓化思想。其二，刑罚不平等的刑事政策思想，它在国家层面上表现为"礼不下庶人，刑不上大夫"，在社会

---

〔1〕 卢建平主编：《刑事政策学》，中国人民大学出版社2013年版，第73页。
〔2〕 魏东主编：《刑事政策学》，四川大学出版社2011年版，第267页。
〔3〕 《周礼·秋官司寇·大司寇》。
〔4〕 《商君书·靳令》。

层面上表现为"准五服制罪"，这种依据身份与血缘尊卑的不同采取同罪异罚的刑罚措施，体现了刑罚的不平等。其三，罪刑擅断的刑事政策思想，这种思想主要体现在原心论罪与比附论罪上。原心论罪源于"春秋决狱"，实质上是审判者依据伦理纲常来定罪量刑。比附论罪是指断罪时可以比照类似的罪条以定其罪，如"其有法者以法行，无法者以类举，听之尽也"[1]。但封建伦理道德往往被审判者根据个人喜好而随意解释，这是导致传统社会冤假错案大量发生的重要原因。

新中国成立以来，为了有效应对犯罪问题，逐步形成了一些具有中国特色的刑事政策，如惩办与宽大相结合、社会治安综合治理、"严打"等，"宽严相济"是当前我国的基本刑事政策。宽严相济的涵义是：针对犯罪的不同情况，区别对待，该宽则宽，该严则严，有宽有严，宽严适度；"宽"不是法外施恩，"严"也不是无限加重，而是要严格依照《刑法》《刑事诉讼法》以及相关的刑事法律，根据具体的案件情况来惩罚犯罪，做到"宽严相济，罚当其罪"。[2]质言之，宽严相济刑事政策就是要"根据犯罪的具体情况，实行区别对待，做到该宽则宽，当严则严，宽严相济"。

（三）刑事政策的目的与内容

作为一种理论与实践，刑事政策的目的是什么？"刑事政策目的就是减少犯罪和尽可能地缩小犯罪存在的范围，并逐渐减少和消除犯罪"[3]，"刑事政策的核心是防止犯罪的国家活动，防止犯罪包括犯罪预防和犯罪抑制两方面……刑事政策的终极目的是维护社会秩序，即促进构成社会的个人和团体之间的和谐、维护社会安全、保障国民安定地生活。"[4]质言之，刑事政策目的是预防、减少和控制犯罪、维护社会共同利益。[5]为了实现刑事政策的目的，采用何种对策则涉及刑事政策的手段，"在将犯罪行为作为不当行为并处

---

〔1〕《荀子·王制》。

〔2〕高铭暄："宽严相济刑事政策与酌定量刑情节的适用"，载《法学杂志》2007 年第 1 期。

〔3〕王牧主编：《新犯罪学》，高等教育出版社 2016 年版，第 231 页。

〔4〕［日］大谷实：《刑事政策学》，黎宏译，中国人民大学出版社 2009 年版，第 4 页。

〔5〕西方学者从资本主义国家社会学的注明观点出发，认为犯罪是社会永恒存在的不能消灭的必然现象；社会主义国家的学者则认为，犯罪是种历史现象，它不是从来就有的，也不是永恒存在的；它是从奴隶制社会才开始出现，到共产主义就将消灭，是阶级社会特有的现象。参见王牧主编：《新犯罪学》，高等教育出版社 2016 年版，第 231~232 页。

罚责任者的同时，也要面向将来，接受以防止犯罪行为为目的的社会反应。其中最主要的表现是刑罚和保安处分，但除此之外，还有很多制度和诸多社会性功能围绕着犯罪运转"[1]，立足于广义刑事政策观，"从刑事政策的手段看，现代刑事政策包括两大方面：刑事惩罚政策和社会预防政策。"[2]

### 1. 刑事惩罚政策

刑事惩罚政策是指国家机关运用刑事法律与违法犯罪作斗争的一切手段、方法和措施。这些活动可以划分为刑事立法政策、刑事司法政策和刑事执行政策。[3]古今中外，人们在应对犯罪问题时首先或者主要采用的就是刑事惩罚政策，"从历史上看，刑事惩罚政策是最先产生的刑事政策，在很长的历史时期中，它几乎成为唯一的刑事政策。"[4]在国外，强调主要通过刑事手段预防与控制犯罪得到很大的认可，日本学者大谷实认为，作为政策的刑事政策是指国家机关以预防和抑制犯罪为主要目的而在立法、司法及行政方面的一些措施。例如，以抑制犯罪为目的的刑罚法规的制定；警察或者检察机关对所发生的犯罪的调查；法院对事件的判断；行刑；防范活动以及保安处分等犯罪防止活动。[5]

### 2. 社会预防政策

犯罪的社会预防是指消除和削弱形成人的消极个性的引起犯罪的原因、条件和因素，从而防止和较少犯罪的社会活动。[6]社会预防措施可以划分为一般预防措施（如社会改革、社会政策）、专门预防措施（如环境设计、社区参与、群众自治、单位自我管理等）和个别预防措施（如培养健全人格等）。[7]贝卡里亚指出："预防犯罪比惩罚犯罪更高明，这乃是一切优秀立法的主要目的。"[8]当然，我们强调"最好的社会政策，也就是最好的刑事政策"并非否定刑事政策中的刑法（或刑罚）手段，在应对犯罪的各种对策中，刑法方

---

〔1〕 [日]上田宽：《犯罪学》，戴波、李世阳译，商务印书馆 2016 年版，第 122~123 页。
〔2〕 王牧主编：《新犯罪学》，高等教育出版社 2016 年版，第 232 页。
〔3〕 王牧主编：《新犯罪学》，高等教育出版社 2016 年版，第 232~233 页。
〔4〕 王牧主编：《新犯罪学》，高等教育出版社 2016 年版，第 232 页。
〔5〕 [日]大谷实：《刑事政策学》，黎宏译，中国人民大学出版社 2009 年版，第 15 页。
〔6〕 王牧主编：《新犯罪学》，高等教育出版社 2016 年版，第 234 页。
〔7〕 王牧主编：《新犯罪学》，高等教育出版社 2016 年版，第 253~268 页。
〔8〕 [意]切萨雷·贝卡里亚：《论犯罪与刑罚》，黄风译，商务印书出版社 2017 年版，第 109 页。

式仍旧是最为基础和重要的。正如米海依尔·戴尔玛斯-马蒂所指出的，刑法依然存在，依然是刑事政策的最重要的核心、最高压区和最亮点；但在刑事政策的领域里，刑法实践并不是一枝独秀的，而是被其他的社会控制的实践所包围着。[1]

## 二、金融犯罪刑事政策的内涵与内容

立足于广义刑事政策观，金融犯罪刑事政策是指国家和社会整体应对金融犯罪问题而采取的各种对策。金融犯罪刑事政策的目的是预防、减少和控制金融犯罪、维护金融管理秩序、保障金融市场的健康运行。金融犯罪至少目前是不可能完全消灭的，但是我们可以通过掌握金融犯罪的特点和原因，制定有效的各种对策，从而预防、减少和控制金融犯罪，将金融犯罪稳定在一定的水平上。同样，金融犯罪刑事政策主要包括刑事惩罚政策和社会预防政策。

### 1. 金融犯罪的刑事惩罚政策

金融犯罪的刑事惩罚政策是国家机关运用刑事法律与金融犯罪作斗争的各种犯罪对策，即刑事立法政策、刑事司法政策和刑事执行政策。金融刑事立法政策是指国家权力机关根据金融犯罪状况依法创制、修改金融刑事法律规范的活动，广义上而言，最高司法机关或者其他国家机关颁布的有关金融犯罪问题的司法解释或司法解释性质的文件也属于金融刑事立法政策的范畴。金融刑事司法政策是指国家有关机关针对金融犯罪采取的侦查、起诉、审判的司法活动。金融刑事执行政策是指司法行政部门教育改造金融罪犯的活动。在强调金融犯罪的刑事惩罚政策的同时，也应认识到，金融犯罪作为法定犯，刑事惩罚政策的应用要"有所为、有所不为"。防治金融犯罪应慎用刑事惩罚政策，但这并非否定刑事惩罚政策的核心地位，例如，"金融欺诈犯罪作为一种犯罪的类型，刑罚是惩治该类犯罪的主要手段。"[2]金融犯罪的刑事惩罚政策依然是"最重要的核心、最高压区和最亮点"，但它"并不是一枝独秀的"。

---

〔1〕　[法] 米海依尔·戴尔玛斯-马蒂：《刑事政策的主要体系》，卢建平译，法律出版社2000年版，第1页。

〔2〕　赵秉志主编：《防治金融欺诈——基于刑事一体化的研究》，中国法制出版社2014年版，第87页。

2. 金融犯罪的社会预防政策

金融犯罪的社会预防政策是指消除和削弱形成人的消极个性的引起金融犯罪的原因、条件和因素，从而防止和减少金融犯罪的社会活动。例如，完善金融监管体制就是预防金融犯罪的重要对策，"在金融制度改革中预防犯罪必然是研究金融犯罪的重中之重。预防金融证券违法犯罪需要完善金融证券的风险控制机制，这不仅需要从侧重于案件发生之后的调查取证、处理工作着手，更为重要的是加强金融犯罪的预防，建立金融的安全防范体系，以免危害金融安全的各种违法犯罪乘虚而入。"[1]

## 三、金融犯罪刑事政策的选择

法国著名犯罪学家马克·安塞尔认为："刑事政策是由社会，实际上也就是由立法者和法官在认定法律所要惩罚的犯罪，保护'高尚公民'时所做的选择。"[2]我国学者陈兴良教授也认为："刑事政策意味着一种'选择'，这种选择的结果将在极大程度上影响刑事立法。"[3]无疑，刑事政策的选择首先面临的是客观的犯罪问题，而这种选择又是由经济、社会、政治、文化等因素所决定的。[4]面对金融犯罪问题时，应当选择怎样的刑事政策？这无疑是值得审慎思考的问题，因为金融犯罪刑事政策的选择将直接影响到金融刑事立法、刑事司法与刑事执行活动。

我国金融刑事法体系的建构以 1997 年《刑法》的颁布为标志。1997 年《刑法》颁布之际，我国已经由计划经济时代转向市场经济时代，但在金融领域仍受制于计划经济思维的影响，强调金融垄断立场，"在我国治理金融犯罪实践的初期……立法者选择了金融管理本位主义，于是将所有金融犯罪都看作是对金融管理秩序的破坏，金融诈骗也不例外"，"一旦奉行金融管理本位主义的刑事政策，就不可能不选择国有金融机构保护主义"，[5]这也是对擅自设立金融机构、高利转贷、非法吸收公众存款等行为纳入刑法规制的经济背

---

〔1〕 郭华主编：《金融证券犯罪案例精选》（第 1 辑），经济科学出版社 2015 年版，第 7 页。
〔2〕 卢建平：《刑事政策与刑法》，中国人民公安大学出版社 2004 年版，第 25 页。
〔3〕 陈兴良：《走向哲学的刑法学》，法律出版社 1999 年版，第 451 页。
〔4〕 吴羽："刑事政策的文化基础分析"，载《云南行政学院学报》2011 年第 2 期。
〔5〕 刘远："我国治理金融犯罪的政策抉择与模式转换"，载《中国刑事法杂志》2010 年第 7 期。

景和金融政策基础。同时，我国刑事政策思想中存在重刑主义的传统，"我国当前法制现实中普遍存在的刑法工具主义、刑法万能主义以及重刑主义倾向以及弥漫在公众和立法者、司法中的情感逻辑思维。"[1]因此，当面对金融犯罪高发时，刑事立法就倾向于"治乱世用重典"，从《关于惩治骗购外汇、逃汇和非法买卖外汇犯罪的决定》到 7 个刑法修正案[2]都涉及对金融犯罪的修正，如增设罪名、降低入罪门槛、加大惩治力度等。而且金融犯罪的主刑设置仍然较为严厉，如无期徒刑规定在多个罪名中。同时，在刑事司法方面，由于坚持严惩的立场，诸如对信用卡诈骗犯罪认定方面呈现高度犯罪化的倾向。当然，金融犯罪刑事政策也存在另一种转向，就是逐步废除金融犯罪的死刑。《刑法修正案（九）》废除了集资诈骗罪的死刑，至此，我国的金融犯罪均已没有死刑。无疑，这是我国近年来对死刑政策理性反思的结果，作为一种经济犯罪，对金融犯罪适用死刑不符合刑法改革的发展方向，"我国刑法中的金融犯罪领域率先全面废除死刑不仅体现了罪刑相适应的刑法原则，标志着我国刑事立法政策的进步，契合了国际社会废除死刑的立法潮流，而且体现了生命权至上的价值理念。"[3]如果以 1997 年《刑法》的出台为起点，迄今我国对金融犯罪的刑事政策在宏观上呈现出"轻轻"和"重重"的两个发展方向，这可以说是宽严相济刑事政策的重要体现。

当前金融犯罪刑事政策的选择面临着不同以往的经济背景，那么，如何在金融犯罪中坚持宽严相济的刑事政策？"现在我国政府主导型的经济体制已经逐渐被较为自由的市场经济体制取代。经济体制转型要求资本刑法对经济自由、金融创新及资本行为持更加宽容的态度。"[4]例如，在"吴英案"中，法学专家、金融学家、社会学家普遍认为，用历史的眼光看，我们身处一个市场经济仍有待发育完善的特定历史时期，一个民间金融功罪交集的时代，一个经济快速发展推动的对资本的渴求和现行资金供给体制之间的冲突已经尖锐化和公开化的时期。这是吴英案成为法治事件的经济背景。[5]或许，在

---

〔1〕　梁根林：《刑事制裁：方式与选择》，法律出版社 2006 年版，代自序第 3~4 页。

〔2〕　即《刑法修正案》《刑法修正案（三）》《刑法修正案（五）》《刑法修正案（六）》《刑法修正案（七）》《刑法修正案（八）》和《刑法修正案（九）》。

〔3〕　刘宪权："我国金融犯罪刑事立法的逻辑与规律"，载《政治与法律》2017 年第 4 期。

〔4〕　刘仁文、陈妍茹："论我国资本刑法的完善"，载《河南社会科学》2017 年第 5 期。

〔5〕　参见越石："吴英案引爆舆论关注"，载《国际融资》2012 年第 3 期。

经济体制和金融制度转型之前，面对高发的金融犯罪时，金融犯罪刑事政策仍惯性地选择严厉打击。例如，在一起案件中，法院既判决公司实际负责人徐某某构成非法吸收公众存款罪，也追究了负责平台维护、宣传策划、资金管理、协助运营等事项的 7 位普通员工的刑事责任，这 7 位员工分别被判处罚金、拘役、有期徒刑等刑罚。在没有证据表明员工知悉整个犯罪过程的情况下将员工定罪的做法并未严格贯彻"宽严相济"的刑事政策和"司法谦抑"的精神主旨，不免有打击面过宽之嫌。[1]然而，随着我国市场经济的全面建设和发展，以及市场化改革的不断推进和深入，利率市场化已经成为我国市场化改革的一大趋势。而一旦实现利率市场化，那么国家对利率的管制制度将会随之被废除，从而促使我国目前的金融管理秩序发生重大变革。[2]

金融犯罪作为法定犯，与国家金融管理制度密切相关，金融犯罪刑事政策的选择是不能不回应当下经济不断发展的客观事实。因此，在面对金融犯罪问题时，一味寻求严厉的刑事惩罚政策是不足以解决金融犯罪问题，"金融市场的安全维护，经济的、行政的监管手段与措施才是最重要的，刑法只是'最后手段'。因为没有一个完善的金融市场秩序形成，主要是通过刑法，甚至重刑获得的，而且意图通过'重刑'维系的金融市场一定是虚幻的，也一定是残酷与残忍的。"[3]进而言之，"犯罪化具有经济犯罪的预防功能，但经济刑法的犯罪化进程并没有完全阻遏经济犯罪严重化的发展，这说明犯罪化的预防效果具有局限性，单纯依靠犯罪化无法从根本上起到预防经济犯罪的作用。"[4]例如，对当前民间融资不予区分的犯罪化处理，是不妥当的；对互联网金融创新中的违法行为不加区别地犯罪化处理，也是不妥当的。

当然，刑事惩罚政策仍旧是金融犯罪刑事政策中的核心，随着我国金融市场的发展，今后金融市场中新的不规范性行为也有可能作为刑事犯罪来处理，金融犯罪圈的变化几乎是不可避免的。然而，刑事惩罚政策在应对金融犯罪时亦有其局限性，因此，金融犯罪刑事政策的选择应当从两个方面展开：

---

〔1〕 金善达："网络非法集资刑法治理的模糊化与精密化——基于 2007～2015 年 26 起公开案例的实证分析"，载《上海公安高等专科学校学报》2017 年第 4 期。

〔2〕 刘宪权：《金融犯罪刑法学原理》，上海人民出版社 2017 年版，第 562 页。

〔3〕 蔡道通："特别法条优于普通法条适用——以金融诈骗罪行为类型的意义为分析视角"，载《法学家》2015 年第 5 期。

〔4〕 孙国祥："经济刑法犯罪化须秉承审慎精神"，载《检察日报》2017 年 12 月 11 日，第 3 版。

一方面，坚持综合治理原则。"正如金融犯罪原因是由各个单方面的原因构成的一个结构性体系一样，金融犯罪的对策也应是一个综合治理工程体系。"[1]金融犯罪是多重因素共同作用的产物，金融犯罪的防治就应坚持综合治理。[2]综合治理，就是在各级党委和政府的统一领导下，动员和组织全社会的力量，运用政治的、法律的、行政的、经济的、文化的、教育的等多种手段，打防结合，预防为主，标本兼治，对违法犯罪问题进行综合性整治，从根本上预防和减少违法犯罪，维护社会秩序，保障社会稳定。[3]因此，防治金融犯罪应当通过政治的、法律的、行政的、经济的、文化的、教育的等多种手段展开，尤其是采用非刑罚的制裁措施，这也是当前各国和地区的通行做法。例如，美国法中规定了民事罚款、民事没收、行政没收、停止违法行为、吐出违法所得、三倍赔偿制度以及惩罚性赔偿制度等；日本则规定有反则金、课征金、加算税、加算金、取消或停止许可、公布等制度。[4]另一方面，在刑事惩罚政策中，应当秉持两个基本原则：一是回应刑事政策世界发展的潮流。作为法定犯，金融犯罪刑事政策总体上应坚持刑罚轻缓化的发展方向，如进一步完善刑罚制度，完善和适用罚金刑、资格刑，尤其是妥善解决犯罪化与非犯罪化的问题。例如，针对金融诈骗犯罪，当某种金融欺诈行为能够通过刑法之外的法律规范或非法律规范有效防治，就不应当将该金融欺诈行为规定为刑法上的犯罪；在刑法已经将某种金融欺诈行为规定为犯罪情况下，如果能用刑法之外的法律规范或非法律规范有效防治，则应尽量减少刑法的适用。[5]又如，我们不能因互联网金融易被犯罪分子所利用，就否定互联网金融，这种因噎废食的做法是不可取的。互联网金融与金融犯罪并不存在必然的联系，互联网金融不是金融犯罪的根源。因此，针对互联网金融，刑法理当进行限缩性规制，对于利用互联网金融实施的违法犯罪行为，刑法应予以

---

　　〔1〕　刘宪权：《金融犯罪刑法学原理》，上海人民出版社 2017 年版，第 39 页。

　　〔2〕　有学者认为，在金融犯罪治理领域，这种综合治理主义的元刑事政策至今还没有明确确立，支配治理实践的仍是单一刑事主义，尽管它正在解体。参见刘远："我国治理金融犯罪的政策抉择与模式转换"，载《中国刑事法杂志》2010 年第 7 期。

　　〔3〕　王牧主编：《新犯罪学》，高等教育出版社 2016 年版，第 269 页。

　　〔4〕　张小宁："刑法谦抑主义与规制缓和——以日本金融犯罪的规制为鉴"，载《山东社会科学》2015 年第 6 期。

　　〔5〕　赵秉志主编：《防治金融欺诈——基于刑事一体化的研究》，中国法制出版社 2014 年版，第 79 页。

严厉的惩治和打击；对于因经营正当的互联网金融业务活动而不得已或不小心触及刑事法网的行为，应予以适当程度的宽宥处理，以免阻滞或扼杀金融创新。[1]二是回应本国金融犯罪的客观态势。各国的金融业发展程度并不一致，在一些法治发达国家，金融业发展历史悠久，相关法律制度较为完善，金融体制较为健全，从业人员素质相对较高；在一些发展中国家，金融业仍在发展过程中，相关法律制度不完善、金融体制也不健全，不少从业人员职业道德素养差，国家和社会在应对金融犯罪的经验不足。因此，刑事惩罚政策的制定必须要考虑"地方性"因素。质言之，我国金融犯罪刑事政策应当遵循宽严相济的刑事政策，这既符合刑事政策的发展潮流，又兼顾了"地方性"因素。

## 第二节　金融犯罪的对策

金融犯罪的防治应当坚持综合治理的原则，对此，笔者主要从完善金融立法、强化应对金融犯罪的刑事司法功能、推进金融体制改革、提升金融监管效能、构建金融市场伦理、提升社会公众风险防范意识、加强国际合作等角度展开分析。

### 一、完善金融法律法规和金融刑事法律

完善金融立法是防治金融犯罪的重要基础，根据金融立法中存在的问题，一是完善金融法律法规，二是完善金融刑事法律。

#### （一）完善金融法律法规

当今世界，在应对犯罪问题时，"刑法实践并不是一枝独秀的"，刑罚制裁方式应当是防治犯罪的最后一道防线，应对金融犯罪问题首先需要建构完善金融法律法规。金融法律法规直接调整各种金融关系，一旦金融市场能够在有序的环境中运行，金融犯罪必然会相应的减少，从这个角度上而言，完善的金融法律法规能够起到预防金融犯罪的作用。在笔者看来，金融法律法规的完善应当从两个方面展开：一方面，针对金融业发展的趋势，及时修订、

---

〔1〕 李振林："'互联网金融犯罪的防控与治理'犯罪学沙龙综述"，载《犯罪研究》2014 年第 4 期。

制定相关法律法规，从而规范和引导金融创新和金融发展。例如，进一步规范金融创新，明确互联网金融法律地位、业务边界、监管规则，建立风险监测系统和长效机制；进一步明确界定理财产品的法律性质，明晰各金融机构在发行理财产品中的风险管理、运作规程和信息披露责任。[1]总之，要确保金融法律法规始终及时回应金融业发展的客观事实，通过明确规则，提供制度供给，赋予金融业务活动时可预期性，确定合法与非法的判定标准，使金融活动有法可依，从而有助于防止金融违法犯罪者企图利用金融法律法规的不健全，借助金融创新之名实施金融犯罪活动，同时也有助于民众甄别合法与非法的金融活动，提高防范金融犯罪的能力。例如，我们既要推动互联网金融创新，也要规制互联网金融服务，防止互联网金融违法犯罪活动的发生，因此，应当对《商业银行法》《保险法》《证券法》等进行相应修订，规范互联网金融行为，还可以借鉴国外成功做法，制定规范互联网的相关立法，如"电子资金划拨法"等。同时，"尽快出台和完善互联网金融监管细则，对于监管责任主体、机构准入门槛、资金托管、融资者和投资者资格等作出明确的规定。"[2]又如，针对调整银行信贷等业务的规范性文件层级较低的问题，应适时通过立法将有关部门规章提升至法律、法规层面。另一方面，完善对金融违法行为的民事和行政责任体系。根据刑法谦抑性的理念，如果采取民事责任和行政责任的方式能够预防和惩治金融违法行为，就不应动用刑罚手段，因此，应当协调好民事责任、行政责任与刑罚的衔接问题，盖因"大多数金融犯罪均属于刑法理论上的法定犯，而所有法定犯均是以违反有关金融的经济或行政法律法规为前提的，即作为法定犯的金融犯罪在有关金融法律法规中均应有相应的规定，否则很难称得上是法定犯"[3]。例如，应当加快出台"处置非法集资行为条例"，进一步明确非法集资预防检测、行政调查、行政处罚的职能分工和法定程序，明确法律责任，加大对非法集资行为的行

---

〔1〕 上海市检察院金融检察处："涉众型金融犯罪风险容易扩散叠加"，载《检察日报》2018年7月27日，第3版。

〔2〕 上海市检察院金融检察处："涉互联网金融犯罪骤增"，载《检察日报》2016年8月10日，第3版。

〔3〕 刘宪权：《金融犯罪刑法学原理》，上海人民出版社2017年版，第65页。

政监管力度。[1]

（二）完善金融刑事法律

金融犯罪的刑事惩罚政策以金融刑法为基础。金融刑法的功能具有二元性，它既应发挥保障金融市场发展的功能，也要发挥打击金融犯罪的功能。根据费尔巴哈的"心理强制说"，立足于"理性人"的角度，通过刑罚设置使犯罪成本高于犯罪收益，就能起到预防犯罪的效果。当前，针对金融犯罪新的发展变化，不少学者主张应当适时新增罪名，以及对金融犯罪的构成要件和定罪量刑进行修改完善。例如，作为法定犯，我国《刑法》有关金融犯罪的条文有"情节严重""情节特别严重""情节特别恶劣""造成严重后果""数额较大""数额巨大""数额特别巨大"等定罪量刑标准规定，上述定罪量刑标准在有关规范性文件中细化为数额标准，但今后仍需进一步细化金融犯罪的定罪量刑标准，同时也应兼顾自然人犯罪主体和单位犯罪在定罪量刑标准方面的差异，以及尽快出台关于惩治操纵证券、期货市场犯罪、利用未公开信息犯罪等相关司法解释，对市场上出现的新类型操纵行为、"老鼠仓"手法定性予以明确，修订恶意透支型信用卡诈骗犯罪司法解释等。[2]本部分将主要探讨金融犯罪刑罚设置的完善问题。

1. 完善罚金刑

目前，我国针对金融犯罪的刑罚主要有自由刑和罚金刑。罚金刑是法院判处犯罪分子向国家缴纳一定数额金钱的刑罚方法，罚金刑属于财产刑的一种。对金融犯罪适用罚金刑，实因金融犯罪贪利的特征所致，我国《刑法》对金融犯罪都有罚金刑的规定。罚金刑不仅可以弥补受害人的经济损失，还能降低金融犯罪者的再犯能力，罚金刑具有短期自由刑所不具备的优势，而且我国金融犯罪大多规定了单位犯罪主体，在两罚体系下，单位犯罪主体唯一可适用的是罚金刑。因此，从预防金融犯罪的视角上看，短期自由刑的预防效果未必优于单处罚金刑，罚金刑能够有效起到预防金融犯罪的作用，"财产刑对经济类犯罪有着其他刑罚手段所没有的独特作用，所以在市场经济国

---

[1] 上海市检察院金融检察处："涉众型金融犯罪风险容易扩散叠加"，载《检察日报》2018年7月27日，第3版。

[2] 上海市检察院金融检察处："涉众型金融犯罪风险容易扩散叠加"，载《检察日报》2018年7月27日，第3版。

家，财产刑的地位不容小觑。现代各国都很重视财产刑在整个金融犯罪刑罚体系中的地位。"[1]可以说，对于贪利型犯罪，各国在刑法中普遍采用罚金刑。然而，罚金刑在我国属于附加刑，"实践表明，主刑对经济犯罪从来都不会产生良好的预防效果；而罚金刑的难以执行性，使得罚金刑的威力大减。"[2]为了提高罚金刑的刑罚功能，不少学者主张应将罚金刑提升至主刑，通过提高罚金刑在刑罚体系中的地位，增加其在司法实践中的适用率。从域外实践来看，罚金刑在当今世界许多国家和地区的刑法中是作为主刑加以规定的，如意大利、日本、巴西、德国、瑞士、罗马尼亚、朝鲜等；有些国家将罚金刑规定既可作为主刑又可作为附加刑适用，如蒙古、阿尔巴利亚、匈牙利等；还有些国家的刑罚没有主刑与附加刑之分，仅根据排列顺序决定刑罚轻重，在适用方法上没有差别，如奥地利、印度、阿根廷、泰国等；另外一些国家则把刑罚分为重罪之刑与轻罪之刑，罚金是一种轻罪之刑。可见，大多数国家都比较重视罚金刑且一般均将罚金刑作为主刑加以规定。[3]当然，也有学者并不完全赞同将罚金刑上升为主刑，持这种观点的学者强调罚金并非一定要为主刑，关键是罚金刑规定是否合理以及是否可以得到有效执行。

同时，我国金融犯罪的罚金刑数额确定的方式并不合理，这在一定程度上限制了罚金刑的刑罚效果。根据《刑法》的规定，金融犯罪的罚金刑数额确定方式有：①无限额罚金制，如《刑法》第182条第1款规定，"……并处或者单处罚金"，金融犯罪中单位犯罪主体大多规定"对单位判处罚金"。[4]②限额罚金制，如《刑法》第177条第1款规定，"……并处或者单处2万元以上20万元以下罚金"。③倍比罚金制，如《刑法》第180条规定的，"……并处或者单处违法所得1倍以上5倍以下罚金"。④百分比罚金制，如《刑法》第179条第1款规定的，"……并处或者单处非法募集资金金额1%以上5%以下罚金"。总体而言，对于无限额罚金制，人们的顾虑在于其易于导致司法实践的不统一，尤其是出现刑罚擅断的可能性。对于限额罚金制，考虑

---

〔1〕　毛玲玲：《金融犯罪的实证研究——金融领域的刑法规范与司法制度反思》，法律出版社2014年版，第296页。

〔2〕　赵秉志主编：《防治金融欺诈——基于刑事一体化的研究》，中国法制出版社2014年版，第49页。

〔3〕　刘宪权：《金融犯罪刑法学原理》，上海人民出版社2017年版，第144页。

〔4〕　《刑法》第190条规定，单位犯逃汇罪的，对单位判处逃汇数额5%以上30%以下罚金。

到金融犯罪涉案金额往往巨大，限额罚金制的威慑效力就相对要低。对于倍比罚金制，有学者认为，由于"违法所得"在司法实践中往往具有不确定性，有些犯罪虽然没有违法所得或者违法所得较少，但社会危害性很大，用"违法所得"作为判处罚金的基数，就会导致无法对行为人处以罚金的情况出现。[1]对于百分比罚金制，有学者认为，按照比例收取的罚金对某些犯罪人来说数额不大，也难以发挥威慑力，但是对另外一部分犯罪人来说则数额过大，很难执行。[2]可见，各种罚金刑的确定方式各有其优势，但也存在一些不足之处。如果基于加重惩治金融犯罪的立法，人们一般会选择无限额罚金制。另外，我国《刑法》对自然人和单位实施金融犯罪处于罚金刑的，并未予以明确的区别对待。实践中，单位比自然人实施金融犯罪的社会危害性更大，如《法国刑法典》第131-38条第1款规定："法人适用之罚金的最高比率为惩治犯罪之法律对自然人规定的罚金最高比率的5倍。"[3]法国刑法对单位和自然人犯罪主体在判处罚金刑方面的区别对待是值得借鉴的。总之，罚金刑的科学化设置，是值得大力研究的问题。

2. 适用资格刑或"从业禁止"

大多数金融犯罪，作为新的犯罪类型是我国改革开放以后才产生的，对某些新的犯罪类型客观要求适用新的刑法处罚方式才能进行有效的抗制。[4]近年来，人们不断呼吁在金融犯罪中适用资格刑。理论上而言，资格刑是指剥夺犯罪人一定时期内或永久从事某种职业或行业的刑罚措施。世界上许多国家的刑法都有关于"从业禁止"的规定，如《瑞士联邦刑法典》第54条第1款规定："在从事经官方许可的职业、行业或商贸活动中实施被科处3个月以上自由刑的重罪或轻罪，且仍存在继续滥用职业、行业或商贸活动危险的，法官可禁止行为人在6个月至5年的期限内禁止从事职业、行业或商贸活动。"[5]

当前，人们认识到刑法的任务不仅是惩治犯罪，更是预防犯罪。因此，

---

〔1〕 刘宪权："论我国金融犯罪的刑罚配置"，载《政治与法律》2011年第1期。
〔2〕 刘仁文、陈妍茹："论我国资本刑法的完善"，载《河南社会科学》2017年第5期。
〔3〕 《最新法国刑法典》，朱琳译，法律出版社2016年版，第30页。
〔4〕 曲伶俐等：《刑事政策视野下的金融犯罪研究》，山东大学出版社2010年版，第266页。
〔5〕 《瑞士联邦刑法典》，徐久生译，中国法制出版社1999年版，第211页。

有必要完善金融犯罪的刑罚体系。我国刑法主要通过自由刑和罚金刑惩治金融犯罪，但实践表明，自由刑和罚金刑并不足以消除犯罪人重返社会后继续实施金融犯罪。《刑法修正案（八）》和《刑法修正案（九）》明确规定了"从业禁止"，根据《刑法修正案（九）》第1条的修订，"因利用职业便利实施犯罪，或者实施违背职业要求的特定义务的犯罪被判处刑罚的，人民法院可以根据犯罪情况和预防再犯罪的需要，禁止其自刑罚执行完毕之日或者假释之日起从事相关职业，期限为3年至5年。"关于《刑法修正案（九）》中"从业禁止"的法律性质，学界存在非刑罚处罚措施、保安处分、资格刑等不同的见解，如果基于预防犯罪的立场，理论上"从业禁止"具有保安处分的性质。显然，"从业禁止"对有效预防金融犯罪具有积极的意义。究其原因，金融从业人员实施金融犯罪的比例较高，金融犯罪具有职业性特征，很多金融犯罪者都是利用职业或职务之便实施犯罪活动，而且实践中金融犯罪还存在再犯率的问题。在目前自由刑和罚金刑效果并不是非常理想的情况下，对金融犯罪者适用"从业禁止"可以起到有效预防犯罪的效果，"对金融犯罪人依法剥夺或限制其从事金融业务的资格，一方面可以巩固对犯罪人的改造成果，防止其再次犯罪，以达到特殊预防的目的；另一方面还可以对其他具有从事金融业务资格的人员、法人（单位）起到一定警戒作用，促使他们珍惜自己从事金融业务的资格，从而达到一般预防的目的"，[1]"如同对金融犯罪者适用罚金刑可以在经济上剥夺其再犯罪能力一样，对金融犯罪者适用禁止从业的规定可以从根本上消除其再犯罪的条件。"[2]可见，对金融犯罪者实行资格刑或"从业禁止"具有特殊的功能，它是自由刑和罚金刑无法替代的。同时，我国《公司法》《证券法》等法律已有关于"从业禁止"的行政处罚规定，如《证券法》第233条第1款规定："违反法律、行政法规或者国务院证券监督管理机构的有关规定，情节严重的，国务院证券监督管理机构可以对有关责任人员采取证券市场禁入的措施。"中国证券监督管理委员会于2015年修订的《证券市场禁入规定》更是详尽地规定了证券市场禁入措施。从衔接违法行为的"从业禁止"与犯罪行为的"从业禁止"的角度出发，也应对

---

〔1〕　白建军主编：《金融犯罪研究》，法律出版社2000年版，第514页。
〔2〕　刘宪权：《金融犯罪刑法学原理》，上海人民出版社2017年版，第81页。

金融犯罪者适用"从业禁止"。[1]当然，对金融犯罪者适用"从业禁止"的预防性措施，仍需要完善相关制度设计，如"从业禁止"的适用应符合必要性原则，并综合考虑金融犯罪者再犯的危险性。

## 二、强化应对金融犯罪的刑事司法功能

鉴于应对金融犯罪的刑事司法功能不彰的问题，强化刑事司法功能应当从加强金融刑事司法专业化建设、完善行政执法与刑事司法衔接机制和健全协同合作机制等三个方面展开。

### （一）加强金融刑事司法专业化建设

加强金融刑事司法专业化建设本质上就是提升办理金融犯罪案件的能力，为此，金融刑事司法专业化建设既包括金融刑事司法的专业化机构建设，也包括金融刑事司法的专业人才队伍的建设。

一方面，加强金融刑事司法的专业化机构建设。金融刑事司法的专业化机构是防治金融犯罪的重要组织保障。近年来，我国在侦、控、审各个环节不断探索办理金融犯罪案件的专门机构建设。2004年5月，北京市检察院二分院在全国率先成立了第一个以打击金融暨诈骗等经济犯罪案件为主业的专业化公诉组——金融犯罪公诉组。[2]2009年全国首个金融检察工作专业部门——上海市浦东新区人民检察院金融知识产权犯罪案件公诉处设立，2011年上海市人民检察院金融检察处成立，成立的4年来受理金融犯罪案件近9000件。2012年北京市西城区人民检察院成立金融犯罪检察处，成为北京市各级检察机关中首个具有独立建制的金融犯罪检察处室，承担着审理金融犯罪案件、开展金融检察理论研究、落实诉讼监督职能、进行金融犯罪预防的检察职能。[3]2016年上海市公安局经侦总队证券犯罪侦查支队揭牌成立，该支队是我国首个证券犯罪侦查支队，主要负责打击上海区域内证券、期货领

---

〔1〕 也有学者对在金融犯罪中增设资格刑提出质疑。参见毛玲玲：《金融犯罪的实证研究——金融领域的刑法规范与司法制度反思》，法律出版社2014年版，第292页。

〔2〕 参见杜萌："全国首个金融犯罪公诉组是如何办案的"，载《法制日报》2008年4月14日，第8版。

〔3〕 参见周斌、李豪："加快办理证券期货案件进度"，载《法制日报》2015年11月26日，第5版。

域犯罪。[1]近来北京市在推动公安局设立防范打击涉众型经济犯罪侦查支队，检察院设立金融检查处，法院设立金融法庭。[2]2017年《关于进一步加强金融审判工作的若干意见》第28条亦明确指出："根据金融案件特点，探索建立专业化的金融审判机构。根据金融机构分布和金融案件数量情况，在金融案件相对集中的地区选择部分法院设立金融审判庭，探索实行金融案件的集中管辖。在其他金融案件较多的中级人民法院，可以根据案件情况设立专业化的金融审判庭或者金融审判合议庭。"

另一方面，加强金融刑事司法的专业人才队伍建设。金融犯罪主要发生在金融领域，这要求有关办案人员具有法律专业水平和金融知识储备，具体而言，办案人员不仅需要掌握金融刑事法律和金融法律法规，还要熟知经济、金融、财会等知识，以及金融业务的具体操作流程。金融刑事司法的专业人才队伍建设可以从三个方面进行：一是在招录环节，公安机关、检察院、法院在招录新近人员时，应适当考虑具有金融专业背景的人员。二是加强业务培训和交流，2017年《关于进一步加强金融审判工作的若干意见》第29条指出："加强金融审判队伍的专业化建设，为金融审判提供人才保障。充实各级人民法院的金融审判队伍，完善与金融监管机构交流挂职、联合开展业务交流等金融审判专业人才的培养机制，有针对性地开展金融审判专题培训，努力造就一支既懂法律、又懂金融的高素质金融审判队伍，不断提升金融审判的专业化水平。"对金融犯罪办案人员加强金融知识培训是提升办案人员专业化的重要途径，专业培训方式既可以邀请金融系统业务专家和学界专家开展培训，也可以安排相关办案人员到金融系统进行交流、实习。三是在重大疑难案件中，组建办案人员与金融专家共同构成的办案组。事实上，国外就有吸收专业人士共同参与金融诈骗犯罪案件调查的经验，在发生重大疑难案件时，组成由司法系统内部具有金融、审计等专业知识的人员共同参加的办案组，必要时可以吸收外部专家参与研究。[3]办案人员在金融专家的参与办理金融犯罪案件，有助于提升办案人员的专业化水平。

---

〔1〕 参见宋薇萍："上海率先成立证券犯罪侦查支队"，载《上海证券报》2016年5月17日，第2版。

〔2〕 参见岳品瑜："北京拟设金融法庭查非法集资"，载《北京商报》2017年1月5日，第7版。

〔3〕 周剑云、谢杰：《金融刑法——问题、争议与分析》，上海人民出版社2016年版，第164页。

（二）完善行政执法与刑事司法的衔接机制

金融犯罪作为法定犯，具有"二次违法性"的特征，这意味着防治金融犯罪必须加强金融执法部门与刑事司法部门之间的衔接。盖因金融犯罪通常存在从行政违法行为转入刑事司法处置的过程，不可避免地会出现案件移送、证据收集等事宜，如很多金融犯罪的案源来自于金融监管部门的移送，如果金融监管部门与刑事司法部门的衔接机制不畅，必然会降低惩治金融犯罪的效率，甚至放纵金融犯罪者。行刑衔接也是各国和地区通行的做法，有的国家直接将相关行为划归刑事部门管辖（如德国），有的国家是直接赋予行政执法部门刑事检控权（如英国），有的国家是强化行政执法与刑事执法的密切合作、平行办案（如美国）。[1]即使是金融司法体制已经具有较专业的水准的国家和地区，也仍然强调司法机关内部与外部机构（如金融监管部门）的合作。在美国许多金融犯罪大案的查处过程中，美国联邦检察官与金融监管部门的合作往往对案件的处理发挥着非常重要的作用。我国台湾地区法务部门与金管会成立"'法务部'驻金管会检察官办公室"，作为检察机关与金管会间的联系沟通平台，共同建立打击金融犯罪的联系机制，加强侦办金融犯罪的时效与机动力。[2]实践中，证券期货犯罪中的行刑衔接一直是金融犯罪行刑衔接的重点领域。因此，应当进一步完善金融监管部门与刑事司法部门之间的衔接机制，如建立健全联席会议机制、行政执法合作机制、案件移送机制、司法办案合作机制、业务交流机制、信息资源共享机制等，以提升行刑衔接成效，有效预防和惩治金融犯罪。

（三）健全协同合作机制

金融犯罪的防治需要健全协同合作机制，"金融机构及其员工都不是在真空中工作。要找出制度缺陷背后的根本原因，需要金融机构、立法机构和监管机构三方携手承担责任"[3]，因此，刑事司法机关要强化内部协同机制，也要与其他有关部门进行合作。事实上，当前许多国家也都强调在打击金融

---

〔1〕 打击证券期货违法犯罪专题工作组编：《证券期货违法犯罪案件办理指南》，北京大学出版社2010年版，第168~169页。

〔2〕 毛玲玲：《金融犯罪的实证研究——金融领域的刑法规范与司法制度反思》，法律出版社2014年版，第336页。

〔3〕 [英]史蒂芬·普拉特：《资本犯罪：金融业为何容易滋生犯罪》，赵晓英、张静娟译，中国人民大学出版社2017年版，第204页。

犯罪时的合作机制。[1]具体而言，一是加强刑事司法部门的内部合作机制，如 2017 年《最高人民检察院、公安部关于公安机关办理经济犯罪案件的若干规定》第 12 条规定："公安机关办理跨区域性涉众型经济犯罪案件，应当坚持统一指挥协调、统一办案要求的原则。对跨区域性涉众型经济犯罪案件，犯罪地公安机关应当立案侦查，并由一个地方公安机关为主侦查，其他公安机关应当积极协助。必要时，可以并案侦查。"显然，涉众型金融犯罪具有跨区域性特征，有必要加强涉案地区公安机关的合作与协助机制。二是加强刑事司法部门与外部机关的合作机制，这种合作机制本质上体现了行刑衔接的属性，但是一种范围更广的合作机制，是防治金融犯罪必不可少的措施。例如，金融诈骗犯罪案件涉及金融、税务、审计、工商、海关等部门，司法机关办理此类案件时应与上述部门建立工作联系制度和案件移交制度，实现资源共享，提高监管效率，充分发挥整体作战的优势。[2]

### 三、推进金融体制改革、提升金融监管效能

为了进一步提高监管效能，以及应对金融业事实上混业经营的现状，2017 年 11 月国务院金融稳定发展委员会正式成立。同时，根据十九届三中全会通过的《深化党和国家机构改革方案》，组建中国银行保险监督管理委员会，其主要职责是，依照法律法规统一监督管理银行业和保险业，维护银行业和保险业合法、稳健运行，防范和化解金融风险，保护金融消费者合法权益，维护金融稳定，同时，不再保留中国银行业监督管理委员会、中国保险监督管理委员会。自此，我国金融监管格局由以往"一行三会"转变为"一委一行两会"。显然，完善的金融监管体系和金融服务市场是防控金融犯罪的第一道防线，"一个国家金融体制的完善程度、金融市场的规范程度与金融欺诈犯罪的发案率有着密切的联系，尽管它不是金融欺诈犯罪发生的决定性因

---

〔1〕 为了更加有效地打击严重的金融犯罪，澳大利亚联邦警察局于 2015 年 7 月 1 日成立"反严重金融犯罪工作小组"（SFCT），该工作小组融合了澳大利亚联邦警察局、澳大利亚税务局、澳大利亚犯罪委员会、总检察长办公室、澳大利亚交易报告分析中心、澳大利亚证券投资委员会、澳大利亚联邦检察总署以及澳大利亚边境检查署八家机构的力量。参见季美君："八部门联手打击金融犯罪"，载《检察日报》2017 年 2 月 14 日，第 8 版。

〔2〕 周剑云、谢杰：《金融刑法——问题、争议与分析》，上海人民出版社 2016 年版，第 163 页。

素，但是毋庸置疑，金融体制越完备、金融市场的运作越规范，发生金融欺诈犯罪的可能性就越小，反之则增大，因为体制缺陷和运作不规范必然为金融欺诈犯罪的发生提供机会和空间。"[1]因此，我国应当制定合理的经济政策，加快金融体制改革，推进金融服务市场多元化发展，以不断满足社会的客观需求，同时，提升金融监管效能，健全"一委一行两会"的金融监管新格局。

如果说推进金融体制改革属于宏观层面，那么，提升金融监管效能则属于微观层面，提升金融监管效能具体可以从四个方面展开：其一，健全金融监管制度，填补金融监管空白。在完善金融监管制度过程中，尤其要健全金融机构的内控制度，强化事前、事中、事后监管，"金融行业属于资金密集型行业，健全金融机构的内控机制对于风险防范具有基础性的作用。应提升对金融业务的精细化管理水平，通过各环节工作人员的职责和权力相对独立的方法来加强相互间的监督和制约，完善和加强内部稽查，建立日常检查体系，预防和制止可能发生的违法违规行为。"[2]同时，进一步完善社会征信体系，助推金融监管目标的实现。其二，积极利用现代科学技术，创新金融监管模式。针对金融创新和新型金融业态的发展趋势，以及金融犯罪的新特点，合理运用监管科技，满足金融监管的需求，"金融监管者要利用科技变革力量推进自身发展，遵循'科技+监管'的思路，借助科技手段提高监管能力，提升金融市场的运行质量和效能。"[3]其三，加强金融监管合作机制。金融监管合作是预防与控制金融违法犯罪产生的重要措施，相关部门应当构建信息通报、查办合作机制。其四，强化金融消费者的相关权利，实现对金融活动的外部监管。例如，针对涉众型金融犯罪受害人范围广的特征，"阳光"可以暴露金融犯罪者欺骗的本质，因此，可以对某些金融业务和领域实行信息披露机制，通过保障投资人的知情权、监督权，预防金融犯罪者通过欺骗手段实施金融犯罪。

---

〔1〕 赵秉志主编：《防治金融欺诈——基于刑事一体化的研究》，中国法制出版社 2014 年版，第 96 页。

〔2〕 上海市检察院金融检察处："涉互联网金融犯罪骤增"，载《检察日报》2016 年 8 月 10 日，第 3 版。

〔3〕 上海市检察院金融检察处："涉众型金融犯罪风险容易扩散叠加"，载《检察日报》2018 年 7 月 27 日，第 3 版。

## 四、建构金融市场伦理

经济伦理，就是在社会经济活动中产生并用以约束和调节人们的经济行为及其相互关系的价值观念、伦理规范和道德精神的总和，它既是调节人们之间经济利益关系的一种行为规范，也是主体把握社会经济生活的一种实践精神。[1]金融业是一个高度发达的专业性领域，健全的金融市场既是法制市场，也是诚信市场。显然，金融市场有序运行有赖于完善的社会诚信体系，如果金融市场没有基本的信用体系，金融违法犯罪问题的出现将不可避免。在金融活动中，金融机构和金融从业人员是重要的参与主体，要有效预防与控制金融违法犯罪活动，需要构建与金融市场相匹配的金融市场伦理，这就需要进一步推进金融业公司治理改革和提升金融从业人员职业道德。一方面，推进金融业公司治理改革，强化审慎合规经营理念，金融机构要切实承担起风险管理责任。[2]从某种程度上说，金融业公司治理改革就是要使金融机构成为符合现代金融业发展的参与主体，这同时也是金融市场伦理形成的前提基础。另一方面，提升金融从业人员职业道德。实践中，大多数金融犯罪者实施金融犯罪都具有欺骗性，从道德层面而言，这违背了诚信原则。近些年来，我国出现的一些金融大案大多是用银行的贷款收购上市公司，然后再把上市公司作为抵押贷款。这样一种互为前提的"空手道"行为，从根本上违背了市场经济伦理。[3]毋庸讳言，"伦理混乱主要表现为社会整体道德滑坡（道德水准下降）和评判善恶美丑的标准发生变化或扭曲。这种伦理混乱在我国已经发生。"[4]金融犯罪中的"伦理混乱"或道德下滑主要体现在两点：一是金融犯罪者对实施金融犯罪缺乏罪责感，那些通过欺骗手段实施金融犯罪的人，没有来自道德和良心的约束；二是社会公众乃至部分司法人员对金融犯罪持有较宽容的态度，这在一定程度上削弱了金融市场中的道德水准。在某种程度上，要在根本上防控金融犯罪，必须建构以诚信为核心的金融市

---

〔1〕 罗能生：“经济伦理：现代经济之魂”，载《道德与文明》2000 年第 2 期。

〔2〕 上海市检察院金融检察处：“涉众型金融犯罪风险容易扩散叠加”，载《检察日报》2018 年 7 月 27 日，第 3 版。

〔3〕 刘宪权：《金融犯罪刑法学原理》，上海人民出版社 2017 年版，第 40 页。

〔4〕 王牧主编：《新犯罪学》，高等教育出版社 2016 年版，第 212~213 页。

场伦理，充分利用多种方式开展职业道德教育，提升金融从业人员的职业道德，增强金融市场参与主体的诚信意识、规则意识、守法精神。

## 五、提升金融消费者的风险防范意识

实践中，一些金融犯罪之所以发生，或多或少也是由于金融消费者风险防范意识淡薄所致，在一定程度上，这些金融犯罪的发生是犯罪分子与金融消费者共同作用的结果，因而预防与控制金融犯罪需要不断提升金融消费者的风险防范意识和法律意识，"加强社会公众和投资者的金融犯罪风险防范意识和合法投资观念，使社会公众和投资者对金融工具形成正确的认识，并能有效地识别和自觉地抵制金融运营中的违规、违法现象，最大限度地缩小金融犯罪发生的空间，降低由于投资者非理性投资行为引发的金融犯罪风险的比率。"[1]对此，应当从两个方面提升金融消费者的风险防范能力。一方面，加大宣传力度，引导社会公众树立理性的投资观念和风险自负意识，构建一个系统的跨金融行业的消费者培训和教育平台，将典型个案、风险提示等通过各类媒体、自媒体等途径进行有效传播[2]尤其是规范金融理财广告宣传，监管部门要严格广告审查，加强面向公众的投资理财广告的日常监测、审查工作，防止不法分子利用传统媒体发布金融理财"二跳广告"，恶意规避广告发布者审查监控及工商管理部门行政监管。[3]需要指出的是，针对金融犯罪受害群体往往为老年人的特征，有关职能部门应当采取适合老年人接受的方式，进行金融风险防范意识宣传，如可针对一些典型案例进行宣讲。另一方面，金融监管部门督促金融从业机构切实贯彻投资者适当性原则，确保投资者的风险承受能力与其所购买的金融投资产品相匹配。[4]换言之，金融从业机构在办理金融业务过程中，也应当自觉促进投资者提升风险防范能力。

---

〔1〕 王均平："金融犯罪风险防控体系结构的分析"，载《法商研究》2001 年第 2 期。

〔2〕 上海市检察院金融检察处："涉互联网金融犯罪骤增"，载《检察日报》2016 年 8 月 10 日，第 3 版。

〔3〕 上海市检察院金融检察处："涉众型金融犯罪风险容易扩散叠加"，载《检察日报》2018 年 7 月 27 日，第 3 版。

〔4〕 上海市检察院金融检察处："涉互联网金融犯罪骤增"，载《检察日报》2016 年 8 月 10 日，第 3 版。

## 六、加强国际合作

当前，金融犯罪已经跨越国界，预防与控制金融犯罪势必要加强国际合作。20 世纪初叶，对金融犯罪防治的国际合作就已开展起来。国际刑警组织自成立之日起，就把反伪币作为一项主要任务，1923 年即开始收集伪造货币活动情况的文献资料。1929 年 4 月 20 日，国际刑警委员会和它的 26 个缔约国在日内瓦共同召开了"国际反伪币会议"。1931 年在日内瓦首次召开了反伪币的专题会议。该组织还用阿拉伯语、英语、法语、德语和西班牙语等 5 种语言出版《伪造变造评论》月刊，供各国警方和金融机构参阅。[1]自 20 世纪中叶以后，联合国制定的很多国际公约中就有关于防治金融犯罪的规定。就我国而言，应当加强与国际刑警组织、有关国际法院、国际商会商业犯罪局、外国司法机关的联系和沟通，及时建立快速反应信息通道。[2]总之，在我国缔结的相关国际公约的指引下，通过签订双边或多边刑事司法合作协议，与其他国家建立引渡等合作机制，以有效惩治国际金融犯罪。

## 七、加强金融犯罪问题的理论研究

随着金融业的发展，金融犯罪也不断呈现出新的形式，因此，加强金融犯罪的理论研究具有重要意义，因为理论本身可以指导司法实践。例如，侦查实务需要相关理论的指导，对侦查活动中的各种具体做法进行理论分析、制度总结和原则学习，有利于加强对具体侦查和取证措施的理解与应用，也有利于在法律法规没有具体化的情况下决定如何合理采取侦查措施。[3]又如，互联网金融和金融创新背景下的金融违法犯罪可能引起合法与非法、罪与非罪、此罪与彼罪等问题，这些问题需要理论研究予以指导。再如，"对集资活动的实际实施者——业务员刑事责任的认定，则可能引发对传统刑法理论共同犯罪、违法性认识甚至行政刑法等基础理论的反思。"[4]对此，2017 年

〔1〕 张军主编：《破坏金融管理秩序罪》，中国人民公安大学出版社 1999 年版，第 40 页。
〔2〕 刘宪权：《金融犯罪刑法学原理》，上海人民出版社 2017 年版，第 44 页。
〔3〕 刘燕：《金融犯罪侦查热点问题研究》，知识产权出版社 2014 年版，第 3 页。
〔4〕 陈晨："发挥刑法规制网络金融犯罪功能作用"，载《检察日报》2016 年 11 月 13 日，第 3 版。

《关于进一步加强金融审判工作的若干意见》第 30 条明确指出："加强金融司法研究，推动金融法治理论与金融审判实践的深度融合。加强与学术机构、高等院校的合作，围绕金融审判实务问题，深入开展金融审判的理论研究，为金融审判提供智力支持。"

互联网金融和网络支付随着信息网络技术的发展而不断普及，但实体货币作为商品交换的媒介，仍将在一定时期内长期存在。货币与经济发展、国计民生的密切关联度，使其成为衡量国民经济增长、人民生活、社会发展水平的重要指标。为了保证货币的统一稳定，国家需要建立一套货币管理制度，以维护货币发行和流通等过程中的正常秩序。货币管理制度作为国家金融管理制度的重要组成部分，如何维护其健全、有效运转仍是每个国家面临的长久课题。但是，假币与真币相伴而生，货币诞生之日起，假币也就随之而来。当前，各国都对货币犯罪予以严厉打击。

## 第一节　货币犯罪的特征与原因

按照《现代汉语词典》的解释，货币是充当一切商品的等价物的特殊商品。货币解决了价值跨时间的储存、跨空间的移植的问题，货币的出现对贸易和商业化的发展是革命性的创新。[1]在我国，早在秦汉之际，货币收支在财政中已占重要地位，以后不断有所反复，但自明代则基本形成货币收支的定局；现在经济生活中的财政收支已完全采用货币。[2]货币是推进社会经济发展的重要工具，金融行为通常是与货币相关的行为，没有货币，就不会有金融。如果说金融是国家经济的基础，货币就是金融运转的工具。货币犯罪，是指违反货币管理法律、法规，故意实施伪造、变造货币，走私、出售、购

---

〔1〕　张友麟、杜俊娟主编：《金融学概论》，上海财经大学出版社 2013 年版，第 2 页。
〔2〕　黄达编著：《金融学》，中国人民大学出版社 2012 年版，第 8 页。

买、运输、持有、使用假币，以及金融工作人员购买假币、以假币换取货币，依照刑法应受刑罚处罚的行为。根据现行《刑法》的规定，我国货币犯罪涉及的罪名主要有：走私假币罪，伪造货币罪，出售、购买、运输假币罪，金融工作人员购买假币、以假币换取货币罪，持有、使用假币罪和变造货币罪。

## 一、货币犯罪的状况与特征

货币犯罪是发案率较高的一种经济犯罪，它具有严重的社会危害性，它直接损害到广大民众的切身利益，危害货币的公共信用，妨害金融管理秩序，甚至危及国家政权的稳定。20 世纪初，货币犯罪在国际社会被认为是一种国际犯罪，1929 年国际社会就制定了《防止伪造货币国际公约》。当前，货币犯罪仍是一种严重的国际犯罪。欧元号称是"世界上最安全的货币"，集中了欧洲各国最先进的防伪技术，但欧元自 1999 年诞生以来，伪造欧元活动就一直十分活跃，2008 年有关部门查获的欧元假钞数量总计 66.6 万张。[1]当前我国货币犯罪总体上趋于平稳，但随着互联网的广泛应用，货币犯罪呈现出一些新的特征。

（一）货币犯罪的状况

20 世纪 80 年代，我国货币犯罪经历了一次高峰期。21 世纪开始，货币犯罪仍处于高发态势。据公安部统计，2000 年假币犯罪立案数为 3000 余起，收缴假币 7000 余万元；2001 年到 2002 年 5 月，仅广东就查获假币 1003.5 万元；2003 年全国假币犯罪案件立案 6654 起，2005 年猛增至 15 047 起，2006 年则达 20 863 起。发案数量年年攀升。[2]2009 年全国公安机关组织开展了打击假币犯罪的"09 行动"，"09 行动"有效地遏制了货币犯罪。2010 年全国假币犯罪发案量同比下降 69%。[3]到 2014 年，全国公安机关共破假币犯罪案件 715 起，破获涉案金额百万元以上案件 38 起，收缴假币 5.3 亿元。[4]当前

---

〔1〕 "人民银行：没有大量集中出现假币　反假币保持常态"，载中国政府网，http://www.gov.cn/gzdt/2009-03/05/content_1251562.htm，2017 年 11 月 12 日访问。

〔2〕 参见杜航："假币犯罪案件的特点与侦查防范"，载《辽宁警专学报》2010 年第 1 期。

〔3〕 参见"公安部公布 2010 年全国打击假币犯罪十大典型案件"，载中国政府网，http://www.gov.cn/jrzg/2011-03/21/content_1828747.htm，2017 年 11 月 5 日访问。

〔4〕 参见王莉莉："公安机关打击整治假币犯罪战果显著"，载《人民公安报》2015 年 1 月 29 日，第 8 版。

全国假币犯罪形势总体平稳可控，假人民币制作技术未有新突破，也未发现新型伪造方式，假币犯罪高发势头得到有效遏制。[1]但是，随着互联网制售假币以及犯罪分子利用科技手段，货币犯罪的大案要案仍旧严峻。2009年至2012年底，全国公安机关破获假币犯罪案件6515起，抓获犯罪嫌疑人10 563名，缴获假币面值23.4亿元。[2]2015年9月17日，广东省惠州、汕尾、深圳、广州、汕头、揭阳6地警方统一行动，一举捣毁惠州市惠城区和仲恺区的特大伪造货币机制窝点2个，在深圳、汕尾、惠州等地成功抓获主要犯罪嫌疑人29名，缴获2005年版第五套100元面额假人民币2.1亿元。[3]可见，当前我国货币犯罪整体上受到有效控制，但大案要案依旧存在。需要指出的是，2015年11月30日，国际货币基金组织（IMF）宣布人民币进入特别提款权（SDR）货币篮子，并于2016年10月1日生效。随着人民币的国际化发展，人民币也将成为国外犯罪分子的犯罪目标。

（二）货币犯罪的特征

2017年国务院反假货币工作联席会议第47次联络员会议指出，当前我国货币犯罪具有如下特征：①互联网制售假币犯罪问题日益突出；②假币对弱势群体的危害增加；③跨境反假货币工作日益紧迫，反假货币国际合作需要加强。[4]具体而言，我国货币犯罪呈现出如下特征：

1. 货币犯罪具有组织化、集团化、团伙化、职业化、高科技化特征

货币犯罪分工合作越来越精细，组织体系越来越严密，通常是由制作（二次加工）、走私、出售、购买、运输、持有、使用等行为构成的非法产业链，这是单个个体无法完成的。而且，犯罪分子借助高科技可以轻易地制造出高仿真的假币，这又促使货币犯罪的组织化进程。实践中，货币犯罪的团

---

〔1〕"国务院反假货币工作联席会议第47次联络员会议强调：全面促进反假货币工作向纵深发展"，载中国金融新闻网，http://www.financialnews.com.cn/jg/dt/201704/t20170428_116694.html，2017年11月5日访问。

〔2〕参见"公安部副部长刘金国部署公安机关反假币工作"，载中国政府网，http://www.gov.cn/gzdt/2012-12/11/content_2287759.htm，2017年11月5日访问。

〔3〕"建国来最大假币案告破：犯罪团伙疯狂印钞2.1亿"，载新华网 http://news.xinhuanet.com/legal/2015-11/09/c_128408626.htm，2017年11月5日访问。

〔4〕"国务院反假货币工作联席会议第47次联络员会议强调：全面促进反假货币工作向纵深发展"载中国金融新闻网，http://www.financialnews.com.cn/jg/dt/201704/t20170428_116694.html，2017年11月5日访问。

伙成员中有找合作伙伴及出资购买印刷设备和假币胶片的组织者、解决印制假币技术问题的技术员、传达信息及采购生产生活物品的联系人、提供印制假币场所的出租者、批发假币的分销商等。[1]同时，犯罪嫌疑人呈现职业化倾向，并多以家族、老乡为纽带，结成团伙作案，形成人员相对固定、分工负责的"产业链"，一般由家族中的主犯从广东、河南等地购入大量假币在内部分配，然后对外出售或者三五成群的前往全国各地使用。[2]可见，货币犯罪的团伙成员往往以地域（如同村）或者血缘为纽带，共同实施货币犯罪活动，有的货币犯罪呈现出家族式的特征，公安部公布的 2010 年全国打击假币犯罪十大典型案件中，就有"江苏淮安家族式假币犯罪团伙案"。事实上，货币犯罪的组织化、集团化的特征也是各国货币犯罪活动的共性，一些国家的刑法也对有组织的集团实施货币犯罪予以规制。[3]

2. 互联网制售假币犯罪问题突出

随着互联网时代的到来，货币犯罪的手段发生了巨大的变化。在某种程度上，当前货币犯罪的最大特征是互联网制售假币。传统货币犯罪主要采取线上当面交易方式，这种方式成本高、风险大、效率低；当前犯罪分子则采用成本更低、也更加隐蔽的互联网制售方式。在互联网制售模式中，假币制作材料的购买、假币的买卖借助网络平台、货款的支付采用移动支付的方式、假币的运输借助物流快递方式。互联网在整个货币犯罪的产业链中发挥着关键性的作用，这也导致当前对货币犯罪的侦查取证困难。例如，在一起网络制贩假币案中，侦办民警指出，"包括油墨纸张、打印的软件程序，都是在网上（购得），相互之间不见面，通过 QQ 聊天说'我通过支付宝把所需要的资金转给你'。下载以后，自行打印，这就是这几年来假币犯罪新的动态。"[4]又如，2015 年以来，闫某、李某和梁某通过 QQ、微信等网络聊天工具，招揽

---

〔1〕 陈祥民、刘丹："当前中国货币犯罪特点及成因"，载《中国人民公安大学学报》（社会科学版）2009 年第 2 期。

〔2〕 "公安部、人民银行介绍打击假币犯罪'09 行动'情况"，载中国政府网，http://www.gov.cn/gzdt/2009-09/09/content_1413095.htm，2017 年 11 月 5 日访问。

〔3〕 例如，《俄罗斯联邦刑法典》第 186 条是关于有组织的集团实施货币犯罪的规定。参见《俄罗斯联邦刑法典》，黄道秀译，北京大学出版社 2008 年版，第 93 页。

〔4〕 钱海飞、关清、钟仓健："小额化、纯线上——假币犯罪的互联网'升级'"，载《人民公安》2016 年第 Z1 期。

"有志之士"参与制售贩假币犯罪，他们发展下线人员，逐步成为一个网络化、广域化、低龄化的犯罪网络。他们利用快递业收发假币，资金则通过第三方支付平台流转，以此逃避警方打击。[1]

3. 货币犯罪具有地区性特征

货币犯罪的地区性特征主要是指实施货币犯罪的各个环节或者货币犯罪的重灾区或受害区体现出一定的地区性特征。

（1）货币犯罪的制作由境外转向境内。在很长一段时期内，我国的货币犯罪是由境外制造假币，再向境内走私的方式。至 20 世纪 90 年代，我国的假币基本上是在境外国家和地区伪造，然后从海上走私入境，通过我国大陆地区的合伙人在大陆地区代销假币。具体而言，东南沿海的罪犯把假币第一倒手批发给内地来的假币贩子，内地假币贩子把假币带回内地后，再转手给其他假币贩子，形成了从境外到大陆地区，再从沿海到内地的一条"南进北销"的假币营销网络。[2]对此，1996 年国务院反假货币工作联席会议在《关于进一步加强反假货币工作的意见》中明确指出："目前我国假币主要来自境外，各级海关要加强对进境旅客行李物品的检查，严格人民币出入境管理，防止假币入境。海关、边防等部门要在加强海上缉私的同时，注意查缉偷运假币入境的犯罪活动，并将其列入打击走私的重要内容。"近年来，假人民币的主要来源还是在国内，有小部分来自于境外；境外来源主要是我国台湾地区；从香港地区零星入境的也有，但是这是通过大陆地区流向香港、澳门地区又流回的假币。[3]由境外走私假币转向境内制作假币，究其原因，境内制作假币的风险通常要小于走私假币，境内也能获取先进技术和机器设备，伪造水平越来越高，成本也低，从而通过大量伪造货币获取高额利润。因此，在境内破获的制贩假币窝点逐年增多，收缴的假币数量迅速超过了走私假币的数量。制作假币的窝点已由广东、浙江等东南沿海地区逐渐向湖北、湖南、河南等长江中游和中原地区转移，如在河南省已破获多起利用现代高新技术、采用复印机等现代化工具制作假人民币纸币的案件；在湖南省和湖北省也已

---

〔1〕 "湖南湘潭破获制假币电子模板案件　系全国首次"，载《中国防伪报道》2017 年第 7 期。

〔2〕 邓丽萍：《货币犯罪研究》，中国方正出版社 2004 年版，第 42 页。

〔3〕 "公安部、人民银行介绍打击假币犯罪'09 行动'情况"，载中国政府网，http://www.gov.cn/gzdt/2009-09/09/content_1413095.htm，2017 年 11 月 5 日访问。

发现和捣毁多处制作假硬币窝点。[1]

（2）货币犯罪形成相对固定的"地区格局"。我国货币犯罪呈现出较强的"地区格局"特征，这主要是由人文地缘环境因素和经济发展水平因素决定的。"09行动"就将广东、广西、福建、浙江、河南、湖南、四川、安徽、云南、江西列为十个假币犯罪重点省区。其中，广东是制贩假币犯罪的重点地区。目前国内大面额的假币制造地主要在广东；在流通领域收缴的假币当中，广东是第一位的；由于广东是制造地，也带动了一些贩卖假币的团伙，很多职业犯罪分子也出在广东。广东既是制造地，也是主要的受害地，还是主要的贩卖地。[2]可以说，广东一直是打击假币犯罪的主战场。究其原因，广东经济总量、人口总数、流动人口数量、现金流通量名列全国前茅，所以成为全国反假货币的主战场。据统计，仅2014年广东就捣毁12个制造假币窝点，缴获假币2.92亿元，破获相关案件64起，抓捕117名犯罪嫌疑人，其中绝大多数制造假币犯罪出现在粤东地区。由于在产、供、销方面的历史渊源，假币犯罪团伙在此建立了中转站和销售网络。[3]随着内地经济的发展，制假窝点呈现向内地迁移的趋势，如河南、湖南等地先后破获制假窝点案。

（3）货币犯罪涉案地域广。货币犯罪活动是由一系列活动构成的非法产业链，制作（二次加工）、走私、出售、购买、运输、持有、使用等非法行为常常在不同地区发生，假币类犯罪涉案地域广，通常表现为跨越多省流动。例如，湘潭县公安局发布"2016·7·30"伪造货币案案情，该案范围涉及全国29个省、自治区和直辖市。[4]

（4）城乡接合部、农村等地区是货币犯罪的重灾区。我国的假币犯罪由东中部重点地区沿交通干线向全国呈辐射状态：以广东为伪造源头，以安徽、河南、湖南等地为加工及集散地，以人口流动性大、现金使用量多的省会及经济中心城市为周转地，进而向周边、中西部地区及广大农、牧、山、少、

---

〔1〕 陈祥民、刘丹："当前中国货币犯罪特点及成因"，载《中国人民公安大学学报》（社会科学版）2009年第2期。

〔2〕 "公安部、人民银行介绍打击假币犯罪'09行动'情况"，载中国政府网，http://www.gov.cn/gzdt/2009-09/09/content_1413095.htm，2017年11月5日访问。

〔3〕 钱海飞、关清、钟仓健："小额化、纯线上——假币犯罪的互联网'升级'"，载《人民公安》2016年第Z1期。

〔4〕 "湖南湘潭破获制假币电子模板案件 系全国首次"，载《中国防伪报道》2017年第7期。

边区蔓延扩散。[1]近年来，城乡接合部、农村地区成为假币犯罪的重灾区，实因这些地区打击假币犯罪活动的力量相对较弱，广大农民防范假币意识也相对较差，一些犯罪分子将制假、贩假的目标转向了农村地区，如"假币的使用以调包、找零为主要的侵害方式，地域多选择城乡接合部，部位多为小摊小贩、集贸市场"，[2]其中一些假币制作窝点也隐藏在城乡接合部、农村等地区。

4. 电子货币犯罪开始显现

传统货币犯罪的犯罪对象为纸币。近年来，电子货币在社会经济生活中发挥着越来越重要的作用，与之相对应，货币转移的方式更多地采取非现金转移的方式，当前互联网支付、移动支付等新型支付形式已经深入到社会的各个领域。根据 2010 年中国人民银行制定的《非金融机构支付服务管理办法》第 2 条第 2 款的规定，网络支付是指依托公共网络或专用网络在收付款人之间转移货币资金的行为，包括货币汇兑、互联网支付、移动电话支付、固定电话支付、数字电视支付等。艾瑞咨询（iResearch）统计数据显示，2016Q4 中国第三方互联网支付交易规模达到 6.1 万亿元，同比增长 71.2%，环比增长 16.2%。[3]当前，人们越来越多地使用移动支付，现金交易似乎要远离人们的生活。货币支付方式的电子化是社会发展的潮流，它实现了交易的便捷性，也有助于节省交易成本。但是，电子货币的广泛应用也引发了新的犯罪问题，如利用电子货币进行洗钱、诈骗等犯罪活动。同样，电子货币作为货币犯罪的新对象，这或许是货币犯罪的新动向，也将成为货币犯罪研究的新课题，货币犯罪的防治工作将面临新的挑战。

## 二、货币犯罪的原因

我国货币犯罪产生的原因是多方面的，笔者主要探讨刑事立法原因、刑事司法原因、金融监管原因、犯罪对象原因、犯罪人原因和被害人原因。

---

〔1〕 "公安部、人民银行介绍打击假币犯罪'09 行动'情况"，载中国政府网，http://www.gov.cn/gzdt/2009-09/09/content_1413095.htm，2017 年 11 月 5 日访问。

〔2〕 "公安部、人民银行介绍打击假币犯罪'09 行动'情况"，载中国政府网，http://www.gov.cn/gzdt/2009-09/09/content_1413095.htm，2017 年 11 月 5 日访问。

〔3〕 参见艾瑞咨询网站，http://www.iresearch.com.cn/view/267622.html，2017 年 11 月 11 日访问。

（一）刑事立法原因

我国古代社会就开始严厉惩治伪造和流通环节中货币犯罪，即严惩"私铸钱"和铸币流出界外等行为，以维护社会经济的正常秩序。新中国成立伊始，我国就对货币犯罪予以刑事惩治。当时国内外敌对势力试图通过伪造人民币破坏经济秩序，政务院于 1951 年 4 月 19 日发布了《妨害国家货币治罪暂行条例》，此后国务院于 1955 年和 1957 年分别发布了《关于发行新的人民币和收回现行的人民币的命令》《关于发行金属分币的命令》，上述规范性文件有效地遏制了货币犯罪。1979 年《刑法》第 122 条规定了伪造国家货币罪、贩运伪造的国家货币罪。20 世纪 80 年代货币犯罪高发，为弥补 1979 年《刑法》对货币犯罪规定的简陋，全国人民代表大会常务委员会分别于 1988 年 1 月 21 日和 1995 年 6 月 30 日通过了《关于惩治走私罪的补充规定》《关于惩治破坏金融秩序犯罪的决定》，上述两个决定分别补充了走私伪造的货币罪、扩大了货币犯罪的对象和行为方式，并被 1997 年《刑法》所吸收。此后，《刑法修正案（九）》第 9 条和第 11 条分别废除了走私假币罪和伪造货币罪的死刑。我国现行《刑法》对货币犯罪的规定较为完善，大体上与当今世界各国和地区的刑法规定相似，同时货币犯罪的刑事立法也存在一些特色，如《刑法》规定的"金融工作人员购买假币、以假币换取货币罪"，此类身份犯在其他国家是很少见的，究其原因，我国货币犯罪中，金融从业人员实施的比例较高。[1] 近年来，随着货币犯罪的手段、方式的变化，惩治货币犯罪的刑事立法也暴露出一些不足之处，这主要体现在如下三个方面：①实践中单位实施货币犯罪的情形并不少见，但《刑法》未规定货币犯罪的单位犯罪主体（除走私假币罪外）；②对货币犯罪的刑罚体系不够完善；③伪造货币罪、变造货币罪等罪名的主观要件不够完善。

（二）刑事司法原因

准确、及时侦破货币犯罪，依法对货币犯罪分子处以相应刑罚，这是有效防治货币犯罪的重要手段。借助于互联网以及高新技术，货币犯罪越来越隐蔽，这也导致货币犯罪的查办难度大，"假币犯罪案件的侦破难度大，现行假

---

〔1〕 参见刘宪权：《金融犯罪刑法学原理》，上海人民出版社 2017 年版，第 157 页。

币案件追诉标准过高，刑事处罚力度不足，是货币犯罪高发的司法原因。"[1]当前，侦破假币犯罪案件面临着如下难点：①假币犯罪侦查线索来源困难。假币案件侦查线索主要来源于群众和线人举报，取证困难，有些案件很难查明上线人物和假币源头。有些公民收到假币后，不是报案，而是为了减少自己的损失，再次使用假币。②假币犯罪分子犯罪手段趋于隐蔽，侦破难度大。一些犯罪分子的反侦查能力较强，如假币类犯罪分子重新犯罪率不低，他们往往会吸取失败教训，改变原来的作案手段。③公安部门办案人员少、经费不足。假币案件是经侦部门管辖的案件中少数的由案到人的案件类型，案发仅冰山一角，如何从这一角牵出整座冰山，从一个使用假币者牵出使用假币集团的同伙，是此类案件侦破的关键点和难点。但有时受限于人力、经费，即使对一些有线索的假币案件，也不能持续深挖和围堵，只能就案办案。[2]

（三）监管原因

1994 年国务院就批准成立了由有关部门负责人参加的"国务院反假货币工作联席会议"，建立了联席会议制度，使反假币工作有了专门的组织领导机构。1996 年《关于进一步加强反假货币工作的意见》第 2 条指出："各级人民政府要加强对反假币工作的领导，建立本地区的反假币工作联席会议制度并指定相应的办事机构（该办事机构挂靠在中国人民银行当地分支行），负责本地区反假币工作的组织领导，定期研究、解决反假币工作中出现的问题，协调有关部门统一行动，保证反假币工作的顺利进行。"这反映出国家层面高度重视反假币工作，并要求在各级人民政府建立相应的反假币工作体系。但也必须指出，一些地方的职能部门仍对反假币工作的重要性缺乏足够的认识，这导致了反假币的监管效果不佳，也成为货币犯罪发生的重要原因。有研究指出，社会控制机制失调和政府部门懈怠是货币犯罪高发的社会管理原因。一些地区，特别是货币犯罪重点地区的党政领导对反假币工作的重要性、长

---

〔1〕　陈祥民、刘丹："当前中国货币犯罪特点及成因"，载《中国人民公安大学学报》（社会科学版）2009 年第 2 期。

〔2〕　参见陈祥民、刘丹："当前中国货币犯罪特点及成因"，载《中国人民公安大学学报》（社会科学版）2009 年第 2 期；蒋苏淮："假币犯罪案件侦查思维路径解析——以一起使用假币案为例"，载《现代交际》2017 年第 14 期。

期性和艰巨性认识不足，甚至把打击货币犯罪与经济发展和形象塑造对立起来。[1]正是由于某些工作人员对反假币工作的认识和在职能上的定位存在差距，所以未能较好地形成全社会反假币的工作合力。特别是部分地方政府对制假、贩假的危害性认识不足，导致打击制贩假币犯罪行为的意识较淡薄，使得假币犯罪问题长期得不到解决。甚至极少数农村基层组织对假币犯罪或因担心打击报复而漠然视之，或因短期经济利益驱动而不闻不问，有的甚至包庇、纵容当地的假币犯罪活动，更有甚者与之同流合污，共同实施假币犯罪。[2]

（四）犯罪对象原因

货币犯罪的对象是货币，即人民币和境外货币。[3]货币制造环节的犯罪活动是其他货币犯罪存在的前提，其之所以存在，基础在于货币客观上能够被伪造。[4]当前各国一般采用信用货币体制，即以纸质货币作为流通货币，同时对纸币采取防伪技术，但伪造货币的行为一直无法杜绝。究其原因，金属货币也可以被仿造，但其仿造相对困难，且成本高，携带和运输不便，仿造金属货币的利润也较低；而纸币本身具有易伪造的特性，纸币材质轻便，便于携带，交易便捷。事实上，也正是由于纸币的出现，大规模的伪造货币的行为才越来越频繁。20 世纪 80 年代末以前，我国查获的假币以手工制作为主，兼有用石刻、蜡版、油印等等简单工艺制作的假币。[5]近年来，随着社会经济的发展和技术水平的提升，犯罪分子借助于高新技术和互联网平台，仿造货币也越发容易。实践中，电脑制版的伪造货币技术在网上流传广泛，成本低廉、简单易学。不法分子只需购买电脑、打印机、油墨等工具，便可自己生产假币半成品，通过网络对外兜售。一些不法分子也通过购买假币半成品进行二次加工。[6]同时，我国社会公众偏好使用现金消费，现金货币流量仍巨大，经粗略计算，流通中的人民币实物总量已达 3600 多亿张（枚），

---

〔1〕 陈祥民、刘丹："当前中国货币犯罪特点及成因"，载《中国人民公安大学学报》（社会科学版）2009 年第 2 期。

〔2〕 谌艳青：《货币犯罪侦防对策研究》，四川大学出版社 2014 年版，第 136～137 页。

〔3〕 参见 2000 年最高人民法院《关于审理伪造货币等案件具体应用法律若干问题的解释》第 7 条。

〔4〕 邓丽萍：《货币犯罪研究》，中国方正出版社 2004 年版，第 18 页。

〔5〕 邓丽萍：《货币犯罪研究》，中国方正出版社 2004 年版，第 43 页。

〔6〕 "警惕购买假币半成品加工销售的犯罪新动向"，载《中国防伪报道》2017 年第 7 期。

人均拥有现金的数量比例大约为 1∶260～270（张/枚），美国、英国、德国等发达国家由于大量使用非现金支付手段，现金仅用于日常零星支出，人均拥有现金的比例很小，大致在 1∶25～30（张/枚）之间。[1]虽然当前非现金支付工具发展普及很快，但 2013 年以来我国流通中现金依然保持净增长态势，从全国流通中的货币（M0）看，2016 年全年平均流通量为 6.55 万亿元，近五年（2012～2016 年）年均增长 5.3%。[2]可见，借助于高新技术和网联网，纸币的易仿制性更加明显；加之我国现金保有量和发行规模仍然可观，而现金流量大小与货币犯罪成正相关，这成为我国货币犯罪产生的客观基础。

（五）犯罪人原因

犯罪分子追逐高额利润、心存侥幸心理是货币犯罪产生的重要原因。在一些犯罪分子看来，伪造货币成本低、利润高、获利快，伪造货币是一种极为"有效"的获利方式，这使得他们敢于抱着侥幸心理，铤而走险，以身试法。例如，伪造一张百元面额人民币成本仅几元钱，而倒手贩卖可获利 20 元至 60 元不等。[3]2016 年厦门警方查获的一起案件中，犯罪嫌疑人在网上注意到有人贩卖假币后，便决定制作假币偿还赌债，该假币犯罪团伙通过网购买了打印机、油墨、纸张等材料，使用彩色打印机打印面额 20 元的假人民币，伪造货币犯罪的窝点 24 小时不间断打印，每天可以制作 1000 多张假币，20 元假币卖 1.2 到 1.4 元。[4]实践中，很多犯罪嫌疑人起初是贩卖假币，获取差价，久而久之，为获取丰厚利润，由贩卖假币转为伪造加工假币。通过对购买的半成品假币进行加工，制成假币成品后，则通过网络对外出售。[5]

（六）被害人原因

我国政府及相关部门一直重视对反假币的宣传工作，不过，很多受害人对假币的社会危害性认仍识不足，缺乏必要的假币辨识能力和防范意识。对

---

〔1〕　"人民银行：没有大量集中出现假币　反假币保持常态"，载中国政府网，http://www.gov.cn/gzdt/2009-03/05/content_1251562.htm，2017 年 11 月 12 日访问。

〔2〕　参见彭旸："央行重拳反假币，规范现金机具行业"，载《中国证券报》2017 年 9 月 29 日。

〔3〕　中国刑事警察学院、辽宁省合同法研究会组编：《金融犯罪防控对策研究》，法律出版社 2013 年版，第 278 页。

〔4〕　参见杜昌营："'印钞机'全天候运转，20 元假币卖 1.2 到 1.4 元"，载《人民公安报》2016 年 10 月 27 日，第 2 版。

〔5〕　参见"警惕购买假币半成品加工销售的犯罪新动向"，载《中国防伪报道》2017 年第 7 期。

此，有研究指出，虽然全国反假币宣传工作每年都开展，但仍然存在宣传不
到位，特别是对以现金交易为主的广大农牧地区、边远山区成为反假币宣传
的盲区。农民群众自我防范意识差、鉴别货币真伪能力弱，甚至有部分群众
不具备辨假识假能力，常常出现群众在农村集贸日、人员拥挤、购物群众多
时遭受假币侵害等现象，这部分人往往成为假币犯罪的主要受害者。更有部
分人遇到假币或发现可疑线索，不是及时向有关部门举报，而是想方设法使
用，以转嫁损失。在部分农村地区，有的乡邻对持有使用假币者包庇纵容，
不配合、甚至抗拒公安机关调查，造成防假打假工作难以开展。[1] 可见，我
国部分公民，尤其是农村地区的公民对假币的防范意识相对较差，他们往往
成为假币犯罪的受害人。

## 第二节　货币犯罪的司法适用

刑法作为维护社会秩序、经济秩序，保障社会主义建设事业顺利进行的
最后一道屏障，理当发挥其应有的作用，严厉打击各类危害货币管理制度犯
罪。运用刑法开展对危害货币管理制度行为的惩治与预防，并在司法实践中
准确适用货币犯罪相关规定无疑是十分必要的。

### 一、伪造货币罪与变造货币罪的司法认定

伪造货币罪，是指仿照货币的图案、形状、色彩等，使用各种方法，非
法制造足以使普通人产生误认的正在流通或兑换的人民币或者境外货币，冒
充真货币，并意图进入流通的行为。[2] 变造货币罪，是指通过对真实货币剪
贴、挖补、揭层、涂改、移位、重印等方法加工处理，改变真币形态、价值，
数额较大的行为。[3]

---

〔1〕　参见陈祥民、刘丹："当前中国货币犯罪特点及成因"，载《中国人民公安大学学报》（社会科
学版）2009 年第 2 期；谌艳青：《货币犯罪侦防对策研究》，四川大学出版社 2014 年版，第 140 页。
〔2〕　参见刘宪权：《金融犯罪刑法学原理》，上海人民出版社 2017 年版，第 170 页。
〔3〕　参见 2010 年最高人民法院《关于审理伪造货币等案件具体应用法律若干问题的解释（二）》
第 1 条第 2 款规定。

（一）伪造货币罪与变造货币罪的客观行为认定

1."伪造"的认定

伪造货币罪的行为特征表现为仿照正在流通的货币式样、票面、图案、颜色、质地和防伪标记等特征，使用描绘、复印、影印、制版印刷和计算机扫描打印等方法，非法制造假货币，冒充真货币的行为。伪造货币行为的本质在于"从无到有"，即通过非法的伪造行为，凭空制造新假货币。伪造货币罪的"伪造"仅包含形式伪造而不包括内容伪造，制造根本不存在的货币或是已经停止流通的货币，不能视为"伪造"行为。因为伪造货币罪中的"伪造"行为是一种危害货币管理制度的犯罪行为，其本质在于"仿真制假"，事实上只有仿照真货币而进行伪造（即形式伪造）才可能对国家的货币管理制度造成破坏。如果行为人自行设计出一种并不存在的货币（例如200元面额的人民币）或是已经停止流通的货币（即内容伪造），由于这种"制假"行为所制造出来的"货币"实际上不可能进行使用，即根本无法进入流通领域，因而也无法对国家的货币管理制度造成实际的危害。因此，实际上并不存在的货币本就不属于我国货币管理制度所调整的对象，从本质上看，行为人的这种制造行为由于不存在仿照的基础，这种行为完全是一种凭空"创造"，根本谈不上是"伪造"。由此分析，笔者认为，伪造并不实际存在或是已经停止流通的货币的行为不属于伪造货币罪，如果行为人据此骗取他人财物，其行为特征完全符合虚构事实、隐瞒真相的诈骗罪的客观方面构成要件，以诈骗罪论处显然较为妥当。2010年《关于审理伪造货币等案件具体应用法律若干问题的解释（二）》第5条对此也作出相关规定，以使用为目的，伪造停止流通的货币，或者使用伪造的停止流通的货币的，依照《刑法》第266条的规定，以诈骗罪定罪处罚。

理论上和实践中对于伪造不能在我国境内流通或者兑换的境外货币能否构成伪造货币罪存有争议。最高人民法院于2000年9月14日实施的《关于审理伪造货币等案件具体应用法律若干问题的解释》第7条第1款规定："本解释所称'货币'是指可在国内市场流通或者兑换的人民币和境外货币。"而2010年《关于审理伪造货币等案件具体应用法律若干问题的解释（二）》第3条规定："以正在流通的境外货币为对象的假币犯罪，依照刑法第170条至

第 173 条的规定定罪处罚。"可见，2010 年的司法解释将假币犯罪的对象进一步扩大，将国内不可流通或者兑换的境外货币纳入假币犯罪的范围。有的学者也认为："本罪的对象是正在流通的货币，包括我国货币和国外的货币。我国货币是指人民币、港币以及台湾、澳门地区发行、流通的台币和澳币；国外的货币，既包括可以在我国境内兑换的外币，如美元、英镑、日元、德国马克等，也包括在我国境内不能兑换的外币，如卢币、瑞士法郎、意大利里拉和欧元等。"[1]根据这种观点，伪造不能在国内流通或者兑换的境外货币可以伪造货币罪认定。然而，在国内不能流通或者兑换的境外货币实际上并不是属于我国货币管理制度调整的对象，如果行为人伪造该类货币，从根本上说不可能产生危害我国货币管理制度的问题，那么将这类货币作为伪造货币罪的行为对象并无意义。因此，笔者认为伪造不能在我国境内流通或者兑换的外国货币不应以伪造货币罪论处。

2. "变造"的认定

对于变造货币的行为，根据 1994 年最高人民法院《关于办理伪造国家货币、贩运伪造的国家货币、走私伪造的货币犯罪案件具体应用法律的若干问题的解释》[2]规定，是指"对国家货币采用剪贴、挖补、揭层、涂改等方法加工处理，使国家货币改变形态、升值的变造国家货币行为"，而 2010 年《关于审理伪造货币等案件具体应用法律若干问题的解释（二）》将之修改为"对真货币采用剪贴、挖补、揭层、涂改、移位、重印等方法加工处理，改变真币形态、价值的行为"。两者相比较，主要有三处修改：一是将"国家货币"修改为"真货币"；二是细化了变造货币的行为方式；三是将"升值"修改为"价值"。因此，在认定变造货币行为的过程中，应着重把握以下两点：其一，变造货币是以真货币为基本材料，通过剪贴、挖补、涂改、揭层、移位、重印等方法加工处理，使原货币的价值发生改变。真货币是构成变造货币的基本要素，只有以利用真货币为前提才能进行变造货币的行为。其二，变造货币不应以升值为条件。对此，目前学界还存在争议，有学者认为变造货币的行为特征表现为通过对真实货币进行剪贴、涂改、挖补、拼接、揭层

---

[1] 高铭暄、马克昌主编：《刑法学》，北京大学出版社、高等教育出版社 2017 年版，第 410 页。

[2] 该司法解释已于 2013 年 1 月 14 日被《最高人民法院关于废止 1980 年 1 月 1 日至 1997 年 6 月 30 日期间发布的部分司法解释和司法解释性质文件（第九批）的决定》所废止。

等改造的方法，使真货币发生增值的行为，变造货币行为的本质在于"从少到多"。[1]也有学者主张，变造货币不应以"升值"为条件，实践中变造货币较为复杂，除剪贴拼凑之外，还有挖补、涂改等其他方式，此类行为虽未必在面额上有所升值、张数上有所增加，但也应当纳入变造的范畴。[2]变造货币行为的特征在于改变真币形态，危害实质在于侵害货币的公共信用，多数变造货币行为可能是为了非法牟利，但也无法排除非法牟利之外的其他动机，如故意扰乱金融管理秩序，把"未升值"的变造行为排除在外并不合理，因此原规定中的"升值"才会被修改为"改变价值"。

根据刑法相关规定，伪造货币罪和变造货币罪在入罪门槛和法定刑配置上存在明显区别。例如，构成变造货币罪需达到"数额较大"的要求，而对伪造货币罪则无此要求；两罪法定最高刑也不同，变造货币罪的刑罚整体上轻于伪造货币罪。但两罪的最大区别，也即根本区别在于：伪造货币罪的行为特征表现为仿照真币，从无到有；变造货币罪是以真货币为基础对其改变形态从而导致价值发生改变。因此，伪造货币和变造货币的最大区别在于是否有真实货币存在。

严格来说，并非只要有真实货币存在就一定不存在伪造货币的问题。例如，行为人通过大量收集低面额的硬币，并将其熔化后，制造较高面额的硬币。对于这种行为是以伪造货币罪认定？抑或以变造货币罪认定？由于整个制造过程中，确实存在有真实货币，如果说只要有真实货币就不存在伪造货币的问题，行为人的这种行为就不能以伪造货币罪认定。笔者认为，上述行为人的行为理应属于伪造行为而非变造行为。理由是，尽管在行为人的整个行为过程中确实存在有真实货币，但当行为人将真实货币熔化后，真实货币就不存在了（即失去了货币的同一性），此时实际上只存在生产货币的原材料。在此基础上行为人所进行的制造，当然不能理解为是对真实货币的改造，即这种行为的性质并非是"从少到多"的变造，而只能是"从无到有"的伪造。[3]可见，伪造货币和变造货币的区别的关键并不在于实际上是否曾经存在有真实货币，而是相关的制造行为是否是在"失去货币同一性"的物体基

---

〔1〕 刘宪权：《金融犯罪刑法学原理》，上海人民出版社2017年版，第170页。

〔2〕 刘为波："伪造货币罪的法律适用问题"，载《刑事法判解》2013年第2期。

〔3〕 刘宪权：《金融犯罪刑法学原理》，上海人民出版社2017年版，第171页。

础上进行的。

（二）伪造货币罪与变造货币罪行为人的主观目的的认定

伪造货币罪，变造货币罪和持有、使用假币罪等罪名在内的所有危害货币管理制度犯罪的主观要件，均只能由故意构成，这在理论和司法实务界并无异议。但是，在故意之外，危害货币管理制度犯罪是否要求行为人具有特定目的，尚有争议。一种意见认为，危害货币管理制度犯罪只要主观上存在故意，无论是出于什么目的都不影响相关犯罪的成立。该种意见是立足于我国刑法条文的明文规定，由于条文未明确要求目的要件，因此无需考虑行为人的主观目的。另一种意见则认为，该类犯罪属于目的犯，至于什么目的，也存在不同说法。有学者认为应以营利为目的，主要是根据早期《妨害国家货币治罪暂行条例》第4条规定，伪造货币罪应当以营利为目的要件。有学者则认为，该类犯罪应以行使或者意图流通为目的。[1]综观国外立法例，一般都将危害货币类的犯罪作为目的犯对待，规定这类犯罪必须"以行使为目的"，或把"意图供行使或流通之用"作为该类犯罪的主观要件。例如，《德国刑法典》第146条第1款第1项规定，意图供流通之用，或有流通可能而伪造货币，使票面价值具有较高价值的，处1年以下自由刑。[2]《日本刑法典》第148条第1款的规定，以行使为目的，伪造通用的货币、纸币或者银行券的，处无期或者3年以上惩役。[3]

笔者认为，危害货币管理制度犯罪应以"意图进入流通"目的为构成要件，刑法是否明确规定不应影响本类犯罪目的犯的构成。危害货币管理制度犯罪虽然不属于严格刑法意义上的目的犯，但行为人主观上必须具有"意图进入流通"的目的。由于犯罪的构成要件分为"显性要件"和"隐性要件"两种，作为目的犯中的构成要件目的，也当然存在显性和隐性两种情况，即目的犯中的目的理应可以分为法律有特别规定的和法律没有特别指明的两种。例如，抢劫罪、盗窃罪和诈骗罪等占有型侵犯财产犯罪，法律并未指明必须"以非法占有为目的"；金融诈骗罪中除集资诈骗罪和贷款诈骗罪的刑法条文明确规定"以非法占有为目的"外，其他诸如信用证诈骗罪、信用卡诈骗罪

---

〔1〕 刘为波："伪造货币罪的法律适用问题"，载《刑事法判解》2013年第2期。

〔2〕 《德国刑法典》，徐久生、庄敬华译，中国法制出版社2001年版，第33页。

〔3〕 《日本刑法典》，张明楷译，法律出版社1998年版，第47页。

等金融诈骗罪，刑法条文并未明确规定"以非法占有为目的"。但是，"以非法占有为目的"是这些犯罪的构成要件是不言而喻的。也即这些犯罪的目的虽然没有在刑法条文中明确，但它们仍然应该属于刑法中的目的犯。由此分析，我国刑法有关危害货币管理制度犯罪的规定中，虽然未特别规定"以意图进入流通为目的"，但我们不能据此而否定本类犯罪是目的犯。另外，如果不对本类犯罪的主观目的作出限制，难免会进一步扩大刑事打击面，如不具有"以意图进入流通为目的"的伪造、变造货币行为都被认定为犯罪，而这些行为还很难说是具有社会危害性的行为，一概认定为犯罪，无疑是会扩大刑事处罚的范围，会造成刑事保障功能与保护功能的失衡。2010 年《关于审理伪造货币等案件具体应用法律若干问题的解释（二）》第 1 条规定，"伪造货币"是指仿照真货币的图案、形状、色彩等特征非法制造假币，冒充真币的行为。根据这一定义，冒充真币和仿照真币构成伪造货币行为的两个方面，冒充真币是仿照真币这一前提条件的逻辑延伸，间接地说明了伪造货币应以意图进入流通领域或者使用为目的的要件。据此，伪造后不以使用为目的，为炫耀伪造技术或是供鉴赏、教学、科研使用而不进入流通领域的，不属于伪造货币的行为。

笔者认为，与世界上大多数国家明确规定构成危害货币管理制度犯罪须有"意图进入流通的目的"或者"行使目的"不同，我国现行刑法未作明确规定，确实存在有一定问题，很容易在认定本类犯罪时产生争议。为此，我们完全有必要借鉴国外的规定，在今后修正刑法时在刑法条文中对相关危害货币管理制度犯罪的规定中明确增加"进入流通的意图"或者"以行使为目的"等要件，从而避免不必要的争议产生。但是，即使在现行刑法未作明确规定的情况下，危害货币管理制度犯罪的行为人在主观上应具有"进入流通的意图"的要件也是毋庸置疑的。理论界对于那些出于鉴赏、收藏目的而实施的伪造等行为不作为本类罪处理，已经形成共识，以往的审判实践对此也并无异议。既然如此，我们就不应当以刑法条文没有明文规定而否定危害货币管理制度犯罪必须具有"意图进入流通"的目的。[1]

---

〔1〕 刘宪权：《金融犯罪刑法学原理》，上海人民出版社 2017 年版，第 170 页。

## 二、持有、使用假币罪的司法认定

持有、使用假币罪是选择性罪名，必须是在所持有和使用的假币已分别达到数额较大的标准后，才能适用持有、使用假币罪这一罪名。针对同一宗假币既有持有又有使用行为，则以持有、使用假币罪一罪定罪，而不能数罪并罚。持有假币罪，是指明知是伪造的货币而持续地非法实际支配和控制，根据现有证据不能认定行为人已构成其他假币犯罪，数额较大的行为。[1]使用假币罪，是指明知是伪造的货币而将其投入流通作为支付手段，数额较大的行为。[2]

（一）持有、使用假币罪客观方面的认定

1. "持有"的认定

本罪中的"持有"概念是广义的，是指行为人有意识将伪造的货币实际置于自己的支配和控制之下的一种持续性状态的行为。对于该持有行为，是以非法持有为前提，同时这种持有在时间上具有持续性，是在一定时间内相对稳定控制、支配假币，且行为人与假币在空间上的距离并不影响对持有行为的认定，持有方式可以多种多样，不一定非要随身携带，也不以行为人眼能看到、手能触到为限，只要行为人实际上对假币具有实际的控制力和支配力即可。

持有行为有其特殊性，并在一定程度上取决于引起持有状态的初始行为或上游行为。[3]引起持有状态的先行行为可以是其他货币犯罪行为，如因伪造货币、运输、购买假币的行为而持有，也可以是货币犯罪以外的其他犯罪行为，如因盗窃、抢劫等行为而持有，甚至也可以通过合法行为而持有，如接受馈赠、进入金融活动而误收。对于通过犯罪行为而持有假币的情况，因为行为人的持有状态是先行犯罪行为的当然结果，属于事后不可罚行为，应被前行为所吸收，无需独立评价，只需认定其已经构成的其他犯罪。只有在缺乏足够证据证明行为人是通过其他犯罪行为而持有假币，即持有假币行为

---

[1] 刘宪权：《金融犯罪刑法学原理》，上海人民出版社 2017 年版，第 182 页。
[2] 刘宪权：《金融犯罪刑法学原理》，上海人民出版社 2017 年版，第 182 页。
[3] 陈浩然：《应用刑法学分论》，华东理工大学出版社 2007 年版，第 198 页。

的来源行为无法查清的情况下，方才对行为人以持有假币罪论处。2001 年
《全国法院审理金融犯罪案件工作座谈会纪要》指出："明知是伪造的货币而
持有，数额较大，根据现有证据不能认定行为人是为了进行其他假币犯罪的，
以持有假币罪定罪处罚；如果有证据证明其持有的假币已构成其他假币犯罪
的，应当以其他假币犯罪定罪处罚。"这是因为持有行为是一种源于作为的占
有、支配状态，只有在难以查清持有的真实来源和去向时，刑法所规定的持
有行为才具有独立意义。就这一层面而言，持有假币罪的规定属于一种兜底
条款。

　　在社会生活中，一些行为人持有的假币是通过接受馈赠、意外拾得、误
收等途径获得的，由于这些途径并不是非法途径，甚至有些来源还是合法的，
对于这种持有行为应如何定性？笔者认为，从理论上分析，对于通过合法行
为而持有假币的情况，若行为人自始至终不明知是假币则无从论罪；但有足
够证据证实行为人事后明知所持有的系假币仍持有，但又无法证实其有其他
货币犯罪的，宜以非法持有假币罪论处。但是，由于行为人获取假币的途径
并不违法，足以说明持有者主观恶性程度较低，如果在数额不是巨大的情况
下，一般可依据《刑法》第 13 条之但书规定，不以犯罪论处。

　　2. "使用"的认定

　　使用，是指将伪造的货币冒充真币而予以流通的行为。"使用"方式多种
多样，可以是合法的使用，如购买商品、存入银行、赠予他人、捐赠假币、
用假币交罚款等，也可以是非法的使用，如用假币进行赌博、用假币放高利
贷等。但具体使用方法如何不影响本罪的成立，关键在于是否将假币冒充真
币予以流通。

　　使用行为同样会因来源行为的不同而影响到犯罪的认定，且其来源行为
与持有来源行为相似，具体可分为以下三种情形：

　　（1）行为人在合法经济活动中误收后使用假币。行为人因缺乏辨别货币
真伪的常识或一时疏忽而误收假币后，若其在未发现的状态下，将假币投入
流通，因其主观上不具有明知假币而使用的犯罪故意，故不能作为犯罪论处。
但是，不能排除也会存在部分行为人误收假币之后，已发觉自己持有假币，
为避免自己的经济损失而故意将假币投入流通的情况，对此，若其使用的假
币数额已达入罪标准的话，则仍应以使用假币罪论处。

（2）行为人在实施其他货币犯罪后又使用假币。按照一般刑法原理，行为人在实施伪造、走私、运输、购买假币行为之后又使用的，因使用行为是前述犯罪行为的结果，应可被吸收于前述行为之中，不再单独评价。但是，2000年《关于审理伪造货币等案件具体应用法律若干问题的解释》第2条规定："行为人购买假币后使用，构成犯罪的，依照刑法第171条的规定，以购买假币罪定罪，从重处罚。行为人出售、运输假币构成犯罪，同时有使用假币行为的，依照刑法第171条、第172条的规定，实行数罪并罚。"基于上述规定，我国相关司法解释区别不同货币犯罪作出了不同的规定，伪造、走私、购买假币后又使用的行为不单独论罪，而出售、运输假币后使用的行为需数罪并罚。但对于出售、运输假币后使用的行为予以数罪并罚，是值得商榷的，而且由于司法解释未对出售、运输的假币与使用假币是否属于同一宗假币作出说明，在理解上容易产生分歧。2001年《全国法院审理金融犯罪案件工作座谈会纪要》中指出，对同一宗假币实施了刑法没有规定为选择性罪名的数个犯罪行为，择一重罪从重处罚；对不同宗假币实施了刑法没有规定为选择性罪名的数个犯罪行为，分别定罪，数罪并罚。这已对出售、运输假币与使用假币行为的司法认定表明了态度。上述内容也与学界多数学者观点一致，即如果行为人出售、运输的假币与使用的假币并非同一宗，对行为人进行数罪并罚；如果属于同一宗，则以重罪即出售、运输假币罪论处，并从重处罚。

（3）行为人在实施其他犯罪后又使用假币。如前所述，如果行为人误将假币当作真币而抢劫、盗窃的，以抢劫、盗窃罪未遂论处。但是，行为人发觉通过上述行为所得为假币后仍使用的，则应对两种行为实行数罪并罚。如果行为人实施抢劫、盗窃时选择的对象即为假币，在无人身伤害发生的情况下，亦无法以抢劫罪论处；若行为人发觉所得为假币后仍使用的，则以使用假币罪论处；若行为人在实施抢劫过程中致人伤亡的，则宜以抢劫罪与使用假币罪并罚。[1]

---

〔1〕 孔雁："持有、使用假币罪的司法认定"，载陈辐宽主编：《金融证券犯罪疑难问题解析》，中国检察出版社2009年版。

3. 持有与使用混合行为的认定

根据现行《刑法》的规定，持有假币罪、使用假币罪是规定在同一法条内的、并列的选择性罪名，且均有"数额较大"的要求，相关司法解释也明确了上述两罪的追诉标准。同时，根据 2001 年《全国法院审理金融犯罪案件工作座谈会纪要》有关内容，[1]对于行为人仅持有或使用数额较大的假币案件，应以持有假币或使用假币罪论处；对于行为人持有又使用假币案件，依据犯罪成立所需具备的构成要件及相关司法解释规定的精神，应区分以下四种情形分别处理：

第一，如果行为人在使用伪造货币数额较大的同时，还持有数额较大的伪造货币，我们只需对行为人的行为以持有、使用假币罪论处即可，数额按两者相加的假币面额计算，而不能实行数罪并罚。因为持有、使用假币罪是一个选择性罪名，而选择性罪名是排除数罪并罚的。

第二，如果行为人持有数额较大的假币，同时使用了其中已经达到追诉标准数额的假币，且剩余假币数额不能达到追诉标准，应以使用假币罪论处，持有剩余的假币事实可作为量刑情节，但不能同时认定持有假币罪。因为在这种情形下，虽然行为人原持有假币的行为可构成持有假币罪，但因行为人之后使用假币的行为又构成使用假币罪，而持有与使用行为的对象存在部分重叠，由于持有假币罪是在按其他假币犯罪都无法论处的情况下才适用的罪名，故首先应该对行为人使用假币的行为以使用假币罪论处；同时，由于行为人对剩余假币的主观意图尚未明了，尚难对剩余假币以使用假币罪进行评价，故持有剩余假币的事实可作为量刑情节，但不能同时认定持有假币罪，剩余假币的数额亦不能计入使用假币犯罪的数额。

第三，如果行为人持有数额较大的假币，并使用了其中未达到追诉标准数额的假币，应以持有假币罪定罪，使用假币的情况可以在法律文书中叙明，

---

　[1]　2001 年《全国法院审理金融犯罪案件工作座谈会纪要》中明确指出，"假币犯罪案件中犯罪分子实施数个相关行为的，在确定罪名时应把握以下原则：①对同一宗假币实施了法律规定为选择性罪名的行为，应根据行为人所实施的数个行为，按相关罪名刑法规定的排列顺序并列确定罪名，数额不累计计算，不实行数罪并罚。②对不同宗假币实施法律规定为选择性罪名的行为，并列确定罪名，数额按全部假币面额累计计算，不实行数罪并罚。③对同一宗假币实施了刑法没有规定为选择性罪名的数个犯罪行为，择一重罪从重处罚。如伪造货币或者购买假币后使用的，以伪造货币罪或购买假币罪定罪，从重处罚。④对不同宗假币实施了刑法没有规定为选择性罪名的数个犯罪行为，分别定罪，数罪并罚。

作为以持有假币罪定罪时处刑的情节予以考虑。因为根据全国人大常委会《关于惩治破坏金融秩序犯罪的决定》第4条的规定，持有、使用伪造的货币只有达到"数额较大"的才能构成犯罪。如果行为人持有的假币达到"数额较大"的标准，但使用假币尚不属于"数额较大"，则只能对其持有伪造货币的行为定罪，不能对其使用伪造货币的行为定罪，使用假币仅可以作为一个量刑情形来考虑。

第四，如果行为人持有假币数额较大，但拿出其中一部分使用后，使用和持有的数额均不够数额较大的标准，则应以持有假币罪处罚，其使用的数额应累计为持有的数额，使用假币的行为作为量刑情节予以考虑。在这种情形下，虽然行为人使用假币的数额未达使用假币罪的追诉标准，因使用假币之后剩余假币的数额亦未达持有假币罪的追诉标准，但改变不了之前持有假币的事实，且持有又使用假币的行为与单纯持有假币的行为相比更具社会危害性，故从罪责刑相适应的角度出发，应对行为人的行为进行全面、综合的评价，以持有假币罪论处，使用假币的数额与剩余假币的数额均计入犯罪数额，并将使用假币的事实作为量刑情节。

笔者认为，为避免重复评价，对于上述行为确定罪名的原则是，不能将持有的假币数额，使用后再重复计算数额。持有的数额使用后，只计算使用假币的数额，尚不够追究使用假币罪的，可以作为持有假币罪处罚时的量刑情节予以考虑。

### 4."假币"的认定

持有、使用假币罪中"假币"仅指伪造的货币而不包含变造的货币。[1]目前对持有、使用变造的货币等行为，以持有、使用假币罪定罪处罚是欠缺

---

〔1〕 我国《刑法》第170、173条设置了伪造货币罪和变造货币罪两个不同的罪名，而《刑法》第171、172条设置了出售、购买、运输假币罪，金融工作人员购买假币、以假币换取货币罪和持有、使用假币罪。根据《刑法》第171、172条的规定，相关罪名中的"假币"系指"伪造的货币"。虽然2000年《关于审理伪造货币等案件具体应用法律若干问题的解释》对相关罪名的罪状进行描述时，并未使用"伪造的货币"的说法，而是使用了"假币"的称谓，但2001年《全国法院审理金融犯罪案件工作座谈会纪要》中又指出："明知是伪造的货币而持有，数额较大，根据现有证据不能认定行为人是为了进行其他假币犯罪的，以持有假币罪定罪处罚。"该纪要又明确了持有假币罪中的"假币"仅指"伪造的货币"，此亦可视为对上述司法解释的补充说明。此外，最高人民检察院、公安部于2010年5月7日发布并实施的《关于公安机关管辖的刑事案件立案追诉标准的规定（二）》第22条的规定再次明确了持有、使用假币罪中的"假币"仅指"伪造的货币"。

法律依据的。我国现行《刑法》在设置持有、使用假币罪等罪名时特意未将"变造的货币"纳入假币的范畴。1995年《中国人民银行法》颁布时已有将购买或持有、使用变造的货币等行为予以刑事追究的附属刑法规范，但这一内容未被现行《刑法》所吸收。全国人大常委会法制工作委员会刑法室在说明1997年修订《刑法》的情况时提及，"此次修订刑法是将一些民事、经济、行政等法律中有关'依照''比照'刑法规定追究刑事责任的条款，经研究修改编入了刑法，并对罪状和处刑作出了具体规定"，"考虑到变造货币与伪造货币的行为在行为特点、社会危害等方面的不同，这次刑法修订把变造货币作为一个独立的罪名予以规定"，"对变造货币的犯罪规定了比伪造货币的犯罪较轻的刑罚，主要是考虑到这类犯罪由于受到行为方式的限制，在一般情况下变造的货币数额远远小于伪造货币的数额……这类犯罪所能牟取的非法利益也要相对小于伪造货币的犯罪，而伪造货币的犯罪有的则是成批、大量的生产'货币'，对国家的金融秩序的危害比变造货币严重，为了体现区别对待、罪刑相适应的原则，对变造货币的犯罪和伪造货币的犯罪规定了不同的刑罚。"[1]虽然该立法说明在说明持有、使用假币罪等罪名时，并未提及购买、持有、使用变造货币等行为不纳入假币犯罪进行追究的原因，但上述用语已可反映出主要是基于变造的货币与伪造的货币在社会危害性程度上的不同，而使得相关假币犯罪的对象均不包含变造的货币。虽然现行《刑法》施行后，2003年修订的《中国人民银行法》再次重申"对于购买、持有、使用变造的货币的行为，构成犯罪的，应追究刑事责任"，但这充其量只是附属刑法规范，必须结合具体的刑法条文才能作为认定犯罪的依据。而在缺乏相应刑法条文的情况下，其更主要的是起到一种宣示性或警戒性的作用。但是，笔者认为，对于使用变造的货币的行为，数额较大的，可按诈骗罪处理。

（二）持有、使用假币罪主观方面的认定

本罪在主观方面只能出于故意，即明知是伪造的货币而仍非法持有与使用，如受他人的蒙蔽、欺骗误以为是货币而为之携带或保管的，在出卖商品、经济往来等活动中误收了伪造的货币后不知道而持有或使用的等情形，因不

---

[1] 李淳、王尚新主编：《中国刑法修订的背景与适用》，法律出版社1998年版，第9、204、205页。

具有本罪故意而不构成本罪。但在误收后发现为伪造的货币仍继续持有或使用的，仍可构成本罪。所谓明知，既包括对伪造的货币的确知，即明确知道所持有、使用的货币是伪造的，也包括可能知道是伪造的货币，即对持有、使用的货币虽然不能完全肯定是伪造的，但却知道其有可能是伪造的。至于犯罪的目的则多种多样，但不能是出于走私、伪造、出售、购买、运输，以及金融工作人员出于购买或以假币换取真币等罪的故意，否则应构成他罪，而不是本罪。另外，明知他人持有的是伪造的货币，而代为收藏，对于他人则是本罪的故意，而对于收藏人而言，则由于不具有实际上的支配与控制力，因而其故意的内容是帮助他人窝藏赃物，构成犯罪的，应以掩饰、隐瞒犯罪所得、犯罪所得收益罪论处。

认定持有、使用假币罪的主观方面经常讨论的一个问题是行为人为证明自己的资信能力而持有或使用假币的行为应该如何定性？这个问题从形式上看是如何判定"持有"和"使用"行为的内容，但是，从实质上说则是持有或者使用假币者主观上是否需要具备"进入流通的意图"。对此，理论界颇有争议。有的学者认为，使用必须是将伪造的货币作为真货币直接用于流通。如果不是用于流通，则不能构成使用。因此，如果将假币投入自动售货机的行为应当看作是使用。如果将伪造的货币作为证明自己的资信能力而给他人看的行为或者为了显示自己有钱而向他人显示其拥有的假币，都不能认定为使用。但若将伪造的货币作为注册资本给公司登记主管部门查实的，应当认定为使用。[1]持不同意见的学者认为，"使用"并不是仅指将假币充当真币予以流通。流通强调的是使用行为必须是使伪造的货币进入流通，如付账、汇兑、支付酬金等。此外，除将伪造的货币用于流通外，还包括并不使伪造的货币进入流通的使用。比如，公民甲与公民乙签合同时，以伪造的货币冒充真币向乙出示，以骗取对方信任。甲的行为就是不使伪造的货币进入流通的使用伪造的货币的行为。立法打击使用假币行为，不在于行为是否使假币进入了流通，而在于假币被当成真币使用，发挥了真币的作用，从而破坏了货币的真正信用，危害了交易安全，构成了对国家关于货币管理秩序的直接破坏。从这个意义上讲，"使用伪造的货币"可以进一步解释为：是指以伪造

---

〔1〕 赵秉志主编：《中国刑法案例与学理研究》（分则篇·二），法律出版社 2001 年版，第 197 页。

的货币冒充真币，以通用货币的通常用法加以利用的行为。[1]

笔者同意前一种观点。正如前述，危害货币管理制度犯罪的主观方面理应具有"意图进入流通"的目的，尽管刑法条文未作明确规定，但这一目的显然是所有危害货币管理制度犯罪的构成要件。与伪造货币行为相比，持有、使用假币行为的社会危害性明显要小，既然伪造货币罪必须以"意图进入流通"为目的，那么持有、使用假币罪则更应该以此目的为必要要件，否则很难避免扩大刑罚打击面情况的出现。持有、使用假币罪的本质应该是使假币直接进入了流通领域，从而充当起像真货币一样的一般等价物，具有一般等价物的功能。如果行为人出示假币并不是为了使假币充当如同真货币的一般等价物作用，而仅仅是为了向他人炫耀或显示其经济能力，这并不是危害货币管理制度犯罪中的"持有"或"使用"行为。对于这种使用假币的行为，如果构成其他犯罪的可按其他罪论处。如上述学者所举的例子中，甲如果是以非法占有为目的，在出示假币、骗签合同后，骗取了乙的财物，对甲可以合同诈骗罪论处。此外，没有遵从货币的使用方法将伪币交付他人的，如作为标本赠与他人、作为商品卖给收藏家、单纯为了保管而寄托等，不属于使用。使用时不问是有偿还是无偿，所以，将伪币赠与他人的也是使用。由此可见，持有、使用假币罪的"持有""使用"行为其实是与行为人的主观目的紧密相连的，我们不能用社会生活中的持有、使用行为的一般含义进行简单套用，只有行为人主观上具有"进入流通的意图"，才可以对其所实施的持有、使用假币的行为定罪。

## 第三节　货币犯罪的对策

综合治理是我国预防犯罪的基本对策，货币犯罪的特点和原因决定了防控货币犯罪应当坚持综合治理的原则，笔者主要从完善货币犯罪的刑事立法加、强化应对货币犯罪的刑事司法功能、健全反假货币工作的协同合作机制、提高反假货币技术、提升社会公众反假币意识、加强反假货币的国际合作等角度展开分析。

---

[1] 胡启忠等：《金融犯罪论》，西南财经大学出版社 2001 年版，第 208、209 页。

## 一、完善货币犯罪的刑事立法

货币作为经济交易的决算手段，具有相当的重要性。一旦货币因被伪造而不为人们所信赖，就会造成经济停滞，并导致经济秩序的混乱。因此，刑法典通过处罚这些伪造行为而力图保护对此的公共信用。[1]但我国现行《刑法》对货币犯罪的规定仍应予以进一步的完善。一是增加单位犯罪主体。根据《刑法》的规定，货币犯罪主体为自然人，单位不构成货币犯罪主体（除走私假币罪外）。不少学者提出应当规定货币犯罪的单位犯罪主体，"除金融工作人员购买假币、以假币换取货币罪外，建议将单位增设为其他货币犯罪的主体，以遏制日益严峻的单位货币犯罪态势，保障货币管理制度的正常运行。"[2]显然，将单位增设为货币犯罪主体有其合理性，因单位犯罪往往比自然人犯罪的社会危害性更大。国外刑法也有将单位作为货币犯罪的主体。例如，《法国刑法典》第422-14条规定："根据第121-2条规定之条件，被宣告对本章（即伪造货币罪）规定之罪承担刑事责任的法人，除依据第131-38条之限制性规定当处的罚金外，还处下列刑罚：①已废止；②第131-39条所指之刑罚；③依据第442-13条之方式规定的没收刑。第131-39条第2款所禁止之事项，针对是在从事该活动之中或之时实施了犯罪的那种活动。"[3]二是完善伪造货币罪、变造货币罪等罪名的主观要件。为了避免司法实践的不统一，防止犯罪化的倾向，今后修正刑法时可以对伪造货币罪、变造货币罪等罪名增加"进入流通的意图"或者"以行使为目的"的主观要件。三是增设资格刑。对货币犯罪增设资格刑在学界达成一定的共识，[4]笔者也认同这一观点。例如，银行或者其他金融机构的工作人员，利用职务便利，购买伪造的货币；或者利用职务上的便利，以伪造的货币换取货币的，可以考虑对其施以资格刑，即禁止其在一定时期内从事与货币有关的相关工作。

---

〔1〕 ［日〕西田典之：《日本刑法各论》，王昭武、刘明详译，法律出版社2013年版，第341页。

〔2〕 赵秉志、杨诚主编：《金融犯罪比较研究》，法律出版社2004年版，第57页。

〔3〕 《最新法国刑法典》，朱琳译，法律出版社2016年版，第241页。

〔4〕 参见赵秉志、杨诚主编：《金融犯罪比较研究》，法律出版社2004年版，第58页；李永升主编：《金融犯罪研究》，中国检察出版社2010年版，第131页。

## 二、强化应对货币犯罪的刑事司法功能

货币犯罪具有隐蔽性、专业化、网络化等特征，因此，有必要组建防治货币犯罪的专门机构和专业队伍。1929 年《防止伪造货币国际公约》就已指出，各个国家应致力于建构侦查伪造货币罪的中心局。[1]美国特工处是调查和打击美国货币伪造的主要机构，其下属的反伪造司和反伪造实验室具体进行假币研究和调查。特工处从世界各地搜罗各种版本的美元假币，专门建立了一个"假币样本库"。[2]近年来，我国也不断加强防治货币犯罪的专门机构建设。广东省公安厅较早就设立了反假币科。2009 年公安部经济犯罪侦查局恢复设立了反假币处，反假币处掌握全国假币犯罪的总体情况，拟订对策；组织、指导、协调办理假币犯罪大要案件的侦查工作；负责全国假币档案库建设及票样分析等基础性工作。另外，河南、浙江、广东等地公安机关也相继设立了专门的假币犯罪侦查机构，全国大部分市（地）、县（区）公安机关设立了反假币工作联络员，部分假币犯罪多发地区公安机关在银行、集贸市场等场所建立了反假币工作站。[3]2011 年我国首个反假币实验室——公安部反假币实验室在北京正式成立。公安部反假币实验室由公安部经济犯罪侦查局和物证鉴定中心联合组建，主要职责是对各地侦办的假币案件中收缴报送的假币进行检测，分析研究假币伪造手法、规律特点，为串并案和对假币犯罪追根溯源提供可靠依据。[4]至 2015 年底已有广东、云南、天津 3 个工作站，辽宁沈阳、浙江温州、安徽阜阳等 13 个监测点，且监测点的数量处于动态调整之中。[5]总之，应对货币犯罪单纯依靠专项行动并非长策，建立健全反假货币犯罪的专门机构和专业队伍是行之有效的方案，这有助于办案人员掌握货币犯罪的运行规律，提升查处能力。

---

〔1〕 参见顾肖荣、倪瑞平主编：《金融犯罪惩治规制国际化研究》，法律出版社 2005 年版，第 84 页。

〔2〕 参见黄丽雯、宋丰明："国外如何打击和遏制假币犯罪"，载《中国防伪报道》2015 年第 3 期。

〔3〕 潘科峰："流通领域假币数量已明显减少"，载《人民公安报》2010 年 10 月 27 日，第 4 版。

〔4〕 "我国首个反假币实验室揭牌"，载中国警察网，http://www.cpd.com.cn/n1695/n3559/c774963/content.html，2017 年 12 月 2 日访问。

〔5〕 钱海飞、关清、钟仓健："小额化、纯线上——假币犯罪的互联网'升级'"，载《人民公安》2016 年第 Z1 期。

### 三、健全反假货币工作的协同合作机制

国务院反假货币工作联席会议是我国反假货币工作的最高组织形式，办公室设在中国人民银行，成员单位有中国人民银行、公安部等 28 家单位。我国打击货币犯罪的主要以公安机关和人民银行为主，并辅以相关单位开展综合治理。2017 年国务院反假货币工作联席会议第 47 次联络员会议强调，反假货币工作的总体要求是坚持"打防并举、标本兼治、综合治理、重在长效"的指导思想。事实上，国外在打击货币犯罪时也强调各相关部门协同合作。例如，美国的货币犯罪执法由财政部、司法部、税务总署、海关总署、联邦调查局和美国邮政总局组成，各机构之间分工合作，相互配合：财政部负责全面实施和执行；司法部负责起诉货币犯罪案件；税务总署负责监督有关金融机构及其从业人员遵守金融交易报告义务的情况；海关总署则负责调查与走私或意图逃避货币或金融票据转移报告义务的犯罪；联邦调查局拥有跨部门、行业调查货币犯罪的权力。[1]在当前货币犯罪跨地域的情形下，理应加强相关部门的协同合作，如经侦部门要加强与治安、交通、派出所等部门的合作，注意发现各类假币犯罪线索；公安机关要加强与银行、工商、电信等部门的协作，畅通信息渠道，建立快速有效的情报信息传递机制，还要加强与金融机构、网监等部门的协作，以有效防治互联网制售假币犯罪活动。[2]

### 四、提高反假货币技术、提升社会公众反假币意识

国际刑警组织调查认为，每个国家的钱币应该每隔 5~7 年就更新一次防伪技术，因为在这段时间中，假币制造者可能已经掌握了原有货币的防伪技术。[3]国外防治货币犯罪时也注重货币防伪技术的提升。例如，美国政府不计成本，利用高精尖技术，提高美元的防伪能力，应用先进微技术在新版 100 美元钞票中织入 3D 安全条带，以产生移动钟形图案和数字 100 的视觉效果

---

〔1〕 顾肖荣、倪瑞平主编：《金融犯罪惩治规制国际化研究》，法律出版社 2005 年版，第 84 页。
〔2〕 参见"警惕购买假货币半成品加工销售的犯罪新动向"，载《中国防伪报道》2017 年第 7 期。
〔3〕 黄丽雯、宋丰明："国外如何打击和遏制假币犯罪"，载《中国防伪报道》2015 年第 3 期。

等。[1]因此，立足于"假币零容忍"的目标，中国人民银行及相关部门应不断加强对防伪技术的研发与应用。

从我国货币犯罪的发生机制来看，一些公民防范意识薄弱而成为货币犯罪的受害人，今后应当进一步加强法制宣传力度，不断提升公民的防范意识。2009年《最高人民法院、最高人民检察院、公安部关于严厉打击假币犯罪活动的通知》第4条指出："各地公安司法机关要选择典型案例，充分利用各种新闻媒体，采取多种形式，大力开展宣传教育工作，让广大群众充分认识假币犯罪的社会危害性和严重法律后果，自觉抵制并积极检举揭发假币违法犯罪活动，形成严厉打击假币犯罪的强大舆论声势。"特别是对广大农村地区应当着力加强法制宣传，积极利用网络、新媒介等进行有效宣传。反假币宣传主要内容包括树立防假意识、掌握识假技巧、提高反假觉悟，如一旦误收了假币，要及时上缴银行或公安机关，切忌为转嫁损失而再次投入使用，发现假币违法犯罪线索的，及时报警。[2]同时，鼓励与规范非现金交易方式。例如，假美元流通量大幅减少得益于美国发达的支付结算体系和信用卡的普及。据统计，在美国人日常开支中有80%以上是用信用卡支付的，现金只占很小的比例。[3]可以说，遏制货币犯罪的重要对策是减少现金交易，对此，有学者认为，只要有现金交易和现金流通，只要纸币在货币流通中还占主导地位，犯罪分子就会千方百计地把伪造的货币"投放"到流通领域中，以谋取巨额的非法利益。因此，仅就货币制度本身而言，要从根本上防范和杜绝伪造货币犯罪，就要更换币材，使纸币退出流通领域，代之以更先进的货币形式，这就是电子货币。[4]当然，任何事物都存在正反两个方面，鼓励非现金支付方式以预防货币犯罪的同时，也要警惕非现金交易方式可能引发的其他犯罪活动。

## 五、强化重点地区和重点行业的反假货币防范力度

根据我国货币犯罪的特点，防治货币犯罪应当有所侧重。当前我国货币

---

〔1〕　黄丽雯、宋丰明："国外如何打击和遏制假币犯罪"，载《中国防伪报道》2015年第3期。

〔2〕　"公安部、人民银行介绍打击假币犯罪'09行动'情况"，载中国政府网，http://www.gov.cn/gzdt/2009-09/09/content_1413095.htm，2017年11月5日访问。

〔3〕　黄丽雯、宋丰明："国外如何打击和遏制假币犯罪"，载《中国防伪报道》2015年第3期。

〔4〕　柳忠卫："货币犯罪的制度原因及其防范"，载《河北法学》2005年第7期。

犯罪主要发生在农村地区以及城乡接合部，其犯罪地点多为出租房屋内；违法分子也会借助互联网、物流等手段实施货币犯罪。因此，有必要加强对重点地区和重点行业的监管力度。具体而言，加强城乡接合部、农村地区外来人口及租赁房屋的管理，挤压假币犯罪空间；同时加强对印刷业、物流业等重点行业的管理，强化与相关职能部门的协作，规范印刷、物流等行业的管理，提高从业人员的素质，从源头上遏制假币犯罪。[1] 当前互联网制售假币成为货币犯罪新的发展趋势，因此，如何对互联网制售假币进行监管成为一项新的课题。

## 六、加强反假货币的国际合作

我国一直强调对反假货币犯罪的国际合作。在"09 行动"情况发布会上，公安部有关负责人指出，我们加强和周边地区和国家的警方合作，是为了维护人民币的信誉。我们跟这些国家和地区一是通报情况，二是在这些国家和地区中发现有假人民币的线索的时候，共同追踪和打击。[2] 当前，我国货币犯罪的制作地呈现由境外转向境内的特点，但这并不意味着我国在反假货币行动中不需要加强国际合作。特别是在人民币国际化的发展趋势下，人民币已经成为境外犯罪分子的目标，在此背景下，更应构建反假货币的国际合作体系，以防治境外伪造人民币的犯罪活动。事实上，一些国家也在境外设立反假机构，加强海外打假。例如，美国特工处在哥伦比亚、意大利、秘鲁等几个有制假犯罪的国家设立了常驻办事处，专司打击假币犯罪活动之职。在美国财政部 2006 年公布的《美元在海外的使用与伪造》报告中，哥伦比亚、意大利、秘鲁一直位居美元假钞收缴数量最大的前十国之列。[3] 显然，如何健全我国的反假货币国际合作体系是需要重点考虑的问题。

---

〔1〕 "警惕购买假币半成品加工销售的犯罪新动向"，载《中国防伪报道》2017 年第 7 期。

〔2〕 "公安部、人民银行介绍打击假币犯罪'09 行动'情况"，载中国政府网，http://www.gov.cn/gzdt/2009-09/09/content_1413095.htm，2017 年 11 月 5 日。

〔3〕 黄丽雯、宋丰明："国外如何打击和遏制假币犯罪"，载《中国防伪报道》2015 年第 3 期。

# 第五章

# 金融管理犯罪的防治

## CHAPTER 5

金融管理犯罪并非刑法上的独立罪名，事实上，所有金融犯罪都是涉及破坏金融管理秩序的犯罪，金融管理犯罪当然属于破坏金融管理秩序的犯罪，只是由于侵犯金融机构管理制度、信贷资金管理制度和金融票证、有价证券管理制度方面的犯罪是金融犯罪中最为纯粹的破坏金融管理秩序犯罪，因此，笔者将这些犯罪统称为金融管理犯罪予以分析。根据金融犯罪的客体归类标准，笔者将金融管理犯罪分为三种类型。其一，我们将危害金融机构设立管理制度作为一类犯罪，这是因为金融机构的设立在很大程度上直接影响到了金融管理秩序和金融安全。其二，我们将危害金融机构存贷管理制度犯罪作为一类犯罪，这是因为存贷业务作为我国金融机构的基本金融业务，有其自身的安全和经济效益等问题，因而存贷必须按照规定的原则、条件和程序发放和获得。违反存贷款法律制度的行为，无疑会妨害存贷款活动的正常进行，扰乱存贷款秩序的稳定，从而也影响到整个金融秩序的稳定，严重的甚至会导致金融风波的出现和金融危机的产生。对于危害金融机构信贷管理制度的行为，如果情节严重的，则需动之以刑，作为犯罪来处理。其三，我们将危害金融票证、有价证券管理制度犯罪作为一类犯罪，这是因为随着金融活动的日益繁荣与丰富，金融票证和有价证券在社会经济生活中使用的种类越来越多、使用领域也越来越广。与之相对应，涉及金融票证、有价证券的各种新型犯罪层出不穷且危害性较大。

## 第一节　金融管理犯罪的特征与原因

金融管理犯罪，是指违反金融机构设立管理、金融机构存贷管理、金融票证、有价证券管理法律、法规，故意实施擅自设立金融机构，伪造、变造、转让金融机构经营许可证、批准文件，高利转贷，骗取贷款、票据承兑、金融票证，非法吸收公众存款，伪造、变造金融票证，妨害信用卡管理，窃取、收买、非法提供信用卡信息，依照刑法应受刑罚处罚的行为。[1]金融管理犯罪涉及的罪名规定在《刑法》第 174 条至第 178 条第 1 款中，具体为：一是危害金融机构设立管理制度犯罪，包括：擅自设立金融机构罪，伪造、变造、转让金融机构经营许可证、批准文件罪；二是危害金融机构存贷管理制度犯罪，包括：高利转贷罪，骗取贷款、票据承兑、金融票证罪，非法吸收公众存款罪；三是危害金融票证、有价证券管理制度犯罪，包括：伪造、变造金融票证罪，妨害信用卡管理罪，窃取、收买、非法提供信用卡信息罪，伪造、变造国家有价证券罪。[2]

## 一、金融管理犯罪的状况与特征：以非法集资案件为例

在金融管理犯罪中，非法吸收公众存款罪属于非法集资、涉众型金融犯罪，[3]当前我国非法集资案件呈高发态势，涉案金额巨大、受害人多，社会危害性大。

### （一）非法集资犯罪的状况

近年来，我国非法集资犯罪案件总体上呈上升趋势，大案、要案时有发生。从全国层面来看，2005～2013 年期间，全国公安机关非法集资立案年均两千多起，涉案金额 200 亿元左右。[4]2011 年全国法院共受理非法集资犯罪案件 1274 件，2012 年受理案件 2223 件，收案数上升约 79%。在非法集资犯罪中，发案率最高的是非法吸收公众存款罪和集资诈骗罪。[5]2016 年全国检

---

〔1〕 有学者认为，金融管理犯罪，是指行为人严重违反金融管理法规、扰乱金融市场秩序、破坏国家对金融机构的特许经营和审批制度、信贷资金管理制度、融资管理制度、信用卡及信用卡信息资料的管理制度，依照刑法应负刑事责任的行为。参见李永升主编：《金融犯罪研究》，中国检察出版社 2010 年版，第 134 页。

〔2〕 当然，我国现行《刑法》中涉及危害金融票证和有价证券管理制度的罪名较多。

〔3〕 考虑到非法集资犯罪案件成为学界和实务界重点探讨的议题，本章以非法集资犯罪案件为例探讨金融管理犯罪的状况与特征。

〔4〕 参见李海涛："多部门严打非法集资犯罪"，载《农民日报》2013 年 11 月 28 日，第 8 版。

〔5〕 参见李海涛："多部门严打非法集资犯罪"，载《农民日报》2013 年 11 月 28 日，第 8 版。

察机关公诉部门共受理非法集资案件 9500 余件，其中非法吸收公众存款案 8200 余件。[1]非法集资案件数和涉案金额在 2016 年首次出现"双降"，但非法集资形势依然复杂严峻，案件总量仍处于历史高位。据统计，2016 年全国新发非法集资案件 5197 起、涉案金额 2511 亿元，同比分别下降 14.48%、0.11%。[2]从地方层面来看，2008 年浙江省共立非法吸收公众存款案件近 200 起，其中 1 亿元以上非法吸收公众存款案件 17 起。[3]2010 年浙江全省共立非法集资类案件 206 起。[4]2016 年北京市法院系统共审理非法集资等涉众型经济犯罪案件 125 件，同比上升 42.1%，为 40 余万投资人挽回经济损失 5 亿余元。[5]2016 年南京市法院非法集资刑事案件收案数量是 2015 年的 2.7 倍。近五年来，南京市法院受理的非法集资刑事案件数总体呈现持续上升态势，年平均增幅达到 63.79%。其中，非法吸收公众存款案件增幅较大，成为近年来非法集资刑事案件数量增长的主力。在 2016 年南京市法院受理的非法集资刑事案件中，集资参与人数过百人的 22 件，占 25%；涉案金额千万元以上的 23 件，占 26.14%；涉案金额过亿元的 8 件，占 9.1%。[6]2016 年度上海市静安区金融检察白皮书显示，2014～2016 年该院受理的非法集资类案件呈倍数增长，在占绝大多数的非法集资类案件中，又以非法吸收公众存款案件居多。2014～2016 年的非法吸收公众存款案件分别为 5 件 10 人、23 件 40 人、133 件 315 人。[7]2016 年上海市检察机关共受理非法吸收公众存款案 309 件 1189 人，案件数量和涉案人数相较于 2015 年的 101 件 390 人分别上升 206%和 205%。[8]2017 年上海市检察机关共审查起诉非法吸收公众存款案件

---

〔1〕　参见王地："'对破坏经济秩序者应予严惩'"，载《检察日报》2017 年 3 月 7 日，第 2 版。

〔2〕　参见李玉敏："《处置非法集资条例》将出台，今年首现案件和金额'双降'"，载《21 世纪经济报道》2017 年 4 月 26 日，第 9 版。

〔3〕　参见郭华主编：《金融证券犯罪案例精选》（第 1 辑），经济科学出版社 2015 年版，第 171 页。

〔4〕　参见越石："吴英案引爆舆论关注"，载《国际融资》2012 年第 3 期。

〔5〕　参见李远方："非法集资向农村蔓延，隐蔽性更强"，载《中国商报》2017 年 2 月 8 日，第 3 版。

〔6〕　参见李远方："非法集资向农村蔓延，隐蔽性更强"，载《中国商报》2017 年 2 月 8 日，第 3 版。

〔7〕　苏双丽等："共防风险对策，保障金融创新——静安区检察院发布 2016 年度金融检察白皮书"，载《上海人大月刊》2017 年第 6 期。

〔8〕　上海市检察院金融检察处："涉互联网金融领域刑事风险上升"，载《检察日报》2017 年 7 月 17 日，第 3 版。

618 件 1791 人，非法吸收公众存款案件数为 2016 年案件数的 2 倍，为 2015 年案件数的 6.1 倍。[1]

（二）非法集资犯罪的特征

当前，非法集资犯罪案件具有"参与人数多、涉案金额大、波及面广、行业和区域相对集中的特点"[2]，以非法吸收公众存款罪为主要表现形式的非法集资犯罪的主要特征如下：

1. 非法吸收公众存款的行为主体以中小企业主和商人为主

浙江省 2013～2016 年非法吸收公众存款罪一审 397 份司法判决书显示，非法吸收公众存款的行为主体中个体户、中小企业主以及小规模的公司高管等直接从事商业活动的主体占到 51%，农民也占有较大比重，达到 14%，而其他职业主体只占到总数的 35%。个体户、中小企业主以及小规模的公司高管、农民等直接从事正常商业活动的人员成为该罪行为主体的主要组成部分。[3]另外，实施非法集资犯罪的行为人正逐步以青年人为主，如大学毕业生、"90后"非法集资犯罪的情况越来越多。[4]

2. 涉互联网非法集资犯罪严重

当前 P2P 网贷平台非法集资犯罪日趋严重。例如，2014 年上海市发生首起 P2P 网贷平台非法集资案，2015 年上升至 11 件，2016 年陡升至 105 件，占全年受理的非法集资案件总数的 30%。犯罪形式多为假借互联网金融名义，主要在线下吸收资金。绝大部分涉 P2P 刑事案件采用线上、线下相结合的销售模式，即除了在线上开展业务外，还在线下设立实体网点，采用拨打电话、在人流密集区发布小广告等传统犯罪手法进行非法集资。[5]实践中，P2P 网贷机构非法集资主要方式有：通过将借款需求设计成理财产品出售给出借人，

---

〔1〕 上海市检察院金融检察处："涉众型金融犯罪风险容易扩散叠加"，载《检察日报》2018 年 7 月 27 日，第 3 版。

〔2〕 参见 2017 年《最高人民法院关于进一步加强金融审判工作的若干意见》第 17 条。

〔3〕 陈伟、郑自飞："非法吸收公众存款罪的三维限缩——基于浙江省 2013～2016 年 397 个判决样本的实证分析"，载《昆明理工大学学报》（社会科学版）2017 年第 12 期。

〔4〕 参见李远方："非法集资向农村蔓延，隐蔽性更强"，载《中国商报》2017 年 2 月 8 日，第 3 版。事实上，妨害信用卡管理犯罪主体也呈低龄化倾向。参见游春亮、李少麟："妨害信用卡管理犯罪呈主体低龄化特点"，载《法制日报》2013 年 6 月 12 日，第 4 版。

〔5〕 上海市检察院金融检察处："涉互联网金融领域刑事风险上升"，载《检察日报》2017 年 7 月 17 日，第 3 版。

或者先归集资金、再寻找借款对象等方式，使出借人资金进入平台的中间账户，形成资金池，涉嫌非法吸收公众存款。[1]

3. 非法集资犯罪手段多样化、欺骗性强

当前非法集资手段多样、不断翻新，有的犯罪方法传销化，易复制扩散，极具欺骗性。实践中，比较常见的非法集资犯罪手段有承诺高额回报、虚构或夸大项目投资、虚假宣传等。近年来，许多非法集资活动打着"支持地方经济发展""倡导绿色消费""金融业务创新"等旗号，以合法公司名义，以高收益、高回报为诱饵，由直接吸收资金发展到进行生产经营投资，由单一债权发展到股权甚至债权、股权相混合，由个人作案发展到组织化、智能化和网络化，手段更加隐蔽。[2]从 2016 年南京市法院系统审理的非法集资案件来看，非法集资犯罪分子往往采取合法交易的方式来掩盖非法集资的目的，如以农产品种植、畜牧养殖、商品房买卖、商铺租赁、养生、养老、医疗、保健等名义，并借助广告、名人效应及所谓政府扶持、慈善等进行非法集资。[3] 2016 年上海市检察机关受理审查起诉的非法集资案件，多采用传销式手法推销业务，不少案件中业务经理或团队长为获取更多不法利益而"另起炉灶"，重新成立团队发展客户，实施新的犯罪。涉案金额巨大的案件均采用集团化、跨区域、多层级运作模式，涉案公司在短时间内迅速复制出数量庞大的公司群，波及全国。[4]随着互联网金融的兴起，非法集资犯罪手段更加隐蔽，欺骗性更强。[5]

4. 非法集资犯罪具有区域性和行业性特征

非法集资犯罪案件几乎覆盖我国大部分地区。2013 年涉及非法集资的发

---

〔1〕　参见李三敏："《处置非法集资条例》将出台，今年首现案件和金额'双降'"，载《21 世纪经济报道》2017 年 4 月 26 日，第 9 版。

〔2〕　参见李海涛："多部门严打非法集资犯罪"，载《农民日报》2013 年 11 月 28 日，第 8 版。

〔3〕　参见李远方："非法集资向农村蔓延，隐蔽性更强"，载《中国商报》2017 年 2 月 8 日，第 3 版。

〔4〕　上海市检察院金融检察处："涉互联网金融领域刑事风险上升"，载《检察日报》2017 年 7 月 17 日，第 3 版。

〔5〕　在金融管理犯罪中，骗取贷款类案件主要采取控制多家公司互保联保、虚构贸易合同、虚假质押、提供虚假财务报告等手段。例如，2013 年上海共受理骗取贷款案 14 件，骗取贷款案件中 83.3%的被害单位为中小型商业银行和小额贷款公司，被骗取资金共计 2.6 亿余元。参见上海市检察院金融检察处："信用卡诈骗罪连续五年居首位"，载《检察日报》2014 年 11 月 30 日，第 3 版。

案区域已遍及全国 31 个省（区、市）、87%的市（地、州、盟）和港、澳、台地区，新发案件多集中在中东部省份，并不断向新的行业、领域蔓延。[1]非法集资犯罪的高发区域却相对较为集中，即某些地区非法集资犯罪活动更加猖獗。当前非法集资案件集中在河北、浙江、江苏、河南、山东等地区。[2]据统计，2012 年全国非法集资案件立案数排名前十位的省份，案件数占全国总数的 70%。[3]同时，非法集资犯罪发生的行业领域极为广泛。当前非法集资犯罪涉及众多行业和领域，包括农业、林业、房地产、教育、商品流通等，并由传统的种植、养殖业逐步蔓延至科技、环保、投资等领域，例如，民间借贷诱发非法集资案件在一些地区或行业高发；农业专业合作社类非法集资风险开始上升；网络借贷诱发非法集资将成为新的案件高发点；股权投资领域非法集资活动一直比较活跃；银行业金融机构个别工作人员涉嫌非法集资风险显现。[4]

5. 老年人和农村地区是非法集资犯罪的主要对象和涉案地区

实践中，老年投资人参与非法集资的比例较高，非法集资案的主要受害群体为老年人。例如，2016 年 1~8 月，济南市共新发非法集资案件 23 起，涉案金额达 1.33 亿元，参与人数 1368 人，其中老年人约占 80%。集资、保健品、电话、古玩收藏四种诈骗方式，最容易让老年人上当，一些犯罪分子还将目光投向了各类养老机构。[5]同时，非法集资犯罪逐步向农村地区蔓延，出现"下乡进村"的现象。例如，某国家扶贫开发重点县在两年时间内共发现 8 起非法集资案，其中最大的一起涉及全县 10 个乡镇 3000 多户群众，涉案金额近亿元。[6]河南的一个国家扶贫开发重点县的 16 个乡中，有 14 个乡都

---

〔1〕 参见周萃："当前非法集资形势依然严峻"，载《金融时报》2014 年 4 月 22 日，第 1 版。

〔2〕 参见李玉敏："《处置非法集资条例》将出台，今年首现案件和金额'双降'"，载《21 世纪经济报道》2017 年 4 月 26 日，第 9 版。

〔3〕 郭华主编：《金融证券犯罪案例精选》（第 1 辑），经济科学出版社 2015 年版，第 52 页。

〔4〕 李海涛："多部门严打非法集资犯罪"，载《农民日报》2013 年 11 月 28 日，第 8 版。

〔5〕 参见李远方："非法集资向农村蔓延，隐蔽性更强"，载《中国商报》2017 年 2 月 8 日，第 3 版。

〔6〕 参见李远方："非法集资向农村蔓延，隐蔽性更强"，载《中国商报》2017 年 2 月 8 日，第 3 版。

被"伪 P2P"、非法集资"洗劫"。[1]河北邢台隆尧县"三地农民专业合作社"一度成为新闻热词，这家农民合作社在理事长巩某的个人演绎下，通过夸大渲染富硒小麦的高附加值、架构完善层级分明的线式推销、许诺高额利息回报拉人入社的运作方式，历时 7 年，涉及全国 16 个省份，近 10 万农户参与其中，非法吸收公众存款达几十亿元。[2]实践中，一些非法集资犯罪案件案发时未兑付的集资巨大，造成被害人巨大损失，由此也引发区域性风险。

## 二、金融管理犯罪的原因

金融管理犯罪的原因是多方面的，如金融犯罪者的贪利、侥幸心理，笔者主要探讨经济原因、立法原因、金融监管原因、被害人原因等。

（一）经济原因

金融管理犯罪的产生存在深层次的经济原因。随着我国经济改革的不断深化，多元市场主体在快速发展过程中对资金的需求日益增加，然而，银行等金融机构的贷款业务因各种原因无法惠及中小企业。浙江省 2011 年底对 2835 家企业进行问卷调查，在"贵企业从银行贷款曾经遭遇"选项中，15% 被拒绝贷款或者贷款额度被压缩，13% 被要求拉存款，民企从银行获得贷款的难度比较大。[3]在此背景下，中小企业开始寻求吸收社会闲散资金。一份对浙江省 397 个非法吸收公众存款罪判决书的研究显示，在行为者吸收资金的用途结构中，用于生产经营的占总数 30%，用于投资的占 20%，用于偿还公司或个人债务的占 15%，用于转贷谋取高额利息的占 17%，用于个人消费的占 6%，资金用途不明的占 12%，[4]可见，非法吸收存款用在生产经营和投资上占据了一半。从投资者的角度上看，随着我国经济的不断发展，国民财富也在增加，民间有越来越多的闲散资金，但金融市场的投资渠道仍旧有限，

---

〔1〕　参见赵洋："对农村非法集资和金融诈骗须高度警惕"，载《金融时报》2017 年 2 月 9 日，第 2 版。

〔2〕　参见石亚楠："非法集资活动呈'下乡进村'趋势"，载《农民日报》2017 年 5 月 12 日，第 8 版。

〔3〕　参见越石："吴英案引爆舆论关注"，载《国际融资》2012 年第 3 月期。

〔4〕　陈伟、郑自飞："非法吸收公众存款罪的三维限缩——基于浙江省 2013～2016 年 397 个判决样本的实证分析"，载《昆明理工大学学报》（社会科学版）2017 年第 12 期。

在追求投资收益的前提下，部分闲散资金就有可能流向民间借贷或者非法集资。可见，中小企业有资金需求，民间的闲散资金有投资需求，而双方又没有其他有效渠道实现各自需求时，在一定程度上导致非法吸收公众存款案件的高发。而擅自设立金融机构犯罪的发生多少也与金融服务不够健全有关，我国某些地区尤其是西部偏远地区金融服务的缺乏，这为非法金融机构提供了生存空间，如截至 2011 年底，全国金融机构空白乡仍有 1696 个。[1]

（二）立法原因

金融犯罪的立法原因主要包括金融法律法规和金融管理犯罪刑事立法滞后两个方面的原因。显然，金融法律法规的滞后不利于预防与控制非法集资犯罪活动。面对市场金融产品的琳琅满目，金融法规的供给却相对不足，未能及时向社会提示金融业务的本质和金融风险。目前市场上理财产品泛化，始终没有明确的法律概念，也缺乏完善配套的法律法规予以规范，对于银行、证券公司、保险公司等正规金融机构之外的市场主体销售的理财产品存在监管空白，规则的缺失让社会公众难以辨别产品的合法与否。[2]

我国金融管理犯罪刑事立法经历了逐步完善的过程。1979 年《刑法》有关金融管理犯罪的规定较为薄弱。1995 年《关于惩治破坏金融秩序犯罪的决定》第 6、7 条分别对擅自设立金融机构，伪造、变造、转让金融机构经营许可证，非法吸收公众存款等犯罪行为予以规制。《商业银行法》等法律也以附属刑法的形式对金融管理犯罪予以了规定。1997 年《刑法》吸收了《关于惩治破坏金融秩序犯罪的决定》的有关内容，并增设高利转贷罪等罪名。此后，《刑法修正案》第 3 条修改了擅自设立金融管理机构罪的罪状，将伪造、变造、转让金融机构经营许可证修改为伪造、变造、转让金融机构经营许可证、批准文件罪；《刑法修正案（五）》第 1 条增设妨害信用卡管理罪和窃取、收买、非法提供信用卡信息罪；《刑法修正案（六）》第 10 条增设骗取贷款、票据承兑、金融票证罪。毋庸讳言，高利转贷罪、非法吸收公众存款罪的设立在很大程度上是计划经济思维的产物，随着我国市场经济和金融市场的不断发展，金融管理刑事立法如何与当下经济发展相协调，同时又能更好地实

---

〔1〕 郭华主编：《金融证券犯罪案例精选》（第 1 辑），经济科学出版社 2015 年版，第 30 页。

〔2〕 上海市检察院金融检察处："涉互联网金融领域刑事风险上升"，载《检察日报》2017 年 7 月 17 日，第 3 版。

现防治金融管理犯罪，这显然值得审慎的反思。笔者试举例如下：①关于高利转贷罪。本罪是对信贷活动的刑法规制，1997年《刑法》新增本罪与当时信贷活动实行计划经济体制相关，"其立法目的是确保银行在信贷市场中的垄断地位及资金安全，保证信贷市场的利率处于计划条款之下。"〔1〕在当下的信贷市场上，过去国有资金一统江湖的局面已成为历史，意图用刑法的手段来抗制信贷市场"低买高卖"的市场法则无异于痴人说梦，故继续将高利转贷行为犯罪化，难有任何成效。〔2〕②关于非法吸收公众存款罪。在金融市场不断发展的背景下，民间融资有其存在的合理性和必要性时，本罪因严重遏制民间融资行为，尤其是限制互联网金融的发展而备受质疑，"目前刑法对非法吸收公众存款罪的认定，远落后于金融市场的网络化发展，这在一定程度上造成了互联网金融必然的'违法性'。然而，这种必然的违法性并不具有社会基础，刑事政策有重新定位的必要。"〔3〕③关于伪造、变造金融票证罪。《刑法》规定了伪造、变造金融票证罪三个量刑幅度，最高人民法院、最高人民检察院于2009年12月3日发布的《关于办理妨害信用卡管理刑事案件具体应用法律若干问题的解释》主要以伪造的数额来区别犯罪情节，但是，"对于行为人伪造金融票证后没有使用意图的，其伪造10万元与100万元的社会危害性区别不大。在这种情况下，若完全以伪造数额作为此罪的法定刑升格条件，将导致罪刑不相适应的后果。"〔4〕④关于妨害信用卡管理罪。根据《刑法》的规定，单位不构成妨害信用卡管理罪，但实践中，单位实施妨害信用卡管理犯罪已客观存在，本罪的规定显然不利于对单位实施信用卡管理犯罪的惩治。

（三）金融监管原因

金融监管不力是造成金融管理犯罪高发的重要原因。《2016年度上海金融检察白皮书》指出，目前金融监管的重点在市场准入环节而非市场交易环节，较易产生监管盲点和薄弱点，如目前各种投资咨询、资产管理、信息服务类

---

〔1〕　刘仁文、陈妍茹："论我国资本刑法的完善"，载《河南社会科学》2017年第5期。

〔2〕　蒋涤非："试析高利转贷行为的非罪化——以隙某、周某信贷资金转贷牟利案为例"，载《中国检察官》2014年第16期。

〔3〕　姜涛："互联网金融所涉犯罪的刑事政策分析"，载《华东政法大学学报》2014年第5期。

〔4〕　周君："伪造金融票证罪法定刑升格须改变单一规范模式"，载《检察日报》2016年6月20日，第3版。

公司工商注册手续简便，注册后又缺乏相应监管，致使其开展非法活动初期未能被及早发现，金融监管不足一定程度上导致非法集资犯罪居高不下。[1]同时，我国长期以来存在县级及以下地区缺乏金融监管的问题，例如，2009年陕西省汉中市宁强县巴山镇关口坝村的非法金融机构"关口坝资金互助社"在当地运作了1年零8个月才被取缔。[2]另外，随着互联网金融的发展，由于相关监管体制不够健全，也导致一些金融犯罪的产生。例如，从时下互联网金融活动的现状来看，很多开展金融业务的机构事实上都是非金融机构，而这些经营互联网金融业务的非金融机构的设立大多没有经过中国人民银行的批准，这很可能构成擅自设立金融机构罪。[3]总之，金融监管不力以及金融机构内部控制不严，是金融管理犯罪产生的重要原因。

（四）被害人或投资人原因

在金融管理犯罪中，被害人或投资人风险防范意识差，成为犯罪得逞的重要原因。例如，老年人的风险防范意识相对较弱，他们往往成为非法集资犯罪案件的主要受害群体。2016年1月至8月，济南市新发非法集资案件显示，老年人参与集资的类型主要集中在线下投资理财公司，部分老年人防范意识比较薄弱，容易接受营销人员推销，容易参加投资理财，还有一部分老年人被高利息诱惑想通过投资来增加收入。[4]对于投资人而言，在贪利心理的作用下，盲目投资，给犯罪分子可乘之机。例如，非法金融机构通常会以高息或者手续简单便捷等方式招揽客户，而社会公众风险意识比较薄弱，在利益最大化的驱使下，一些投资者往往会选择非法金融机构。[5]

## 第二节　金融管理犯罪的司法适用

危害金融机构设立管理制度犯罪主要规定在《刑法》第174条中，共涉

---

〔1〕　上海市检察院金融检察处："涉互联网金融领域刑事风险上升"，载《检察日报》2017年7月17日，第3版。

〔2〕　郭华主编：《金融证券犯罪案例精选》（第1辑），经济科学出版社2015年版，第29页。

〔3〕　刘宪权：《金融犯罪刑法学原理》，上海人民出版社2017年版，第553页。

〔4〕　参见李远方："非法集资向农村蔓延，隐蔽性更强"，载《中国商报》2017年2月8日，第3版。

〔5〕　郭华主编：《金融证券犯罪案例精选》（第1辑），经济科学出版社2015年版，第29页。

及两个具体罪名，即擅自设立金融机构罪和伪造、变造、转让金融机构经营许可证、批准文件罪，后罪较易认定，争议不大，故笔者主要探讨擅自设立金融机构罪的司法适用问题。危害金融机构存贷管理制度犯罪主要涉及高利转贷罪，骗取贷款、票据承兑、金融票证罪，非法吸收公众存款罪三个罪名，笔者也将对上述三个罪名的司法适用进行分析。根据我国《刑法》，危害金融票证、有价证券管理制度犯罪涉及的罪名事实上是较多的，基于本书对金融犯罪的分类，笔者主要探讨伪造、变造金融票证罪和妨害信用卡管理罪两个罪名的司法适用。

## 一、擅自设立金融机构罪的司法认定

根据《刑法》第 174 条第 1 款规定，擅自设立金融机构罪，是指未经国家有关主管部门批准，擅自设立商业银行、证券交易所、期货交易所、证券公司、期货经纪公司、保险公司或者其他金融机构的行为。司法实践中，本罪的对象和客观行为等方面均存在诸多争议问题。

（一）擅自设立金融机构罪中"金融机构范围"的认定

我国金融机构大体可以分为两类：一类是各种银行，另一类是非银行金融机构。当前，商业银行在我国银行体系中占主导地位，而非银行金融机构也为社会提供了各种融资方式和融资渠道，补充着普通银行的业务，完善了社会的金融服务体系。《刑法修正案》对擅自设立金融机构罪进行修正，明确了本罪的犯罪对象，其中商业银行、证券交易所、期货交易所、证券公司、期货经纪公司、保险公司六种金融机构的内涵和外延，理论和实务中均争议不大，但对于"其他金融机构"的范围认定，则存在一定的争议。

1. 商业银行的范围

根据《商业银行法》第 2 条的规定，商业银行是指依照《商业银行法》和《公司法》设立的吸收公众存款、发放贷款、办理结算等业务的企业法人。我国的商业银行根据其性质可分为四类：①国有独资商业银行，指原已存在现正在依法转轨改制中的国家专业银行，即中国工商银行、中国农业银行、中国银行、中国建设银行、中国投资银行等；②股份制商业银行，指从成立时就是股份制综合性的商业银行，主要有交通银行、招商银行、中信实业银行、深圳发展银行、福建兴业银行、广东发展银行、中国光大银行、华夏银行、上海浦东发展银行、海南发展银行等；③合作银行，包括城市合作银行和农村合作银行等；④外资银行、中外合资银行和外国银行分行等。

2. 其他金融机构的范围

其他金融机构，又称为非银行金融机构，指银行以外的从事货币信用业务和金融服务业务的金融机构。《刑法修正案》第3条第1款对《刑法》原第174条第1款规定中的商业银行之外的"其他金融机构"即非银行金融机构进行了明示，包括：①证券交易所，指提供证券集中竞价交易场所的不以营利为目的的法人；②期货交易所，指提供期货集中竞价交易场所的法人；③证券公司，指依照《公司法》和《证券法》的规定，经国务院证券监督管理机构批准的，从事证券经营业务的有限责任公司或者股份有限公司；④期货经纪公司，指依法经国家有关主管部门批准成立的，从事期货经营业务的公司法人；⑤保险公司，指经国家金融监督管理部门批准，依法成立的从事保险业务的有限责任公司或者股份有限公司。随着社会经济的发展，又出现了更多形式的非银行金融机构。根据2018年《中国银保监会非银行金融机构行政许可事项实施办法》第2条的规定，该办法所称的非银行金融机构包括：经银监会批准设立的金融资产管理公司、企业集团财务公司、金融租赁公司、汽车金融公司、货币经纪公司、消费金融公司、境外非银行金融机构驻华代表处等机构。根据该办法第4条的规定，这些非银行金融机构的设立和变更等事项也需要银保监会及其派出机构行政许可，因此，擅自设立这些非银行金融机构，也可能构成擅自设立金融机构罪。

3. 擅自设立金融机构罪中的"金融机构"并非法律意义上的金融机构

本罪规定的金融机构并非法律意义上的金融机构，而只是类似金融机构的某种机构或者组织，或者说行为人设立的组织或机构，只要有组织或机构的某些外部特征就可以了。组织或机构的外部特征，一般表现为具有一定的名称、有一定的设施和组成人员等。在此基本条件下，行为人设立的组织或机构可以有各种表现：既可以符合相应法律规定，也可以根本不符合法律规定；既可以是法人组织，也可以是非法人组织；既可以是国有或集体所有，也可以是私有或合伙。无论如何，只要行为人设立的组织或机构足以使人相信是金融组织或机构，便可以认定为本罪中的金融机构。2010年最高人民检察院、公安部《关于公安机关管辖的刑事案件立案追诉标准的规定（二）》第 24 条规定，擅自设立商业银行、证券交易所、期货交易所、证券公司、期货公司、保险公司或者其他金融机构筹备组织的，应予立案追诉。这一规定从侧面反映出，作为本罪犯罪对象的金融机构还包括金融机构的筹备组织。

上述具备一般金融机构的组织标准、法定称谓等条件的金融机构应当说是典型性的"金融机构"，作为本罪的对象当属无疑，但对于机构组织松散、缺乏法定称谓、经营场所、人员分工的金融机构，即非典型的"金融机构"是否也属于本罪的对象，则存有争议，即关于本罪中"金融机构"的认定是采用形式标准还是实质标准？主张形式标准的学者认为，根据中国人民银行《金融机构管理规定》，[1]设立金融机构必须具有相应的组织形式、经营条件和法定称谓，而设地下钱庄、老鼠会、抬会由于组织化程度较低，不具备金融机构的称谓，缺乏金融机构的性质，因此不能以擅自设立金融机构罪定罪处罚。[2]而主张实质标准的学者则认为，本罪的"金融机构"在法律属性上属于非法金融机构，在表现形式上可以各种各样，不管外在的形式如何，只要行为人设立该组织或机构的目的是从事金融业务并且足以使人相信是金融组织或机构，即可认定为本罪中的金融机构。[3]《金融机构管理规定》中关于金融机构的设置标准针对的是合法的金融机构，而本罪的对象应是非法的金融机构。金融犯罪均是行政犯，对于金融犯罪的界限认定，需结合行政法规。同样，我们对于非法金融机构的认定，也只能依据一定的行政法规。国务院于 2011 年 1 月 8 日发布修订的《非法金融机构和非法金融业务活动取缔办法》第 3 条规定："本办法所称非法金融机构，是指未经中国人民银行批准，擅自设立从事或主要从事吸收存款、发放贷款、办理结算、票据贴现、资金拆借、信托投资、金融租赁、融资担保、外汇买卖等金融业务活动的机构。非法金融机构的筹备组织，视为非法金融机构。"中国人民银行于 1998年 7 月 29 日发布的《整顿乱集资乱批设金融机构和乱办金融业务实施方案》

---

〔1〕 2007 年 7 月 3 日，中国银行业监督管理委员会（现中国银行保险监督管理委员会）在《中国银监会关于制定、修改、废止、不适用部分规章和规范性文件的公告》中宣布：银行业监管机构在履行监管职责和行使监管职权时，不再适用此文件。《金融机构管理规定》因此而失效。

〔2〕 参见赵秉志主编：《中国刑法案例与学理研究》（分则篇·二），法律出版社 2001 年版，第 257页。

〔3〕 参见张建、俞小海："擅自设立金融机构罪的司法认定"，载《中国检察官》2017 年第 10 期。

中也指出，非法金融机构包括"冠以银行、信用社、信托投资公司、财务公司、融资租赁公司、典当行等名称的机构，也包括虽未冠以上述名称，但实际是从事或变相从事金融业务的机构"。上述规定均采用了实质标准，即只要是未经批准，设立的从事金融业务活动的机构，不论其外在形式如何，都是非法金融机构，并没有以组织化程度、活动是否公开或者机构的称谓作为认定非法金融机构的标志。据此，地下金融组织，如抬会、地下钱庄、民间互助会、地下投资公司（"老鼠会"）等，如果从事或主要从事金融业务活动的，就应当被纳入到本罪"金融机构"的范围中。

（二）"擅自设立"行为的认定

关于本罪中"擅自设立"行为的认定，目前存在三种观点：第一种观点认为，擅自设立包括未向国家有关主管部门提出申请而设立的金融机构，也包括虽然向国家有关主管部门提出过申请，但在经审查未获批准的情况下而成立金融机构；[1]第二种观点认为，"擅自设立"除了上述两种情形外，还应当包括虽经批准设立但在未办理登记、领取营业执照的情况下予以开业；[2]第三种观点认为，擅自设立既包括未经批准，冒用已经成立的商业银行或者其他金融机构的名称进行有关金融活动，又包括不符合法定设立条件，也没有履行申请和审批程序擅自设立一个不存在的商业银行或者其他金融机构。[3]根据上述第二种观点，在已获取批准设立的情况下，未办理登记、领取营业执照而予以开业的，也应当属于"擅自设立"。其实该种观点对"擅自设立"并未有准确的理解，根据刑法及相关行政法规的规定，既然行为人设立金融机构已经得到国家有关部门的批准，就应当不再属于"擅自设立"的情形。认定是否擅自设立的关键在于设立金融机构是否得到有关国家部门的审查、批准。如果金融机构的设立已经获得批准，就表明该种行为是合法的，至于未办理登记、未领取营业执照是属于获批准设立之后的事情，违反的是工商经营管理法规，并不是违反金融机构设立的经济管理法规。金融机构是否合法设立与是否合法从事金融业务是两个不同层面的问题。对于金融机构经有关主管部门批准设立但在未办理工商登记、领取营业执照的情形下违法

---

〔1〕 参见刘宪权：《金融犯罪刑法学原理》，上海人民出版社 2017 年版，第 191 页。

〔2〕 参见马克昌主编：《经济犯罪新论》，武汉大学出版社 1998 年版，第 253 页。

〔3〕 参见张军主编：《破坏金融管理秩序罪》，中国人民大学出版社 2003 年版，第 135 页。

从事金融业务活动的，可按非法经营罪等罪定罪处罚，无论如何也不应当以擅自设立金融机构罪认定。第三种观点所列举的两种情形，就本质而言，其实属于同一种行为，都是未经批准而设立金融机构，只是设立的对象不同而已，一个是冒用已有的金融机构名称进行相关金融活动，一个则是虚构不存在的金融机构，这并不影响行为的本质特征。

笔者认为，本罪的擅自设立行为通常有两种表现形式：一是未向国家有关主管部门提出申请而设立金融机构；二是虽然向国家有关主管部门提出过申请，但在经审查未获批准的情况下而成立金融机构。当然，欲要准确理解本罪的"擅自设立"，还需探讨和解决以下三个问题：

第一，非法金融机构未开展相应的金融业务活动是否属于"擅自设立"？擅自设立行为具有两个特点：一是表现为作为形式；二是有成立商业银行和其他金融机构的结果。至于擅自设立的商业银行或者其他金融机构是否开展工作，是否从事相应的金融业务，是否造成了危害，均不影响本罪的成立。[1]因为本罪是行为犯，刑法对于本罪的规定，只要求设立起金融机构即可，并没有规定必须开展具体的业务活动。从立法设立本罪的意图看，立法所要惩罚的是行为人未经批准而擅自设立金融机构的行为。擅自设立金融机构的行为本身即对金融秩序造成了破坏，具有严重的社会危害性。至于所擅自设立的金融机构是否已经开展了业务活动，只是量刑时应予考虑的问题。虽然《中国银保监会非银行金融机构行政许可事项实施办法》规定设立各类金融机构均须经筹建和开业两个阶段，但这并不意味着本罪的成立必须有开业行为。如果认为只有开业才表明设立行为的完成，其实是混淆了合法金融机构的设立与非法金融机构的设立两个概念。法律对合法金融机构的成立条件规定得非常严格，即必须经过筹建和开业两个阶段方能认为金融机构正式成立。作此规定的目的是为了防止有的金融机构筹备组织取得许可证后，不经办理工商登记就开展非法吸收公众存款或者擅自转让许可证等业务活动。但我们不能从合法金融机构的成立要以开业作为标志，推论出非法金融机构的设立也须以开业作为标志。非法组织或者机构，因本身就是非法成立的，就不能有开业的要求。我国的立法者从来没有对非法组织的违法或犯罪构成也要求以

---

〔1〕　胡康生、李福成主编：《中华人民共和国刑法释义》，法律出版社 1997 年版，第 221 页。

"开业"作为标准。例如，国务院于 2011 年修订的《非法金融机构和非法金融业务活动取缔办法》第 3 条第 2 款规定："非法金融机构的筹备组织，视为非法金融机构。" 2010 年《关于公安机关管辖的刑事案件立案追诉标准的规定（二）》第 24 条规定："未经国家有关主管部门批准，擅自设立金融机构，涉嫌下列情形之一的，应予立案追诉：①擅自设立商业银行、证券交易所、期货交易所、证券公司、期货公司、保险公司或者其他金融机构的；②擅自设立商业银行、证券交易所、期货交易所、证券公司、期货公司、保险公司或者其他金融机构筹备组织的。"这些规定均将筹备组织的成立视为非法金融机构的设立，但均未以开业作为非法金融机构的设立标志。

第二，合法的金融机构在许可证失效后仍经营金融业务是否属于"擅自设立"？合法的金融机构虽然经过批准，但许可证失效之后，就无权再经营金融业务。如果其需要再行开展金融业务活动，就得重新提出申请。只有在重新申请获得批准后，才能继续认为是合法的金融机构。如果未获批准，仍以原有机构的名义进行活动，应该认为属于"擅自设立"。因为，此种情形虽与从无金融组织或机构到设立起金融机构的情形略有区别，即后者一般有一个筹备的过程，而此种情形无需再筹备，只要重新取得经营的许可证即可开业，但两者的实质均是"未经批准"。因此，对于合法的经营机构在许可证失效后仍经营金融业务的情形，应认定为"擅自设立"。

第三，合法的金融机构擅自设立分支机构是否属于"擅自设立"？有些商业银行或者其他金融机构为了扩展业务，不向主管部门申报擅自扩建营业网点、增设分支机构，或者虽向主管部门申报，在主管部门未批准前就擅自设立分支机构进行营业活动，这些行为均是违法的。但是，这种商业银行或者其他金融机构擅自设立分支机构的行为与其他单位、个人擅自设立商业银行或者其他金融机构行为性质上是不同的。[1]对于合法的金融机构未经批准设立分支机构能否构成擅自设立金融机构罪，目前存在以下四种观点：否定说认为，分支机构是附属于金融机构本身的，不具有独立的地位，即使未经主管部门批准，擅自设立也仅仅是为了扩大经营范围；有关金融法规，如国务

---

〔1〕 胡康生、李福成主编：《中华人民共和国刑法释义》，法律出版社 1997 年版，第 221 页；黄京平主编：《破坏市场经济秩序罪研究》，中国人民大学出版社 1999 年版，第 365 页；陈兴良主编：《罪名指南》（上册），中国政法大学出版社 2000 年版，第 377 页。

院于 1999 年 2 月 22 日颁布的《金融违法行为处罚办法》并未对该情形规定刑事责任。[1]合法的金融机构设立分支机构的行为与其他单位、个人擅自设立商业银行或者其他金融机构的行为在性质上是不同的。因此，对于合法的金融机构未经批准设立分支机构的行为不宜作为犯罪处理，只对其给予行政处罚即可。[2]肯定说认为，此种情况构成本罪，因为《商业银行法》规定设立分支机构也需要经过相关管理机构批准，商业银行不能擅自主张设立分支机构，另外本罪的主体是一般主体，应该包括金融机构本身，再有设立金融机构的表现形式多样，可以包括设立分支机构。[3]区分说认为，应该区分不同分支机构的类型。如果该分支机构的设立需要国家有关部门批准，未经批准擅自设立分支机构构成本罪；如果设立分支机构只需要金融机构内部批准，擅自设立分支机构不构成本罪。[4]折中说认为，这种情况，应先由中国人民银行责令改正，并按一般违法行为处理，经责令不改的，应追究行为人的刑事责任，构成本罪。[5]笔者认为，合法的金融机构擅自设立分支机构仍然可以构成"擅自设立"。首先，擅自设立金融机构罪属于行为犯，只要未经批准设立金融机构就可成立本罪。分支机构也属于金融机构，只要合法的金融机构违反相关规定，未经批准擅自设立具有一定人员、场所和法定称谓的分支机构时候，就应该符合本罪的犯罪构成要件，不应以分支机构附属于金融机构本身、不具有独立性而否认"擅自设立"的成立。其次，虽然《金融违法行为处罚办法》未对该情形规定刑事责任，但是《商业银行法》第 74 条规定，未经批准设立分支机构，构成犯罪的，依法追究刑事责任，明确了合法金融机构违反法律规定时应当承担相应刑事责任。而且从法律位阶看，《商业银行法》属于上位法，《金融违法行为处罚办法》属于下位法，当上位法与下位法的规定存在冲突时，应以上位法的规定为准。因此，即使是合法金融机构，未经国家主管部门批准，擅自设立分支机构的，仍然可以构成本罪。最后，就社会危害性而言，合法金融机构擅自设立分支机构的行为具有更大社

---

〔1〕　参见刘宪权、卢勤忠：《金融犯罪理论专题研究》，复旦大学出版社 2002 年版，第 264 页。

〔2〕　参见赵志华、鲜轶可、陈结淼：《金融犯罪定罪与量刑》，人民法院出版社 2008 年版，第 51 页。

〔3〕　参见王作富主编：《刑法分则实务研究》，中国方正出版社 2007 年版，第 473 页。

〔4〕　参见张明楷：《刑法学》，法律出版社 2016 年版，第 775 页。

〔5〕　参见叶高峰主编：《金融犯罪论》，河南大学出版社 1999 年版，第 146 页。

会危害性，因为合法的金融机构更容易获得社会公众的信任，擅自设立分支机构后可以不受国家监管，肆意吸纳公众资金，参与金融活动，从而容易引发更大的金融风险。

（三）擅自设立金融机构罪主观罪过的认定

对于本罪的主观方面，通说的观点是故意，即明知擅自设立金融机构是非法的而故意设立，其目的是通过经营金融业务获取利润。但是，这里的故意是否包括间接故意？一种观点认为，本罪的主观方面只能是故意，明知设立金融机构须依法获得中国人民银行批准，明知擅自设立金融机构的行为会发生扰乱金融秩序的危害结果，并且希望或者放任这种结果的发生。[1]另一种观点认为，上述观点主张本罪的意志因素包括了放任，实际上承认了本罪的主观方面可以是间接故意。这显然是不妥的。因为行为人对于擅自设立金融机构是积极追求的，不可能是听之任之；对于非法设立起金融机构后是否会发生扰乱金融秩序的危害结果，并非本罪的必备条件。[2]笔者认为，本罪的主观方面只能由直接故意，而不可能由间接故意构成。因为本罪属于行为犯，其犯罪客观方面要件是行为人设立起非法金融机构。只要行为人设立起了非法金融机构，即可构成本罪。本罪的罪过形式的评价对象是行为人对非法设立金融机构行为会破坏金融管理秩序的态度。行为人对于非法设立金融机构破坏金融管理秩序持积极追求态度，不可能是放任。前一种观点认为本罪可以由间接故意构成是不合适的；而后一种观点指出本罪不能由间接故意构成，其结论是正确的。但是该种观点将行为人设立起非法金融机构后的造成"扰乱金融秩序"视为一种单独的危害结果，值得商榷。因为扰乱金融秩序仅仅是破坏金融管理秩序这种抽象结果严重性的表现，它本身不能视为危害结果。在擅自设立金融机构罪中，抽象的危害结果是破坏了金融管理秩序，与扰乱金融秩序并无必然联系。上述学者从扰乱金融秩序不是本罪的规范要素来论证本罪的罪过形式，其立足点是不合适的。因此，本罪的主观罪过形式只能是直接故意。

---

[1] 张明楷：《刑法学》，法律出版社 2016 年版，第 775 页。

[2] 赵秉志主编：《中国刑法案例与学理研究》（分则篇·二），法律出版社 2001 年版，第 259 页。

## 二、高利转贷罪的司法认定

高利转贷罪，是指以转贷牟利为目的，套取金融机构信贷资金高利转贷他人，违法所得数额较大的行为。

（一）高利转贷罪客观方面的认定

1. "套取"行为的认定

根据《刑法》第175条的规定，"套取金融机构信贷资金"是高利转贷罪的客观行为之一。何为"套取"，目前主要存在两种意见：一种意见认为，所谓"套取"是指"以计骗取"，行为人以自己的名义编造贷款理由向金融机构申请信贷资金，但未将其用于合同载明的用途，而是高利转贷他人，从而表现出行为人贷款理由的虚假性和贷款行为的欺骗性；[1]另一种意见认为，所谓"套取"金融机构信贷资金，是指行为人在不符合贷款条件的前提下，以虚假的贷款理由或者贷款条件，向金融机构申请贷款，并且获取了由正常程序所无法取得的贷款。[2]我国刑法及相关司法解释均没有对"套取"作出专门的定义，要对其内涵有正确的把握，除了按其字面意思理解之外，即行为人通过实施计谋骗取金融机构的信贷资金，还需充分考虑高利转贷罪的立法原意和相关金融法律法规的规定。

高利转贷罪侵犯的客体是国家的信贷管理制度，造成有限资金不能优化利用，且处于高风险状态，给经济发展和金融安全造成危害。[3]信贷资金的正常运作需具备两个条件，即通过合法渠道取得、按照规定用途使用。二者违反其一都是骗取贷款的行为，都属于"套取"。上述关于"套取"的两种意见并不存在本质差异，均是指以虚假的贷款理由或贷款条件骗取贷款，并且未按照合同规定的用途使用贷款，而是高利转贷给他人。根据规定，对于信贷资金必须按合同规定的用途使用，不得变更用途，因此判断行为人的行为是否属于套取，关键是看行为人对贷款的实际用途，事实上借款人不按照正常的贷款用途使用贷款，就证明其贷款的条件和贷款的理由是虚假的。本

---

〔1〕　张惠芳："高利转贷罪有关问题浅析"，载《河北法学》2000年第1期。

〔2〕　刘宪权：《金融犯罪刑法学原理》，上海人民出版社2017年版，第204页。

〔3〕　崔晓丽："高利转贷罪司法认定中的疑难争议问题"，载《中国刑事法杂志》2009年第4期。

罪行为人对于贷款的实际用途是高利转贷给他人，如果以这作为贷款理由势必得不到金融机构的批准，因此行为人为了顺利获取贷款，必然编造虚假的贷款理由或条件，达到"套取"的目的。

2. "高利"标准的确定

本罪的客观方面必须是套取信贷资金，高利转贷他人。如果仅仅有套取信贷资金后的转贷行为，但其转贷利率并非属于"高利"，则只属于一般违法行为，仍不构成本罪。那么，将金融机构信贷资金转贷给他人的利率，究竟要比银行的贷款利率高出多少才能界定为"高利"。对此，存在两种观点。一种观点认为，"高利"是指以高出金融机构贷款利率的较大比例转贷给他人，而该比例的标准应当参照关于民间借贷的司法解释。[1]另一种观点认为，"高利"是指将银行信贷资金以高于银行贷款的利率转贷他人，具体高出银行贷款利率多少，不影响本罪的成立。[2]笔者赞同后一种观点，具体理由如下：

首先，从法律规定看，高于金融机构贷款利率即为本罪所要求的"高利"，符合刑事立法的规定。《刑法》第 175 条并没有指出本罪必须以行为人以高出金融机构贷款利率较多的利率转贷给他人才能构成，而只是指出高利转贷他人就可能构成犯罪。因此以金融机构贷款时的实际利率作为标准，只要以更高的利率转贷他人即为"高利"，符合立法的规定。

其次，本罪所要求的"高利"不应等同于民间借贷中的"高利贷"。本罪中的"高利"与民间所称的"高利贷"虽然都是"高利"，但鉴于刑事与民事法律关系的区别以及立法目的的不同，不能将高利转贷罪中的"高利"简单等同于民间借贷的"高利"。规定民间"高利贷"的标准，是为了规范和完善对民间借贷的管理，保护个人资金的安全，而本罪侵犯的客体则是国家对信贷资金的发放及利率管理秩序。[3]另外，民间"高利贷"的放贷者一般不关心资金的使用目的和用途，但金融机构对信贷资金的发放，必须经过严格的审查和批准程序，并在放贷后实行监督，一旦信贷资金得不到合理使用，无法控制资金的准确流向，则会使资金处于失控状态，进而扰乱国家正常的金融秩序。

---

〔1〕 黄京平主编：《破坏市场经济秩序罪研究》，中国人民大学出版社 1999 年版，第 373 页。
〔2〕 周道鸾、张军主编：《刑法罪名精释》，人民法院出版社 1998 年版，第 265 页。
〔3〕 张军主编：《刑法分则及配套规定新释新解》（上），人民法院出版社 2009 年版，第 488 页。

再次，高于金融机构贷款利率即为本罪所要求的"高利"，适应司法实践的需要。从本罪的立法宗旨看，立法者之所以要将本罪规定为犯罪，是因为行为人通过转贷行为谋取非法利益。《刑法》第175条明确规定，构成高利转贷罪必须是以"转贷牟利为目的"。行为人非法谋取利益，并非只能通过高出银行法定标准的利率来实现，只要行为人以高于贷款利率的价格进行转贷赚取差价，就是谋取了非法利益。如果对于"高利"的认定标准过于严格，则可能造成部分严重危害社会的行为无法得到刑法规制，导致罪刑不均衡。现实生活中，有的行为人可能以远高于金融机构的贷款利率转贷他人，但转贷数额较小、违法所得相对较少，这种情况属于"高利而违法所得较少"；而有的行为人可能以略高于金融机构的贷款利率转贷他人，但转贷数额巨大、违法所得总数较大，这种情况属于"低利而违法所得较大"。如果认为转贷利率必须高出一定幅度才符合"高利"转贷的标准，那么对于社会危害性较小的情形，即"高利而违法所得较少"则可能认定构成高利转贷罪，而对于社会危害性较大的情形，即"低利而违法所得较大"则无法定罪，这种罪刑不相适应的状况显然违背了刑法的基本原则。此外，如果以民间高利贷的标准作为衡量本罪的"高利"标准，就可能导致对大多数转贷行为无法追究刑事责任的后果。因为，金融活动中一般人是不会愿意付出如此高贷款利息接受转贷款的，借款者如果真的愿意，也完全可以向民间贷款，又何必接受这种风险很高的转贷款呢？所以，实践中高利转贷的利息往往是低于民间高利贷的利息的。由此分析，如果以民间高利贷的标准作为衡量本罪"高利"的标准，现实中很多转贷行为就得不到处罚，这与设立高利转贷罪的立法初衷相背离。

最后，从相关司法解释的追诉标准看，本罪的起刑点主要是违法所得数额。最高人民检察院、公安部于2001年4月18日发布的《关于经济犯罪案件追诉标准的规定》第23条规定："以转贷牟利为目的，套取金融机构信贷资金高利转贷他人，涉嫌下列情形之一的，应予追诉：①个人高利转贷，违法所得数额在5万元以上的；②单位高利转贷，违法所得数额在10万元以上的；③虽未达到上述数额标准，但因高利转贷，受过行政处罚2次以上，又高利转贷的。"该司法解释主要是以违法所得数额作为高利转贷罪的入罪标准，即使是以行政处罚的次数作为标准，其前提仍然是存在违法所得数额甚至是要求违法所得数额接近前述标准。该司法解释已经失效，但取而代之的

2010 年《关于公安机关管辖的刑事案件立案追诉标准的规定（二）》第 26 条基本承袭了上述入罪标准的规定，该条款规定："以转贷牟利为目的，套取金融机构信贷资金高利转贷他人，涉嫌下列情形之一的，应予立案追诉：①高利转贷，违法所得数额在 10 万元以上的；②虽未达到上述数额标准，但 2 年内因高利转贷受过行政处罚 2 次以上，又高利转贷的"。然而，上述规定均未对何谓"高利"作出特别说明或者要求，也即无论高于贷款利率多少，只要违法所得数额达到一定标准即可构成犯罪。

综上所述，笔者认为，高利转贷罪中"高利"不能以民间高利贷的标准作为衡量标准，而应以金融机构同期贷款利率为标准，只要高于这一标准进行转贷，即可视为高利转贷。

（二）高利转贷罪主观目的的认定

根据《刑法》第 175 条规定，构成高利转贷罪，行为人必须以转贷牟利为目的。由此，本罪属于目的犯，即行为人在主观方面表现为直接故意，且要求以转贷牟利为目的，间接故意和过失均不能构成犯罪。行为人只有在这种目的支配下实施转贷牟利行为才能构成犯罪。如果行为人将从金融机构贷取的信贷资金转贷他人，但并不具有转贷牟利的目的，而是为了帮助他人摆脱困境等其他目的，则不构成犯罪。

关于高利转贷罪的主观方面，主要的争议点是行为人"转贷牟利"目的产生的时间是否影响本罪的成立，即转贷的目的先于或后于套取信贷资金产生是否对本罪的成立产生实质影响。持肯定观点的学者认为：转贷牟利的目的只能产生于所有犯罪行为实施之初。若行为人在申请贷款时并没有转贷牟利的目的，并通过正当的途径和理由获取了贷款，之后才产生对外转贷的意图，则属于事后故意，不符合本罪的犯罪构成，不以本罪论处。[1]持否定观点的学者认为：行为人转贷牟利目的产生的时间不应该成为影响本罪构成的因素，如果行为人在套取金融机构信贷资金后产生转贷牟利目的，同样可以构成高利转贷罪。[2]对此，笔者赞成第二种观点，即产生高利转贷目的的时间先后不影响高利转贷罪的成立，如果行为人在套取金融机构信贷资金之前

---

〔1〕 王玉珏、杨坚研："对高利转贷的刑法分析"，载《上海商业》2002 年第 11 期。

〔2〕 刘宪权："高利转贷罪疑难问题的司法认定"，载《华东政法大学学报》2008 年第 3 期。

就意图转贷牟利，则当然构成本罪，如果在获取金融机构信贷资金后才产生转贷牟利目的，并且高利转贷他人，仍然构成本罪。高利转贷罪在主观方面要求具有转贷牟利目的，在客观方面表现为套取和转贷两个行为，二者的紧密结合构成了高利转贷罪的行为方式，缺一不可。持肯定观点的学者正是认为，因为转贷牟利目的是在通过正当途径和理由获取贷款后产生的，因此不存在"套取"行为，如果之后转贷牟利，也无法构成本罪。正如前文所述，判断行为人的行为是否属于套取，关键是看行为人对贷款的实际用途，行为人在获取贷款后又加以转贷，足以说明其之前获取贷款理由的虚假性，从而说明行为人实施了套取金融机构贷款行为。从申请金融机构贷款到获取贷款，再到转贷出去这一过程，任何一个时间点产生转贷牟利的故意，都必将使金融机构的信贷资金处于高风险状态，均达到用本罪加以规制的必要，"转贷牟利"的故意产生于获取金融机构贷款之前还是之后，都不影响高利转贷行为的认定。就此而言，"转贷牟利"目的产生于"套取"之后，"转贷"之前，仍然属于事中故意，并非事后故意。实际上，行为人转贷牟利目的产生的时间在实践中很难加以确认，如果一味强调在套取金融机构信贷资金后产生牟利目的就不构成本罪，那就极有可能会导致行为人因此而逃脱刑法的制裁。综上，笔者认为，"转贷牟利"的目的无论产生于套取金融机构信贷资金之后抑或高利转贷之前，均应当构成高利转贷罪。

### 三、骗取贷款、票据承兑、金融票证罪的司法认定

骗取贷款、票据承兑、金融票证罪，是指以欺骗手段取得银行或者其他金融机构贷款、票据承兑、信用证、保函等，给银行或者其他金融机构造成重大损失或者有其他严重情节的行为。刑法设立本罪的本质原因在于，将以欺骗的手段获取金融机构的贷款、票据承兑、信用证、保函等加以滥用并危害到管理秩序和金融安全的行为犯罪化。

（一）骗取贷款、票据承兑、金融票证罪客观方面的认定

1."骗取"行为的认定

根据《刑法》第175条之一的规定，本罪在客观方面表现为以欺骗手段取得银行或者其他金融机构贷款、票据承兑、信用证、保函等，给银行或者

其他金融机构造成重大损失或者有其他严重情节。本罪的"骗取",即"以欺骗手段取得",包括虚构事实或者隐瞒真相等欺骗手段,欺骗行为与取得贷款之间具有因果关系。换言之,行为人在向金融机构申请贷款的过程中,采用欺骗手段提供与客观事实不一致的材料或陈述,足以使金融机构产生认识错误,将本来不应该贷给行为人的贷款贷给了行为人。如果行为人仅仅实施了欺骗行为,而该行为与取得贷款之间没有必然的因果关系,仍不能认定其行为构成"骗取"。本罪中的"骗取"与《刑法》第175条规定的高利转贷罪中的"套取"含义并非完全相同,高利转贷罪中的"套取"主要是根据贷款的实际用途进行认定,一旦行为人将贷款进行转贷牟利,即成立"套取",因为"转贷牟利"不可能成为向金融机构申请贷款的理由。而对于本罪"骗取"的认定,需要根据欺骗的内容和程度,分析该欺骗行为是否足以形成潜在的贷款风险,是否足以使金融机构工作人员陷入重大认识错误(对贷款安全风险缺乏认识)而发放了贷款。如果借款人并不具有清偿能力,为取得贷款,虚构投资项目、提供虚假担保、设立虚假抵押等,这类欺骗行为掩盖了贷款风险,金融机构陷入认识错误而发放贷款,那么行为人的行为应属于骗取贷款的行为。如果借款人为了通过银行的"程序审查"而采用一些欺骗手段,但涉及的是贷款合同的细枝末节,不对银行等金融机构的贷款风险控制有实质影响,那么"骗"与"取"就没有因果关系。[1]

笔者认为,这里所指的骗取贷款行为主要指采用虚构事实或是隐瞒真实情况,具体骗取贷款的行为方式可以包括:编造引进资金、项目等虚假理由的;使用虚假的经济合同的;使用虚假的证明文件的;隐瞒已经恶劣的经济状况或是真实的资金用途等。骗取票据承兑,是指采用各种手段骗取汇票付款人对无效或作废或违法的票据支付汇票金额的行为。骗取信用证、保函等,是指采用各种手段骗取金融机构的金融票据和凭证的行为。经《刑法修正案(六)》增设的骗取贷款、票据承兑、金融票证罪的规定中明确有"以欺骗手段取得信用证、保函等"这一兜底性规定。通过该条对信用证和保函的明示规定,这里的"等"应该是指与信用证、保函性质相似的金融票证,包括票据、存单、资信证明、银行结算凭证等。换言之,凡是金融票据和凭证均

---

〔1〕 参见孙国祥:"骗取贷款罪司法认定的误识与匡正",载《法商研究》2016年第5期。

可以成为本罪的对象。

2. "重大损失和其他严重情节"的认定

骗取贷款、票据承兑、金融票证罪的成立，要求行为人的行为必须"给银行或者其他金融机构造成重大损失或者有其他严重情节"。有关判断"重大损失"的具体标准尚待司法解释予以明确规定。从实践上看，这里的"重大损失"主要是指贷款数额较大而不能按期收回，或者贷款数额虽然不是较大，但是本息比例较大，或者贷款、开具的金融信用票据、保函担保的交易项事关特定区域经济发展大局，足以造成严重损害等情形。这里所谓"其他严重情节"，包括骗取手段行为的严重性和骗取对象性质的严重性。骗取手段行为的严重性主要是指行为人采用的骗取贷款、票据承兑、信用证、保函的手段十分恶劣（伪造国家重要证件、巧立国家重要项目）、多次欺骗金融机构的信用、因采用欺骗手段受到处罚后又欺骗金融机构的信用，或是其他严重干扰金融机构正常信用管理体系的情形。骗取对象性质的严重性，是指骗取的贷款、金融信用票证、保函有特定的意义或者特定用途或者严重破坏特定交易环境，导致金融机构或者交易相对人发生严重信用危机等情形。[1]需要注意的是，对于虽然采用欺骗手段从银行获取贷款，但数额不大的，或者虽然数额较大但在案发前已经归还了贷款或者在案发后立即归还了贷款的，可以认为不属于本条规定的"其他严重情节"。

（二）骗取贷款、票据承兑、金融票证罪主观方面的认定

关于本罪主观方面的认定，学界存在较大分歧。有的认为"主观方面为故意，但不具有非法占有的目的"[2]，有的认为"本罪的罪过是故意，至于行为人主观上是否具有非法占有的目的不影响本罪的成立"[3]，还有的认为"本罪的主观方面是故意或是过失"[4]。笔者认为，本罪的主观方面只能由故意构成，因为行为人在以欺骗的手段获取金融机构的贷款、票据承兑及金融票证等后，对于自己的骗取行为所导致的金融机构的重大损失确实可能存在希望或者放任的心态。本罪在主观上不可能存在过失。就立法体系而言，

---

〔1〕　参见吴华清："论骗取金融机构贷款、信用罪"，载《中国检察官》2006年第9期。

〔2〕　何泽宏："解读《刑法修正案（六）》"，载《现代法学》2006年第6期。

〔3〕　刘艳红："中华人民共和国刑法修正案（六）之解读"，载《法商研究》2006年第6期。

〔4〕　赵志华、鲜铁可、陈结淼：《金融犯罪定罪与量刑》，人民法院出版社2008年版，第177页。

本罪是以《刑法》第 175 条之一的形式规定在《刑法》第 175 条高利转贷罪之后，且法定刑与高利转贷罪完全相同，因此本罪在主观方面理应是故意。如果将骗取贷款、票据承兑、金融票证罪的主观方面确定为过失，那么故意骗取贷款、票据承兑、金融票证的行为如何处罚？目前，我们尚没有发现刑法分则对不以非法占有为目的骗取金融机构信用行为的处罚条款。刑法以处罚故意犯罪行为为原则，以处罚过失犯罪行为为例外，因此，刑法分则就同一客观行为只处罚过失犯罪而不处罚故意犯罪的情形是不符合刑事立法和刑法理论的基本原理的。就法条规定的内容而言，本罪的客观行为是"以欺骗手段取得"，因此行为人在明知自己用欺骗手段获取金融机构贷款或信用的情况下，主观上不可能是过失。另外，本罪虽然没有犯罪目的的强调，但并非意味着本罪行为人实施犯罪行为不具有目的。事实上，从立法的背景以及设置本罪的目的意义上分析，我们不难发现，行为人实施本罪的目的就是除"转贷牟利"及"非法占有"等目的之外的其他"滥用"目的。

（三）骗取贷款罪与相关罪名的界限

1. 骗取贷款罪与高利转贷罪的界限

本罪是以《刑法》第 175 条之一的形式设定的罪名，这就必然牵涉到本罪与高利转贷罪的界限问题。应该看到，本罪与高利转贷罪在获取金融机构贷款的手段以及法定刑的设置等诸多方面均具有很大的相似性，而最大的区别理应是行为人的主观目的。本罪的《刑法》条文并不要求行为人具有特殊的主观目的，而高利转贷罪则要求行为人必须具有转贷牟利目的。就此而言，如果行为人以转贷牟利为目的获取贷款，违法所得达到数额较大的程度，对行为人的行为则应按高利转贷罪论处；如果行为人不具有转贷牟利目的（同时也不具有非法占有目的）而以欺骗的手段获取金融机构的贷款等的，对行为人的行为就应以本罪论处。

2. 骗取贷款罪与贷款诈骗罪的界限

本罪与贷款诈骗罪的区别在于：①主观目的不同。后者要求"以非法占有为目的"，前者不要求具有这一目的。②成立犯罪的条件不同。前者要求"给银行或者其他金融机构造成重大损失或者有其他严重情节的"才能成立犯罪，后者只要是骗取的贷款"数额较大"就可成立犯罪。③主体不同。前者的主体包括自然人和单位，后者的主体只能是自然人。对于自然人以欺骗手段取得金融机构贷款的犯罪行为，是以骗取贷款罪还是以贷款诈骗罪定罪处罚，关键是看行为人犯罪时是否具有非法占有目的。如是，构成贷款诈骗罪，否则，构成骗取贷款罪。在司法实践中，认定是否具有非法占有目的，应当坚持主客观相统一原则，既要避免单纯根据损失结果客观归罪，也不能仅凭被告人自己的供述，而应当根据案件具体情况具体分析。2001年《全国法院审理金融犯罪案件工作座谈会纪要》规定，对于行为人通过诈骗方法非法获取资金，造成数额较大的资金不能返还，并具有下列情形之一的，可以认定为具有非法占有目的：①明知没有归还能力而大量骗取资金的；②非法获取资金后逃跑的；③肆意挥霍骗取资金的；④使用骗取的资金进行违法犯罪活动的；⑤抽逃、转移资金，隐匿财产，以逃避返还资金的；⑥隐匿、销毁账目，或者搞假破产、假倒闭，以逃避返还资金的；⑦其他非法占有资金拒不返还的行为。

## 四、非法吸收公众存款罪的司法认定

非法吸收公众存款罪，是指违反国家有关吸收公众存款的法律、法规，非法吸收公众存款或者变相吸收公众存款，扰乱金融秩序的行为。

（一）非法吸收公众存款罪客观方面的认定

1. 非法吸收公众存款与变相吸收公众存款行为的界定

根据2011年修订的《非法金融机构和非法金融业务活动取缔办法》第4条第2款的规定，非法吸收公众存款是指未经中国人民银行批准，向社会不特定对象吸收资金，出具凭证，承诺在一定期限内还本付息的活动；变相吸收公众存款是指未经中国人民银行批准，不以吸收公众存款的名义，向社会不特定对象吸收资金，但承诺履行的义务与吸收公众存款性质相同的活动。根据最高人民法院于2010年12月13日发布的《关于审理非法集资刑事案件具体应用法律若干问题的解释》第1条的规定，非法吸收公众存款罪的成立应具备"四性"。

（1）非法性，即未经有关部门依法批准或者借用合法经营的形式吸收资金。只要是违反国家金融管理法律法规向社会公众吸收存款的行为，都属于"非法"吸收公众存款。"非法"吸收公众存款，既包括不具有吸收公众存款资格的单位和个人吸收公众存款，也包括具有吸收公众存款资格的主体违反国家金融管理法律法规吸收公众存款。前者主要表现为未经有关部门依法批准、借用合法经营的形式吸收资金，将吸收的资金用于从事放贷等货币经营业务还是用于生产经营都不影响其非法性；后者主要表现为通过违法提高利率或其他不正当手段吸储。

（2）公开性，即通过媒体、推介会、传单、手机短信等途径向社会公开宣传，但不局限于上述列举的方式；对于以口头方式发布，只要能将口口相传的效果归责于集资行为人的，或者行为人为逃避有关部门监管而采用隐蔽手段向社会不特定对象发布的，均可认定为向社会公众公开宣传。[1]

（3）利益性，即承诺在一定期限内以货币、实物、股权等方式还本付息或者给付回报。"存款"的本质属性就是还本付息，非法吸收公众存款罪的成立要求行为人吸收资金时承诺还本付息，至于利息的形式、高低并不重要。如果集资人在集资时充分披露投资风险，要求投资人自负风险而未承诺还本付息的，不应该认定为非法吸收公众存款罪。

（4）不特定性，即向社会不特定对象吸收资金，即行为人对集资行为的辐射面事先不加限制，事中不作控制，或者任其蔓延不加阻止。向小范围内的特定对象吸收存款，由于不具有随时向不特定多数人扩展的危险性，其对金融秩序的影响还没有达到需要利用刑罚对其进行规制的程度，因此刑法将吸收存款的对象限定为"公众"。"公众"既包括个人，也包括单位。我们认为，判断集资人是否向"公众"募集资金的标准就是："存款人"是否有随时增加的可能性，是不是任何人只要根据集资人的"要约"即可以按照其规定的时间、地点、数额、方式向其提供资金。但是对于在企业内部的入股、集资行为，由于其对象为特定少数个人或单位内部成员，且在形式上也不是以存款的方式进行，因而不属于吸收"公众"存款，对这些行为一般不以本罪论处。

2010 年《关于审理非法集资刑事案件具体应用法律若干问题的解释》第 2 条对各种多发易发的非法吸收公众存款行为进行了分类，根据其发生领域和行为特点列举了十种非法吸收公众存款行为，并规定了"其他非法吸收资金

---

〔1〕 最高人民法院、最高人民检察院、公安部于 2014 年 3 月 25 日联合发布的《关于办理非法集资刑事案件适用法律若干问题的意见》又进一步规定，"向社会公开宣传"包括以各种途径向社会公众传播吸收资金的信息，以及明知吸收资金的信息向社会公众扩散而予以放任等情形。

的行为"的兜底条款。具体包括：①不具有房产销售的真实内容或者不以房产销售为主要目的，以返本销售、售后包租、约定回购、销售房产份额等方式非法吸收资金的；②以转让林权并代为管护等方式非法吸收资金的；③以代种植（养殖）、租种植（养殖）、联合种植（养殖）等方式非法吸收资金的；④不具有销售商品、提供服务的真实内容或者不以销售商品、提供服务为主要目的，以商品回购、寄存代售等方式非法吸收资金的；⑤不具有发行股票、债券的真实内容，以虚假转让股权、发售虚构债券等方式非法吸收资金的；⑥不具有募集基金的真实内容，以假借境外基金、发售虚构基金等方式非法吸收资金的；⑦不具有销售保险的真实内容，以假冒保险公司、伪造保险单据等方式非法吸收资金的；⑧以投资入股的方式非法吸收资金的；⑨以委托理财的方式非法吸收资金的；⑩利用民间"会""社"等组织非法吸收资金的；⑪其他非法吸收资金的行为。总的来看，非法吸收公众存款行为的共同特征是：以高额的融资利息、投资回报或理财收益等为诱饵；集资者不具备法定的集资主体资格；向社会不特定公众集资。

2. 委托理财等行为与非法吸收公众存款行为的界定

委托理财主要是指证券公司作为受托投资管理人，依据有关法律、法规和作为投资委托人客户的投资意愿，与客户签订受托资产管理合同，把客户委托的资产在证券市场上从事股票、债券等金融工具的组合投资，以实现委托资产收益最优化的行为。中国证券监督管理委员会于 2018 年 10 月 22 日发布的《证券期货经营机构私募资产管理业务管理办法》第 3 条规定："证券期货经营机构从事私募资产管理业务，应当遵循自愿、公平、诚实信用和客户利益至上原则，恪尽职守，谨慎勤勉，维护投资者合法权益，服务实体经济，不得损害国家利益、社会公共利益和他人合法权益。"第 4 条规定："投资者参与资产管理计划，应当根据自身能力审慎决策，独立承担投资风险。"第 11 条规定："证券期货经营机构从事私募资产管理业务，应当履行以下管理人职责：①依法办理资产管理计划的销售、登记、备案事宜；②对所管理的不同资产管理计划的受托财产分别管理、分别记账，进行投资；③按照资产管理合同的约定确定收益分配方案，及时向投资者分配收益；④进行资产管理计划会计核算并编制资产管理计划财务会计报告；⑤依法计算并披露资产管理计划净值，确定参与、退出价格；⑥办理与受托财产管理业务活动有关的信息披露事项；⑦保存受托财产管理业务活动的记录、账册、报表和其他相关资料；⑧以管理人名义，代表投资者利益行使诉讼权利或者实施其他法律行为；⑨法律、行政法规和中国证监会规定的其他职责。"这些规定内容揭示了委托理财具有三个本质特征：一是客户与证券公司在开展受托投资管理业务中系委托和代理关系，证券公司开展资产管理必须以客户的名义进行；二是证券公司的行为体现的是作为委托人客户的意愿，是为了客户的利益；三是证券公司受托管理的资产风险由客户自行承担，证券公司不承担任何风险。

时下，在我国资本市场上，部分证券公司为获取他人的资金，经常开展一些以保本付息承诺为前提的委托理财活动。其具体运作过程是，证券公司以给予固定回报或高于银行同期储蓄存款利率数倍的承诺为前提，通过与客户签订名为资产管理合同等方法吸引客户投入资产，再以证券公司自己的名义将该资产投入证券市场从事股票、债券等金融工具的组合投资，实现自己收益最大化。[1]笔者认为，上述这种保本付息的所谓委托理财活动，其实已经脱离了委托理财的内在含义，与委托理财的本质特征也不相符合，本质上是属于一种变相的非法吸收公众存款行为。首先，在保本付息的活动中，证券公司与客户之间实质上不存在委托代理关系，不具有委托理财的最本质的特征。证券公司与客户之间签订的合同实际上是证券公司向客户约定到期兑现的承诺书。其次，保本付息的活动中，证券公司在取得客户投资的资产后，完全是以自己名义对外投资，投资方法和投资时机等均由证券公司自己决策或决定，这种活动体现的是证券公司的意愿，并没有体现客户的意愿。最后，在保本付息活动中客户并不承担投资风险。由于证券公司无论盈亏情况如何，都要在约定期限内兑现承诺保本付息，即客户投入资产的风险不是由客户而完全是由证券公司承担。

综上所述，笔者认为，尽管非法吸收公众存款的犯罪对象理应是"公众存款"，但并非必须以"存款"的名义出现，这正是"变相"方式的来源之所在。"变相"就是不以"存款"形式出现的，因此，对于本罪中"存款"的含义应作实质性的理解。只要具备聚集资金和还本付息的特征，就可以认为是"存款"。当然我们也应该注意的是，本罪中的"存款"并不与存款的

---

[1] 费晔："中富证券有限责任公司非法吸收公众存款案评析"，载《人民司法》2006年第3期。

实际用途挂钩。立法的宗旨在于处罚未经有关机关批准擅自吸收公众存款，从而侵犯国家的正常吸收存款的管理制度的行为，并不考虑行为人吸收存款后的用途，或者说行为人将吸收的资金用于生产经营还是进行投资，并非本罪所关注的问题。据此观点分析，时下包括证券公司在内的金融机构推出的有保本付息承诺的所谓"委托理财"业务，并非是真正法律意义上的受托投资管理业务，而是以所谓的委托理财名义吸收社会不特定人员资金的活动。从吸收对象、委托关系、意愿体现、风险承担等诸多角度分析，保本付息活动与储户将钱款存入储蓄机构，由储蓄机构向储户承诺给予还本付息的吸收公众存款的性质并无差异，也符合《非法金融机构和非法金融业务活动取缔办法》第4条关于变相吸收公众存款的规定。由此，将包括证券公司在内的金融机构实施的保本付息行为定性为变相吸收公众存款的性质既符合实际情况，也有充分的法律依据。

3. 拒绝提取公众存款的行为与非法吸收公众存款行为的界定

对于有资格吸收公众存款的金融机构依法吸收公众存款后，在公众有权提取存款时不允许公众提取存款的行为，是否也属于非法吸收公众存款的表现形式之一，存在不同观点。有学者认为，公众有权提取存款时不允许公众提取存款的，也构成非法吸收公众存款罪。[1]对此，笔者认为，非法吸收公众存款罪理应具有"非法吸收"的行为，强调的是"吸收"存款的非法性，如果行为人获取公众存款的手段是合法的，就不可能构成非法吸收公众存款罪。刑法的解释不能超出国民的可预见性，将"应该返还存款而不返还存款"的行为解释为非法"吸收"公众存款，不当地扩大了"吸收"的含义，有类推解释之嫌。尽管拒绝公众提取存款的行为与非法吸收公众存款的行为，在控制和使用公众存款这一点上基本相同，但是，吸收存款和拒绝提款还是有本质区别的，刑法设立非法吸收公众存款罪主要针对非法吸收行为，而并非是针对拒绝提款行为，也即本罪中的"非法"是相对吸收而言而不是相对支付存款而言的。行为人出于各种原因，违反法律规定拒绝支付应该支付的公众存款，可能属于民事侵权行为或是构成侵占罪等其他罪名，但由于其吸收公众存款的行为是合法的，因而不能以非法吸收公众存款罪定罪处罚。

---

〔1〕　周光权：《刑法各论讲义》，清华大学出版社2003年版，第284页。

（二）非法吸收公众存款罪的主体资格认定

根据《刑法》第176条的规定，本罪的犯罪主体既包括自然人，也包括单位。然而，这里的"单位"是否包括有权进行信贷业务的金融机构，即行为人虽然具有吸收公众存款的法定主体资格，但采取非法的方法吸收公众存款，如有些商业银行和信用合作社为了争揽客户，以擅自提高利率或在存款前先支付利息等手段吸收公众存款，是否属于"非法吸收公众存款"行为，存在不同主张。否定说认为，有的金融机构（如财务公司）业务范围仅限于成员单位的存款，而不能向社会公众吸收存款，可以成立本罪。但对于商业银行等有权向公众吸收存款的金融机构，在吸收存款中有抬高利率等不正当行为的，不能按本罪处理。[1]而肯定说认为，非法吸收公众存款罪是一种法定犯，对犯罪构成的阐释应当结合国家有关金融管理的法律、行政法规的规定进行，由于对有权吸收公众存款的金融机构只规定了行政和经济责任，而没有规定刑事责任，所以应该对本罪的单位限制解释为是指非金融单位和无权经营存款业务的金融机构。[2]

笔者赞成肯定说。上述否定说其实是混淆了擅自设立金融机构罪与非法吸收公众存款罪的界限。《非法金融机构和非法金融业务活动取缔办法》并未将有吸收公众存款主体资格的金融机构采用提高利率等不正当手段吸收公众存款排除在本罪的"非法吸收公众存款"的行为方式之外。《非法金融机构和非法金融业务活动取缔办法》只说明了"非法吸收公众存款"是指未经中国人民银行批准而擅自吸收。它是针对吸收存款而言的，并非是指未经批准设立的金融机构而擅自吸收存款。因此，不能把"未经中国人民银行批准而擅自吸收存款"理解为"未经中国人民银行批准而擅自设立的金融机构吸收存款"。另外，否定说认为现行法律法规没有对有吸收存款资格的金融机构规定刑事责任，与实际情况不符。《商业银行法》第74条第3项与第76条规定，违反规定提高或降低利率以及采用其他不正当手段，吸收存款、发放贷款的，由中国人民银行责令改正，有违法所得的，没收违法所得并处罚款；情节特别严重或者逾期不改正的，可以责令停业整顿或者吊销其经营许可证；构成

---

[1] 王作富主编：《刑法分则实务研究》（上），中国方正出版社2010年版，第456页。
[2] 李希慧："论非法吸收公众存款罪的几个问题"，载赵秉志主编：《新千年刑法热点问题研究与适用》（下），中国检察出版社2001年版，第793页。

犯罪的，依法追究刑事责任。因此，对于行为人虽然具有吸收公众存款的法定主体资格，但采取非法的方法吸收公众存款，也应当属于"非法吸收公众存款"行为。

### 五、伪造、变造金融票证罪的司法认定

伪造、变造金融票证罪，是指行为人违反金融票据管理法规，仿照金融票据的式样、形状、色彩、文字等要素制作假的金融票据或者对真实的金融票据进行改制的行为。[1]根据《刑法》第177条的规定，有下列情形之一的，属于伪造、变造金融票证：①伪造、变造汇票、本票、支票的；②伪造、变造委托收款凭证、汇款凭证、银行存单等其他银行结算凭证的；③伪造、变造信用证或者附随的单据、文件的；④伪造信用卡的。

（一）伪造、变造金融票证行为的认定

1. "伪造票据"行为的认定

我国刑法中有许多涉及伪造的犯罪，根据伪造对象的不同，分别构成相应的犯罪。伪造是一个内涵与外延均极为丰富的概念，根据我国刑法规定的伪造行为，实际上可以分为形式伪造和内容伪造两种形式。所谓形式伪造，是指对有价证券或者文书证件外观形式的非法仿制；所谓内容伪造，则是指对有价证券或者文书证件实质内容的非法填写。分析我国刑法中涉及伪造的犯罪，发现伪造的对象不同，则"伪造"的内涵可能不一样。例如，伪造货币只要实施形式伪造，无需进行内容伪造，即对真实货币的外观形式进行仿制，就可成立犯罪。有的伪造犯罪无需实施形式伪造，只能通过内容伪造实施。譬如在合法印制的空白票据、证件上面进行非法填写。由于空白票据或者证件是合法印制的，所以并不存在形式伪造问题。[2]

对于伪造票据中的伪造究竟是指形式伪造还是内容伪造，或是两者兼具，理论界和实务界争议较大。对此，笔者认为，无论从票据法还是从刑法的角度进行分析，票据伪造均不包括形式伪造，而只能是内容伪造。伪造、变造金融票证罪是一个具有"二次违法性"的法定犯或行政犯，这里的伪造应当

---

〔1〕　高铭暄、马克昌主编：《刑法学》，北京大学出版社、高等教育出版社2017年版，第400页。

〔2〕　参见刘宪权：《金融犯罪刑法学原理》，上海人民出版社2017年版，第269页。

以票据法所规定的应当承担刑事责任的内容伪造为依据。我国票据法中，只是将改变票据上与权利义务相关的记载事项和擅自变更签章的行为作为票据违法行为，而排除了通过仿照真实票据比照其格式、外观、款式等形式进行的非法仿制行为，即形式伪造。如果仅仅伪造了票据的形状、色彩、图案等外观形态，只能说是伪造了票据用纸，其本质上不可能产生票据权利的转移或变化，无法对票据权利人造成侵害。换言之，只有在票据用纸上进行记载、完成签章、签名，即内容伪造，才能认为是伪造了票据。

2. "变造票据"行为的认定

理论上一般认为，变造金融票据，是指行为人针对真的汇票、本票、支票等金融票据，采取挖补、拼接、剪贴、涂改等方法进行加工处理，制造数量更多或票面价值更大的金融票据。对这一定义的争议主要集中在，票据变造是否以行使票据权利为目的以及票据变造是否以票据在形式上为有效票据为前提。

尽管我国票据法并未对票据变造作主观要件上的特别要求，但刑法上的变造票据的行为人主观上应该以行使票据权利为目的。因为从我国刑法规定看，无论是伪造、变造金融票证罪、还是票据诈骗罪，均为故意犯罪，而且从法理上分析，这种故意应该是直接故意，因过失涂抹或者利害关系人以外的其他人恶意的变更并不属于刑法上的票据变造。笔者主张变造票据构成犯罪的，行为人必须以行使票据权利为目的，主要是为了限制变造行为构成犯罪的犯罪圈扩大，如果没有这种主观上要求，完全可能导致变造票据行为犯罪化无限扩大的结果。

从《票据法》的规定以及票据原理分析，票据变造并不要求票据在变造前必须是形式上有效的票据。因为不论是使无效票据转化为有效票据，抑或使有效票据转变为无效票据，均属于票据变造。据此，我们可以将票据变造分为三类：第一，完全票据经变造仍然为完全票据；第二，完全票据经变造成为不完全票据；第三，不完全票据经变造成为完全票据。[1]票据变造并不要求票据记载变更前后票据均为形式上有效的票据，变造前票据可以是无效票据，经变造成为有效票据。由上分析，伪造票据行为和变造票据行为的最大区别在于：伪造票据是非法的原始创设票据权利的行为，即伪造票据行为

---

〔1〕 赵新华主编：《票据法问题研究》，法律出版社 2002 年版，第 374 页。

的实质在于设立票据权利；而变造票据是没有变更权限的人在真实的票据基础上，非法更改票据记载内容从而改变票据权利内容的行为，即变造票据行为的实质在于改变已经设立的票据权利之内容。从理论上分析，伪造、变造委托收款凭证、汇款凭证、银行存单等其他银行结算凭证行为，以及伪造、变造信用证或者附随的单据、文件行为中伪造、变造的含义，应该与上述伪造、变造票据中的含义基本相同，所以在此不再赘述。

3. 伪造信用卡行为的认定

信用卡是银行或非银行金融机构（一般是专业信用卡公司）签发给资信状况良好的单位和个人，用以存取款项和在特约商户购物消费的一种信用凭证。然而，刑法中涉及信用卡犯罪中的信用卡与金融业务中的信用卡含义并不完全一致。根据全国人大常委会于 2004 年 12 月 29 日发布的《关于〈中华人民共和国刑法〉有关信用卡规定的解释》，刑法规定的"信用卡"，是指由商业银行或者其他金融机构发行的具有消费支付、信用贷款、转账结算、存取现金等全部功能或者部分功能的电子支付卡。可见，刑法规定的信用卡含义要远远大于金融业务中信用卡的含义。据此，笔者认为，我国刑法中伪造信用卡犯罪中伪造的对象应该是由金融机构发行的包括贷记卡、借记卡等在内的所有具有消费支付、信用贷款、转账结算、存取现金等全部功能或者部分功能的电子支付卡。

理论上有学者认为，伪造信用卡的犯罪主要分两种情形：一是非法制造信用卡，即模仿信用卡的质地、模式、版块、图样以及磁条密码等制造信用卡；二是在真卡的基础上进行伪造，即信用卡本身是合法制造出来的，但是未经银行或者信用卡发卡机构发行给用户正式使用，即在信用卡面上未加打印用户的账户或者姓名，在磁条上也未输入一定的密码等信息。[1]根据前文所述，刑法中的伪造行为有多种表现形式，伪造对象的不同可能使伪造具有不同的含义。伪造信用卡就不同于伪造票据，由于信用卡具有明显的权属特征，这种权属特征既需要信用卡的外观体现，也需要信用卡的内容体现。由于没有信用卡的形式存在，也就失去了信用卡权利人权利赖以寄托的载体。

---

〔1〕　周振想："伪造、变造金融票证罪研究"，载陈兴良主编：《刑事法判解》（第 2 卷），法律出版社 2000 年版，第 7 页。

同样，一张没有权利人的信用卡是没有意义的，因此，对于伪造信用卡犯罪来说，不仅需要形式伪造，仿制某种信用卡的外观形式，而且需要内容伪造，亦即需要在信用卡磁条上输入权利人的信息。

从现行刑法规定分析，对于单纯伪造空白的信用卡行为是否作为犯罪认定，似乎并不十分明确。但是，《刑法修正案（五）》则明确将持有、运输伪造的空白信用卡纳入妨害信用卡管理罪之中，于是就产生了一个问题：伪造票证罪中伪造信用卡的行为是否包含了伪造空白信用卡的内容？笔者认为，从立法上看，《刑法修正案（五）》在有关妨害信用卡管理罪的规定中，明确将持有、运输伪造的信用卡与持有、运输伪造的空白信用卡分开规定，这就意味着立法者并未将伪造空白的信用卡归入伪造信用卡的含义之中。可见，《刑法》第 177 条有关伪造信用卡的立法原意中并不包括伪造空白的信用卡。从司法实践来看，伪造空白信用卡的行为经常发生且也具有较为严重的社会危害性，既然刑法将持有、运输伪造的空白信用卡行为纳入了妨害信用卡管理罪之中，我们也应该将伪造空白信用卡的行为纳入伪造信用卡犯罪范围之中。这是因为伪造行为的社会危害性要远远大于持有、运输行为，现在持有、运输伪造的空白信用卡已经作为犯罪规定在刑法条文中，我们没有理由将伪造空白的信用卡行为排除在犯罪之外。正是由于刑法修正案有关妨害信用卡管理罪的规定中是明确将"伪造的信用卡"与"伪造的空白信用卡"区别开来的，因此，如果要将伪造空白信用卡的行为纳入伪造信用卡犯罪之中，我们也应该适时对刑法伪造、变造金融票证罪的规定做出修正，这也应该是罪刑法定的要求所在。由此可见，伪造信用卡有可能仅仅只是形式伪造，而不需要内容伪造。[1]

（二）伪造、变造金融票证罪的一罪与数罪

《刑法》第 177 条规定的伪造、变造金融票证罪，属于选择性罪名，在同一条文中规定了两种不同的行为，即伪造行为和变造行为。那么，同一行为人如果既实施了伪造金融票证的行为，又有变造金融票证的行为，究竟是一罪还是数罪？从《刑法》第 177 条规定的外部形式看，刑法似乎规定了两个独立的行为，但是从其内容实质看，两个行为都具有相同的罪质，伪造或变

---

〔1〕 参见刘宪权：《金融犯罪刑法学原理》，上海人民出版社 2017 年版，第 276~277 页。

造行为都不过是表现行为的方式而已，并不是各具刑法特征的独立犯罪行为。既然刑法将两种行为方式概括为一个犯罪行为，那么，只要具备一个犯罪构成，就应以一罪论处。因此，实施了伪造或变造金融票证行为的，分别以伪造金融票证罪或变造金融票证罪论处；既实施伪造行为，又实施变造行为，则以伪造、变造金融票证罪论处，而不能实行数罪并罚。

在司法实践中，行为人往往是以实施票据诈骗、金融凭证诈骗、信用证诈骗和信用卡诈骗等犯罪为目的，先行实施伪造、变造金融票证犯罪行为，以其作为实施其他相关犯罪的方法行为，因此存在作为方法行为的本罪与作为目的行为的利用伪造、变造的金融票证诈骗的犯罪之间的罪数认定问题。行为人为实施其他利用金融票证诈骗等犯罪，伪造、变造金融票证之后，尚未来得及实现其目的而案发的，以伪造、变造金融票证罪一罪论处。伪造、变造金融票证后又使用的，实质上实施了数个行为，符合了伪造、变造金融票证罪和金融诈骗犯罪等数个犯罪的规定。但由于其方法行为（伪造和变造）与目的行为（如诈骗）之间具有方法行为服务于目的行为这一密切而直接的牵连关系，刑法理论上称之为牵连犯。对于牵连犯的处罚，根据从一重处断原则，在裁判时应作为一罪看待，在数罪中"从一重处断"，即按其中最重的罪的法定刑以一罪处罚。所以对伪造、变造金融票证又使用该假金融票证构成金融诈骗的行为，应当比较具体案件中所构成的伪造、变造金融票证罪与金融诈骗罪应处之刑的轻重，对行为人按二者之中较重的罪定罪处罚。如果伪造、变造的金融票证与进行诈骗所使用的伪造、变造的金融票证不具有同一性，不管其用于诈骗的金融票证是自己伪造、变造还是他人伪造、变造后提供的，对行为人也应按本罪与相关诈骗罪定罪，实行数罪并罚。

## 六、妨害信用卡管理罪的司法认定

根据《刑法》第177条之一的规定，妨害信用卡管理罪，是指明知是伪造的信用卡而持有、运输，或者明知是伪造的空白信用卡而持有、运输，数量较大的；或者非法持有他人信用卡，数量较大的；或者使用虚假的身份证明骗领信用卡的；或者出售、购买、为他人提供伪造的信用卡或者以虚假的身份证明骗领的信用卡的行为。

（一）妨害信用卡管理罪客观行为的认定

1. 持有、运输伪造的信用卡或伪造的空白信用卡行为的认定

按照通说，所谓"持有"是指行为人在事实上或者法律上对物的一种占有、支配和控制的状态。[1] 这种持有的成立不需要证明其时间的延续性，也不需要行为人与对象之间具有密切的关系。据此，笔者认为，本罪的"持有"是指行为人在事实上或法律上对伪造的信用卡或伪造的空白信用卡的支配、控制，不仅表现为行为人随身携带该物，也表现为行为人将该物委托他人保管、放置某处、私自藏匿等。

我国现行《刑法》规定的运输行为根据运输对象的不同可以分为两种：其一，运输的对象本身是合法的，只是因为不按照法律规定的安全措施进行非法运输，行为本身具有危害性，因而将其规定为犯罪，如非法运输危险物质罪；其二，运输对象是非法的，运输行为本身不会给社会造成危害，但基于该种对象的非法性，运输该物品的行为则构成犯罪，如运输假币、毒品等。据此，运输伪造的信用卡或伪造的空白信用卡应属于后一种行为，即明知是伪造的信用卡或伪造的空白信用卡，而仍将其从一地运往另一地。需要注意的是，本罪中的持有、运输行为是针对一个完整的犯罪行为而言的。此时的持有与运输行为是具有独立性的，它并不是某个主要犯罪行为的预备行为或者事后行为，而是行为人在独立的犯罪故意支配下进行的行为，因而才被规定为犯罪。如果持有、运输仅仅是一个完整犯罪行为的某一环节的话，就没有独立性可言，只能构成某种主要犯罪行为的预备、帮助或事后行为。信用卡由相关部门制造后输入相应的电子信息才能应用，基于这样的功能和特性，信用卡的"伪造"也相应地包括形式与内容两部分。因此，实践中"伪造的信用卡"包括两种：第一种是仿造卡，即仿照真卡的样式加入磁条密码制造成的假卡；第二种是变造卡，即对真卡加以改造后制成的卡。通常，这种变造是通过修改各种真卡上的关键信息要素来完成的。其中，"真卡"主要包括作废的信用卡、他人丢失的信用卡以及空白真卡等，"变造"行为主要有重新印卡号、修改身份信息、重新写磁等形式。尽管法律中并未规定变造信用卡

---

〔1〕 甘雨沛、何鹏：《外国刑法学》（下），北京大学出版社 1985 年版，第 946 页；刘士心："刑法中持有行为的概念与特征新探"，载《南开学报》（哲学社会科学版）2005 年第 2 期。

的行为，但是，由于这种变造的行为也必须通过重新压印或重新写磁等过程才能完成，因而理论上和司法实践中一般认为，变造卡应当属于伪造的信用卡。伪造的空白信用卡，是指未经国家主管部门批准的单位或个人以各种方法制造的未输入用户信息的信用卡，即卡中没有授信财产的信用卡。

理论上对明知是伪造的信用卡或明知是伪造的空白信用卡而持有、运输这一行为的争议主要集中在，对于"伪造的信用卡"和"伪造的空白信用卡"是否都要求"数量较大"？对此，笔者认为，只有犯罪对象是"伪造的空白信用卡"时，行为构成本罪才有"数量较大"的要求，而犯罪对象是"伪造的信用卡"的时候则没有这个要求。《刑法》第177条之一第1款第1项规定："明知是伪造的信用卡而持有、运输的，或者明知是伪造的空白信用卡而持有、运输，数量较大的"，分析这一规定，我们不难发现，在"或者"之前，条文已经用"的"将行为规定完毕，而"或者"后面的"的"，则是加在"数量较大"之后。可见，持有、运输伪造的空白信用卡必须以"数量较大"为必要要件，而持有、运输伪造的信用卡则不以"数量较大"为必要要件。[1]另外，伪造的信用卡如果信息完备，在行为人转手之后，卡进入流通领域即可使用，而空白的信用卡还需要行为人再输入信息后才能使用。相对来说，后者投入使用要多一道程序，在具备信用卡的完整功能之前，其社会危害性较小，因此，为了防止此种情形轻易入罪，法律对其有数量上的要求。但这是否意味着在认定持有、运输伪造的信用卡这一行为时就不看数量了呢？其实这一数量要求并非是刑法规定的而已，应该由司法解释作出一定的规定。而衡量"数量较大"究竟是以什么为标准？由于空白信用卡本身并不存在用户信息，因而卡上也不可能体现具体的钱款数量额。因此，对于伪造的空白信用卡当然应该以信用卡的张数作为认定数量是否较大的标准。

2. 非法持有他人信用卡行为的认定

在刑法条文中，持有类型犯罪的"非法"规定有两种理解：一为物品本身是非法的，持有此类物品为法律所禁止，比如非法持有毒品罪、非法持有枪支、弹药罪等；二为物品本身是合法的，法律并不禁止人们持有此类物品，但是由于没有合法依据，行为本身具有了违法性。本罪规定的"非法持有"

---

〔1〕  参见刘宪权：《金融犯罪刑法学原理》，上海人民出版社2017年版，第282页。

行为就是属于第二种理解。根据信用卡管理制度，信用卡的使用仅限于合法持有者本人，行为人在没有得到他人的授权和委托时，均属于非法持有，与信用卡真假无关，是持有行为本身出现了问题。信用卡并非是国家法律禁止持有物品，其非法性主要体现在这种持有行为不具有合法根据这一点上。此处的"他人信用卡"应是指他人申领的合法有效的信用卡，即真卡，不包括伪造卡、空白卡或废卡。如果是伪造卡或者空白卡，行为人在明知的情况下，完全可以按照妨害信用卡管理罪第 1 项行为加以认定，而不应该也没有必要将其视为第 2 项（非法持有他人信用卡，数量较大的）行为。另外，这里所指的他人信用卡，还应包括他人使用虚假的身份证明骗领的信用卡。这是因为使用虚假的身份证明骗领的信用卡实际上是真卡，即这种卡不仅可以直接使用，而且是由发卡机构发行的，只是领卡人是以虚假身份骗领的，换句话说，卡是"真"的人是"假"的，因此应以妨害信用卡管理罪的第 2 项行为认定。

根据刑法规定，非法持有他人信用卡行为要构成妨害信用卡管理罪，也需要达到"数量较大"的要求。那么，是应以他人信用卡张数或是以他人信用卡中所包含的金额作为标准？根据 2009 年最高人民法院、最高人民检察院《关于办理妨害信用卡管理刑事案件具体应用法律若干问题的解释》，妨害信用卡管理罪中的"数量较大"以信用卡的张数作为标准，即非法持有他人信用卡 5 张以上不满 50 张的。需要注意的是，本罪各情形之所以有不同的认定标准，是因为各情形的行为对象的性质是不同的。例如，持有、运输伪造的空白信用卡 10 张才可达到司法认定标准，而非法持有他人信用卡 5 张即可达到认定标准。

3. 使用虚假的身份证明骗领信用卡行为的认定

使用虚假的身份证明骗领信用卡，是指行为人在办理信用卡申领手续时，使用虚假的身份证明骗取金融机构信任，获得信用卡的行为。对于"虚假身份证明"的认定，2009 年《关于办理妨害信用卡管理刑事案件具体应用法律若干问题的解释》第 2 条第 3 款明确规定：违背他人意愿，使用其居民身份证、军官证、士兵证、港澳居民往来内地通行证、台湾居民来往大陆通行证、护照等身份证明申领信用卡的，或者使用伪造、变造的身份证明申领信用卡的，应当认定为《刑法》第 177 条之一第 1 款第 3 项规定的"使用虚假的身份证明骗领信用卡"。可见，司法解释认为"他人的身份证明"和"伪造、变造的身份证明"都是本情形所指的"虚假身份证明"。对于使用他人的身份证明,上述司法解释增加了"违背他人意愿"的限制性条件,主要考虑到以下两个因素:其一,实践中存在很多授权他人代为办理银行卡、信用卡的情况。例如,有些学校、公司统一为其学生、职工办理的助学金专用卡、工资卡等,甚至还有些公司为他人代办银行卡申领业务等。这类行为虽未事先经过他人同意,但是事后却得到了他人的追认,显然没有违背他人意愿。其二,有些犯罪嫌疑人采用欺骗的方式,大量收购他人身份证用来骗领信用卡,事后辩称经过了他人同意。这类骗取他人"同意"的情形,在实质上仍然违背了他人的意愿。因此,增加违背他人意愿的限制性条件,既可以防止不合理地扩大打击面,又更符合实际情况,便于司法操作。[1]

需要指出的是,我们应该注意妨害信用卡管理罪中"使用虚假的身份证明骗领信用卡的"行为与信用卡诈骗罪中"使用以虚假的身份证明骗领的信用卡的"行为之间的区别。尽管这两种行为在刑法的表述上有许多相同之处,而且两行为之间往往具有极为密切的联系,但它们的内涵并不完全相同。笔者认为,两种行为最主要的区别在于使用行为的对象完全不一样:"使用虚假的身份证明骗领信用卡"行为中使用的对象是虚假的身份证明,而"使用以虚假的身份证明骗领的信用卡"行为中使用的对象则是骗领的信用卡。简言之,前者是指骗领信用卡的行为,后者则是指使用骗领的信用卡的行为。骗领信用卡的行为并不等同于信用卡诈骗。尽管在社会生活中,绝大多数骗领信用卡的人都是为了利用骗领的信用卡来骗取财物,但也存在骗领信用卡是为了出售或转送给他人的情况。

4. 出售、购买、为他人提供伪造的信用卡或者以虚假的身份证明骗领的信用卡行为的认定

根据中国人民银行《关于印发〈信用卡业务管理办法〉的通知》的规定,信用卡仅限于持卡人使用,法律严禁对合法持有的信用卡进行出售、购买或者提供给他人使用。由此分析,出售、购买和为他人提供伪造的信用卡或者以虚假的身份证明骗领的信用卡理应也属于法律禁止的范围。另外,由

---

〔1〕 最高人民法院研究室、最高人民检察院法律政策研究室、中国银联风险管理部编:《银行卡犯罪司法认定和风险防范》,中国人民公安大学出版社 2010 年版,第 41 页。

于现行《刑法》已经明确将伪造信用卡和使用虚假的身份证明骗领信用卡的行为规定为犯罪，因而将出售、购买、为他人提供伪造的信用卡或以虚假的身份证明骗领的信用卡行为规定为犯罪也完全在情理之中。"出售"是指以有偿转让为目的将信用卡卖给他人；"购买"是指通过支付一定代价取得信用卡的所有权，是"出售"的对向行为。行为人购买伪造的信用卡或骗领的信用卡，具有何种目的并不影响本罪的成立。只是如果行为人以使用为目的进行诈骗而收买的，则购买行为与信用卡诈骗罪行为之间形成了牵连关系，应按牵连犯"从一重处断"的原则定罪处罚。"为他人提供"，是指明知是伪造的信用卡或骗领的信用卡而有偿或无偿地供给其他人，如出租、出借、赠送等。为他人提供的行为也可能是有偿的，但是，这里为他人提供的行为不会发生所有权的实质转移，否则就变成了出售行为。

（二）妨害信用卡管理罪的一罪与数罪

从刑法规定来看，妨害信用卡管理罪中的许多行为与伪造、变造金融票证罪以及信用卡诈骗罪等具有密切联系，有些行为是其他犯罪的后续行为或是准备行为，如何正确认定妨害信用卡管理罪的罪数形态，在实践中需要注意以下三个问题：

第一，《刑法》第177条规定的伪造、变造金融票证罪中包含了"伪造信用卡"的行为方式，当行为人伪造信用卡后又有持有、运输，或是出售、提供给他人的行为，此种情况该如何处理呢？行为人对自己伪造的信用卡进行持有、运输或是将其出售、提供给他人，后续行为实际上是伪造行为的目的行为，而伪造行为则是手段行为，而且行为人实施伪造、持有、运输或是出售、提供行为时在主观上都具有一致性。伪造信用卡行为与妨害信用卡管理行为在构成要件上具有一定的包容关系，完全符合刑法理论上的牵连关系，理应按一重罪论处。

第二，《刑法》第196条规定的信用卡诈骗罪与妨害信用卡管理罪也具有密切的联系。二者的区别在于：信用卡诈骗罪打击的重点在于"使用"伪造的或者作废的信用卡、"冒用"他人信用卡的行为；而妨害信用卡管理罪打击的重点在于使用伪造的信用卡、冒用他人的信用卡的预备行为，即行为人还没有开始使用，但已经持有、运输伪造的信用卡，或者已经非法持有他人的信用卡，数量较大的。同样，对于适用虚假身份证明骗领信用卡的，应以妨害信用卡管理罪认定；而骗领之后予以使用的行为，应以信用卡诈骗罪认定。如果行为人以实施信用卡诈骗罪为目的，同时构成妨害信用卡管理的犯罪，应当看作是手段行为与目的行为的牵连，按照牵连犯的处断原则从一重罪处罚。

第三，行为人为了申领多张信用卡套现，往往会通过侵入银行等其他组织的计算机信息系统，从而获得他人的信用卡信息资料，再通过窃取到的信用卡信息资料向银行申领信用卡。行为人的前一窃取行为既触犯了窃取、收买、非法提供信用卡信息罪，又触犯了非法获取计算机信息系统数据罪，一行为触犯了数罪名，按照想象竞合犯的处断原则，应以窃取、收买、非法提供信用卡信息罪论处。后一行为还触犯了妨害信用卡管理罪，前一行为与后一行为构成手段行为与目的行为的牵连关系，按照牵连犯的处断原则，对行为人的行为应从一重罪处罚。

## 第三节 金融管理犯罪的对策

金融管理犯罪的产生是多方面原因的结果，防治金融管理犯罪应坚持综合治理的原则，如完善征信体系等。笔者主要从完善金融管理犯罪的刑事立法、强化应对金融管理犯罪刑事司法功能、推进金融体制改革、加强金融监管、提升社会公众对非法吸收公众存款等犯罪活动的防范意识等角度予以展开。

### 一、完善金融管理犯罪的刑事立法

当前，完善金融管理刑事立法尤其紧迫，盖因高利转贷罪、非法吸收公众存款罪等罪名的制定仍处于我国对金融市场采取严格的计划经济制度时代。1997 年《刑法》至今已有二十多年，我国社会经济取得了重大发展，金融服务市场多元化需求强烈，在此背景下，金融管理的刑事立法和刑事司法应顺时代发展潮流，既要保障金融市场的发展，亦要有效防治金融管理犯罪。①取消高利转贷罪。当前，高利转贷罪的立法目的将越来越难以实现。对此，有学者认为，对于高利转贷的行为完全可以通过民事法律及个人和单位贷款信用体系的完善来处理。如果个人或单位高利转贷给银行造成了损失，可以要求其赔偿损失，并取消此人或该单位再次贷款的资格；没有给银行造成损失的，则取消此人或该单位再次贷款的资格即可。因此，本罪部分内容应当非犯罪化，部分内容可以被吸纳进骗取贷款罪中。[1]②非法吸收公众存款罪的除罪化。当前非法吸收公众存款罪业已成为规制非法集资的口袋罪，长远来看，"打破金融垄断、拓宽民间融资渠道已是大势所趋，该罪退出历史舞台也就成为时代发展的要求。"[2]然而，目前切实可行的是在刑事司法活动坚持宽严相济的刑事政策，限缩本罪的适用，即不应通过本罪过度干预民间融资行为，"作为非法吸收公众存款罪废止前的权宜之计，刑事司法应保持最大限度的克制与节制，即应尽量提高非法吸收公众存款罪的入罪标准并对入罪的行为科处尽量轻缓的刑罚"[3]，当然，这需要通过修订刑法或出台司法解释，方能实现司法实践的统一。③增加妨害信用卡管理罪的单位犯罪主体，考虑到单位实施妨害信用卡管理犯罪的客观事实，今后修法时可以增加本罪单位犯罪主体的规定。

## 二、强化应对金融管理犯罪的刑事司法功能

强化应对金融管理犯罪的刑事司法功能包括两个方面：一方面，对涉互联网金融非法集资犯罪坚持宽严相济的刑事政策。针对涉互联网金融非法集资犯罪，刑法应根据不同情况区分对待：对于体现普惠金融发展方向的互联网金融创新，刑法应严守介入边界；对于以金融创新为名行非法集资之实的"伪互联网金融"，刑法应严厉打击，在罪刑法定原则所允许的限度内，对刑法规范作出合理解释，尽量弥补成文法典自身具有的滞后性，以适应现实的需要。[4]另一方面，强化查办非法集资犯罪案件的合作机制。针对非法集资犯罪案件的跨区域性，应当加强不同地区侦办机关的合作机制、信息共享机制。对此，2017年《关于进一步加强金融审判工作的若干意见》第17条规定，针对非法集资犯罪案件参与人数多、涉案金额大、波及面广、行业和区域相对集中的特点，加强与职能机关、地方政府的信息沟通和协调配合。同时，司法机关处理涉案财物时，要妥善平衡好维护正常经营行为与保护投资人利益

---

〔1〕 刘仁文、陈妍茹："论我国资本刑法的完善"，载《河南社会科学》2017年第5期。
〔2〕 刘仁文、陈妍茹："论我国资本刑法的完善"，载《河南社会科学》2017年第5期。
〔3〕 刘宪权：《金融犯罪刑法学原理》，上海人民出版社2017年版，第562页。
〔4〕 陈晨："发挥刑法规制网络金融犯罪功能作用"，载《检察日报》2016年11月13日，第3版。

之间的关系，依法适用查封、冻结、扣押等措施，依法进行追赃。

### 三、推进金融体制改革、加强金融监管

推进金融体制改革和完善金融监管体系是预防与控制金融管理犯罪的重要举措。从有效防治危害金融机构存贷管理制度犯罪的角度上看，应当加快金融体制改革，加快建设满足实体经济投融资需要的多层次、多元化、互补型金融市场。丰富金融机构体系，积极培育公开透明、健康发展的资本市场，为中小企业融资提供可靠、高效、便捷服务。降低中小企业融资门槛，提供合适的金融产品，解决企业融资难问题，压缩非法集资、非法融资空间。银行等金融部门应为群众提供多元化投资选择，开辟出更多适合普通大众投资新需求的投资理财途径。[1]同时，还要加强金融监管，完善金融服务。例如，针对伪造、变造、转让金融机构经营许可证、批准文件、骗取贷款、票据承兑、金融票证等犯罪活动，需要强化银行等金融机构内控制度，规范业务流程，提升风险防范意识；完善金融机构的信息披露制度，如公开申请设立金融机构的相关条件，缩短设立金融机构的时限，简化不必要的繁琐手续，有利于减少擅自设立金融机构的情形。[2]

### 四、提升社会公众对非法吸收公众存款等犯罪活动的防范意识

实践中，非法集资、擅自设立金融机构等犯罪活动的产生与被害人或投资人的盲目投资有着密切的关系。例如，在一些非法集资犯罪案件中，很多投资人缺乏理性的投资理念，对隐蔽性的犯罪手段认识不足，盲目轻信，致使上当受骗。因此，有关部门应当积极利用电视、广播、网络等各种媒体，采用各种方式进一步提升公民在金融投资时的风险防范意识，尤其是向社会公众告知各种金融管理犯罪，非法吸收公众存款犯罪的危害性以及犯罪手段。由于非法集资犯罪的重点对象是老年人或者农村及边远地区，因此，应着力对老年群体或者农村及边远地区进行大力宣传，普及相关金融法律知识，提升辨识非法吸收公众存款等犯罪活动中隐蔽犯罪手法的能力。

---

〔1〕 赵凡立、张燕：“三项措施防治非法集资”，载《检察日报》2017年6月23日，第3版。
〔2〕 李永升主编：《金融犯罪研究》，中国检察出版社2010年版，第193页。

第六章

# 证券期货犯罪的防治

CHAPTER 6

　　改革开放以来，随着社会主义市场经济的建立与发展，证券、期货以及证券、期货市场与国民经济的发展及社会生活有着越来越紧密的联系。证券、期货交易作为市场经济中的经济运作形式之一，各种交易行为本身都建立了一套相应的交易规则和制度，但由于证券、期货市场固有的高风险性和高盈亏率，任何不规范的交易行为都可能带来巨额的利润，这对冒险者产生了极大的刺激性，以致一些不法分子为牟取暴利，不惜铤而走险，违规操作，严重地损害了市场秩序。可见，有证券期货市场，就不可避免地会出现证券期货犯罪，防治证券期货犯罪就显得极为重要。

## 第一节　证券期货犯罪的特征与原因

　　金融市场不同于商品市场，它的交易对象不是商品或劳务，而是金融商品，亦称金融工具。人们根据金融商品产生的顺序或者相互关系，将金融工具分为基本金融工具和金融衍生工具，前者如股票、债券等；后者如期权、期货等。证券一般是指"有价证券"。当前各国对证券范围的大小不尽相同。在美国，所有证券都代表针对"发行人"的求偿，也就是针对公司、政府或发行证券的其他实体。国债、企业债券、商业票据和其他债务性有价证券构成了发行人的负债。权益证券（任何种类的股票）代表了发行人的所有者权益。[1]德国《证券交易法》将证券统称为金融工具（financial instruments），

---

　　〔1〕　〔美〕理查德·斯考特·卡内尔、乔纳森·R. 梅西、杰弗里·P. 米勒：《美国金融机构法》（上册），高华军译，商务印书馆 2016 年版，第 167 页。

其类型涵盖股票、债券、期货、期权、互换等金融资产或者金融衍生品。[1]
我国《证券法》第 2 条规定："在中华人民共和国境内，股票、公司债券和国
务院依法认定的其他证券的发行和交易，适用本法；本法未规定的，适用
《中华人民共和国公司法》和其他法律、行政法规的规定。政府债券、证券投
资基金份额的上市交易，适用本法；其他法律、行政法规另有规定的，适用
其规定。证券衍生品种发行、交易的管理办法，由国务院依照本法的原则规
定。"本条规定并未对证券予以明确界定。质言之，狭义上的证券与期货为两
种金融工具，有共同之处，但区别也较为明显，前者一般是指为资产的所有
权凭证，后者则为证券衍生品。[2]在证券市场上，所有的证券交易必须转移
证券所有权；在期货市场上，绝大多数期货交易不必转移期货合约标的的所
有权。[3]证券期货犯罪，是指行为人违反证券期货法律、法规，在证券期货
发行、交易或其他相关活动中，实施破坏证券期货市场秩序，依照刑法应受
刑罚处罚的行为。从证券期货犯罪的发生环节看，证券期货犯罪主要发生在
发行市场（一级市场）和交易市场（二级市场）中。我国《刑法》是将期货
置于证券之后，进行统一规定，但这种立法模式并不能否定期货犯罪的一些
特殊性。本质上，证券期货犯罪是对权力、财富、信息等资源优势的滥用。
根据我国现行《刑法》的规定，证券期货犯罪包括的罪名主要有：伪造、变
造股票、公司、企业债券罪；擅自发行股票、公司、企业债券罪；内幕交易、
泄露内幕信息罪；利用未公开信息交易罪；编造并传播证券、期货交易虚假
信息罪；诱骗投资者买卖证券、期货合约罪和操纵证券、期货市场罪。

## 一、证券期货犯罪的状况与特征

当前，我国资本市场发展快速，其在国民经济中的地位与功能日益凸显。
证券期货犯罪在整个经济犯罪中的比重并不是很大，然而一些证券期货犯罪

---

〔1〕　参见刘宪权、谢杰：《证券期货犯罪刑法理论与实务》，上海人民出版社 2012 年版，第 3 页。

〔2〕　根据《期货交易管理条例》第 2 条第 3、4 款的规定，期货合约，是指期货交易场所统一制定
的、规定在将来某一特定的时间和地点交割一定数量标的物的标准化合约。期货合约包括商品期货合约和
金融期货合约及其他期货合约。期权合约，是指期货交易场所统一制定的、规定买方有权在将来某一时间
以特定价格买入或者卖出约定标的物（包括期货合约）的标准化合约。

〔3〕　刘宪权、谢杰：《证券期货犯罪刑法理论与实务》，上海人民出版社 2012 年版，第 10 页。

涉案金额大，侵害到众多投资者利益，严重危害到证券期货市场的正常秩序，甚至并危及资本市场秩序和国家金融安全，"证券犯罪最大的危害就是影响社会资源乃至公共资源的分配，使优势资源之间产生高度的相关性，也就是说拥有资源优势的人将越来越有优势，从而导致社会严重分化。其对社会的影响是潜在的、深层次的，渗透到社会生活的各个方面。"[1]可见，在开放性的证券期货市场中，证券期货犯罪的社会危害性往往是巨大的。

（一）证券期货犯罪的现状

2000 年以前，全国查处的证券期货犯罪案件较少，只有一些个案引人关注。2000 年以后，证券期货犯罪案件数量开始增加。2002～2010 年，公安部经济犯罪侦查局直接侦办或组织各地公安机关侦办证券期货犯罪大案、要案150 余起，涉案金额累计超过 2000 亿元，挽回经济损失超过 300 亿元。[2]2007～2010 年，全国检察机关公诉部门受理的擅自发行股票案、内幕交易、泄露内幕信息案、诱骗投资者买卖证券、期货合约案、操纵证券、期货市场案合计 60 余件。[3]仅 2012 年，全国公安机关查处非法证券期货活动类案件达 2500 余起，涉案金额超过 80 亿元，涉及投资者 10 余万人。[4]2015～2016年，证监会累计向公安机关移送证券期货涉嫌犯罪案件及线索共 159 起，超过此前 3 年移送数量的总和。其中，2016 年 1～10 月，案件移送数量达 47 起，比去年同期增长 34%。[5]可见，证券期货犯罪数量整体呈上升趋势。同时，证券期货犯罪涉案金额巨大。2017 年内幕交易平均案值超过 3000 万元，7%的案件涉案金额突破亿元，超过 70%的内幕交易获利，最高收益 4000 余万元。从内幕信息看，并购重组仍是内幕交易重灾区，利用高送转、重大亏损

---

〔1〕 参见张东臣："证券犯罪惩戒应坚持'严而不厉'——访北京大学法学院白建军教授"，载《中国经济时报》2005 年 9 月 14 日，第 4 版。

〔2〕 参见仇海琼："九年挽回经济损失超 300 亿元"，载《人民公安报》2010 年 11 月 26 日，第 4 版。

〔3〕 参见侯亚辉、李莹："新型证券、期货犯罪若干问题"，载《国家检察官学院学报》2010 年第 1 期。

〔4〕 参见"重击证券期货犯罪：守护资本市场的安全健康发展"，载《人民公安报》2013 年 1 月 31 日，第 5 版。

〔5〕 参见刘国锋："证监会严打证券期货违法犯罪活动"，载《中国证券报》2016 年 12 月 27 日，第 A1 版。

等业绩类信息从事非法交易的案件多发。[1]例如，在"徐翔案"中，徐翔等人通过操纵 13 只股票交易，实际非法获利达 93.38 亿元。

（二）证券期货犯罪的特征

近年来，我国证券期货犯罪日趋复杂、隐蔽，并呈现出一些新的发展趋势，具体而言，证券期货犯罪的主要特征如下：

1. 证券期货犯罪案件类型相对集中

证券期货犯罪案件主要集中在内幕交易、泄露内幕信息罪和操纵证券、期货市场罪。[2]内幕交易、泄露内幕信息犯罪被称为证券市场上的"盗窃"行为。据统计，自 2004～2011 年，公安部直接侦办和组织地方公安机关查处的内幕交易、泄露内幕信息大案要案总计 50 起，涉案金额超过 45 亿元，查实非法获利高达 22 亿余元，抓获犯罪嫌疑人 90 余名。[3]截至 2011 年底，全国法院审结内幕交易、泄露内幕信息犯罪案件共 20 余件，其中 2007 年 1 件、2008 年 1 件、2009 年 4 件、2010 年 5 件、2011 年 11 件。[4]2017 年上半年证监会启动初步调查和立案调查 302 起，新增重大案件 70 起，同比增长 1 倍以上；新增涉外案件 97 起，同比增长 27%。稽查部门调查终结立案案件 118 起，其中移送公安机关 19 起；从案件类型看，内幕交易、信披违法及操纵市场案件占全部案件数量 76%。[5]需要指出的是，一些证券期货犯罪较为复杂，常常各种犯罪相互交织。

2. 证券期货犯罪具有智能性、专业性、职业性、手段多样性的特征

证券期货犯罪具有智能性、专业性、职业性的特征，因此，证券期货犯罪也被称为"白领犯罪"。白建军教授认为，只有白领阶层才有条件利用所拥有的资源优势去实施内幕交易、操纵市场、欺诈客户等行为，而普通的社会

---

〔1〕　参见朱宝琛："去年新增内幕交易立案 101 件　7% 的案件涉案金额破亿元"，载《证券日报》2018 年 1 月 22 日，第 A2 版。

〔2〕　随着证券、期货市场交易活动的无纸化，伪造、变造股票、公司、企业债券等犯罪活动已不多见。

〔3〕　参见朱宝琛："公安部：将建立证券期货犯罪侦查人才库"，载《证券日报》2011 年 12 月 28 日，第 A2 版。

〔4〕　参见打击证券期货违法犯罪专题工作组编：《证券期货违法犯罪案件办理指南》，北京大学出版社 2010 年版，第 6 页。

〔5〕　参见李丹丹："证监会：上半年内幕交易案件最多"，载《上海证券报》2017 年 7 月 8 日，第 3 版。

成员，一不是内幕人员、二无足够的资金实力、三无客户可欺。[1]实践中，实施证券期货犯罪的行为人大多为从业机构或相关人员，大多数行为人具有较高的智力，能够掌握或了解证券、期货、法律、会计等方面的相关知识，他们熟知资本市场的运行规则，具有丰富的从业经验，专业能力较强，他们在实施证券期货犯罪时往往有计划、有预谋，且善于利用互联网等工具。在一些内幕交易、泄露内幕信息等犯罪活动中，行为人往往为上市公司董事、高管人员，他们利用职务之便实施犯罪。同时，证券期货的发行与交易既是复杂的经济行为，也是繁复的法律行为。因此，证券期货犯罪手段往往复杂多样、隐蔽性强。例如，上市公司相关人员与私募机构配合，以市值管理名义操控信息披露节奏，利用信息优势操纵市场。新业务、新工具、新技术与传统违法手法相结合，利用高频程序化交易破坏市场公平。一些金融违法犯罪者还利用新媒体编造传播虚假信息，从事"抢帽子"操纵。[2]

3. 证券期货犯罪多数表现为共同犯罪或者单位犯罪

实践中，行为人往往共同实施内幕交易、泄露内幕信息、操纵证券、期货市场等犯罪活动。究其原因，证券市场活动极具专业性，其运作方式远比其他市场复杂，对参与人的专业知识、技术能力和职业经验有较高要求，这决定了证券犯罪更多地要依赖犯罪人的集体策划、分工合作、多人操作才有可能成功；同时证券的发行、上市与交易，证券信息的制作和披露，中介机构的评估、审计、证明，监管机构的核准和日常监管等环节是不可缺少的，也是有机有序的整体，此行为和彼行为之间往往具有强制性的联系，仅依靠其中的某一环节很难实施证券犯罪。[3]可见，证券期货的发行与交易涉及诸多环节，仅凭单个行为人所具备的能力、专业知识和资源往往无法实施证券期货犯罪，势必以共同犯罪或者单位犯罪的形式出现，只有各个环节的行为人相互勾结，才能完成证券期货犯罪。例如，一起操纵证券市场案，需有专门策划人员、筹集资金人员、专业下单人员、消息打探者、市场放风者以及

---

[1] 白建军："资源优势的滥用与证券犯罪"，载《法学》1996 年第 3 期。

[2] 刘国锋："证监会严打证券期货违法犯罪活动"，载《中国证券报》2016 年 12 月 27 日，第 A1 版。

[3] 汪明亮："证券犯罪刑事政策的价值追求和现实选择——'牛市内幕交易第一案'杭萧钢构案引发的思考"，载《政治与法律》2008 年第 6 期。

证券公司从业人员、资金提供者等人的积极配合，有时还要求他人"锁仓"一段时间，有些人员甚至明知他人在从事操纵某只股票，大举资金入市"跟庄"。又如，一起内幕交易案，直接实施交易的往往不是内幕知情人，内幕知情人通常借用他人账户，明示或暗示他人在合适试点进行交易。[1]证监会有关部门人士指出，金融资管领域利用未公开信息交易（俗称"老鼠仓"）多发高发。2016 年 1~10 月，移送"老鼠仓"案件占比达到 50%，案发领域由公募基金向券商、保险和银行等资管行业蔓延，从业人员共同犯罪、公募和私募内外勾连苗头出现。[2]

4. 证券期货犯罪"黑数"问题严重

证券期货犯罪的查办难度较大，从另一个角度上说，证券期货犯罪"黑数"问题严重。"长期以来，证券犯罪存在较大的犯罪黑数，即人们感知的证券违法犯罪行为很多，而真正进入刑事司法程序且被治罪的证券犯罪案例少之又少。"[3]白建军等学者曾对近 300 家上市公司和 200 多家证券公司进行了问卷调查，他们发现，证券市场中违法违规行为的"暗数"是相当大的，其中来自上市公司的被调查者对"暗数"估计的平均数值约为 50%，证券公司对"暗数"估计的平均值约为 70%。[4]据统计，2008~2012 年，证监会共新增案件调查 1458 起，移送公安机关案件 125 起。[5]2008 年初至 2011 年底，证监会获取内幕交易线索的案件有 426 件，而真正立案调查的只有 153 件。2008 年公安机关查办的经济犯罪案件共 8.35 万件，但由中国证监会移送公安机关的证券期货犯罪案件仅 10 余件。[6]2017 年证监会全年办结立案案件 335

---

〔1〕 王崇青：《全流通时代的证券犯罪问题研究》，中国人民公安大学出版社 2014 年版，第 18~19 页。

〔2〕 刘国锋："证监会严打证券期货违法犯罪活动"，载《中国证券报》2016 年 12 月 27 日，第 A1 版。

〔3〕 曹坚："首部证券犯罪司法解释的刑事指导意义"，载《上海金融报》2012 年 6 月 12 日，第 A13 版。

〔4〕 参见张东臣："证券犯罪惩戒应坚持'严而不厉'——访北京大学法学院白建军教授"，载《中国经济时报》2005 年 9 月 14 日，第 4 版。

〔5〕 参见皮海洲："执法从严打击证券犯罪"，载《证券时报》2013 年 2 月 4 日，第 A3 版。

〔6〕 打击证券期货违法犯罪专题工作组编：《证券期货违法犯罪案件办理指南》，北京大学出版社 2014 年版，第 6 页。

件，其中 31 起案件移送公安机关追究刑事责任。[1]证监会主席肖钢曾称，"每年平均移送涉刑案件 30 多件，最终不了了之的超过一半。"[2]尤其在互联网金融背景下，办案人员在收集、固定证据方面遇到了较大的挑战，增加了查办证券期货犯罪的难度，证券期货犯罪实发案件数量与查办的案件数量存在不小的落差。

## 二、证券期货犯罪的原因

证券期货犯罪产生的原因是多方面，它是各种因素相互作用的产物。股市动荡、金融危机与证券期货犯罪也成正向关系。学界与实务界对证券期货犯罪的原因进行了广泛的探讨，如从个体主观原因（图利目的）、社会原因（重利轻义的观念）和客观原因（有关法律制度的不完善）进行分析，[3]从一般性原因（心理原因、社会原因等）、特殊原因（股权结构不合理等）和制度性原因（相关法律规范的滞后性）展开讨论等。[4]笔者主要从刑事立法、刑事司法、金融监管、市场诚信、犯罪人与被害人等角度予以分析。

（一）刑事立法原因

证券期货市场的出现，才会产生证券期货犯罪，进而通过刑法予以规制。1979 年《刑法》并没有专门规定证券、期货犯罪，因为当时我国并未形成证券市场。1990 年上海证券交易所和深圳证券交易所分别设立，证券市场开始发展起来，"我国由计划经济向市场经济转变过程中，随着证券市场的逐步形成，出现了严重干扰证券交易正常秩序的行为，由于相关法律尚未出台，这些严重的社会危险行为还不是刑法上犯罪"[5]。1993 年《公司法》开始以附属刑法的方式对证券犯罪予以规定。[6]1997 年《刑法》对证券期货犯罪予以了专门规定。此后多个刑法修正案完善了证券期货犯罪的规定，其中主要内

〔1〕 "证监会 2017 年稽查执法工作情况通报"，载中国证监会网站，http://www.csrc.gov.cn/pub/newsite/jcj/gzdt/201801/t20180129_333322.html，2018 年 2 月 26 日访问。

〔2〕 参见张炜："严打证券犯罪须完善法律"，载《中国经济时报》2014 年 11 月 4 日，第 A03 版。

〔3〕 参见刘宪权："证券、期货犯罪的成因及防范透视"，载《犯罪研究》2004 年第 2 期。

〔4〕 参见李永升主编：《金融犯罪研究》，中国检察出版社 2010 年版，第 294~303 页。

〔5〕 许章润主编：《犯罪学》，法律出版社 2016 年版，第 4 页。

〔6〕 应该说，当前我国证券期货犯罪主要采取"以刑法典为主、附属刑法为辅"的模式。

容包括：①关于内幕交易、泄露内幕信息罪，《刑法修正案》第 4 条对《刑法》第 180 条予以了修正，将内幕交易、泄露内幕信息罪扩大至期货市场；《刑法修正案〔七〕》第 2 条第 1 款增加了对证券、期货市场中明示、暗示他人从事交易活动的惩治。②关于利用未公开信息交易罪，《刑法修正案（七）》第 2 条第 2 款增设本罪，本罪名的增设对于惩治"老鼠仓"犯罪提供了法律保障。[1]③关于编造并传播证券、期货交易虚假信息罪，《刑法修正案》第 5 对《刑法》第 181 条第 1 款进行了修正，增加了对期货市场编造并传播虚假信息行为的惩治，罪名改为编造并传播证券、期货交易虚假信息罪。④关于诱骗投资者买卖证券、期货合约罪，《刑法修正案》第 5 条第 2 款将诱骗投资者买卖证券罪的对象扩大到期货，罪名改为诱骗投资者买卖证券、期货合约罪。⑤关于操纵证券、期货市场罪，《刑法修正案》第 6 条将操纵证券市场罪的对象扩大到期货，罪名改为操纵证券、期货交易价格罪，《刑法修正案（六）》第 11 条又将罪名改为操纵证券、期货市场罪，增加了"情节特别严重的，处 5 年以上 10 年以下有期徒刑，并处罚金"的规定，并将单位犯罪中主管人员和其他直接责任人员的法定刑，修改为按照自然人犯操纵证券、期货市场罪的法定刑处罚等。[2]总体而言，我国证券期货犯罪的刑事立法较为完善，但是，随着证券期货市场的发展，近年来证券期货刑事立法也呈现出滞后性或不完善性，这阻碍了对证券期货犯罪的有效惩治。

1. 《刑法》规定与证券期货法律、法规不协调

证券期货犯罪属于法定犯，具有"二次违法性"的特征。我国《证券法》第 231 条规定："违反本法规定，构成犯罪的，依法追究刑事责任"，《期

---

〔1〕《刑法修正案（七）草案全文及说明》指出，《刑法》第 180 条对利用证券、期货交易的内幕信息从事内幕交易的犯罪及刑事责任做了规定。有些全国人大代表和中国证监会提出，一些证券投资基金管理公司、证券公司等金融机构的从业人员，利用其因职务便利知悉的法定内幕信息以外的其他未公开的经营信息，如本单位受托管理资金的交易信息等，违反规定从事相关交易活动，牟取非法利益或者转嫁风险。这种被称为"老鼠仓"的行为，严重破坏金融管理秩序，损害公众投资者利益，应当作为犯罪追究刑事责任。参见"《刑法修正案（七）》草案全文及说明"，载中国人大网，http://www.npc.gov.cn/huiyi/lfzt/xfq/2008-08/29/content_1447399.htm，2018 年 2 月 19 日访问。

〔2〕当前多数国家和地区不是在刑法典中规定证券、期货犯罪的，而是将其规定在证券、期货交易法等金融法律法规中；证券、期货犯罪的刑事立法体现了此类犯罪的"行政犯"特征。同时，证券、期货犯罪的罪名相对集中于内幕交易、操纵市场行情与违规行为上；对证券犯罪的处罚基本倾向于轻刑化。参见顾肖荣等：《当前金融犯罪新问题研究》，黑龙江人民出版社 2008 年版，第 92 页。

货交易管理条例》第 79 条规定："违反本条例规定，构成犯罪的，依法追究刑事责任。"因此，有关证券期货的行政法规与《刑法》规定应当协调一致，才能有效地惩治犯罪，但是，《刑法》中并没有与此一一对应的规定。一方面，证券期货法律法规规定的法律责任，《刑法》中没有对应条款。例如，《证券法》第 190 条规定"证券公司承销或者代理买卖未经核准擅自公开发行的证券的"，若该行为"构成犯罪的，依法追究刑事责任"，但《刑法》没有相应的规定。《期货交易管理条例》第 67 条规定"向客户作获利保证或者不按照规定向客户出示风险说明书的"欺诈客户行为，若该行为"构成犯罪的，依法追究刑事责任"，但《刑法》也没有相应的规定。另一方面，证券期货法律法规的规定与《刑法》规定不一致。例如，关于诱骗投资者买卖证券、期货合约罪，《证券法》第 200 条规定的主体为"证券交易所、证券公司、证券登记结算机构、证券服务机构的从业人员或者证券业协会的工作人员"，《刑法》第 181 条第 2 款规定的主体为"证券交易所、期货交易所、证券公司、期货经纪公司的从业人员，证券业协会、期货业协会或者证券期货监督管理部门的工作人员"，两部法律关于行为主体的规定并不一致。《证券法》第 206 条规定，"扰乱证券市场的，由证券监督管理机构责令改正，没收违法所得，并处以违法所得 1 倍以上 5 倍以下的罚款"，而《刑法》第 181 条第 1 款规定，犯编造并传播证券、期货交易虚假信息罪的，"处 5 年以下有期徒刑或者拘役，并处或者单处 1 万元以上 10 万元以下罚金"，"证券、期货犯罪对社会的危害要远远大于证券、期货行政违法行为对社会的危害，这种罚金数额与罚款数额倒挂的现象显然与刑法基本理论相违背，不符合罪责刑相适应的原则"。[1]行政罚款与罚金刑如何进行配置和协调是亟待解决的问题，"行政处罚与刑罚的衔接问题，长期困扰着证券监管机关"[2]。

2. 证券期货犯罪的刑罚威慑力不足

贝卡里亚指出："犯罪对公共利益的危害越大，促使人们犯罪的力量越强，制止人们犯罪的手段就应该越强有力。这需要刑罚与犯罪相对称。"[3]近年来，不少学者认为证券期货犯罪的惩罚成本与犯罪获利相比，惩罚成本太

〔1〕 刘宪权：《金融犯罪刑法学原理》，上海人民出版社 2017 年版，第 79 页。

〔2〕 张红：《证券行政法专论》，中国政法大学出版社 2017 年版，第 159 页。

〔3〕 ［意］切萨雷·贝卡里亚：《论犯罪与刑罚》，黄风译，商务印书出版社 2017 年版，第 69 页。

低。根据《刑法》第 179 条的规定，犯擅自发行股票、公司、企业债券罪，"处 5 年以下有期徒刑或者拘役，并处或者单处非法募集资金金额 1% 以上 5% 以下罚金"，犯本罪罚金最高比例为"5%"，"这种数额或比例偏低的相对定额制罚金刑，与证券犯罪行为人通过犯罪造成的经济损失或其所获巨额利益相比，处罚力度明显不足，实际上降低了犯罪的风险和成本"。[1] 根据《刑法》第 181 条第 1 款的规定，犯编造并传播证券、期货交易虚假信息罪，"处 5 年以下有期徒刑或者拘役，并处或者单处 1 万元以上 10 万元以下罚金"，编造并传播证券、期货交易虚假信息罪的法定刑的威慑力已经比较有限，相对于动辄数亿、数十亿元的期货犯罪而言，其威慑力则是微乎其微。[2] 内幕交易、泄露内幕信息罪也存在违法成本小、非法获利大的问题。近年来，全球主要经济体都加重了对内幕交易处罚的力度（包括刑罚）。根据美国《证券安全法》，内幕交易可构成证券欺诈罪，量刑可达 20 年监禁，以及巨额罚款。如对冲基金 SAC 的 CEO 就因内幕交易被判罚 930 万美元以及 9 年监禁。帆船集团案中的集团创始人更被处以 6380 万美元的罚款以及 11 年的监禁。[3] 因此，证券期货犯罪处罚力度不大，是行为人铤而走险实施证券期货犯罪的重要原因。

3. 证券期货犯罪的刑法规定不完善

例如，期货交易能进行"以小博大"和买空卖空，所涉及的数额往往巨大，为证券犯罪无法相比，因而期货犯罪对于市场的破坏，无论在数量上还是范围上均可能大于证券犯罪。由于在同样的数额下证券犯罪与期货犯罪所造成的社会危害性是不一样的，如果对于金融犯罪的认定和处理采用同一数额标准，完全可能出现对证券犯罪处罚重于对期货犯罪处罚的情况。[4] 又如，在证券期货犯罪中，单位犯罪占有较大比重，单位犯罪通常比自然人犯罪的危害性更大，但我国《刑法》对证券期货犯罪中的单位犯罪和自然人犯罪的定罪量刑数额并未进行区分，并且《刑法》对擅自发行股票、公司、企业债

---

〔1〕　齐文远、李江："论《刑法修正案（九）》中的'从业禁止'制度——以证券犯罪为考察视角"，载《法学论坛》2017 年第 5 期。

〔2〕　刘宪权：《金融犯罪刑法学原理》，上海人民出版社 2017 年版，第 74 页。

〔3〕　安宁："严查严罚内幕交易　尚需完善相关法律条款"，载《证券日报》2017 年 9 月 5 日，第 A1 版。

〔4〕　刘宪权：《金融犯罪刑法学原理》，上海人民出版社 2017 年版，第 131 页。

券罪，内幕交易、泄露内幕信息罪，编造并传播证券、期货交易虚假信息罪和诱骗投资者买卖证券、期货合约罪中单位犯罪的罚金刑规定不明确。再如，《刑法》第180条第4款没有规定利用未公开信息交易罪的单位犯罪主体，实践中，亦有单位实施利用未公开信息交易犯罪。

### （二）刑事司法原因

当前，应对证券期货犯罪的刑事司法面临着诸多困境。证券期货犯罪趋于复杂和隐蔽，办理证券期货犯罪面临取证难、固定证据难、法律适用难、办案成本高等问题。而且，查处证券期货犯罪有时受到地方保护主义的干扰，例如证券期货犯罪主体为上市公司，有些上市公司与当地经济发展密切相关，甚至是地方财政收入的重要来源，对此类犯罪主体的查办容易受到地方保护主义的影响。证券市场在政府干预下不仅难以对绩差上市公司行使"退出"的惩罚权力，而且出于"救市"需要，往往对一些证券犯罪行为予以包容、庇护。[1]同时，证券期货犯罪投资人、受害人分散，也加大了查处难度。证券期货犯罪行为发生后，对其他投资者的利益肯定是有损害的，但不像普通刑事犯罪案件那样直接、直观。由于证券投资者的分散性，使得证券违法犯罪行为发生后，很难统计实际的受害者。[2]在笔者看来，应对证券期货犯罪的刑事司法所面临的困境，归根结底是未能有效解决两个方面的问题。一方面，证券行政执法与刑事执法衔接机制不够顺畅。目前，我国证券执法与刑事司法衔接过程中主要存在有案难移、有案不移、以罚代刑等问题。实践中，查办证券犯罪传统模式一般为行政稽查部门将线索移送经侦部门，犯罪线索来源渠道单一，由于刑事司法部门介入滞后，也给犯罪嫌疑人串供、毁灭或伪造关联证据、转移、隐匿资金提供了充足时间，甚至导致犯罪嫌疑人潜逃境外。例如，2016年5月至9月间，某地公安经侦部门接受证监部门移送的3起案件中，主要犯罪嫌疑人均已潜逃境外。[3]另一方面，办理证券期货案件的专业化程度仍不够高。证券犯罪之所以称为"白领犯罪"，因为其具有专业

---

〔1〕 汪保康、邱庆峰："试论我国遏制证券犯罪的司法介入"，载《南京政治学院学报》2010年第3期。

〔2〕 打击证券期货违法犯罪专题工作组编：《证券期货违法犯罪案件办理指南》，北京大学出版社2014年版，第163页。

〔3〕 曹奇珉、焦瑞波："涉上市公司类证券犯罪案件刑事规制现状及对策建议"，载《上海公安高等专科学校学报》2017年第2期。

化、职业化、智能化的特征，办案人员如果没有受过专业训练、具备相关专业知识，在办理证券期货犯罪时，会面临许多障碍，势必无法有效办理证券期货犯罪。

（三）金融监管原因

目前证券监管领域存在诸多问题。例如，信息披露是证券发行和交易活动中的重要制度，从 2000 年 1 月至 2014 年 3 月，证监会制定的信息披露规则有 100 部，证监会直接控制的交易所又制定了上百部规则。但其中有诸多问题：形式上的问题包括规范性文件号码编排不合理、设计不科学、使用不严谨；实质上的问题有政府主导性、干涉性过强，交易所未能根据实际灵活处理，导致披露义务人疲于作形式应付，主动披露意愿低，披露要求具有宽泛性和空泛性等。[1]又如，证券市场主要为发行市场和交易市场，与之相对应的是事前监管与事后监管。但是，我国证券监管事前管制琐碎，未能防止弊案丛生；事后执法力度和明晰度不足。如在弊案连连的证券市场中，竟然多年操纵市场、内幕交易的执法数量为 0 或者 1，这显然不是"天下太平"所致；尽管信息披露违法的处罚在技术上难度不大，其执法数量也不令人满意。[2]事实上，证券监管不力并非出于监管权薄弱，"我国证券监管机构集规则制定权、行政裁决权、准司法权等权力于一身，监管手段具有涉及面广、作用不一、程序各异等特点。"[3]可见，证券期货犯罪产生的一个重要原因是相关监管不力。

（四）市场诚信原因

市场经济是法制经济，也可以说是诚信经济。在证券期货市场中，存在伦理下滑、道德失范、诚信缺失的问题，尤其相关法律法规的滞后，导致诚信文化缺失的负面效应被进一步放大。有学者指出，我国证券市场和金融市场二十多年来的发展过于迅速，法律法规等正式制度性安排勉强跟上，但非正式的制度性安排却跟不上，特别是契约精神、诚信原则和股权至上等核心制度因素没有被企业家和投资者普遍接受，也没有被社会广泛认同。因此，

---

〔1〕参见郑彧："我国证券市场信息披露制度的法律分析"，载黄红元、徐明主编：《证券法苑》（第 13 卷），法律出版社 2014 年版。

〔2〕缪因知：《中国证券法律实施机制研究》，北京大学出版社 2017 年版，第 86 页。

〔3〕张红：《证券行政法专论》，中国政法大学出版社 2017 年版，第 99 页。

出现了许多不规范的行为和违法行为。[1]很多会计、律师、资产评估师等中介机构置职业道德、法律以及投资者的信任于不顾，帮助上市公司弄虚作假；有的上市公司高管人员置信誉于不顾，疯狂制造虚假信息和从事内幕交易，大肆进行圈钱、骗钱的罪恶勾当。[2]特别是部分证券中介机构从业人员丧失职业操守，非法从事内幕交易、泄露内幕信息活动，严重损害了市场诚信。[3]当前，利用未公开信息交易（如"老鼠仓"）、操纵证券市场（如"抢帽子交易"[4]）等犯罪活动中，最能体现诚信文化的缺失。因为，无论是"老鼠仓"，还是"抢帽子交易"，都是一种背信行为，违背了证券市场中的诚信原则。由于我国证券市场诚信文化尚未普遍建立起来，这成为证券期货犯罪多发的重要原因。

（五）犯罪人与被害人原因

证券期货市场具有收益性和风险性，一些人为了追求财富却不惜采用违法犯罪手段，他们不通过"正常途径作为自己在证券、期货市场上获利手段，相反采用漠视证券、期货市场上的社会利益或者他人利益，蔑视证券、期货市场上的社会行为规范甚至法律规范等态度，用各种各样的违法手段来满足自己毫无节制的欲望"[5]。可以说，贪利性是一些行为人实施证券期货犯罪的重要犯罪动机。同时，证券期货犯罪主体往往是资源优势者，他们不同于传统暴力犯罪者，一般具有一定的社会地位，这也导致社会对证券期货违法犯罪者的否定性评价相对较弱，而且人们对证券期货犯罪的危害性认识也不足，容忍度较高，这在一定程度上也不利于对证券期货的预防与控制。

证券市场具有极大的风险性，所谓"十投九亏"，投资人需要理性投资。然而，很多投资人为了追求高额利润，将证券市场变为了投机市场。事实上，

---

〔1〕 顾肖荣、陈玲："惩治证券犯罪效果的反思与优化"，载《法学》2012年第10期。

〔2〕 胡学相、张鹏："中国证券犯罪的立法完善与司法对策"，载《广东金融学院学报》2011年第2期。

〔3〕 "重击证券期货犯罪：守护资本市场的安全健康发展"，载《人民公安报》2013年1月31日，第5版。

〔4〕 2007年中国证券监督管理委员会关于印发《证券市场操纵行为认定指引（试行）》第35条规定："本指引所称抢帽子交易操纵，是指证券公司、证券咨询机构、专业中介机构及其工作人员，买卖或者持有相关证券，并对该证券或其发行人、上市公司公开做出评价、预测或者投资建议，以便通过期待的市场波动取得经济利益的行为。"

〔5〕 刘宪权："证券、期货犯罪的成因及防范透视"，载《犯罪研究》2004年第2期。

每一次上市公司弄虚作假都或多或少与投资者的投机、赌博心理有关，业余投资者对股票收益的过高预期息息相关，这些非理性的投机与博弈心理对诸多证券犯罪的形成起了推波助澜的作用。[1] 从被害人来看，被害人具有无意识性和不特定性。虽然犯罪分子实施了犯罪行为，但被害人当时一般没有被害意识，只有当案件东窗事发时，才能得知权益受到了侵害；与普通刑事犯罪不同，此类案件中犯罪分子没有明确的侵害对象，主要针对不特定投资人的权益，大多数案件属于涉众型经济犯罪案件，受害人是不特定的多数人。[2] 这导致证券期货犯罪即使案发，也不易查办，进而成为证券期货犯罪高发的原因之一。

## 第二节 证券期货犯罪的司法适用

在学界和司法实务界，对证券期货犯罪司法适用探讨较为的罪名包括内幕交易、泄露内幕信息罪、利用未公开信息交易罪、编造并传播证券、期货交易虚假信息罪、诱骗投资者买卖证券、期货合约罪和操纵证券、期货市场罪。

### 一、内幕交易、泄露内幕信息罪的司法认定

根据《刑法》第180条的规定，内幕交易、泄露内幕信息罪，是指证券、期货交易内幕信息的知情人员或者非法获取证券、期货交易内幕信息的人员，在涉及证券的发行，证券、期货交易或者其他对证券、期货交易价格有重大影响的信息尚未公开前，买入或者卖出该证券，或者从事与该内幕信息有关的期货交易，或者泄露该信息，或者明示、暗示他人从事上述交易活动，情节严重的行为。内幕信息、知情人员的范围，依照法律、行政法规的规定确定。内幕交易违法犯罪行为实质上是利用内幕情况变为公开信息的时间差，进行证券、期货交易以牟取暴利的行为。

---

〔1〕 胡学相、张鹏："中国证券犯罪的立法完善与司法对策"，载《广东金融学院学报》2011年第2期。

〔2〕 侯亚辉、李莹："新型证券、期货犯罪若干问题"，载《国家检察官学院学报》2010年第1期。

（一）内幕交易、泄露内幕信息罪客观方面的认定

1. "内幕信息"的认定

禁止内幕交易并不意味着禁止内幕人员进行任何有关证券、期货交易，只有在利用内幕信息的情况下，进行证券、期货交易或者泄露内幕信息，才能构成内幕交易、泄露内幕信息罪。因此，对内幕信息的正确界定是适用该罪名的重要前提。我国《证券法》第75条规定，证券交易活动中，涉及公司的经营、财务或者对该公司证券的市场价格有重大影响的尚未公开的信息，为内幕信息。下列信息皆属内幕信息：①本法第67条第2款所列重大事件；②公司分配股利或者增资的计划；③公司股权结构的重大变化；④公司债务担保的重大变更；⑤公司营业用主要资产的抵押、出售或者报废一次超过该资产的30%；⑥公司的董事、监事、高级管理人员的行为可能依法承担重大损害赔偿责任；⑦上市公司收购的有关方案；⑧国务院证券监督管理机构认定的对证券交易价格有显著影响的其他重要信息。其中，《证券法》第67条第2款所列的重大事件是指：①公司的经营方针和经营范围的重大变化；②公司的重大投资行为和重大的购置财产的决定；③公司订立重要合同，可能对公司的资产、负债、权益和经营成果产生重要影响；④公司发生重大债务和未能清偿到期重大债务的违约情况；⑤公司发生重大亏损或者重大损失；⑥公司生产经营的外部条件发生的重大变化；⑦公司的董事、1/3以上监事或者经理发生变动；⑧持有公司5%以上股份的股东或者实际控制人，其持有股份或者控制公司的情况发生较大变化；⑨公司减资、合并、分立、解散及申请破产的决定；⑩涉及公司的重大诉讼，股东大会、董事会决议被依法撤销或者宣告无效；⑪公司涉嫌犯罪被司法机关立案调查，公司董事、监事、高级管理人员涉嫌犯罪被司法机关采取强制措施；⑫国务院证券监督管理机构规定的其他事项。上述内幕信息要成为刑法规制的内幕交易行为中的内幕信息必须同时具备两个特征。

（1）秘密性，是指该信息尚未公开，尚未为证券、期货市场上的有关证券、期货投资者所获悉。任何信息一旦被公开披露，便由内幕走向公开，内幕人员利用这种信息进行证券、期货交易就成为法律所容许的行为。因此，明确一个信息是否属于未公开的信息就成为界定内幕信息的关键所在。要确定一项信息具有秘密性，实际上就是要判断该信息"尚未公开"。对此，实践

中一般认为，信息公开的标准有三个：一是在全国性的新闻媒介上公布该信息；二是通过新闻发布会公布信息；三是市场消化了该信息，即市场对该信息已做出反应。[1]前两种方式为形式标准，后一种方式为实质性标准。我国《证券法》第70条明文规定："依法必须披露的信息，应当在国务院证券监督管理机构指定的媒体发布，同时将其置备于公司住所、证券交易所，供社会公众查阅。"《股票发行与交易管理暂行条例》第63条也规定，上市公司应当将要求公布的信息刊登在证监会指定的全国性报刊上。上市公司在依照前款规定公布信息的同时，可以在证券交易场所指定的地方报刊上公布有关信息。该条例第81条第9项规定，"公开"是指将本条例规定应当予以披露的文件备置于发行人及其证券承销机构的营业地和证监会，供投资人查阅的行为。显然，我国法律、法规对于证券二级市场信息公开的标准采取的是形式公开的标准，即信息公开的标准是在报刊或其他形式的公报上公布之日。未经合法途径向公众披露的仅为内幕人员知悉的信息，均为内幕信息。也就是说，只要证实行为人的交割单所载日期先于其交易行为所利用的信息的合法公开日期，就可以认定利用的信息属于"未公开"的信息。但笔者认为，采用形式公开的标准似有不公平之处，因为，证券、期货市场上的内幕信息一旦公布于众后，一般的投资者事实上需要一定的时间进行消化和理解，而在此之前，掌握内幕信息的人员可能已经早已提前消化和理解了信息的内容。如果有关信息一公布就允许知情人员进行证券、期货交易的话，对措手不及的广大投资者而言，同样也是极不公平的。[2]因此，法律应对公开的时间作出一个具体的规定，以使知情人员在参加交易前让广大投资者有一定的时间对信息加以消化和理解。这样至少可以在形式上能保证证券、期货交易中对信息利用的公平。

（2）重要性（或价格敏感性），我国《刑法》第180条规定了内幕信息重要性的要件，即"对证券、期货价格有重大影响的信息"。对此，有学者认为，内幕信息不能以对证券、期货市场价格有重大影响为构成要件，就如内幕交易并不以交易者是否达到了牟利或避损的目的，或在多大程度上达到了

---

〔1〕　陈晓："论对证券内幕交易的法律规制"，载梁慧星主编：《民商法论丛》（第5卷），法律出版社1996年版，第89页。

〔2〕　参见刘宪权：《金融犯罪刑法学原理》，上海人民出版社2017年版，第324~325页。

该目的，为构成条件一样。利用某一尚未公开的重大信息进行证券交易时，该信息是否会对证券价格产生重大影响，除了该消息本身外，还取决于许多因素，而且其影响往往要经过一段时间才能显示出来。如果将"对证券、期货市场价格有重大影响"作为认定内幕信息并进而作为认定内幕交易的前提条件或必要条件，那么内幕信息只有在内幕交易行为发生一段时间以后才能认定，并且还会出现这种情况，即某一重大信息在这项交易中可认定为内幕信息，而在另一次交易中则不能被认定为内幕信息，因为它没有对价格产生重大影响。这样，利用尚未公开的重大信息，只要价格未发生重大变化，将不构成内幕交易，禁止证券内幕交易的法律制度，对内幕人员交易行为的限制以及作为这些制度依据的公开、公平、公正原则将难以存在或失去存在的意义。[1]有的学者则认为，对证券、期货价格有重大影响的信息必定是重大信息，而重大信息由于其他因素的作用并不都会对证券、期货价格产生重大影响。刑法之所以规定内幕信息必须以对证券、期货市场价格有重大影响为构成要件，正是为了强调内幕交易违法行为与内幕交易犯罪行为的区别。也即对于内幕交易违法行为只要利用了《证券法》第75条所列的内幕信息买卖证券、期货即可构成违法；而对于内幕交易犯罪行为则要求较高，必须以对证券、期货价格有重大影响为必要要件，如果行为人只是利用了内幕信息进行证券、期货交易，但并未对证券、期货价格有重大影响，就不能构成犯罪而只能作为违法处理。对于违法行为与犯罪行为的构成要件作出不同的要求，且构成犯罪的要求严于构成违法的要求，是完全必要的。特别是对于证券、期货犯罪的规定更应该如此，如果不强调一些较严格的构成要件要素，实践中就很可能扩大打击面，这样当然不会有利于市场经济的发展。[2]然而，笔者认为，我国刑法认定某个内幕交易行为是否构成本罪主要采用的是行为无价值论，并以情节严重作为构成犯罪的条件，也就是说只要行为人利用的是《证券法》第75条所列的内幕信息进行交易，并符合2010年最高人民检察院、公安部《关于公安机关管辖的刑事案件立案追诉标准的规定（二）》第

---

〔1〕 穆津："我国禁止证券内幕交易立法与执法的若干问题"，载《深圳大学学报》（人文社会科学版）1997年第3期。

〔2〕 参见刘宪权：《金融犯罪刑法学原理》，上海人民出版社2017年版，第328页。

35 条对"情节严重"的规定的,[1]即可构成内幕交易罪。因此,只要行为人实施的内幕交易行为符合上述追诉标准,即使内幕信息最终并没有对证券或期货价格产生重大影响,也可以对行为人以内幕交易罪定罪处罚,而并不会出现某些学者所担心的"利用尚未公开的重大信息,只要价格未发生重大变化,将不构成内幕交易"的情况,也可见本罪并不以对证券、期货价格有重大影响为必要要件。因为对价格是否产生影响取决于证券市场而不取决于这种信息的本身。所以内幕信息应当是《证券法》第 75 条所列的可能影响证券、期货价格的信息。

2. 内幕交易行为的认定

内幕交易,是指在涉及证券的发行,证券、期货交易或者其他对证券、期货交易价格有重大影响的信息尚未公开时,买入或者卖出该证券,或者从事与该内幕信息有关的期货交易。关于内幕交易,除了知悉内幕信息的人员自己进行证券买卖或期货交易外,对于行为人在其获知内幕信息的基础上建议他人进行证券、期货交易的行为,即所谓"建议"行为,是否也是属于本罪的行为方式之一,学界颇具争议。持肯定论者认为,我国《刑法》第 180 条虽然没有将建议行为规定在内幕交易犯罪行为之中,但是,颁布于《刑法》之后的我国《证券法》却将"建议他人买卖证券"的行为归入内幕交易的行为方式之中,因此该种行为属于本罪的行为方式。从理论上讲,内幕交易中的买卖证券、期货合约应该包括知情人员自己买卖证券、期货合约和建议他人买卖证券、期货两种情况;从实践中看,这种行为具有社会危害性,对于情节严重的,应以犯罪论处。[2]而持否定论者认为,作为行政处罚对象的内幕交易行为并非都可能成为犯罪行为。虽然《禁止证券欺诈行为暂行办法》

---

〔1〕 这里的"情节严重",一般包括内幕交易的数额较大的,或给有关人员造成的损失较大或引起其他严重后果,或给社会秩序造成一定程度的混乱等。对此,2010 年最高人民检察院、公安部《关于公安机关管辖的刑事案件立案追诉标准的规定(二)》第 35 条对"情节严重"规定:"……涉嫌下列情形之一的,应予立案追诉:①证券交易成交额累计在 50 万元以上的;②期货交易占用保证金数额累计在 30 万元以上的;③获利或者避免损失数额累计在 15 万元以上的;④多次进行内幕交易、泄露内幕信息的;⑤其他情节严重的情形。"

〔2〕 魏东:"关于内幕交易、泄露内幕信息罪司法认定的若干问题再研究",载赵秉志主编:《新千年刑法热点问题研究与适用》,中国检察出版社 2001 年版,第 854 页。

第 4 条[1]规定的内幕交易行为包括"建议"行为，但《刑法》第 180 条规定的作为犯罪的内幕交易行为，并没有包括行政法规所指的所有内幕交易行为，而只是部分行为，即只是限于内幕人员利用内幕信息自己买卖证券、期货合约或者非法获取内幕信息的人员自己买卖证券、期货合约。其中并没有包含行政法规中的其他内幕交易行为。如内幕人员根据内幕信息建议他人买卖证券、期货合约及非内幕人员通过其他途径获得内幕信息，并根据该信息买卖证券、期货合约或者建议他人买卖证券、期货合约的行为，不能作为犯罪认定，只能作行政处罚。[2]

建议他人买卖证券、期货的行为，是指行为人在其获知内幕信息的基础上建议他人进行证券、期货交易的行为，例如提出交易时机、交易证券、期货合约的种类、交易证券、期货的价位、交易量的大小等，而他人根据其建议进行了相关的证券、期货交易。[3]实践中，为了规避监管和刑事责任，有些知晓内幕信息的人员往往会利用自己的亲戚、朋友从事证券、期货交易，这些行为严重扰乱了金融管理秩序和投资者的利益。这是因为，首先，建议行为利用的是行为人掌握的未公开的内幕信息，这在客观上完全可能成为一种纵容或促使他人利用内幕信息进行相关证券、期货交易的行为。内幕知情人员由于其固有的特殊身份，即使其不向他人泄露内幕信息，其建议他人买卖证券、期货的行为必然会产生他人无条件信赖的结果，即被建议人将高度信赖内幕知情人员的建议内容是依据内幕信息所作出的，因而必然会基于这

---

[1] 《禁止证券欺诈行为暂行办法》第 4 条规定的内幕交易行为有四种：①内幕人员利用内幕信息买卖证券、期货或者根据内幕信息建议他人买卖证券、期货；②内幕人员向他人泄露内幕信息，使他人利用该信息进行内幕交易；③非内幕人员通过不正当的手段或者其他途径获得内幕信息，并根据该信息买卖证券、期货或者建议他人买卖证券、期货；④其他内幕交易行为。该暂行办法已被 2008 年《国务院关于废止部分行政法规的决定》所废止，废止的原因是该暂行办法的规定已被 2005 年修订的《证券法》所代替。后来《证券法》又几经修正，现行《证券法》于 2014 年 8 月 31 日修正发布，其第 202 条规定了内幕交易行为："证券交易内幕信息的知情人或者非法获取内幕信息的人，在涉及证券的发行、交易或者其他对证券的价格有重大影响的信息公开前，买卖该证券，或者泄露该信息，或者建议他人买卖该证券的，责令依法处理非法持有的证券，没收违法所得，并处以违法所得 1 倍以上 5 倍以下的罚款；没有违法所得或者违法所得不足 3 万元的，处以 3 万元以上 60 万元以下的罚款。单位从事内幕交易的，还应当对直接负责的主管人员和其他直接责任人员给予警告，并处以 3 万元以上 30 万元以下的罚款。证券监督管理机构工作人员进行内幕交易的，从重处罚。"

[2] 胡启忠等：《金融犯罪论》，西南财经大学出版社 2001 年版，第 268 页。

[3] 参见刘宪权：《金融犯罪刑法学原理》，上海人民出版社 2017 年版，第 329 页。

个信赖而进行大量的交易，由此导致了不公平交易的结果，破坏了证券、期货市场的正常交易秩序。其次，在通常情况下，由于实施建议行为者是在掌握内幕信息的情况下建议他人进行证券、期货交易的，虽然行为人可能自己并没有直接从事证券、期货交易，有些甚至可能没有直接从中获利，但从实质上分析，建议者客观上是借他人之手进行相关证券、期货交易，这必然导致利用内幕信息进行证券、期货交易范围的扩大，并对证券、期货市场造成更加严重的破坏，其社会危害性是显而易见的。[1]最后，内幕知情人员由于自身的特定身份，必然会赢得投资人对他相对于公众而言更大的信任，其意思表示也足以引起投资人做出相应的决策。鉴于此，内幕知情人员理应承担比社会公众更大、更严的谨慎义务和注意义务，对其所实施的建议他人交易的行为也理应追究刑事责任。

然而，按照罪刑法定原则的要求，如果知晓内幕信息的人员并未将内幕信息泄露给他人，而只是单纯地建议他人进行交易，并不能追究其刑事责任。因此，《刑法修正案（七）》增加了建议他人从事交易活动的行为方式，从而使得《刑法》与《证券法》等法规相统一。不过，考虑到《证券法》所使用的"建议"一词的表述具有一定的模糊性，不利于实践中的司法认定，《刑法修正案（七）》最终出台时，将草案中的"建议"行为细化为"明示、暗示"两种行为表现形式，这实际上也明确了"建议"行为入罪并不需要以内幕信息的知情人员必须将内幕信息告知被建议者为要件，也即建议者的"暗示"行为同样构成本罪，对其仍然可以依本罪之规定定罪量刑。"明示或暗示"也就是向他人做出提示或建议，"明示"和"暗示"的行为其实就是对不同表现形式的"建议"行为的表述，两者并无本质区别，[2]其本质上都是指行为人提示或者建议他人从事证券、期货交易活动，具体是指提示或建议他人买入或者卖出该证券，或者从事与该内幕信息有关的期货交易。[3]在以往的司法实践中，有关内幕交易和泄露内幕信息的犯罪都很难取证，而且犯罪人具有较强的反侦查能力，往往自己不从事交易，而是以明示或暗示的方式让他人操作，之后参与分成，而此次增加了"明示、暗示他人从事上述交

〔1〕 参见刘宪权：《金融犯罪刑法理论与实践》，北京大学出版社2008年版，第330页。

〔2〕 参见刘宪权：《金融犯罪刑法学原理》，上海人民出版社2017年版，第330页。

〔3〕 参加谢望原："简评《刑法修正案（七）》"，载《法学杂志》2009年第6期。

易活动"的规定，相对来说降低了司法取证的难度，有利于提高执法效率，加强了刑法对证券、期货市场的保护力度。[1]

所谓"明示"，就是清楚明白的指示，即通过书面或口头的方式明确告知他人买入或者卖出与该内幕信息有关的证券或者期货合约，指示的手段没有限制，可以是命令，也可以是利诱，还可能是胁迫，总之是通过直接表意的方式唆使对方从事交易。所谓"暗示"，按照《现代汉语词典》的解释，就是不明确表示意思，而用含蓄的言语或示意的举动使人领会，而这里主要是指行为人以使对方能够推知的方式间接指示，既包括以积极的行为暗示，也包括通过消极的不作为甚至是沉默来暗示。只要该言行能让相对人领会到该交易具有内幕信息背景且能够通过交易相关标的获得利益即可构成"暗示"。因为从事金融交易，尤其是短线交易的市场主体对于此类信息往往十分敏感，对一些含蓄的言行也能够心领神会，产生与明示同样的效果。至于如何确定对方能否领会，则应当根据一般市场主体的理解和判断能力衡量。如内幕信息知情人不明确说明内幕信息的具体内容，只是含蓄地向他人透露"某只股票有重大利空或者利好消息，可以重点关注"，这样的说法就能让人领会到内幕信息的存在，应当认定为"暗示他人从事交易"。但如果只是笼统地说"我觉得买点也没有太大风险"等类似的言语，就难以让人感知到存在重要的、敏感的内幕消息，不应当认定为"暗示他人从事交易"。此外，还要看接受信息的一方是否实际实施了有关的内幕交易行为。如果没有实施，显然不构成内幕交易犯罪，就不存在甄别是否构成"暗示他人从事交易"的必要。[2]还需要注意的是，无论是明示还是暗示他人从事相关交易活动，实际上都使对方在某种程度上知悉了相关经营信息，因此，当对方向自己提出咨询意见，行为人只是单纯被动提供不确定的相关交易建议，对方根本无从察觉相关经营信息的，即使行为人在提供建议时事先已经知悉相关经营信息，也并不能被认定为明示或暗示他人从事相关交易。[3]

---

〔1〕 参见葛磊：《新修罪名诠释：〈刑法修正案（七）〉深度解读与实务》，中国法制出版社2009年版，第27、28页。

〔2〕 参见刘衍明："内幕交易罪的理解与适用"，载《中国检察官》2009年第6期。

〔3〕 缑泽昆："《刑法修正案（七）》中'老鼠仓'犯罪的疑难问题"，载《政治与法律》2009年第12期。

由于我国《刑法》将内幕交易和泄露内幕信息分别作为独立的犯罪行为规定在条文中，因此，实践中有必要将它们区别开来。对此，有学者认为，"泄露内幕信息"作为"内幕交易"的补充，指的是内幕信息的知情人未明示、暗示他人从事相关交易，仅仅是向他人透露了内幕信息。而内幕交易不仅仅包含透露信息的行为，还包括建议他人从事交易的意思表示。两罪的区别在于是否包括"建议他人从事交易"。[1]对此，笔者不敢苟同，结合《刑法》规定的内容，内幕交易和泄露内幕信息的最大区别并不在于行为人是否有建议行为，而关键在于行为人自己是否在知悉了内幕信息后实际实施了买卖证券、期货合约的行为。为此，我们在处理这类案件时理应坚持罪刑法定原则，并根据不同情况分别做出处理。其一，对于行为人自己没有进行交易而只有建议他人买卖证券、期货合约的行为，并在建议过程中泄露了内幕信息的行为（即"明示"行为），应以泄露内幕信息罪论处。其二，如果行为人虽然自己没有进行交易而只是建议他人买卖证券、期货合约，且在建议过程中并未泄露内幕信息（即"暗示"行为），也应以泄露内幕信息罪论处。因为，本罪之所以规定泄露内幕信息的行为方式，其原因是如果内幕信息被泄露，内幕信息的获取者则必然会利用该内幕信息进行交易，这就违背了公平、正义与发展的立法理念，也会给没有获得内幕信息的投资者造成损失。为了促进证券、期货市场的健康发展，维护社会主义市场经济秩序，我们就不能机械地理解此处泄露内幕信息的行为。在"暗示"的情况下，行为人虽然没有明确将内幕信息告知他人，但其建议行为已经足以让他人产生一种获利的"期待"，双方实际上处于一种彼此"心知肚明"的状态。只有对这种变相的告知行为以泄露内幕信息罪认定，才能做到与立法精神相一致。此外，经修正后的《刑法》第180条将"明示、暗示"行为规定在泄露内幕信息行为之后，这似乎也正说明了立法者将"明示、暗示"行为以泄露内幕信息罪认定的立法原意。其三，如果行为人"明示"或者"暗示"他人买卖证券、期货合约的目的是要让行为对象也为自己买卖证券、期货合约，或者该对象与其有非常紧密的利益关系，比如家庭成员等，那么行为人的"明示、暗示"行为实际上也是自己进行内幕交易的行为，这种情况符合共同犯罪的要求，

---

〔1〕 刘衍明："内幕交易罪的理解与适用"，载《中国检察官》2009年第6期。

应按《刑法》第 180 条以及总则中关于共同犯罪的规定，对行为人与行为对象应以内幕交易罪的共同犯罪论处。[1]

3. 泄露内幕信息行为的认定

泄露内幕信息的行为，是指行为人将处于保密状态的内幕信息公开化，通过明示、暗示、书面或口头等方式，透露、提供给不应知悉该信息的人员，使信息受领人据此而进行证券、期货买卖。泄露内幕信息的行为既包括公开范围上的泄露，即将内幕信息告知不应或无权知道该信息的人员；也包括时间范围上的泄露，即在保密期届满前解密，让可以知悉或有权知悉的人员提前知悉。对于泄露内幕信息行为应从法律上加以惩治，其中严重者应按犯罪处理，这已经成为世界各国和各地区的共识。之所以将泄露内幕信息作为犯罪处理，原因在于与掌握内幕信息者直接进行证券、期货交易相比，虽然泄露内幕信息者本人不一定有直接的证券、期货买卖行为，但通过为他人提供内幕信息，完全可能间接地参与了证券、期货交易，并从中获得利益或避免损失。另外，与掌握内幕信息者直接进行证券、期货交易相比，泄露内幕信息的行为对证券、期货市场、投资者及发行人所造成的损害往往更为严重。因为，内幕信息的知悉人员一般范围较小，不仅人数较少而且财力有限，他们买卖证券、期货的数量不会太大；而泄露内幕信息则可能在受领人之间辗转告知，使得参与证券买卖的人数和交易量剧增，从而引起严重后果。

关于泄露内幕信息的行为，着重讨论在内幕信息泄露后，是否要求他人利用该信息进行内幕交易。有的学者认为泄露内幕信息是"内幕人员向他人泄露内幕信息，使他人利用内幕信息进行内幕交易"。[2]对此，笔者认为，泄露内幕信息罪的成立，在客观方面仅要求行为人泄露了内幕信息，而并未使他人利用该信息进行内幕交易。由于内幕信息一旦被泄露，会导致其他投资者进行证券买卖，会使证券、期货市场出现大幅度的波动，使部分投资者或公司的利益受到严重侵害，所以应对单纯的泄露内幕信息，情节严重的行为单独定罪，并且追究刑事责任，并非一定要求他人利用该信息进行内幕交易。

---

〔1〕 参见刘宪权：《金融犯罪刑法学原理》，上海人民出版社 2017 年版，第 330~331 页。
〔2〕 贺绍奇主编：《"内幕交易"的法律透视》，人民法院出版社 2000 年版，第 123 页。

4. "不作为"行为的定性

理论上和实践中存在这样一种情况：即行为人原先准备买入某一证券或期货合约，或者准备卖出手中的某一证券或期货合约，但是，在获知有关内幕信息后却停止了原来准备实施的买入或卖出行为，从而获取了利益或者避免了可能遭受的损失。对于这种行为应如何认定？由于这种情况中的行为人在事实上利用了自己所获知的内幕信息获取了利益或者避免了可能遭受的损失，因此，有人认为这与行为人利用内幕信息实施积极交易行为的实际效果是一样的，完全可以构成内幕交易罪。笔者认为，这种所谓"不作为"的行为不能构成内幕交易罪，理由主要有以下七点：

（1）从罪刑法定原则的角度出发，这种所谓"不作为"的行为不能构成内幕交易罪。《刑法》第180条明确规定"……在涉及证券的发行，证券、期货交易或其他对证券、期货交易价格有重大影响的信息尚未公布前，买入或卖出该证券，或从事与该内幕信息有关的期货交易……"，据此规定，"买入、卖出或从事其他交易"等行为均只能以作为的方式进行，不作为的方式根本不可能实现"买入、卖出或从事其他交易"。虽然行为人在知悉内幕信息后，根据内幕信息没有买入或者卖出原打算买入或者卖出的股票，获得了一定的非法利益或避免了一定的必要损失，有失公平，具有一定的社会危害性，但有关的行政法规和法律都没有规定此种"不作为"为违法或者犯罪行为。因而，应当严格遵循罪刑法定的原则，不将其作为犯罪处理。例如，李某在获取内幕信息后，并没有进行"买入、卖出或从事其他交易"的行为，因此，李某不构成内幕交易罪。

（2）内幕交易犯罪必须有交易行为存在，从某种程度上说，交易是内幕交易犯罪的本质所在，如果没有交易也就不会有内幕交易犯罪。这是因为，内幕交易犯罪中，行为人掌握内幕信息本身并不能成为招致刑罚惩罚的理由，也即如果行为人没有因此而进行证券、期货交易，就不可能对社会带来任何危害。由此可见，在证券、期货市场上，内幕交易当然应该有实际"交易"行为的存在，没有"交易"行为存在，也就无所谓有内幕交易犯罪的存在。而在证券、期货市场上的交易行为均表现为是一种积极的买入或卖出的行为方式，实际上不可能存在有所谓消极的"不作为"形式的买入或卖出的行为方式。

（3）虽然在理论上和实践中确实可能存在行为人在获知有关内幕信息后停止了原来准备实施的买入或卖出行为的不作为型内幕交易罪，但从司法实践和证据角度出发，由于在不作为型的内幕交易罪中，并不存在见诸客观的作为以及显性的危害结果，并且由于作为义务的成立仅仅基于行为人有要进行交易的设想，证据收集难度较大，证明难度很大，无法在法庭上形成前后衔接的、有力的证据链来证明不作为型内幕交易罪。况且，如果当行为人的"要进行交易的想法"有过波动或这种想法不太确定不太坚决时，那么将使证明变得更加复杂。因此，这种行为在实践中根本无法适用内幕交易罪。[1]

（4）刑法中不作为均应该以特定的作为义务的存在为前提，没有这种特定的作为义务也就不应该有不作为犯罪的存在。在证券、期货市场上，行为人在获知内幕信息后，只有不进行交易的义务，而根本就不存在有所谓必须进行交易的义务，其作为证券市场的自由人，有权自主进行交易，市场并不因为他们知晓了内幕信息而强制他们进行交易，或因为知晓了内幕信息，强制他们不得进行交易。虽然从自身的优势地位出发，他们利用了这种不对等的信息优势，转移了风险或者获取了由这种信息优势带来的利益，但由于没有现实的交易行为，并且由于义务的缺失，这种不交易的行为不构成刑法中的"不作为"。也即在某种程度上，行为人在获知内幕信息后，不进行交易是其应该做的，即使其从中得到了利益或实际避免了损失，也无可厚非。在证券、期货市场上，我们不应该期待投资者（包括内幕人）只能亏损不能获利，这种要求是不符合市场规律的。因此，虽然行为人的行为可能具有所谓"隐性"的社会危害性，即其获取了由信息优势转化而来的经济利益或转移了本应遭受的风险，但绝不能因此而认定其构成内幕交易罪。

（5）内幕交易犯罪的危害性不仅仅在于行为人违反公平竞争的原则，获得了不正当利益或使自己避免了损失，更重要的是在于行为人的这种行为从根本上破坏了证券、期货市场的正常交易秩序。而行为人在获知内幕信息后不买或不卖，仅仅只是行为人自己得到了利益或者避免了可能遭受的损失（且这种利益并非是通过交易行为得到的），证券、期货市场的秩序并未遭受

---

〔1〕 参见刘宪权：《金融犯罪刑法学原理》，上海人民出版社 2017 年版，第 337 页。

不良影响，公平竞争的原则也并未遭受直接的破坏。[1]

（6）所谓不作为型内幕交易罪有主观归罪或惩罚思想犯的嫌疑。刑法的发展经历了中世纪或封建时期的"主观主义刑法"，到古典刑法学派的"行为刑法"，再到实证法学派的"行为人刑法"，最后发展到今天的取"行为刑法"和"行为人刑法"之长并将其融合的现代主义刑法，其间主观归罪或惩罚思想犯的刑法，由于其非人道性和不可证明性，已经被扔进了历史的垃圾堆。由于不作为内幕交易缺乏客观的行为和有形的危害结果，而且利用信息优势做出不交易决定的过程完全无需借助外部的行为，甚至不需要有物理意义上的身体动静。因此，惩治"不作为型内幕交易罪"的行为有主观归罪或惩罚思想犯的嫌疑，有悖于今天的刑法理念。

（7）将不作为型内幕交易行为犯罪化有悖于法律不强人所难的原则和人的趋利避害的本性。一个人原来具有从事某项活动的主观计划，但后来因外部因素的改变，其基于趋利避害的本能而不再按原计划进行活动，这是非常合情合理的。然而，如果我们刑法将此种情形也予以犯罪化，无疑使人处于一个两难的境地。因为如果行为人原本是计划卖出的，在获知内幕信息后其不卖出就可能构成内幕交易罪，卖出则必须承担不能获利甚至亏损的结果，而如果行为人原本是计划买进的，在获知内幕信息后其不买进就可能构成内幕交易罪，买进则必须承担亏损的苦果。而且，从行为人的主观方面来看，其在获取内幕信息之前只具有进行一般商业交易的故意，获取内幕信息后也不过是一种盈利或避损的想法，而这些应该是市场经济社会中任何一个正常人的做法，在道德上都不应受到谴责，更何况予以法律制裁了。

综上所述，虽然行为人利用内幕信息实施消极交易的"不作为"行为与行为人利用内幕信息实施积极交易行为的实际效果相当，但两者具有本质的差异，前者并非是刑法中的"不作为"，也即不属于刑法意义上的行为，不构成犯罪，因而由其产生的实际效果也就不做刑法评价了，而后者则是刑法意义上的客观行为，该行为可能构成内幕交易罪，由其产生的实际效果则是犯罪严重程度的考量依据。

---

〔1〕　参见刘宪权：《金融犯罪刑法学原理》，上海人民出版社 2017 年版，第 338 页。

5. "情节严重"的认定

根据我国《刑法》第 180 条规定，构成内幕交易、泄露内幕信息罪，行为人的行为必须达到情节严重的程度，否则就不构成犯罪。根据 2012 年最高人民法院、最高人民检察院《关于办理内幕交易、泄露内幕信息刑事案件具体应用法律若干问题的解释》第 6 条规定，在内幕信息敏感期内从事或者明示、暗示他人从事或者泄露内幕信息导致他人从事与该内幕信息有关的证券、期货交易，具有下列情形之一的，应当认定为《刑法》第 180 条第 1 款规定的"情节严重"：①证券交易成交额在 50 万元以上的；②期货交易占用保证金数额在 30 万元以上的；③获利或者避免损失数额在 15 万元以上的；④3 次以上的；⑤具有其他严重情节的。2010 年最高人民检察院、公安部《关于公安机关管辖的刑事案件立案追诉标准的规定（二）》对《刑法》第 180 条立案追诉标准规定如下：对于内幕交易、泄露内幕信息的，涉嫌下列情形之一的，应予以立案追诉：①证券交易成交额在 50 万元以上的；②期货交易占用保证金数额在 30 万元以上的；③获利或者避免损失数额在 15 万元以上的；④多次进行内幕交易、泄露内幕信息的；⑤其他情节严重的情形。

（二）内幕交易、泄露内幕信息罪主观方面的认定

1. 内幕交易、泄露内幕信息罪主体的认定

应当看到，法律禁止内幕交易、泄露内幕信息行为的实质，在于禁止内幕人员利用基于其身份所取得的信息便利谋取不正当利益或减少自己的损失。由此而言，对于本罪主体的认定，也即确认行为人是否属于内幕人，是认定内幕交易罪的关键所在。内幕交易、泄露内幕信息罪的主体包括法定的内幕人员和法定的非内幕人员。法定的内幕人员即内幕信息的知情人员，其主要是指《证券法》第 74 条规定的知悉证券交易内幕信息的知情人员，包括：①发行人的董事、监事、高级管理人员；②持有公司 5% 以上股份的股东及其董事、监事、高级管理人员，公司的实际控制人及其董事、监事、高级管理人员；③发行人控股的公司及其董事、监事、高级管理人员；④由于所任公司职务可以获取公司有关内幕信息的人员；⑤证券监督管理机构工作人员以及由于法定职责对证券的发行、交易进行管理的其他人员；⑥保荐人、承销的证券公司、证券交易所、证券登记结算机构、证券服务机构的有关人员；⑦国务院证券监督管理机构规定的其他人。从这些规定中，我们不难发现，

我国法律对于内幕人员的界定也不仅仅局限于公司内部人员，而实际上包括了有可能优先接触公司内幕信息，且对于该信息负有不得私自泄露或利用得利的其他人员。也即对于内幕人员的界定，关键并不在于其是否为内部人员，而在于其是否能够通过合法途径接触或获得内幕信息。[1]法定的非内幕人员即以非法手段获取内幕信息的其他人员，它是指上述法定内幕人员外，通过非法方法或途径从内幕人员处获取内幕信息的人员。所谓非法方法或途径，包括通过盗窃、骗取等手段获得内幕信息，也可能采取私下交易、贿取或套取等手段取得内幕信息。这些方法手段本身是积极的且具有违法性。这类人员如果根据其非法获得的内幕信息买卖证券或者泄露内幕信息、建议他人买卖证券，情节严重的，构成内幕交易罪。如果仅仅泄露非法获取的内幕信息，并未使他人买卖证券，而是导致他人买卖证券，情节严重的，构成泄露内幕信息罪。因为行为人一旦非法获取内幕信息，就有了在该信息尚未公开前，保守该信息秘密的义务。[2]但需要注意的是，对于"非法获取"的理解不能过于狭窄，不能仅仅将其限于积极的且具有违法性的方法手段，而应从较为宽泛的角度加以解释。从"非法获得"的内涵分析，实际上应指"不该获得而获得"的情况，其中"不该获得"是指行为人与内幕信息之间并无职务或业务上的信赖关系，也即行为人属于被相关法律法规禁止接触或获取证券、期货交易内幕信息的人员。由此可见，这里的"不该获得而获得"本身就是对特定范围内幕信息知情权的违背。当然，这里的"不该获得而获得"本身并不就可以构成犯罪，行为人如果构成犯罪还需要进一步实施内幕交易或再泄露行为，否则不能构成内幕交易、泄露内幕信息罪。[3]

对于如何理解和界定《刑法》第180条规定的"非法获取证券、期货交易内幕信息的人员"，学界也争议颇大。非法获取内幕信息的人员，又称为"法定非内幕人"。非法获取内幕信息的人员也可以作为内幕交易主体，是不违背权利义务一致性原则的。因为非法获取内幕信息的人员，虽然没有知情人的特定身份，但是他们一旦获得了内幕信息，行为人可以因为特定的先行行为而具有特定身份，进而成为内幕交易的特殊主体。这就涉及如何理解

---

〔1〕　参见刘宪权：《金融犯罪刑法学原理》，上海人民出版社2017年版，第346~347页。
〔2〕　参见马克昌："论内幕交易、泄露内幕信息罪"，载《中国刑事法杂志》1999年第1期。
〔3〕　参见刘宪权：《金融犯罪刑法学原理》，上海人民出版社2017年版，第348页。

"非法获取信息的人员"这一要素，其核心在于如何理解"非法"。通说认为非法获取内幕信息的人员，指除内幕人员以外，通过非法方法从内幕人员处获取内幕信息的人员。所谓非法方法，可以是盗窃、骗取信息资料或者通过偷听、监听手段获取内幕信息，也可能采取私下交易、套取等手法取得内幕信息。[1]具体包括如下行为方式：①以骗取、窃取、窃听、监听等非法手段获取内幕信息；②利用行贿等非法方法获取内幕信息；③从"知情人员"处索取或者刺探内幕信息，或者利用胁迫"知情人员"的方式获取内幕信息；④通过私下交易等不正当途径获取内幕信息等等。[2]而如果不问获取信息的手段，一概认为内幕人员，显然失之过严。"非法获取"信息，从字面意义上看不分第一手、第二手还是第三手信息，但从立法的基本含义上应该理解为第一手获得者，因为这与惩治内幕交易的立法目的相一致。即非法获取信息必须是从内部人或准内部人那里直接得到的信息，从第一手人那里非法获得的第二手人以及从第二手人那里非法获得的第三手人就不宜视为内幕人员，从而成为内幕交易的犯罪主体，以防止主体扩大化，从而走向刑罚目的的反面。[3]

也有学者认为，区分再泄密的行为是否构成犯罪的标准是非内幕人员获取内幕信息究竟是主动的还是被动的。如果非内幕人员自己积极、主动地获取内幕信息，不论行为人采取的具体手段是自己盗取，还是设法从内幕人员那里探听，不管行为人事后根据该信息是建议他人买卖证券、期货合约，还是向他人泄露该内幕信息从而使他人利用该信息买卖证券、期货合约，都一律按内幕交易认定。如果证实非内幕人员是被动的信息接受者，不论后来实施了建议行为还是泄露内幕信息行为，就不宜认定为内幕交易罪。这是因为，在主动获取的情况下，非内幕人员对获取的内幕信息负有不得利用该信息并保密的义务。不论事后建议还是泄露内幕信息，都是对该义务的违反，承担责任理所应当。而在被动知悉的情况下，非内幕人员因为是消极的内幕信息的知情者，不存在承担保密的义务，因而即使第三人根据该信息进行了交易，也不应当认定为内幕交易。易言之，"非法获取"中只包含着积极主动地获取

---

〔1〕 马克昌："论内幕交易、泄露内幕信息罪"，载《中国刑事法杂志》1999年第1期。
〔2〕 王作富主编：《刑法分则实务研究》（下册），中国方正出版社2003年版，第546~547页。
〔3〕 梁思红："论内幕交易、泄露内幕信息罪"，郑州大学2001年硕士学位论文，第40~41页。

之意，对于偶然或被动获得内幕信息并进行交易的并不在"非法获取"的含义范围之内，因而不应认定为犯罪。[1]但也有学者认为，如果按照目前刑法学界的通说，这类人员主要是指那些采用非法手段或途径获得内幕信息的人员，那么这种理解就会遗漏一部分主体，对于那些"中性人员"，如由于亲友关系或同事关系而被动接受了信息的人，或偶尔从陌生人那里听到了内幕信息的人等，就无法追究其刑事责任。因为，非内幕人员获取内幕信息的手段，有的很难说到底是合法获取还是非法获取。因为在合法获取和非法获取中间可以有一个中性行为——既不合法也不非法的情形，而对这种行为也应犯罪化。而且，内幕交易、泄露内幕信息的可责性表现在这种行为对市场和投资者的危害，这种危害是从交易行为中体现出来。不论什么人，只要从事这样的利用、泄露行为，特定的社会危害性就业已体现出来。因此，非法获取内幕信息的人员不仅仅是指行为人故意地采取非法的手段获得内幕信息，主要是指一种客观上的不法，即除了法律规定的内幕信息的知情人员以外的任何人只要知悉该内幕信息就是"非法"。[2]

　　笔者认为，无论是通过何种手段获取内幕信息，其只要利用该信息进行交易，那么对证券、期货交易秩序造成的损害是相同的，刑法处罚的是其明知是内幕信息还利用该信息进行交易或泄露该信息这一行为。

　　首先，在"内幕交易、泄露内幕信息罪"中，受到侵害的除个人经济利益外，主要是国家的经济秩序。这是传统的财产犯罪与经济犯罪的主要区别之一，在经济犯罪中，不再以个人的财产利益为重心，而是以整个自由经济秩序为重心。内幕交易中，虽然没有相对的某个具体投资人的个人财产损失，但所有投资人作为一个整体因为内幕交易行为导致其整体利益受到损害，无论行为人获取该信息时采用了何种手段，利用内幕信息进行交易的结果都会导致证券市场的经济秩序受到破坏，也就是说任何获取内幕信息的知情人员利用内幕信息进行交易的社会危害性是相同的。虽然行为人获取信息的途径可能不同，但均是不应利用该信息进行交易而进行了交易，其行为性质是相同的，都对证券、期货交易秩序造成了实质性的侵害。有人可能会说，作为

---

　　[1]　张军主编：《破坏金融管理秩序罪》，中国人民公安大学出版社1999年版，第277～278页。
　　[2]　郦毓贝："内幕交易、泄露内幕信息罪主体特征研析"，载赵秉志主编：《新千年刑法热点问题研究与适用》（下），中国检察出版社2001年版，第821～822页。

公司的高管人员，其本身对公司和股东负有一定的诚信义务，对其内幕交易行为进行处罚正是对其违背义务的处罚，但笔者认为，正因为他们是公司的高管人员，他们对于公司和股东的利益和发展的顾忌程度要远远大于那些与公司无关的却利用获取的内幕信息进行交易的人员，因此其实施内幕交易行为的力度或者说行为的危险性必然会比其他人要小，所以我们不能只处罚行为危险性相对较小的行为而放纵行为危险性相对较大的行为。

其次，不应知悉内幕信息的人员从获取内幕信息的那时起就应承担保密的义务。因为不管其获取内幕信息的途径怎样，最终的结果是得知了内幕信息的内容。当得知了内幕信息后，相关人员也就具有了保密的义务。而且，从行为人的主观故意来看，当行为人在明知自己通过非法手段获得的是证券、期货交易内幕信息之后，还故意泄露给他人，其主观恶性程度与证券、期货交易内幕信息的知情人员的泄露行为并无不同。[1]在我国，规定或衡量一个行为是否构成犯罪的主要依据是行为的社会危害性程度，如果社会危害性达到严重程度刑法一般都规定其构成犯罪。内幕交易、泄露内幕信息的可责性表现在这种行为对市场和投资者的危害，这种危害是从交易行为中体现出来的。不论什么人，不论通过何种途径获取内幕信息，只要能够证实他知道该信息为未公开的内幕信息，并在交易中利用了该信息，或者泄露该信息，特定的社会危害性就业已体现出来，就严重地侵犯了证券、期货市场的秩序和他人的财产权，也就构成了内幕交易、泄露内幕信息罪。

再次，刑法、证券法等法律法规中均未明确限定"非法获取证券、期货交易内幕信息的人员"必须是故意地非法获取，有关法律条文中也并未包含该行为必须是故意实施的这一内容。关于不法的含义，刑法理论中向来有主观的不法与客观的不法之争，现在刑法学界一致同意客观的不法说，即"不法行为纵非出于故意或过失，或仅系无责任能力人之所为，在客观上亦不免于违法之评价，足以影响行为人之法律地位"。[2]如果将这里的"非法"限定为"故意地非法"，将大大增加指控非内幕人员犯本罪的难度，因为"故意地偷听"和"偶尔地听到"在实践中根本无法区分，司法机关难以取得相应

---

〔1〕 参见刘宪权：《金融犯罪刑法学原理》，上海人民出版社2017年版，第349页。

〔2〕 韩忠谟：《刑法原理》，台湾雨利美术印刷有限公司1981年版，第139页。

的证据来确认两者的界限。所谓的"正当知情人员"进行证券、期货内幕交易、泄露内幕信息的行为并不比非法知情人员进行该类行为的危害小。所以，《刑法》第180条所规定的"非法获取证券、期货内幕信息的人员"，应包括故意地或非故意地非法获取内幕信息的一切人员。[1]而且，"非法获取"中并不必然只包含甚至不包含积极主动地获取之意，例如《刑法》第163条"非国家工作人员受贿罪"中规定了公司、企业的工作人员利用职务上的便利，索取他人财物或者非法收受他人财物，为他人谋取利益。这里的非法收受显然是指与索取他人财物相对应的被动地收受贿赂，而没有积极主动地索取贿赂之意，否则就直接是索贿而没有规定非法收受他人财物之必要了。

最后，从刑法规范目的的角度，无论从我国行政法规还是从刑法的规定来看，非内幕人员获取内幕信息罪后自己进行交易或再泄密的，均可以构成犯罪。《证券法》第76条规定："证券交易内幕信息的知情人和非法获取内幕信息的人，在内幕信息公开前，不得买卖该公司的证券，或者泄露该信息，或者建议他人买卖该证券。"《刑法》第180条规定，"证券、期货交易内幕信息的知情人员或者非法获取证券、期货交易内幕信息的人员……泄露该信息，情节严重的，应构成泄露内幕信息罪。"均没有将内幕信息限于第几手获取，也未将非内幕人员再泄密行为排除在犯罪之外。易言之，第几手获取信息或是否再泄密都并不影响行为的性质。再考察《证券法》的立法背景与渊源，我国《证券法》在制定和修改时大量参照了美国法的规定，尤其参照了美国法中的内部人交易理论及其判例，在美国，消息受领人的界定，无论是第几手获得消息以及第几手获得信息的人再泄密，在法律地位上都相同，反映了立法时的价值取向，基于此，从维护证券市场公平性出发，无论行为人是第几手获取该信息，只要存在内幕交易或泄露内幕信息的行为，将其认定为"非法获取内幕信息的人员"是恰当的。

综上所述，笔者认为，第一种意见对"非法获取"的理解过于狭窄，我们不能仅仅将"非法获取"限于积极的且具有违法性的方法手段，而应从较为宽泛的角度加以解释。只要不应该知悉内幕信息的人获取了该信息，并且

---

[1]　王政勋："证券、期货内幕交易、泄露内幕信息罪研究"，载《中国刑事法杂志》2003年第4期。

利用该信息进行交易或者再泄露，情节严重的，均可成立本罪。也就是说，"非法"不应当仅仅理解为违反禁止性规定，而应当理解为"不应该知悉该信息"，否则本罪的主体范围过窄。当然，"不该获得而获得"本身并不必然构成内幕交易、泄露内幕信息罪，行为人如果构成犯罪还需要进一步实施内幕交易或再泄密行为，否则也不能构成内幕交易、泄露内幕信息罪。正是因为如此，对于"非法获得"作宽泛的理解和解释（即不管非内幕信息知情人员是采取什么样的方式，只要最终的结果是获得了其不该知悉的内幕信息，就属于非法获取），并不会扩大内幕信息、泄露内幕信息罪的打击面。[1]

2. 内幕交易、泄露内幕信息罪主观罪过的认定

关于内幕交易罪、泄露内幕信息罪行为人的主观罪过问题，目前争议主要集中在本罪的主观方面除了包括故意，是否还包括过失的问题。肯定论者认为，本罪的主观上既可以是故意，也可以是过失，若将本罪的主观方面限于直接故意或间接故意会使得相当一部分社会危害程度已经达到犯罪程度的内幕交易、泄露内幕信息的行为，不能以犯罪论处，从而放纵了犯罪分子，不利于对证券、期货市场正常秩序的维护。我国1989年实施、2010年修订的《保守国家秘密法》明确规定了泄露国家秘密的行为在主观方面既可以是故意，也可以是过失，[2]《刑法》第398条第1款和第2款则分别对故意泄露国家秘密罪和过失泄露国家秘密罪作了规定。也就是说，我国立法中使用的"泄露"一词，在主观方面应该是故意和过失都包括在内，否则，立法机关不会用"故意"或者"过失"予以明确区分。现立法既然未作区分，那就意味着泄露内幕信息既包括故意泄露内幕信息，同时也不排除过失泄露内幕信息在内。当然，这里所说的过失，是指泄露内幕信息的情况。而利用内幕信息为自己买卖证券、期货合约，或者根据内幕信息的内容建议他人买卖证券、期货合约，一般不应由过失构成，而只能由故意构成。[3]笔者认为，对于本

〔1〕 参见刘宪权：《金融犯罪刑法学原理》，上海人民出版社2017年版，第348页。

〔2〕 修订前的《保守国家秘密法》第31条第1款规定："违反本法规定，故意或者过失泄露国家秘密，情节严重的，依照《刑法》第186条的规定追究刑事责任。"修订后的《保守国家秘密法》第48条中规定了将涉密计算机、涉密存储设备接入互联网及其他公共信息网络，使用非涉密计算机、非涉密存储设备存储、处理国家秘密信息，以及擅自卸载、修改涉密信息系统的安全技术程序、管理程序等过失泄露国家秘密的行为。

〔3〕 张军主编：《破坏金融管理秩序罪》，中国人民公安大学出版社1999年版，第289~290页。

罪的主观方面是故意还是过失构成，关键还是要分析刑法规定和理解刑事立法的原意。前文笔者已经分析过，由于证券犯罪是一种新型的刑事犯罪，只有达到严重的程度才可能构成犯罪。从这一立法原意上分析，我国刑法中惩罚的内幕交易、泄露内幕信息罪只应该是故意而不应该包括过失。另外，我国刑法明确规定，"过失犯罪，法律有规定的才负刑事责任"，根据罪刑法定的原则，由于《刑法》第180条并未规定过失可以构成本罪，因而本罪的主观方面当然不应该包括过失。笔者仍然主张，本罪只能有故意构成，并且由于行为人实施内幕交易、泄露内幕信息的行为均是以获取非法利益或者减少损失为目的，因而本罪理应由直接故意才能构成。

在本罪的主观方面中，还有一个争议问题即对象认识错误的处理。如果行为人在主观上误把某种不属于内幕信息的消息当作内幕信息或将内幕信息误认为不是内幕信息而加以利用或予以泄露，该如何处理？有人认为，不能按内幕交易罪处罚，因此而造成的实际损害的，可按一般违法行为追究行政责任。如果行为人将内幕信息误认为是一般信息或不是内幕信息而加以利用或泄露的，则构成内幕交易罪。有人则认为，根据刑法关于认识错误的理论，如果行为人主观上把某种不属于内幕信息的信息当作内幕信息或者将内幕信息误认为不是内幕信息而进行交易或予以泄露的，应分别情况予以认定：行为人误把不属于内幕信息的信息当作内幕信息而进行内幕交易或予以泄露的，则行为人的行为构成内幕交易、泄露内幕信息的未遂犯罪；如果行为人将内幕信息误认为是一般信息或不是内幕信息而进行交易或泄露的，因行为人主观上没有内幕交易和泄露内幕信息的故意，只存在过失，不能构成内幕交易、泄露内幕信息罪。符合其他条件的，可依法构成玩忽职守罪、过失泄露国家秘密罪。客观上未造成重大损失的，属于一般违法行为。笔者认为，从理论上分析，上述第二种观点无疑是正确的。但是，构成本罪的行为必须达到情节严重的程度，且有关交易和泄露行为应与内幕信息具有关联性。由于受到这些条件的影响，事实上如果行为人主观上把某种不属于内幕信息的信息当作内幕信息进行交易或泄露，就不可能出现所谓关联性问题，从而也很难达到情节严重的程度；而如果行为人将内幕信息误认为不是内幕信息而进行交易或泄露，由于主观上缺乏故意，当然就不能构成犯罪。就此而言，如果行为人主观上确实存在对象认识错误的情况，一般不应该构成本罪。

## 二、利用未公开信息交易罪的司法认定

根据《刑法》第 180 条第 4 款的规定，利用未公开信息交易罪，是指证券交易所、期货交易所、证券公司、期货经纪公司、基金管理公司、商业银行、保险公司等金融机构的从业人员以及有关监管部门或者行业协会的工作人员，利用因职务便利获取的内幕信息以外的其他未公开的信息，违反规定，从事与该信息相关的证券、期货交易活动，或者明示、暗示他人从事相关交易活动，情节严重的行为。

（一）利用未公开信息交易罪客观方面的认定

1. "未公开信息"的认定

利用未公开信息交易罪系《刑法修正案（七）》所增设的罪名，修正案将其与内幕交易、泄露内幕信息罪规定在同一个刑法条文中，两罪均利用了未公开的信息且两罪交易方式都是利用了时间差。[1] 这就决定了利用未公开信息交易罪容易与内幕交易、泄露内幕信息罪相混淆。而区分两罪的关键在于对利用未公开信息交易罪的"未公开信息"的认定。对于"未公开信息"的具体内涵，现有的法律或是行政法规，均没有作出明确规定。根据《刑法》第 180 条的规定以及上文对于内幕信息认定的论述，笔者认为，"未公开信息"应界定为内幕信息之外的其他涉及证券发行，证券、期货交易或者对证券、期货交易价格有重大影响的信息。具体而言，"未公开信息"应当具备以下五个特性：①差别性，即"未公开信息"必须是内幕信息之外的其他信息；②未公开性，即"未公开信息"是尚未通过法定渠道或其他以公众熟知方式向社会大众和广大投资者公布的信息；③真实性，即"未公开信息"必须是正确、真实的信息，不能是虚假、编造，无中生有的信息；④专属性，即"未公开信息"必须是涉及公司的经营、财务或者对该公司证券的市场价格有重大影响的信息，而不能是其他信息；⑤可利用性，即"未公开信息"被行为人所掌握后，行为人或其亲友可从中受益之信息。

---

[1] 两罪行为人都是通过"低买高抛"的操作手段，在这一时间差中牟取暴利，在证券操作方式和手段上极为相似。

2. "职务便利"与"未公开信息"的关系认定

利用因职务便利获取的内幕信息以外的其他未公开的信息，一般存在两种情形：一是直接利用，即直接利用本人职务上的便利而获取的内幕信息以外的其他未公开信息，例如基金管理公司的经理在执行职务中所获悉的本公司拟建仓的证券品种；二是间接利用，即利用与职务有关的便利条件而获取的内幕信息以外的其他未公开的信息。对于第一种情形的认定一般比较明确，但对于第二种情形的认定则存有争议。"间接利用"职务便利，又可进一步细分为，利用工作地点、工作环境的便利条件获取的内幕信息以外的其他未公开的信息（如基金管理公司的工作人员趁总经理办公室无人之机看到的公司拟建仓的证券品种的决定），以及利用职务身份、影响的便利条件获取的内幕信息以外的其他未公开的信息（如某甲基金管理公司的经理和某乙基金管理公司的经理通过告知对方自己所在基金管理公司拟建仓的证券品种的信息）。[1]

从最初设立本罪的立法目的出发，该罪的"职务便利"，应当是指证券交易所、期货交易所、证券公司、期货经纪公司、基金管理公司、商业银行、保险公司等金融机构的从业人员以及有关监管部门或者行业协会的工作人员，主管、管理、从事以及履行本职工作、义务或者其他一切与职务有关的便利条件。只要"职务便利"与"未公开信息"之间具有因果关系，即行为获取"未公开信息"必须是通过利用"职务便利"，即可认定为本罪中"利用因职务便利获取的内幕信息以外的其他未公开的信息"。实践中，存在无意中获取"未公开信息"的情形，例如，某基金管理公司的工作人员在会客之余，无意中听到领导谈论本公司将重仓持有某只股票的信息并加以利用的情形，由于行为人获取的"未公开信息"并不是利用"职务便利"，两者之间并不存在因果关系，因而也就不能被纳入到刑法的规制范围。

（二）利用未公开信息交易罪法定刑规定的理解与适用

关于本罪的法定刑适用，《刑法》明确规定依照内幕交易、泄露内幕信息罪的规定处罚。由此引发相关争议，即利用未公开信息交易罪是否只有一档

---

〔1〕　参见赵斌、曹云清："利用未公开信息交易若干问题研究"，载《江西公安专科学校学报》2009年第4期。

"情节严重"的量刑情节，而不存在"情节特别严重"。对此，最高人民法院通过再审深圳"马乐利用未公开信息案"，明确了利用未公开信息交易罪的法定刑适用标准，即利用未公开信息交易罪同内幕交易、泄露内幕信息罪一样具有"情节严重"与"情节特别严重"两档量刑情节。应当说，这对于今后各级法院审理此类案件具有实践指导意义，但在理论上仍具有商榷的空间。

一方面，从社会危害性轻重角度分析，利用未公开信息交易罪如果与内幕交易、泄露内幕信息罪适用完全相同的法定刑并不妥当。利用未公开信息交易罪系《刑法修正案（七）》所增设，尽管修正案将其与内幕交易、泄露内幕信息罪放置在同一条文里，但二者之间存在明确的界限，二者本质上的差异集中体现在两罪所对应的信息内容的不同。一般而言，内幕信息对于证券、期货市场价格的影响非常直接且巨大，"其他重大未公开的信息"的价格影响性相对而言较为间接且不如内幕信息显著。因此，利用内幕信息进行交易或是泄露内幕信息与利用未公开信息进行交易或者泄露未公开信息行为的社会危害性均不同。这也就解释了我国刑法为何一开始就没有将利用未公开信息行为规定为犯罪的原因。既然二者在社会危害性上有所差异，那么它们的违法程度和责任程度当然就不可能完全一致，因此对于两者适用完全相同的两档法定刑则并不妥当。

另一方面，从立法原意角度分析，利用未公开信息交易罪如果与内幕交易、泄露内幕信息罪适用完全相同的法定刑也是不妥当。从刑法条文规定的内容看，《刑法》第 180 条第 4 款仅明文规定了"情节严重"这一唯一的法定刑，即"情节严重"应当按照内幕交易、泄露内幕信息罪"情节严重"的法定刑档次处罚，而没有规定"情节特别严重"要适用内幕交易、泄露内幕信息罪"情节特别严重"的法定刑档次。因此，从立法原意和立法技术出发，利用未公开信息交易罪也是不应当存在"情节特别严重"这一档法定刑的。

## 三、编造并传播证券、期货交易虚假信息罪的司法认定

众所周知，在证券、期货市场上，证券交易、期货交易价格与信息紧密相关。"根据证券、期货定价效率理论，证券、期货的价格在任何时候都应该'完全反映'所有与决定证券、期货价值相关的且可以获得的信息。同时，任

何新的相关信息都被准确、迅速地反映在价格里，由此这种价格也代表了某一证券、期货'内在价值'的最好判断。"[1]此外，与其他商品不同的是，证券、期货本身没有使用价值，只有交换价值。因此，当投资者就证券、期货进行交易时，无法直接观察到所交易证券、期货的投资价值所在。因而只有及时、准确地了解到有关信息，投资者才可能根据真实的信息，对相关证券、期货的投资价值做出正确判断，并作出相应的投资决定。证券、期货的价格与信息的这种关系，使信息在某种程度上左右价格的波动。真实的、准确的信息如此，虚假的、模糊的信息也能如此。然而，编造并传播证券交易的虚假信息的行为，不仅欺骗了广大投资者，而且扰乱了证券市场的正常交易秩序，违反了证券交易信息公开制度。对此，我国现行《刑法》第 181 条规定了编造并传播证券、期货交易虚假信息罪，以规制编造并传播影响证券、期货交易的虚假信息，扰乱证券、期货交易市场，造成严重后果的行为。

（一）编造并传播证券、期货交易虚假信息罪客观方面的认定

1. "虚假信息"的认定

理论上一般认为，编造并传播证券交易虚假信息罪的客观方面表现为，行为人实施了编造并传播影响证券、期货交易的虚假信息，扰乱了证券、期货交易市场，后果严重的行为。对此，刑法理论上和司法实践中争议较大的是虚假信息的内容与范围应如何确定。有学者认为，编造并传播的证券、期货交易虚假信息必须属于"重要内容"或者"实质性内容"，否则，不构成本罪。也即，如果行为人虽然编造并传播了证券、期货交易的虚假信息，但由于该信息不属于"重要内容"或者"实质性内容"，则不能追究行为人的刑事责任。"重要内容"或者"实质性内容"就是指容易给人以虚假印象、使人误解的陈述。是否会误导投资者的投资决定，或者误导证券、期货市场价格的变化，是判定是否"重要"的标准。重大信息可以依据《证券法》第 75 条来认定，[2]包括可能对证券、期货市场价格产生显著影响的国家政策变化和与发行人直接相关的内外部事务的信息。当然，本罪的虚假信息对证券、

---

〔1〕　参见中国证券监督管理委员会法律部编：《证券市场专家谈》，中国政法大学出版社 1994 年版，第 202 页。

〔2〕　《禁止证券欺诈行为暂行办法》已于 2008 年 3 月 7 日废止，关于"重大信息"的规定以现行《证券法》第 75 条的规定为准。

期货市场的影响并不单纯依靠《禁止证券欺诈行为暂行办法》来认定，有时尽管编造并传播了《禁止证券欺诈行为暂行办法》中所列举的虚假信息，但对证券、期货交易并未产生影响，这时就不宜按本罪来处置。质言之，本罪中所编造并传播的虚假信息宜视市场的反应而定。如市场对此反应强烈，则属影响证券、期货交易的虚假信息，反之则不然。[1]有学者认为，本罪所谓的"虚假信息"，并不限于《禁止证券欺诈行为暂行办法》所规定的 26 种重大信息，还应包括编造并传播政治、经济等多种对证券、期货交易有影响的其他重大信息。需要注意的是，实践中也有这样一种情况，即行为人编造并传播的虚假信息单就信息本身而言，并不能算作是重大信息，但与当时的客观环境、社会政治、经济条件相结合却能对证券、期货交易产生较大的影响。这种信息应视为本罪的"虚假信息"。[2]

还有学者认为，影响证券交易的虚假信息判定标准就是证券市场上大盘或个股的飙升与暴跌，也即是否会对证券价格产生实际上的重大影响，质言之，本罪中所指编造并传播的虚假信息宜以市场的实际反应而定，如市场对此信息反应强烈，则属影响证券交易的虚假信息。[3]

笔者认为，上述三种观点均存在不妥之处。第一种意见的不妥之处在于将构成本罪所要求的虚假信息仅仅限定在《证券法》中确定的重大信息事项之内，过于狭窄，而在现实中，行为人编造并传播除此之外的虚假信息（如社会中的重大事件）也确实可以影响证券交易价格，造成严重后果，但根据该观点则不能构成本罪，这显然这不利于保护证券交易市场的正常秩序和投资者的合法利益。应当看到，内幕交易、泄露内幕信息罪中所要求的信息是"对证券、期货交易价格有重大影响的信息"，而对于本罪所要求的信息，《刑法》只是笼统地规定为"影响证券、期货交易的虚假信息"，从此立法措辞上，我们也可发现构成两罪所要求的信息的范畴绝对是不一样的，后者的范畴大于前者。第二种意见的不妥之处与第一种意见一样，将构成本罪所要求的虚假信息仅仅限定为对证券、期货交易可能产生影响的虚假重大信息，而实际上刑法或行政法规并没有像内幕交易、泄露内幕信息罪一样对信息的范

---

〔1〕 张军主编：《破坏金融管理秩序罪》，中国人民公安大学出版社 1999 年版，第 314~315 页。

〔2〕 参见薛瑞麟主编：《金融犯罪研究》，中国政法大学出版社 2000 年版，第 278 页。

〔3〕 参见祝二军：《证券犯罪的认定与处理》，人民法院出版社 2000 年版，第 418 页。

围予以限定，构成本罪所要求的"虚假信息"只要是可能影响证券交易的虚假信息即可，如果行为人的编造并传播行为造成严重后果即可构成本罪，而如若没有造成严重后果，即使编造并传播的是虚假的重大信息也不能构成本罪。第三种意见的不妥之处在于根据此标准，对于本罪的预备、未遂、中止形态就难以加以确定，因为在本罪的停止形态的情形中，行为人所实施的行为并没有造成最终结果，也就是尚没有出现证券市场上大盘或个股的飙升与暴跌的结果。而且，如果以对市场的影响来决定信息是否重要，一方面存在有很大的不确定性，因为，一种信息对市场的影响在不同的地区或不同的时间段内完全可能有所不同，实际上应以什么作为标准很难确定；另一方面极大地增加了实践中的主观臆断性，因为，一种信息对市场的影响程度，可能各人的感受都有所不同，往往是仁者见仁，智者见智，很难统一。所以这种观点多少与我国刑法中确立的罪刑法定原则相背离，据此标准进行认定也不够妥当。

笔者认为，由于实际上我国刑法或行政法规并没有像内幕交易、泄露内幕信息罪一样对信息的范围予以限定，因而构成本罪所要求的"虚假信息"只要是可能影响证券交易的虚假信息即可，而且正如前述，一种信息对市场的影响在不同的地区或不同的时间段内完全可能有所不同，实际上应以什么作为标准很难确定，而且还会极大地增加实践中的主观臆断性。因此，我们也就不应该对虚假信息的内容和范围去人为地设定一个所谓的客观标准。应该看到，我们刑法认定某个编造并传播证券交易虚假信息的行为是否构成本罪主要采用的是结果无价值论，并以造成严重后果作为构成犯罪的条件，即根据2010年最高人民检察院、公安部《关于公安机关管辖的刑事案件立案追诉标准的规定（二）》第37条的规定："编造并且传播影响证券、期货交易的虚假信息，扰乱证券、期货交易市场，涉嫌下列情形之一的，应予立案追诉：①获利或者避免损失数额累计在5万元以上的；②造成投资者直接经济损失数额在5万元以上的；③致使交易价格和交易量异常波动的；④虽未达到上述数额标准，但多次编造并且传播影响证券、期货交易的虚假信息的；⑤其他造成严重后果的情形。"也就是说只要行为人编造并传播的是可能影响证券、期货交易的虚假信息，并符合上述五种造成严重后果的情形即可构成编造并传播证券交易虚假信息罪。

**2. 编造并传播证券、期货交易虚假信息罪客观行为的认定**

本罪的客观行为表现为编造并传播影响证券、期货交易的虚假信息。编造，是指，捏造、虚构根本不存在的情况的行为。如果行为人是根据客观存在的事实进行预测、评论，即使出现了失误和偏差，也在正常的范围之内，不应认为是编造行为。行为人编造了虚假信息之后，还必须对编造的信息进行传播。传播，是指将一定的信息向不特定的多数人散布的行为，传播的手段可以通过电视、电台、报纸、杂志、咨询、报告会等多种形式。编造和传播行为，二者缺一不可，如果仅实施了编造而没有实施传播行为，或者仅实施了传播行为而没有实施编造行为，均不构成本罪。对于通过编造并传播证券交易虚假信息以操纵证券交易价格行为应如何认定的问题，是困扰司法实践的一个重要问题。对此，只有在廓清操纵证券、期货市场罪与编造并传播证券、期货交易虚假信息罪界限的前提下，才能予以准确解析。

操纵证券、期货市场罪与编造并传播证券、期货交易虚假信息罪在主体、主观方面以及客体等构成要件上均完全相同。也即在犯罪主体上两罪均为一般主体；在主观方面两罪行为人均可以具有人为抬高或压低证券、期货交易价格以获取利益、避免损失、转嫁风险等故意内容，但是，"获取不正当利益或者转嫁风险"并非是编造并传播证券、期货交易虚假信息罪的必要要件，而操纵证券、期货市场罪则以此为必要要件；两罪侵犯的客体也均为证券、期货市场的正常管理秩序和投资者的合法权益。[1]然而，两罪之间也存在着以下四个方面的重大区别：

首先，主观罪过形式不同。编造并传播证券、期货交易虚假信息罪要求行为人在主观上出于故意，对犯罪目的没有具体要求；而操作证券、期货市场罪不但要求行为人在主观上出于故意，而且要求其具有获取不正当利益或者转嫁风险之犯罪目的，当然该犯罪目的的实现与否并不影响本罪的实际构成。

其次，两罪的客观行为不同。操纵证券、期货市场罪的行为人通过法定列举的各种违法操作行为操纵证券、期货交易价格；而编造并传播证券、期货交易虚假信息罪的行为人则通过编造并且传播影响证券、期货交易的虚假

---

〔1〕 参见刘宪权：《金融犯罪刑法学原理》，上海人民出版社2017年版，第400页。

信息，扰乱证券、期货市场的正常秩序。由于操纵证券、期货交易价格的行为中实际上包含了编造并传播证券、期货交易虚假信息的行为，也即操纵者往往利用编造的虚假信息进行传播，从而达到操纵证券、期货交易价格的目的。就此而言，在利用虚假信息操纵证券、期货市场的案件中，编造并传播行为是手段，而操纵证券、期货交易价格行为则是目的。在这里值得注意的是，应将涉及行为人利用虚假信息构成编造并传播证券、期货交易虚假信息罪与构成操纵证券、期货市场罪区分开来。就普通自然人构成编造并传播证券、期货交易虚假信息罪而言，要求行为人不但要编造虚假信息，而且要传播其所编造的虚假信息，符合其他条件的，方可构成编造并传播证券、期货交易虚假信息罪，即要求行为人同时实施编造和传播两个行为，缺一不可；而就操纵证券、期货市场罪而言，则仅要求行为人实施散布谣言、传播虚假信息来影响证券发行、交易即可，不要求行为人同时是该虚假信息的编造者和传播者。

再次，犯罪的成立对行为后果的要求不同。编造并传播证券、期货交易虚假信息罪的成立，要求行为人实施的编造并传播证券、期货交易虚假信息的行为造成严重后果才能构成犯罪，而操作证券、期货市场罪则只要求行为人所实施的操作市场行为达到情节严重的程度即可。

最后，犯罪所侵害的主要客体不同。编造并传播证券、期货交易虚假信息罪侵犯的直接客体是证券、期货市场的信息公开制度和投资者的合法权益，并且证券、期货市场的信息公开制度是主要客体，而操纵证券、期货市场罪侵犯的直接客体则是证券市场中的竞争机制以及投资者的合法权益，其中，证券市场中的竞争机制是主要客体。[1]因此，我们不难看出，编造并传播证券、期货交易虚假信息罪和操纵证券、期货市场罪还是存在很大区别的。

对于通过编造并传播证券、期货交易虚假信息来操纵证券、期货交易价格这类案件侦查，其困难之处主要在于难以收集证明行为人主观上具有操纵目的的证据，因此在证据缺失的特殊情况下，通常以编造并传播证券交易虚假信息罪论处。但我们在假设能够证明行为人主观上具有操纵目的的情况下，应如何对此情形进行定罪处罚呢？对此，有学者认为，在这种情况下，就两

---

〔1〕　参见张军主编：《破坏金融管理秩序罪》，中国人民公安大学出版社 2003 年版，第 295 页。

种行为之间的关系来看，编造并传播证券交易虚假信息行为只是手段，起辅助作用，操纵证券交易价格行为才是目的，起主要作用。但是，就两种行为自身来看，它们又可以分开而独立存在，可以分别构成不同种类的犯罪。而且，由于编造并传播行为在《刑法》第 181 条第 1 款中已规定有专门的罪名，而操纵证券、期货市场行为在《刑法》第 182 条也作了专门的规定，因此，对行为人行为应实行数罪并罚。[1]也有学者认为，对于这种情形应依照牵连犯的处罚原则，从一重罪处断，不宜数罪并罚，并且认为，如果在实践中只能查明操纵者具有编造并传播影响证券交易的虚假信息，扰乱证券交易市场的情节，而无法搜集充分证据证明其操纵目的的，则以编造并传播证券交易虚假信息罪定罪量刑。[2]

笔者认为，对于这种行为不能实行数罪并罚，而应按牵连犯的原则进行处理。所谓牵连犯是指犯罪人以实施某一犯罪为目的，而其犯罪的方法（手段）或结果行为触犯其他罪名的犯罪。依笔者之见，牵连犯的构成条件中最主要的是：行为与行为之间具有牵连关系，以及这种牵连关系是以包容关系的存在为前提的。虽然刑法中规定有编造并传播证券、期货交易虚假信息罪和操纵证券、期货市场罪，但是在一些犯罪中，两者在客观方面确实可能存在行为之间的牵连关系和包容关系。进而言之，所谓牵连关系，是指行为人实施的编造并传播证券、期货交易虚假信息的行为与操纵证券、期货交易价格的行为，由于行为人主观目的的一致性，而实际上存在手段行为与目的行为的牵连关系。所谓包容关系，是指作为手段行为的编造并传播行为被作为目的行为的操纵行为所包容，即操纵行为中实际上包含有编造并传播行为。正是由于这种牵连关系和包容关系的存在，完全符合牵连犯的概念及构成条件，所以对此应以牵连犯的原则对行为人的行为"从一重处断"或"从一重重处断"。[3]而且，对此情形按牵连犯的原则进行处理更符合本罪独立类型化的旨义。在大多数国家和地区，对于本罪的行为是作为操纵证券交易市场犯罪的一种行为方式来进行定罪处罚的，而我国以前对这种行为在相关的法律

---

〔1〕 参见祝二军：《证券犯罪的认定与处理》，人民法院出版社 2000 年版，第 423 页。

〔2〕 参见马松建：《证券期货犯罪研究》，郑州大学出版社 2003 年版，第 202 页。

〔3〕 参见刘宪权：《金融犯罪刑法学原理》，上海人民出版社 2017 年版，第 401 页。

中也是作为操纵证券交易市场行为之一予以规定的,[1]只是在后来刑法修订中才将这一类行为从其中分离出来作为单独的一种犯罪予以规定的。这是因为:一方面,虽然在操纵行为中也有滥用信息优势操纵的情况,但在该种情况下,操纵者利用的信息多为真实、准确、完整的信息,而在本罪行为中,此类信息均属编造的虚假信息,单独立法有利于严密法网;另一方面,对操纵行为的查处常因其与正常交易的区分困难而致受阻,但如果操纵者有编造并传播虚假信息,扰乱市场行为的情节,直接以此行为定罪处罚较为简单,使其难逃刑事制裁。可见,将本罪单独立法主要是基于刑事政策的原因,究其实质只不过是操纵证券交易价格犯罪中的一种特殊行为方式类型化的结果。因此,对于这种情形,宜从一重罪处罚。[2]

在认定编造并传播证券、期货交易虚假信息罪的客观行为时,还需区分新闻报道、股评分析中的误导行为或预测错误与本罪的界限。市场预测是指根据相关资料,依据证券、期货市场前期变化的规律,结合有关参变因素,经过综合分析,判断证券、期货市场价格变化趋势的行为。市场预测是必要的,也是合法的,但是由于受到各种主客观因素的影响,预测并不是百分之百正确,有时会与市场实际行情发生偏差,甚至正好相反,从而给听信预测并按之操作的投资者带来较大的损失,对证券、期货市场产生消极影响。因此,正确区分误导行为或预测错误与编造并传播证券、期货交易虚假信息的行为十分必要。在区分时主要考虑行为人主观上是否存在编造并传播证券、期货交易虚假信息的故意。如果行为人根据真实的材料,运用科学的方法对市场的未来走势做出预测,即使其预测结果与实际情况不符,也不应以该罪论处。

需要注意的是,在新闻报道或评论文章中,有关作者和报章杂志对其文章或报道中引用的材料的真实性是否有审查的义务?笔者认为,一般不应具有这种审查义务。只要作者或编辑没有主观编造,且引用材料有来源,就不应承担刑事责任。这是因为,编造并传播证券、期货虚假信息罪成立的前提

---

〔1〕　已废止的《禁止证券欺诈行为暂行办法》中曾规定:"以散布谣言等手段影响证券发行、交易"为操纵证券市场的一种行为方式。

〔2〕　参见王燕飞:"编造并传播证券交易虚假信息罪争议研究",载《贵州警官职业学院学报》2005年第4期。

条件，是行为人必须是无中生有地制造虚假信息，而引用有来源的材料则不能算作是"无中生有"；即使行为人引用的材料最后证实是虚假的，也不能算作是"无中生有"，因为行为人毕竟是引用而非制造材料。也正是由于这一点，行为人就失去了构成本罪的前提条件。事实上，要求作者或报章杂志的编辑对每一个所引用的材料均进行查证，既不可能也不现实。

（二）编造并传播证券、期货交易虚假信息罪主观方面的认定

本罪主观方面只能由故意构成，过失不能构成该罪，理论上一般不存在异议，但对于故意的具体形式，直接故意还是间接故意，刑法学界则有不同看法。有学者认为，本罪的主观方面既可以是直接故意，也可以是间接故意，即行为人明知自己编造并传播证券、期货交易虚假信息的行为会扰乱证券、期货交易市场而故意实施，希望或放任扰乱证券、期货交易市场的严重后果发生。因为行为人对行为本身的心理态度和对行为结果的心理态度是两个不同的问题。从行为人对编造并传播虚假信息的态度来讲，无疑是直接故意，但从对行为造成的扰乱证券、期货交易市场结果来讲，则可能是直接故意即希望扰乱证券、期货交易市场的结果发生，也可能是间接故意即放任扰乱证券、期货交易市场的结果发生。[1]但也有学者持相反态度，认为本罪应由直接故意构成，并分析了本罪不可能由间接故意构成。因为扰乱证券、期货交易市场行为是一种目的性很强的活动，如果行为人没有明确的活动目的，是不可能费尽心机地编造出虚假信息并加以传播从而扰乱证券、期货交易市场的。由此决定了行为人如果抱着一种放任的心态，是不可能实施这一犯罪的。[2]

笔者认为，如同其他证券、期货犯罪一样，编造并传播证券、期货交易虚假信息罪的主观方面应由直接故意构成。在证券、期货市场上，行为人明知自己的行为违法，但为了牟取暴利，不惜采取编造并传播证券、期货交易虚假信息的行为来达到操纵市场价格或者使市场价格发生人为波动，从而使自己能从买卖证券、期货合约中获利。从行为人实施的编造并传播这些行为分析，行为人主观方面确实很难说会是出于间接故意，一般都应该是直接故

---

〔1〕 胡启忠等：《金融犯罪论》，西南财经大学出版社 2001 年版，第 277 页。
〔2〕 张军主编：《破坏金融管理秩序罪》，中国人民公安大学出版社 1999 年版，第 319 页。

意。因为，在证券、期货市场中，行为人实施编造并传播交易虚假信息的行为，应该都是明知自己的行为必然或可能会发生危害社会的结果，因而在一般情况下，行为人对这种危害结果的发生均是持积极态度的，而不大可能是持放任态度。事实上，编造并传播者往往都是出于牟利的目的，而不大可能有其他目的，这是由证券、期货市场行为的特征所决定的。而这种目的的存在，又从另一方面证明了其直接故意的内容。

## 四、诱骗投资者买卖证券、期货合约罪的司法认定

诱骗投资者买卖证券、期货合约罪，是指证券交易所、期货交易所、证券公司、期货经纪公司的从业人员，证券业协会、期货业协会或者证券期货监管管理部门的工作人员，故意提供虚假信息或者伪造、变造、销毁交易记录，诱骗投资者买卖证券、期货合约，造成严重后果的行为。众所周知，在证券、期货市场上保护投资者（特别是中小投资者）的合法利益，是证券、期货立法最根本的出发点，也是证券、期货立法的最终归宿。而保护投资者利益的实质就在于使证券、期货市场上的投资公众能有一个较为公平、公正、公开的环境，并在这种良好环境中最大限度地运用公开的市场信息，通过自己的判断独立做出买卖证券、期货合约的决定，不能因为市场中的信息遗漏、误导、欺诈或操纵等现象和行为而蒙受投资利益的损失。因此，笔者认为，在刑法中设立诱骗投资者买卖证券、期货合约罪的意义也在于此。因为，影响证券、期货市场健康发展、损害投资者合法权益的主要问题，无疑应包括一些证券、期货交易所、证券公司、期货经纪公司的从业人员，证券、期货业协会或者证券期货监督管理部门的工作人员诱骗投资者买卖证券、期货合约的违法犯罪行为。[1]因而，刑法的规定如何在保障证券、期货市场的良好投资环境和不阻碍证券、期货市场的发展之间保持一个合理的平衡点，显得尤为重要。而诱骗投资者买卖证券、期货合约罪的主观方面是否包含间接故意也关系到刑法的打击和保护范围的大小。

（一）诱骗投资者买卖证券、期货合约罪客观方面的认定

本罪在客观方面主要表现为，行为人以提供虚假信息或伪造、变造、销

---

[1] 参见刘宪权：《金融犯罪刑法学原理》，上海人民出版社 2017 年版，第 374~375 页。

毁交易纪录为手段或方式，以诱骗投资者买卖证券、期货合约为目的，造成了严重的后果。本罪中所谓"虚假信息"，是指可能影响证券、期货交易市场价格的信息，其结果在于误导和诱骗投资者买进或卖出证券、期货合约。所谓"提供"是指将虚假信息供给他人，不管这些虚假信息是由行为人自己编造出来的抑或道听途说得来的，只要提供给除自己以外的其他人，即可构成。既可以向特定人提供，也可以向不特定的多数人提供，目的都在于诱骗投资者买卖证券、期货合约。需要注意的是，本罪中的提供与传播不同，前者只是起到了告知、传达的作用，而后者则是积极主动地采取各种方式，意图使虚假信息在尽可能大的范围内扩散开来。"伪造、变造、销毁交易纪录"是三种独立并列的行为，只要具备其中之一即可认定。这里的"伪造"是指无权制作交易记录的人，冒用他人名义，非法制作交易记录等文件；"变造"则是指用涂改、擦消、拼接等方式，对真实的记录进行改制，变更其内容的行为；"销毁"是指把真实的交易记录加以毁灭的行为；"交易记录"包括客户填写的委托单，经纪商保存在电脑中的记录等记录交易全过程的资料。所谓"诱骗投资者买卖证券、期货合约"，是指行为人以各种各样欺骗方法，诱骗投资者并致使投资者在不了解事实真相的情况下，做出证券、期货投资的错误选择或证券、期货买卖的错误决定。需要注意的是：其一，买卖证券、期货合约的决定是由投资者自己做出的；其二，投资者的决定是因为行为人的诱骗而做出的；其三，该决定是违反投资者本来意志的；其四，行为人的行为动机在所不论。因此，诱骗投资者买卖证券、期货合约行为的核心，是投资者在行为人的诱骗下做出的投资决定违背了自己本来的真实意志。投资者本来的真实意志，是指理性投资者基于真实信息和自身能力所作出的合理判断。无论投资者在行为人诱骗前是否已经形成了本人的投资决定，只要在行为人的促成下所作出的交易决定是不符合大多数人的理性判断并把该决定付诸交易实践，就认定行为人的诱骗行为成立。

另外，认定构成本罪，客观方面还要求造成严重后果。对此，2010 年最高人民检察院、公安部《关于公安机关管辖的刑事案件立案追诉标准的规定（二）》第 38 条规定，故意提供虚假信息或者伪造、变造、销毁交易记录，诱骗投资者买卖证券、期货合约，涉嫌下列情形之一的，应予立案追诉：①获利或者避免损失数额累计在 5 万元以上的；②造成投资者直接经济损失数额在 5 万元以上的；③致使交易价格和交易量异常波动的；④其他造成严重后果的情形。

（二）诱骗投资者买卖证券、期货合约罪主体的认定

根据《刑法》第 181 条第 2 款的规定，诱骗投资者买卖证券、期货合约罪的主体包括证券交易所、期货交易所、证券公司、期货经纪公司的从业人员，证券业协会、期货业协会或者证券期货监督管理部门的工作人员。与此相对应的是，我国《证券法》第 200 条也规定了诱骗投资者买卖证券行为，《证券法》的规定在行为特征等方面均与《刑法》规定一样，只是在主体上比《刑法》所规定的主体多了"证券登记结算机构、证券服务机构的从业人员"，由此引起了理论上对本罪主体包含范围的争论。对于本罪的主体，理论上一般认为是特殊主体，即证券、期货经营机构（包括证券、期货交易所、证券、期货公司、兼营证券、期货业务的信托投资公司以及证券、期货投资咨询公司或者证券、期货投资顾问公司）、证券、期货业协会或者证券、期货管理部门及其工作人员。[1]但有的学者认为，本罪的主体还应当包括所有证券、期货服务机构，以及发行人及其代理人。[2]无独有偶，有学者也认为，证券登记结算机构、证券交易服务机构及其从业人员也可能成为"诱骗投资者买卖证券罪"的犯罪主体。因为证券登记结算机构负责证券交易集中的登记、托管与结算服务，是不以营利为目的的法人，履行《证券法》第 157 条规定的七项职能与义务。证券交易服务机构是指专业的证券投资咨询机构、资信评估机构，其也承担保证其所出具报告内容的真实性、准确性、完整性的义务。因此，这些机构及其从业人员违反上述义务，"故意提供虚假资料，伪造、变造或者销毁交易记录，诱骗投资者买卖证券的"行为，构成犯罪的也理所当然地应当按诱骗投资者买卖证券罪追究行为人的刑事责任。[3]

笔者认为，尽管我国《证券法》对于本罪的主体作了比《刑法》范围更大的规定，即包括了证券登记结算机构和证券服务机构的从业人员，但是，本罪的主体只能是证券、期货交易所或者证券公司、期货经纪公司及其从业

---

〔1〕 张军主编：《破坏金融管理秩序罪》，中国人民公安大学出版社 1999 年版，第 341 页。

〔2〕 白建军：《证券欺诈及对策》，中国法制出版社 1996 年版，第 135 页。

〔3〕 李宇先："浅谈《证券法》对《刑法》的补充与发展"，载《零陵师范高等专科学校学报》2002 年第 2 期。

人员，证券、期货业协会或者证券期货监督管理部门及其工作人员。理由如下：首先，我国《刑法》原第 181 条第 2 款和《刑法修正案》均对本罪的犯罪主体已经作了明确的规定，该罪的主体范围也仅限于这些。虽然《证券法》颁布在《刑法》之后，但《刑法修正案》则颁布在《证券法》之后，《刑法修正案》只是增加了期货方面的内容，其主体范围与《刑法》规定并无不同，而没有将《证券法》规定的证券登记结算机构和证券服务机构的从业人员增设为本罪的主体。因此，根据刑法的立法原意，我们不应该随意扩大这些规定中对本罪所规定的主体范围，否则就可能违背罪刑法定基本原则。其次，证券、期货服务机构以及发行人及其代理人事实上也很难成为本罪的主体，因为，本罪的客观方面主要是诱骗投资者买卖证券、期货合约，而有关证券、期货服务机构主要是指证券、期货资信评估公司、会计师事务所、律师事务所等机构，从这些机构所从事的工作性质分析，它们主要是为发行人提供各种专业性服务，而不涉及买卖工作，因而确实很难直接实施诱骗投资者买卖证券、期货合约的行为。而且，这些服务机构或者工作人员的欺骗行为，往往是针对证券期货监督管理机关或者不特定的投资公众实施的，因而此类欺骗客户的行为或者属于虚假陈述，或者属于内幕交易，如果将其也归入诱骗投资者买卖证券、期货犯罪的范畴，则不太妥当。最后，发行人及其代理人虽然与证券、期货投资者可能存在有买卖关系，但这种买卖关系并不属于二级市场中的委托代理买卖关系，因而也无法实施所谓诱骗投资者买卖证券、期货合约行为。[1]当然，如果证券交易所、期货交易所的从业人员编造并且传播虚假信息，诱骗投资者证券、期货合约，结果扰乱了证券、期货市场，产生了严重后果的，则应依据特别法优于普通法的原则，将该行为以诱骗投资者买卖证券、期货合约罪论处。

（三）诱骗投资者买卖证券、期货合约罪主观方面的认定

理论上对于诱骗投资者买卖证券、期货合约罪的主观方面存在较大争议。有的学者认为，诱骗投资者买卖证券、期货合约罪的主观方面是直接故意，其目的是诱骗投资者买卖证券、期货合约。犯罪人的目的既可以是多种类，也可以是多层次的。如果立法对目的有特别规定，则只能以法律规定的目的

---

〔1〕 刘宪权：《金融犯罪刑法学原理》，上海人民出版社 2017 年版，第 378～379 页。

作为犯罪主观要件的目的。至于行为人的其他目的或更进一步的目的，法律不要求的，我们就不能超出立法本意，附加其他目的作为犯罪的主观要件。[1]而有的学者却认为，本罪的主观方面是出于故意，过失不构成，并且多数情况下表现为直接故意，也可以表现为间接故意。间接故意仅仅发生在提供虚假信息的情况中。行为人明知信息虚假，提供给投资者后将促使其以此为根据进行买卖并会遭受损失而有意放任自己的行为。例如，行为人明知某信息属于重大的虚假信息，仍将信息置于投资阅览场所供投资者使用，结果投资者依该信息进行了大量证券、期货合约买卖，最终导致该投资者血本无归。在本罪中，证券、期货公司或证券、期货交易所及其工作人员伪造、变造、销毁交易记录的目的应当是引诱投资者进行证券、期货合约买卖。如无此目的，则即使有上述行为，也不会构成犯罪。如果行为人主观上虽认识到信息虚假，但并无诱骗投资者买卖证券、期货合约的目的，即使有提供行为，也不以本罪论处。[2]

　　笔者同意上述第一种意见的结论。在诱骗投资者买卖证券、期货合约犯罪中，行为人主观方面应该只能由直接故意构成，间接故意和过失均不能构成本罪，而且本罪是目的犯，行为人还应具有诱骗投资者买卖证券、期货合约，为自己或关系人牟取不正当利益或转嫁风险的目的。理由是，在直接故意的场合，危害社会的结果是行为人实施犯罪的直接目的所在。行为人之所以要实施犯罪行为，其目的正是为了追求这种危害结果的发生。而在间接故意的场合，行为人则不具有犯罪目的。而《刑法》第181条对诱骗投资者买卖证券、期货罪规定中的"诱骗"二字就足以证明了行为人的主观内容只能是故意而不可能是过失，而且，刑法规定的"诱骗投资者买卖证券、期货合约"就是行为人故意提供虚假信息或者伪造、变造、销毁交易记录的直接目的，而行为人之所以实施诱骗行为，其最终目的在于为自己或者关系人牟取不正当利益或转嫁投资风险，而不仅限于诱骗行为本身。至于第二种意见中认为也有可能有间接故意存在的情况，笔者也不能苟同。笔者认为，对于这一观点中所提及的行为人将虚假信息置于投资阅览处，导致投资者上当受骗

---

〔1〕　胡启忠：《金融刑法适用论》，中国检察出版社2003年版，第379页。
〔2〕　张军主编：《破坏金融管理秩序罪》，中国人民公安大学出版社1999年版，第344页。

的行为，很难说是间接故意，实际上这应该是直接故意。这是因为，在一般情况下，当行为人明知自己的行为必然发生危害社会的结果的情况下，其仍然有意为之，就表明行为人主观上只能是直接故意而不可能是间接故意。行为人明知是虚假信息，而仍将该信息置于阅览处，这种行为本身就是提供虚假信息的表现，又怎么可以认定为间接故意呢？

（四）诱骗投资者买卖证券、期货合约罪与编造并传播证券、期货交易虚假信息罪的界限

本罪与编造并传播证券、期货交易虚假信息罪同样都规定在《刑法》第181条之中，且二者行为中都有欺骗和虚假成分，因此，对于二者的区分确属必要。其一，在犯罪主体上，诱骗投资者买卖证券、期货合约罪是特殊主体，只能是证券交易所、期货交易所、证券公司、期货经纪公司的从业人员，证券业协会、期货业协会或者证券期货监督管理部门的工作人员。而编造并传播证券、期货交易虚假信息罪的犯罪主体为一般主体，除了包括上述这几类特殊工作人员外，也包括其他个人和单位，其范围比诱骗投资者买卖证券、期货合约罪的犯罪主体广泛得多。其二，在行为方式上，编造并传播证券、期货交易虚假信息罪的行为方式是"编造并传播"虚假信息，而诱骗投资者买卖证券、期货合约罪的行为方式是"提供虚假信息或者伪造、变造、销毁交易纪录"。其三，在犯罪对象上，编造并传播证券、期货交易虚假信息罪的犯罪对象没有什么限制，可以是证券市场中的任何人，而诱骗投资者买卖证券、期货合约罪的犯罪对象则相对较为固定，一般是证券、期货投资者。其四，从虚假信息来源看，编造并传播证券、期货交易虚假信息罪中的虚假信息只能是行为人自己编造的，而诱骗投资者买卖证券、期货合约罪的虚假信息既可以自己编造，也可以是从其他地方获得。其五，从主观方面看，虽然两罪的主观方面均是故意，并且均是直接故意，但诱骗投资者买卖证券、期货合约罪必须具有诱骗投资者买卖证券、期货合约的特定目的，而编造并传播证券、期货交易虚假信息罪不要求主观上具有特定目的。

## 五、操纵证券、期货市场罪的司法认定

证券价格是证券市场的灵魂，证券价格的变动直接影响着投资者的收益

或损失。因此，操纵证券交易价格，必然会造成证券交易价格、交易量的畸形变化及证券市场的异常波动和混乱。随着我国经济和科学技术的发展，计算机在社会生活的各个领域已经被广泛使用，一些不法分子利用计算机进行各种犯罪活动日趋增多。众所周知，在证券、期货市场上，证券、期货价格举足轻重，而由供需关系自然形成的证券、期货交易价格的涨落或波动则是极其正常之事。应该看到，证券、期货交易价格的波动是证券、期货市场存在和发展的内在需要，也是证券、期货市场之所以具有如此吸引力的根本原因之一。但是，我们也应该清楚地看到，在证券、期货市场上，证券、期货交易价格的波动实际上还是有其一定的规律性的，这就是价格一般是围绕着价值的变化而产生波动。而操纵证券、期货交易价格的行为则完全置这一客观规律于不顾，利用资金、信息、持股等资源优势或使用其他非法手段人为地变动或控制证券、期货交易价格，以获取不法利益。显然，操纵证券、期货市场行为具有较为严重的社会危害性。根据《刑法》第182条的规定，所谓操纵证券、期货市场罪，是指在证券、期货交易活动中，为了获取不正当的利益或者转嫁风险，故意操纵证券、期货交易价格，情节严重的行为。

（一）操纵证券、期货市场罪客观方面的认定

本罪的客观方面主要表现为行为人实施了操纵证券、期货交易价格，情节严重的行为，具体表现为四种方式，而"以其他方法操纵证券、期货市场的行为"正是本罪规定的四种客观行为之一。

第一，单独或者合谋，集中资金优势、持股或者持仓优势或者利用信息优势联合或者连续买卖，操纵证券交易价格或者证券、期货交易量的行为。此种行为方式又可区分为单独操纵和合谋联合买卖、合谋连续买卖。一般表现为，资金大户、持股或者持仓大户等利用其具有的大量资金或持有的大量股票或者大的仓位等进行单独或合谋买卖，对某种股票或某一期货品种连续以高价买进或连续以低价卖出，以造成该股票或期货品种价格见涨、见跌的现象，诱使其他投资者错误地抛售或追涨，而自己则做出相反的行为，以获取巨额利润。[1]所谓联合买卖，是指两个以上的利益主体，按照事先约定，通过联合买或联合卖等操纵市场手段共同操纵市场。联合买卖的各行为是同

---

〔1〕　参见刘宪权：《金融犯罪刑法学原理》，上海人民出版社2017年版，第383页。

向的，即只包括共同买或共同卖，不包括一方买而另一方卖，因为如果包括的话，这一规定则与《刑法》第 182 条第 1 款第 2 项前半部分规定的合谋行为重复。[1] 所谓连续买卖，是指行为以影响行情为目的，对某种证券、期货合约连续买进或卖出，以显示该证券、期货交易活跃，给人形成见涨或见跌的印象，诱使其他投资大众信以为真而上当受骗，操纵者则通过连续买卖的行为，达到抬高或者压低证券、期货交易价格的目的，从而控制价格并从中渔利。实践中连续买卖的主要表现形式有：①操纵者连续以低进高出或者高进低出的方式频繁交易，以达到抬高或者压低某种证券价格的目的；②以冲销转账的方式反复作价，即由某一集团或公司利用其不同的身份开设两个以上的账户，以冲销转账方式反复作价，将证券价格压低或者抬高，而操纵者支出的只是部分的手续费用，这实则是利用洗售的方式连续买卖证券，以达到操纵的目的；③以拉锯的方式反复作价，即操纵者在不同的证券代理商处开设账户，以同一笔或者数笔证券反复地通过某个证券商买进，然后通过另一证券商卖出，造成交易活跃的假象，引诱小投资者盲目跟进，从而达到操纵证券交易的目的。[2] 对于"连续"的判断，笔者认为，证券、期货交易应该允许两次交易，但是，两次交易间隔的时间应作严格限定，即不能在同一交易日，否则就应视为连续买卖。

第二，与他人串通，以事先约定的时间、价格和方式相互进行证券、期货交易，影响证券、期货交易价格或者证券、期货交易量的行为。这种行为又称为相互买卖行为，即一方买入，另一方卖出，而且多个行为人的买卖行为是相向的。不论价格高低，行为人除了支付一定的手续费外，均不会受到损失。这种行为能够制造一种虚假的证券、期货交易价格或者交易量，以诱导投资者作出错误的证券、期货交易判断，行为人进而可以从中获利。对于这种操纵证券、期货交易价格的行为，理论上一般认为主要是指通谋买卖的情况。所谓"通谋买卖"是指行为人与他人串通，以事先约定的时间、价格和方式相互进行证券、期货交易。例如，行为人意图影响证券市场价格，与

---

〔1〕 参见王作富、马民革："操纵证券交易价格罪"，载单长宗等主编：《新刑法研究与适用》，人民法院出版社 2000 年版，第 185 页。

〔2〕 参见李朝晖："操纵证券交易价格罪之'操纵'行为解析"，载《广西社会科学》2004 年第 10 期。

他人通谋，以约定的价格在自己卖出或者买入证券时，使约定人在交易同时实施买入或者卖出的相对行为的情况。当通谋买卖行为反复进行时，某一证券、期货合约的价格就可能受时间、价格和方式等因素的影响而被抬高或降低，行为人可以在价格被抬高时进行抛售，而在价格被降低时进行买入，以获取暴利。这种行为给其他投资者造成一种该证券交易活跃的假象，导致对证券交易价格产生极大误解，作出错误的投资判断而遭受损失，对证券市场秩序的破坏力很大。[1]

　　第三，在自己实际控制的账户之间进行证券交易，或者以自己为交易对象，自买自卖期货合约，影响证券、期货交易价格或者证券、期货交易量的行为。理论上一般认为，与刑法规定的这种操纵行为相类似的主要包括三种方式：其一为冲销转账，即连续交易人利用其不同身份开设多个账户，以冲销转账的方式反复作价，将证券、期货价格抬高或者压低，行为人实际均是自己与自己交易，支出的只是部分的交易手续费用；其二为拉锯，即行为人通过连续买卖，以拉锯的方式反复作价，将证券、期货合约的价格抬高或者压低；其三为洗售，即连续交易行为人为了造成虚假的行情，在卖出了某证券后，又会买入同样数量的同类证券，诱导小额投资者跟进。[2]上述这三种操纵行为，从某种意义上说均属于不转移证券、期货所有权的虚假交易。因为在自买自卖的情况下，证券、期货交易的双方实际上为同一个人，自己买入的证券、期货合约正是自己卖出的证券、期货合约，反之亦然。在这种情况下所形成的所谓"交易"事实上并没有转移证券、期货合约的所有权。此外，根据实际发生的案件看，行为人实际控制的账户主要包括其以自己名义开设的账户，以及通过投资关系、协议或者其他安排，能够实际管理、使用或处分的他人账户。行为人在上述账户之间进行同一种股票的交易，从而造成该种股票具有虚假的交易量，使该种股票的交易价格发生变动，以达到非法获利的目的。[3]

---

〔1〕　参见张继辉等编：《中华人民共和国证券法释义与适用》，中国人民公安大学出版社 1999 年版，第 264 页。

〔2〕　参见刘宪权：《金融犯罪刑法学原理》，上海人民出版社 2017 年版，第 389 页。

〔3〕　最高人民检察院法律政策研究室、中国证券监督管理委员会法律部编著：《证券期货犯罪司法认定指南——最高人民检察院、公安部关于证券期货犯罪案件追诉标准精释》，中国人民公安大学出版社 2009 年版，第 174 页。

第四，以其他方法操纵证券、期货市场的行为。这是刑法对操纵证券、期货市场罪行为方式的一种概括性规定。由于操纵证券、期货市场的行为可能多种多样，法律不可能把所有的行为方式均一一罗列，有关规定内容难免会挂一漏万，所以必须有概括性的规定对除上述三种方式以外的操纵行为加以囊括。对此，有学者认为，刑法在制定该条款时，虽然已明文规定了三种犯罪的客观行为，但基于社会和经济的发展，犯罪的手法千变万化，立法时不可能为之穷尽，故在列举了三项具体行为后又规定了上述第四项内容，以供审判人员在司法实践中据情予以引用。并认为，此种行为是指行为人以上述三种方式以外的其他方式操纵证券交易价格的行为，主要表现为：①利用职务之便，人为地压低或者抬高证券价格。这种情况主要是证券从业人员或者证券从业机构为达到某种目的，利用手中掌握的接受委托、报价等职务便利，人为地以打时间差、索取或者强行买卖证券等手段故意压低或抬高证券价格。②利用虚假证券信息操纵价格。虚假信息的内容既包括关于已经存在的有关影响证券交易价格等事实因素的虚假信息，也包括关于证券交易价格走势方面的虚假信息。如故意散布足以影响市场行情的留言或不实资料，扰乱投资人的判断能力，从而引诱其买卖该证券。③操纵者采取声东击西的方式，操纵某种类型股票中的一种，以达到操纵同类型其他股票的目的。由于证券具有可比性、地区性、同行业性及相关性，会形成所谓"概念股"，操纵者通常操纵"概念股"的"领头股"以达到操纵交易价格的目的。④以暴力、胁迫的方法迫使他人或者以某种利益引诱他人买卖证券的目的。⑤上市公司买卖或与他人串通买卖本公司的证券。⑥封盘操纵，又称利用涨停板制度操作，以涨停的价位封住盘，造成多发攻势凌厉的假象，然后利用持筹者惜筹的心理，吸引更多的买盘跟进后，自己则施展多翻空的手段，撤回买盘资金。⑦利用修改计算机中存储的报盘数据，抬高股票价格以获利的行为。[1]

笔者认为，对操纵证券、期货市场罪的"其他方法"并非可以作任意扩张解释，尽管这是一种为防止挂一漏万的概括性规定，但在罪刑法定原则下，

---

〔1〕 参见国家法官学院、中国人民大学法学院编：《中国审判案例要览》（2004年刑事审判案例卷），中国人民大学出版社2005年版，第135、148、149页。

如果一味强调"概括"，则完全可能出现新的"口袋罪"。《刑法》第 182 条对操纵证券、期货市场罪的规定中，将该罪的客观行为列举了四项，第四项是"以其他方法操纵证券、期货市场的"，而其中"其他方法"应与前三项规定的行为相类似，即应是有着同样性质和危害的操纵行为。例如，《刑法》第 263 条抢劫罪中的"以暴力、胁迫或者其他方法抢劫公私财物的"，其中的"其他方法"就是指具有与暴力、胁迫相同强制性质的方法；又如《刑法》第 312 条掩饰、隐瞒犯罪所得、犯罪所得收益罪中的"明知是犯罪所得及其产生的收益而予以窝藏、转移、收购、代为销售或者以其他方法掩饰、隐瞒的"，其中的"其他方法"也是指与窝藏、转移、收购、代为销售行为具有相同和类似性质的行为。而之所以对"其他方法"作如此解释，也正是由于罪刑法定原则的要求。因为如果可以对"其他方法"作无限制的扩张，势必会使得民众难以预测自己行为在刑法上的性质和后果，从而导致行为的萎缩。[1]同时也会赋予司法机关过于宽泛的自由裁量权，增加了职权被滥用的风险。而本案行为人的行为并非与前三项规定的行为相类似，故对其不能以该罪论处。在这一问题上，我国 2017 年修订的《期货交易管理条例》规定得较为全面。该条例第 70 条规定，所谓其他方法是指"国务院期货监督管理机构规定的其他操纵期货交易价格的行为"，这一条文明确了其他操纵期货价格的方式必须由"国务院期货监督管理机构规定"。

根据《刑法》第 182 条的规定，操纵证券、期货市场罪的成立在客观上还要求操纵证券市场的行为须达到"情节严重"的程度，也就是刑法理论上的情节犯，如果行为人实施的操纵行为并未达到情节严重的程度，则不构成犯罪。对于何为该罪中的"情节严重"，2010 年最高人民检察院、公安部《关于公安机关管辖的刑事案件立案追诉标准的规定（二）》第 39 条规定：操纵证券、期货市场，涉嫌下列情形之一的，应予立案追诉：①单独或者合谋，持有或者实际控制证券的流通股份数达到该证券的实际流通股份总量30%以上，且在该证券连续 20 个交易日内联合或者连续买卖股份数累计达到该证券同期总成交量 30%以上的；②单独或者合谋，持有或者实际控制期货

〔1〕 参见［日］西田典之：《日本刑法总论》，刘明祥、王昭武译，中国人民大学出版社 2009 年版，第 41 页。

合约的数量超过期货交易所业务规则限定的持仓量 50% 以上，且在该期货合约连续 20 个交易日内联合或者连续买卖期货合约数累计达到该期货合约同期总成交量 30% 以上的；③与他人串通，以事先约定的时间、价格和方式相互进行证券或者期货合约交易，且在该证券或者期货合约连续 20 个交易日内成交量累计达到该证券或者期货合约同期总成交量 20% 以上的；④在自己实际控制的账户之间进行证券交易，或者以自己为交易对象，自买自卖期货合约，且在该证券或者期货合约连续 20 个交易日内成交量累计达到该证券或者期货合约同期总成交量 20% 以上的；⑤单独或者合谋，当日连续申报买入或者卖出同一证券、期货合约并在成交前撤回申报，撤回申报量占当日该种证券总申报量或者该种期货合约总申报量 50% 以上的；⑥上市公司及其董事、监事、高级管理人员、实际控制人、控股股东或者其他关联人单独或者合谋，利用信息优势，操纵该公司证券交易价格或者证券交易量的；⑦证券公司、证券投资咨询机构、专业中介机构或者从业人员，违背有关从业禁止的规定，买卖或者持有相关证券，通过对证券或者其发行人、上市公司公开作出评价、预测或者投资建议，在该证券的交易中谋取利益，情节严重的；⑧其他情节严重的情形。据此，可以推定，我国司法实践中是依据行为无价值作为判断是否构成该罪的标准，即只要行为人实施了上述八种操纵证券、期货市场的行为都可以构成操纵证券、期货市场罪，而不论其所造成的危害结果的大小。

（二）操纵证券、期货市场罪主观方面的认定

理论上一般认为，操纵证券、期货市场罪行为人的主观方面表现为故意。认定某一行为是否属于操纵证券、期货市场行为，除了要看行为人是否具体实施了有关法律所规定的操纵行为，还必须查明行为人主观上是否具有操纵证券、期货市场的故意，但是对于本罪的构成是否包括间接故意则有不同看法。有的学者认为，本罪的主观方面只能是故意，而且只能是直接故意。故意内容是：行为人明知自己的行为会发生制造虚假证券、期货交易价格的结果，但为了获取不正当利益或者转嫁风险，希望这一结果发生。[1] 而有的学者认为，本罪可以由间接故意构成，即通过消极的放任行为（主要指欺骗性

---

〔1〕 胡启忠等：《金融犯罪论》，西南财经大学出版社 2001 年版，第 288 页。

沉默）操纵证券交易价格。[1]

笔者认为，操纵证券、期货市场罪的主观方面只能由故意构成，而且由于本罪是目的犯。即行为人是以获取不正当利益或者转嫁风险为目的，因而本罪只能由直接故意构成。即行为人明知自己的操纵证券、期货交易价格的行为违反证券、期货管理法规，但为了获取不正当利益或者转嫁风险，而不惜利用各种手段操纵证券、期货交易价格。当然，在本罪中犯罪目的是构成本罪的必要条件，但犯罪目的的实现与否并不影响本罪的实际构成。

本罪在主观方面除了必须具有直接故意，如何认定行为人的操纵故意也是比较困难的。在证券、期货交易的实际市场活动中，虽然符合操纵证券、期货交易价格的客观行为很多，但真正作为犯罪处理的却很少，日本至今也只有数件作为犯罪处理的实例。在美国，也只是列举各种违法事例，只有这些事例背离了通常的正当交易的观念，才能借此来判断行为人的主观故意。另外，对于如何认定行为人的操纵故意的问题，一些国家的实践中采用交易者提供反证的方法，即如果交易者不能提出没有操纵故意的反证，就可以认定交易者有操纵证券、期货交易价格行为。至于操纵行为所造成的证券、期货价格的上涨或下跌，则可以从证券、期货交易记录中加以确认。当然在一般情况下，散布上涨消息而自己将手中证券等卖出的，或散布下跌消息而自己却买入某种证券的，基本上可以视为具有谋取行情变动的目的，虚买虚卖或自买自卖等行为本身属于不正常行为，根据这种行为一般就能推定出行为人具有操纵的故意。

笔者认为，在认定我国证券、期货市场上操纵证券、期货交易价格行为时，行为人的操纵故意之确定是最为重要的。依笔者之见，在认定我国证券、期货市场上操纵证券、期货交易价格行为时，行为人的操纵故意一般是可以通过其行为的不正常性分析加以认定的，也即行为人只要实施了刑法中所列举的有关行为，结合行为人实施行为时的各种情况分析，就可以对其主观故意加以认定。而在某种情况下，我们也可以通过要求行为人提出反证的方法加以确定，如果行为人在实施了有关的不正常行为而又无法证明自己具有合法目的时，我们就可以确定其具有操纵故意。

---

[1] 樊成连、桂富新："浅谈增设操纵证券市场罪"，载《法商研究》1995 年第 6 期。

（三）操纵证券、期货市场罪与其他证券期货犯罪的界限

1. 操纵证券、期货市场罪与编造并传播证券、期货交易虚假信息罪的界限

操纵证券、期货市场罪与编造并传播证券、期货交易虚假信息罪在主体、主观方面以及客体等构成要件上均完全相同。也即在犯罪主体上两罪均为一般主体；在主观方面两罪行为人均可以具有人为抬高或压低证券、期货交易价格以获取利益、避免损失、转嫁风险等故意内容，但是，"获取不正当利益或者转嫁风险"并非是编造并传播证券、期货交易虚假信息罪的必要要件，而操纵证券、期货市场罪则以此为必要要件；两罪侵犯的客体也均为证券、期货市场的正常管理秩序和投资者的合法权益。两罪的主要区别在于行为人的客观行为不同，操纵证券、期货市场罪行为人通过法定列举的各种违法操作行为操纵证券、期货交易价格；而编造并传播证券、期货交易虚假信息罪的行为人则通过编造并且传播影响证券、期货交易的虚假信息，扰乱证券、期货市场的正常秩序。

由于操纵证券、期货交易价格的行为中实际上包含了编造并传播证券、期货交易虚假信息的行为，也即操纵者往往利用编造的虚假信息进行传播，从而达到操纵证券、期货交易价格的目的。就此而言，在利用虚假信息操纵证券、期货市场的案件中，编造并传播行为是手段，而操纵证券、期货交易价格行为则是目的。如果行为人通过编造并传播证券、期货交易虚假信息来操纵证券、期货交易价格，不能实行数罪并罚，而应按牵连犯的原则进行处理。牵连犯的构成条件中最主要的是：行为与行为之间具有牵连关系，以及这种牵连关系是以包容关系的存在为前提的。虽然刑法中规定有编造并传播证券、期货交易虚假信息罪和操纵证券、期货市场罪，但是在一些犯罪中，两者在客观方面确实可能存在行为之间的牵连关系和包容关系。进而言之，所谓牵连关系，是指行为人实施的编造并传播证券、期货交易虚假信息的行为与操纵证券、期货交易价格的行为，由于行为人主观目的的一致性，而实际上成为手段行为与目的行为的牵连关系。所谓包容关系，是指作为手段行为的编造并传播行为被作为目的行为的操纵行为所包容，即操纵行为中实际上包含有编造并传播行为。正是由于这种牵连关系和包容关系的存在，完全符合牵连犯的概念及构成条件，所以对此应以牵连犯的原则对行为人的行为

"从一重处断"或"从一重重处断",一般应按操纵证券、期货市场罪一罪定罪从重处罚。

2. 操纵证券、期货市场罪与内幕交易罪的界限

在证券、期货犯罪中,内幕交易罪和操纵证券、期货市场罪是两个最常见的犯罪。由于内幕交易行为离不开"内幕信息",而许多操纵证券、期货交易价格行为与"信息优势"有关,而且两行为所利用的信息均可能影响证券、期货的交易价格。因此,明确两者的界限十分重要。理论上一般认为,内幕交易罪和操纵证券、期货市场罪的区别主要在于两个方面:一方面,操纵信息的性质不同。内幕交易行为人所涉及的信息,是指实际存在的且对证券、期货价格走势有重大影响的未公开的信息。而操纵证券、期货交易价格行为人所涉及的信息则通常是操纵者自己制造的信息,而且这些信息通常都是虚假的。另一方面,利用信息的方式不同。内幕交易行为人是在信息尚未公开之前,利用投资大众不知内幕信息的情况进行证券、期货的交易,其特点是利用信息公布中的时间差。而操纵证券、期货交易价格的行为人则是通过联合或连续买卖、虚买假卖、自买自卖等非法交易行为,利用某些自己制造出来的信息,将自己的意志积极地体现到某种证券、期货合约的行情变化中,让价格随着自己的意愿上扬或者下跌。

## 第三节 证券期货犯罪的对策

证券期货犯罪的原因是多方面的,防治证券期货犯罪也应从多方面展开,如加强法制宣传,构建证券市场中的诚信文化氛围,加大风险防范意识教育,使投资人成为理性投资者等。除此之外,笔者主要从完善证券期货犯罪的刑事立法、强化应对证券期货犯罪的刑事司法功能、加强证券行政执法与刑事司法衔接机制、提升证券监管效能、完善证券期货违法犯罪的民事赔偿和行政处罚体系等角度展开讨论。

## 一、完善证券期货犯罪的刑事立法

证券期货犯罪的刑事立法完善应建立在尊重、符合证券市场规律的基础上。[1]在笔者看来，证券期货刑事立法的完善不能单纯地加大刑罚力度，要立足于刑罚目的的实现。证券期货刑事立法完善可以从以下三个方面展开：

1. 完善《刑法》规定与证券期货法律法规规定的衔接

证券期货犯罪为法定犯，其刑事立法应当与相关行政法应当保持一致。具体而言，可以在《证券法》《期货交易管理条例》等法律法规中增加追究刑事责任的具体刑法条款，同时在刑法条文中作相应的规定，保持两者之间的协调。有关证券期货犯罪的罪状基本都在相关法律法规中作了规定，根据简明扼要的立法要求，不必在刑法条文中再作重复规定，只需在刑法条文中指明"违反……法律法规"，并简单地描述具体犯罪的行为特征即可。这样，既可以简化刑法条文规定，又可以最大限度地避免金融法律规定与刑法条文规定的不一致，同时也符合有关法定犯罪状规定的一般模式。[2]

2. 完善证券期货犯罪的刑法条文

（1）完善定罪量刑标准规定，可以司法解释的方式分别对证券犯罪和期货犯罪的立案标准、起刑点和各种具体情节作出不同的规定。在刑法暂时无法将证券犯罪与期货的定罪、量刑情节作出不同的规定时，制定不同的犯罪立案、起刑点等的数额标准，应该是比较符合我国立法和司法实际的需要的。[3]

（2）完善罚金刑规定。从域外实践来看，罚金刑都是惩治证券期货犯罪的重要刑罚方法，因此，有必要对伪造、变造股票、公司、企业债券罪、擅自发行股票、公司、企业债券罪、编造并传播证券、期货交易虚假信息罪等提高罚金刑数额。同时，明确擅自发行股票、公司、企业债券罪、内幕交易、泄露内幕信息罪、编造并传播证券、期货交易虚假信息罪和诱骗投资者买卖证券、期货合约罪中单位犯罪罚金刑的数额。

---

〔1〕 赵希："构建现代化的证券期货犯罪刑事制裁体系——'证券期货犯罪的刑事立法完善'理论研讨会综述"，载《人民法院报》2016年12月14日，第6版。

〔2〕 参见刘宪权：《金融犯罪刑法学原理》，上海人民出版社2017年版，第77页。

〔3〕 刘宪权：《金融犯罪刑法学原理》，上海人民出版社2017年版，第131页。

（3）完善利用未公开信息交易罪的规定，实践中存在单位实施利用未公开信息交易的犯罪活动，可以考虑今后刑法修正中增加单位犯罪主体的规定。

（4）关于编造并传播证券、期货交易虚假信息罪，本罪作为独立的罪名存在是否合适，学界存在一定争议，有学者认为，可以将编造并传播证券、期货交易虚假信息罪归入操纵证券、期货市场罪之中。[1]

3. 对证券期货犯罪者适用资格刑或"从业禁止"

资格刑更加契合证券期货犯罪的职业性、专业性特征。显然，对证券期货犯罪者禁止一定时期内从事证券期货相关职业，能够有效降低再犯可能性，减少证券期货犯罪"黑数"，实现预防证券期货犯罪的目的，而刑法任务不仅是惩治犯罪，更在于预防犯罪，因而对证券期货犯罪者适用"从业禁止"与预防犯罪的目标是一致的。同时，对证券期货犯罪者适用"从业禁止"也有助于与《证券法》的衔接。《证券法》第 233 条规定了"证券市场禁入"的行政处罚，《刑法》理应进一步完善对证券期货犯罪的"从业禁止"规定。对此，有学者指出，一般的证券违法行为可以适用"从业禁止"进行处罚，而证券犯罪却不能适用刑事"从业禁止"予以规制。而从社会危害性程度上看，后者显然高于前者，然而二者的法律后果之设定却存在逻辑逆反，在法理上说不通。[2]进而言之，对证券期货犯罪中的单位犯罪适用"从业禁止"实有必要。

## 二、强化应对证券期货犯罪的刑事司法功能

关于证券期货犯罪的刑事司法应对，有学者主张应坚持"严而不厉"，也有学者主张"既严又厉"。在笔者看来，强化应对证券期货犯罪的刑事司法功能一是要加强专业化建设，二是要强化侦查和检察功能。

1. 加强专业化建设

一方面，在条件成熟的地方进行专业队伍和专门机构建设。近年来，我国公检法机关针对证券期货犯罪开展了专业化建设。2016 年 5 月，上海市公

---

〔1〕参见刘宪权：《金融犯罪刑法学原理》，上海人民出版社 2017 年版，第 366 页。

〔2〕齐文远、李江："论《刑法修正案（九）》中的'从业禁止'制度——以证券犯罪为考察视角"，载《法学论坛》2017 年第 5 期。

安局经侦总队证券犯罪侦查支队揭牌成立，此后，我国其他多个地方也建立了证券犯罪专业侦查队伍。2016 年 11 月，公安部正式确定辽宁省公安厅经侦总队、上海市公安局经侦总队、重庆市公安局经侦总队以及山东省青岛市公安局经侦支队、广东省深圳市公安局经侦支队等五个单位为证券犯罪办案基地。[1]为了有效应对日益严重的证券期货犯罪问题，今后仍应继续在侦查、检察、审判三个环节加强专业化建设。

另一方面，积极开展相关业务培训。2015 年我国股市发生异常波动后，公安部和中国证监会联合举办第一个全国性证券期货执法培训班，来自全国各地公安、证监、审计系统及法院、检察院的近 100 名专业人员参加了为期一周的培训。[2]为了服务于社会经济发展的需求，证券期货市场一直处于发展中，但同时证券期货犯罪也更为复杂，因此，应当经常对证券期货犯罪办案人员开展业务培训。

2. 强化证券期货犯罪的侦查和检察职能

就侦查工作而言，我国一些司法解释进行了针对性规定，以加强侦查功能。2011 年最高人民法院、最高人民检察院、公安部、中国证监会联合发布的《关于办理证券期货违法犯罪案件工作若干问题的意见》第 7 条规定："对涉众型证券期货犯罪案件，在已收集的证据能够充分证明基本犯罪事实的前提下，公安机关可在被调查对象范围内按一定比例收集和调取书证、被害人陈述、证人证言等相关证据。"就检察工作而言，鉴于证券期货犯罪查处难度大、犯罪人的人身危险性小于暴力犯罪人，有观点认为检察机关可以对证券期货犯罪适用认罪认罚从宽制度。对此，有实证研究指出，证券期货犯罪中的认罪比例是比较高的。在某直辖市检察机关办理的 19 件证券期货犯罪案件中，提起公诉的 15 件，不起诉的 4 件，在提起公诉的案件中，均为有罪判决且被告人均认罪，认罪比例达 100%。在 4 件不起诉案件中，被告人认罪的 1 件，不认罪的 3 件，认罪比例 25%。其中，内幕交易、泄露内幕信息罪 7 件，被告人均认罪，认罪比例达 100%；利用未公开信息交易罪 7 件，被告人认罪的 6 件，不认罪的 1 件，认罪比例达 85.7%；操纵证券、期货市场罪 2 件，

---

〔1〕 刘国锋："公安部确定五个证券犯罪办案基地"，载《中国证券报》2016 年 11 月 30 日，第 A2 版。

〔2〕 蔡长春："公安部确定五个证券犯罪办案基地"，载《法制日报》2016 年 11 月 30 日，第 3 版。

被告人均认罪；违规披露、不披露重要信息罪 1 件，被告人认罪；欺诈发行股票罪、债券罪和擅自发行股票、公司、企业债券罪各 1 件，两个案件均为法定不起诉，被告人不认罪系因无罪。[1]可见，我国在证券期货犯罪中适用认罪认罚制度具有实践基础。当前不少国家也通过辩诉交易的方式处理证券期货犯罪。美国、日本每年的证券交易量雄踞世界第一位和第二位，但日本近二十年来，平均每年只定罪 1~2 起内幕交易案；美国虽然案件数较多，但大多以辩诉交易刑事和解结案。中国的内幕交易刑事犯罪，绝大多数行为人是认罪服判的。因此，一般的内幕交易罪（不包括"老鼠仓"）是否应当作为打击重点是值得商榷的。[2]

### 三、加强证券行政执法与刑事司法衔接机制

证券期货犯罪往往侦办难，而同时一些证券期货犯罪的受害人多，社会影响面广，这又要求尽快查办，如何解决这一问题，加强证券行政执法与刑事司法衔接，以及相关部门的合作是行之有效的方法。例如，美国证券交易委员会（SEC）可以与刑事机关协作，对证券欺诈行为的违法所得和欺诈行为进行定量。[3]在证券期货犯罪的行政执法与刑事司法关系中，各国虽采取不同的形式，但本质上是加强行刑合作，提升侦办能力。我国也强调证券期货犯罪的行政监管部门与刑事司法机关的合作、衔接机制。2011 年《关于办理证券期货违法犯罪案件工作若干问题的意见》明确了证券监管机构与司法行政机关合作内容：①行政执法环节，证券监管机构可商请公安机关协助查询、复制被调查对象的户籍、出入境信息等资料，对有关涉案人员按照相关规定采取边控、报备措施；②案件移送环节，证券监管机构依据行政机关移送涉嫌犯罪案件的有关规定，在向公安机关移送重大、复杂、疑难的涉嫌证券期货犯罪案件前，应当启动协调会商机制，就行为性质认定、案件罪名适

---

〔1〕 张朝霞、金轶、陈旭："证券期货犯罪案件认罪认罚从宽适用问题"，载胡卫列、董桂文、韩大元主编：《认罪认罚从宽制度的理论与实践——第十三届国家高级检察官论坛论文集》，中国检察院出版社 2017 年版。

〔2〕 顾肖荣、陈玲："惩治证券犯罪效果的反思与优化"，载《法学》2012 年第 10 期。

〔3〕 毛玲玲：《金融犯罪的实证研究——金融领域的刑法规范与司法制度反思》，法律出版社 2014 年版，第 336 页。

用、案件管辖等问题进行会商；③办案环节，公安机关、人民检察院和人民法院在办理涉嫌证券期货犯罪案件过程中，可商请证券监管机构指派专业人员配合开展工作。[1]此后，各地方也进行了有益的探索，以加强证券期货犯罪的行政监管部门与刑事司法机关的合作机制。例如，深圳证监局与深圳市公安局于2012年11月29日在全国率先签署《关于办理证券期货违法犯罪案件工作合作备忘录》，主要确定了以下内容：一是构建行政执法向刑事追责移送案件的通道，提高案件移送效率，加大证券违法犯罪行为的刑事打击力度；二是明确公安部门对于符合刑事追诉标准的案件提前介入的制度安排，固化关键证据，强化稽查现场执法的威慑力；三是建立调查取证阶段的协助调查、执法协作机制，丰富稽查执法手段，提高稽查执法的有效性；四是完善情报互换、出具意见、业务培训与交流机制，促进双方之间的相互支持。[2]又如，上海公安机关已先后与质监、工商、食药监、烟草等10家行政执法部门签订了《信息资源共享协议》，通过定期拷贝数据，双向、及时互通信息，实现资源整合的多赢格局。[3]证监会也表示，证监会发挥专业优势，全力支持和配合公安司法机关对相关案件的后续追责：一是通过专业分析、技术支持、依法出具行政认定意见等方式，全力支持公安机关侦办利用信息优势、高频程序化交易操纵市场案件；二是探索行政执法与刑事司法有机衔接新模式；三是加强研讨交流推动疑难案件查处；四是积极配合最高人民法院开展利用未公开信息交易、操纵市场罪的司法解释起草，针对欺诈发行、信息披露等多项主要证券期货罪名提出刑法修正意见。[4]在证券领域行政执法与刑事司法衔接机制的具体建构中，有学者提出，对移送主体而言，由于采取同步协调的原则，对于涉嫌犯罪的案件，中国证监会可以在其处罚结束后才予以移送，此时的移送主体可以确定为只是中国证监会内的行政处罚委员会，对于派出机构由于其处罚的案件均是简单案件，自然不会涉及犯罪。对接受主体而言，

---

〔1〕 参见2011年《关于办理证券期货违法犯罪案件工作若干问题的意见》第1~5条。

〔2〕 参见杜雅文、张莉："深圳证监局与深圳市公安局合作打击证券犯罪"，载《中国证券报》2012年11月30日，第7版。

〔3〕 参见曹奇珉、焦瑞波："涉上市公司类证券犯罪案件刑事规制现状及对策建议"，载《上海公安高等专科学校学报》2017年第2期。

〔4〕 参见刘国锋："证监会严打证券期货违法犯罪活动"，载《中国证券报》2016年12月27日，第A1版。

可以采取只是移送给公安部证券犯罪侦查局，由其根据不同的犯罪类型确定是由其直接立案侦查，还是直属分局立案侦查，抑或地方各地公安机关立案侦查。[1]质言之，基于证券期货犯罪的特性，以及实践基础和域外经验，我们应进一步完善证券领域行政执法与刑事司法的合作、衔接机制，不断提升刑事司法效能。

## 四、提升证券监管效能

提升证券期货市场的监管效能是预防证券期货犯罪的第一道防线。证券监管目标是要克服市场固有缺陷，确保证券的发行、交易活动遵循公开、公平、公正的原则，从而发挥证券市场的基本功能，保护投资者合法权益，促进国民经济健康发展。而一旦证券监管目标得以实现，就能在最大程度上预防与减少证券期货犯罪。近年来，我国不断加强证券监管建设。中国证监会是我国证券监管的主要机构，2007年11月，中国证监会稽查总队组建成立，主要职责为承办证券期货市场重大、紧急、跨区域案件，以及上级批办的其他案件。[2]一些地区也不断加大证券监管力度，例如，深圳证监局不断加强和改进证券监管和稽查执法工作，严厉打击内幕交易、操纵市场、虚假披露等证券违法行为，保护广大投资者的合法权益，维护好资本市场公开、公平、公正的"三公"原则。[3]因此，为了有效应对证券期货犯罪问题，应当从多方面加强证券监管效能，如完善信息披露制度、加强自律监管建设等。例如，信息披露制度是有效规制内幕交易违法犯罪活动的重要措施，未来要进一步加强信息管理制度和信息披露制度的建设，规范公司信息管理流程，避免知情人士利用时间差进行内幕交易；建立健全公司法人治理结构，明确高管人员的权责，强化高管人员在内幕交易防范方面的责任；规范董事会、监事会、股东大会的运作，确保"三会"运作的制度化、程序化等，充分利用各种社

---

〔1〕 练育强："问题与对策：证券行政执法与刑事司法衔接实证分析"，载《上海政法学院学报（法治论丛）》2018年第4期。

〔2〕 参见"中国证监会网站稽查总队模块中的机构职能"，载中国证监会网站，http://www.csrc.gov.cn/pub/newsite/jczd/，2018年3月4日访问。

〔3〕 参见杜雅文、张莉："深圳证监局与深圳市公安局合作打击证券犯罪"，载《中国证券报》2012年11月30日，第7版。

会资源预防和共同打击内幕交易，让内幕交易无处遁形。[1]

## 五、完善对证券期货违法犯罪的民事赔偿和行政处罚体系

在应对证券期货犯罪问题时，加强刑事惩罚政策是必要的，也是重要的。但如果完全寄希望于通过刑事惩罚措施以防治证券期货犯罪，或许要事与愿违。近年来，证券犯罪（以内幕交易罪为例）无论从每年实际定罪的绝对数，还是从刑事起诉率和刑事定罪率的相对数看，我国在世界上的排位都是很靠前的。[2]但是，证券期货犯罪并未得到有效遏制。因此，越来越多的国家认识到，单纯依靠刑罚手段不足以应对各种证券期货违法犯罪行为。一般而言，民商法、证券法学者所关心的是证券交易的流通与促进，他们大多主张以各种法律手段，包括刑事处罚，来确保证券市场的机能。刑事法学者则更关心刑法的谦抑性，认为只有在其他法律手段，如民事、行政责任已经不足以维持证券市场机能与秩序时，才需要动用最为严厉的刑罚手段。[3]"证券市场违法犯罪往往不单是涉及行政责任，仅靠单一的行政执法并不能达到惩戒目的，还必须把民事和刑事相关的执法制裁都配套起来。"[4]因此，应对证券期货犯罪问题，不能单纯依赖刑事处罚措施，应当进一步完善民事赔偿、行政处罚体系。

---

〔1〕 安宁："严查严罚内幕交易，尚需完善相关法律条款"，载《证券日报》2017 年 9 月 5 日，第 1 版。

〔2〕 顾肖荣、陈玲："惩治证券犯罪效果的反思与优化"，载《法学》2012 年第 10 期。

〔3〕 陈建旭："日本规制证券犯罪的刑法理论探析"，载《北方法学》2010 年第 6 期。

〔4〕 张东臣："证券犯罪惩戒应坚持'严而不厉'——访北京大学法学院白建军教授"，载《中国经济时报》2005 年 9 月 14 日，第 4 版。

# 第七章

# 金融职务犯罪的防治

## CHAPTER 7

金融领域是职务犯罪的高发领域。近年来金融腐败、金融渎职等犯罪活动造成恶劣的社会影响，而受到广泛的关注，因此，当前防治金融职务犯罪具有重要的现实意义。

## 第一节　金融职务犯罪的特征与原因

广义上而言，金融职务犯罪包括金融领域贪污、贿赂犯罪和金融渎职犯罪，前者是指金融机构工作人员利用职务之便实施的贪污、受贿、挪用公款等犯罪活动，[1]后者是金融机构或其工作人员利用职务之便实施的违法运用资金罪、违法发放贷款罪、违规出具金融票证罪等犯罪活动。因此，金融职务犯罪，是指金融机构或其工作人员利用职务上的便利，贪污、挪用公款、受贿等，或者滥用职权、玩忽职守等，侵犯职务行为公正性等以及破坏金融管理秩序，依照刑法应受刑罚处罚的行为。质言之，金融职务犯罪是发生在金融领域中有关利用职务之便实施的犯罪活动的总称。根据现行《刑法》的规定，我国金融职务犯罪类型主要包括两大类：一类是金融领域中贪污、贿赂犯罪，包括职务侵占罪、贪污罪、非国家机关工作人员受贿罪、受贿罪、挪用资金罪和挪用公款罪；另一类是金融渎职犯罪，包括背信运用受托财产罪、违法运用资金罪、违法发放贷款罪、吸收客户资金不入账罪、违规出具

---

〔1〕　金融领域贪污、贿赂犯罪也可以称为权力型金融犯罪，"所谓权力型金融犯罪，是指银行或者其他金融机构、保险公司的工作人员利用职务便利贪污、受贿、挪用、侵占、破坏金融管理秩序的行为。"参见莫洪宪："论我国金融犯罪的刑事政策"，载《武汉公安干部学院学报》2000 年第 1 期。

金融票证罪和对违法票据承兑、付款、保证罪。[1]

## 一、金融职务犯罪的状况与特征

金融职务犯罪已成为职务犯罪中的高发领域，十八大以来，被调查或处分的金融领域高官、高管至少五十多人。[2]金融职务犯罪具有严重的社会危害性，它不仅侵犯了职务行为的廉洁性、妨害金融行为的合法、公正、有效执行，也危及正常的金融管理秩序，甚至经济安全。

（一）金融职务犯罪的状况

近年来，金融领域职务违法犯罪活动呈高发态势，一些案件涉案金额巨大。据统计，2008~2010 年，中信银行等金融机构违规发放贷款和办理票据业务共 30.64 亿元；中国工商银行所属的 9 家分支机构违规发放法人贷款 94.99 亿元。[3]2003~2009 年北京市金融系统职务犯罪案件中，涉案金额在 100 万元以上的特大案件占到了 54.5%，涉案金额在 1000 万元以上的案件占 23.6%，涉案数额远超其他领域或行业职务犯罪的金额。[4]2014 年 1 月至 2015 年 6 月，全国检察机关立案查办金融领域职务犯罪案件 701 件 877 人。[5]在金融领域还出现了"小官巨贪"的现象。例如，2011 年鄱阳县农村信用联社城区分社主任徐某伙同他人贪污农村信用联社城区分社存储资金高达 9400 万元；2008 年中国人民银行宣化县支行综合办公室主任冯某挪用宣化县农村信用联

---

〔1〕 1997 年《刑法》在第 183 条至第 189 条专门规定了金融职务犯罪。此后，《刑法修正案（六）》对金融职务犯罪进行了较为详细的修订：第 12 条增设背信运用受托财产罪、违法运用资金罪；第 13 条对《刑法》第 186 条进行了修正，最高人民法院、最高人民检察院《关于执行〈中华人民共和国刑法〉确定罪名的补充规定（三）》将《刑法》第 186 条的罪名规定为违法发放贷款罪，取消违法向关系人发放贷款罪罪名；第 14 条对《刑法》第 187 条第 1 款进行了修正，《关于执行〈中华人民共和国刑法〉确定罪名的补充规定（三）》将《刑法》第 187 条罪名规定为吸收客户资金不入账罪，取消用账外客户资金非法拆借、发放贷款罪罪名；第 15 条对《刑法》第 188 条第 1 款进行了修正，《关于执行〈中华人民共和国刑法〉确定罪名的补充规定（三）》将《刑法》第 188 条罪名为违规出具金融票证罪，取消非法出具金融票证罪罪名。

〔2〕 参见陆坚："金融腐败的新特点"，载《方圆》2017 年第 11 期。

〔3〕 参见郭华主编：《金融证券犯罪案例精选》（第 1 辑），经济科学出版社 2015 年版，第 128 页。

〔4〕 参见李松、黄洁、吴萌："金融领域职务犯罪两极分化态势明显"，载《法制日报》2010 年 12 月 7 日，第 4 版。

〔5〕 参见周斌、李豪："加快办理证券期货案件进度"，载《法制日报》2015 年 11 月 26 日，第 5 版。

社存款准备金高达 7000 万元。[1]

（二）金融职务犯罪的特征

近年来，我国金融职务犯罪呈现出一些新的发展趋势，具体而言，金融职务犯罪的主要特征如下：

第一，金融职务犯罪的类型主要集中在银行系统，尤以信贷环节、储蓄环节为主。例如，辽宁省 14 个地市公安局及辽河油田公安局经侦支队调查统计，2007~2011 年，各级经侦部门侦办涉及农村金融服务机构职务犯罪案件共 29 起，涉案金额 8.4 亿元。其中，违法发放贷款 11 起，挪用资金、职务侵占 18 起。[2]2009~2013 年，北京市检察机关共立案侦查金融领域职务犯罪案件 35 件 48 人。从发案单位行业性质看，银行发案 18 件、保险公司 4 件、证券公司 3 件，占总案件数的 71.4%；从发案环节看，发生在银行授信审批环节 10 件，财务管理环节 9 件，投资理财环节 6 件，以上三个环节占总案件数的 71.4%；从案件类型看，犯罪主要集中为贿赂犯罪，共计 24 件，占总案件数的 68.6%；贪污犯罪 7 件；挪用公款犯罪 3 件。[3]在电子银行、互联网普遍使用的背景下，吸收客户资金不入账等犯罪活动则相对较少。

第二，金融职务犯罪主体呈两极化、高学历者较多。金融职务犯罪主体呈两极化趋势，涉案人员既有管理人员，也有一线经办人员和柜台人员。例如，2003~2009 年北京市职务犯罪侦查部门立案侦查金融系统职务犯罪涉案 59 名犯罪嫌疑人中，为一线经办人员或柜台人员的就有 20 人，占到了总人数的 33%；金融系统高级管理人员共有 18 人，约占总人数的 31%。[4]2009~2013 年北京市检察机关立案侦查金融领域职务犯罪涉案 48 人中，行长、副行长等单位负责人 7 人，经理、司长、主任等部门负责人 23 人，项目负责人 5 人，研究员 3 人，信贷员、收银员 10 人。[5]农村信用社内挪用资金、职务侵占案件，均是业务骨干或乡镇、村信用社等分支机构领导或分支机构主任直

---

〔1〕　刘赛英："强机制建设防范金融职务犯罪"，载《金融经济》2011 年第 10 期。

〔2〕　参见原军："辽宁省农村金融服务机构职务犯罪手法、特点、原因调研报告——从公安经侦工作视角"，载《辽宁警专学报》2011 年第 4 期。

〔3〕　参见池强主编：《金融领域职务犯罪预防与警示》，法律出版社 2014 年版，第 1~2 页。

〔4〕　参见李松、黄洁、吴萌："金融领域职务犯罪两极分化态势明显"，载《法制日报》2010 年 12 月 7 日，第 4 版。

〔5〕　参见池强主编：《金融领域职务犯罪预防与警示》，法律出版社 2014 年版，第 3 页。

接利用职务之便侵吞信用社资金，或者出纳、会计。[1]金融职务犯罪主体还呈现高学历、低龄化的特征。例如，2003~2009 年北京市职务犯罪侦查部门立案侦查金融系统职务犯罪涉案 59 名犯罪嫌疑人中，平均的犯罪年龄仅有 39.33 岁，其中有 2 名为博士研究生，12 名为硕士研究生，6 名为大学本科。[2]2009~2013 年北京市检察机关立案侦查金融领域职务犯罪涉案 48 人中，具有大学以上学历的 35 人，占总人数的 72.9%，其中具有硕士、博士研究生学历的 14 人。[3]

第三，金融职务共同犯罪现象较为普遍。由于金融业务的复杂性与交叉性，金融职务犯罪不仅需要利用之便，通常还需要内外勾结、分工配合共同完成犯罪。因此，金融职务共同犯罪的现象较为普遍，其又表现为"内-内"勾结和"内-外"勾结两种形式。例如，中国银行北京的一个储蓄所里从所长到储蓄员的 6 人在 10 个月内挪用了 3000 万公款同客户炒汇。按照银行规定，所长、储蓄员、复核员本应互相监督，该所 5 名员工虽有分工，但平时经常相互串岗，导致最初的个人犯罪无人监管，最终形成大规模的集体犯罪，这起案件"两个人都干不了，只有三个人才能干得了"。[4]在银行贷款审批环节发生的职务犯罪，往往存在内外勾结的情形。实践中，金融系统具有审批贷款、批提现金、票据结算等多项服务内容，不法行为人为了达到诈骗、挪用资金等非法目的，使用贿赂等方式勾结金融内部人员共同犯罪。[5]

第四，金融职务犯罪具有隐蔽性、潜伏期较长。金融职务犯罪极具隐蔽性，犯罪潜伏期较长。实践中，金融职务犯罪的犯罪手段包括：通过证债券发行与回购、股权收购等表面上合法的资本运作手段掩盖贪污受贿的事实；犯罪行为通过多家金融机构共同参与完成，具有间接性和复杂性，不易发现。[6]

---

〔1〕 原军："辽宁省农村金融服务机构职务犯罪手法、特点、原因调研报告——从公安经侦工作视角"，载《辽宁警专学报》2011 年第 4 期。

〔2〕 参见李松、黄洁、吴萌："金融领域职务犯罪两极分化态势明显"，载《法制日报》2010 年 12 月 7 日，第 4 版。

〔3〕 参见池强主编：《金融领域职务犯罪预防与警示》，法律出版社 2014 年版，第 3 页。

〔4〕 参见杨昌平："北京中国银行某储蓄所工作人员挪用公款 3000 万炒汇"，载新浪网，http://news.sina.com.cn/c/2004-11-23/15535007652.shtml，2018 年 3 月 12 日访问。

〔5〕 毛玲玲：《金融犯罪的实证研究——金融领域的刑法规范与司法制度反思》，法律出版社 2014 年版，第 275 页。

〔6〕 池强主编：《金融领域职务犯罪预防与警示》，法律出版社 2014 年版，第 2~3 页。

可见，一些金融腐败行为常常以干股受贿、期权腐败的形式出现，此类犯罪周期较长，也不易查处。有些犯罪分子采取窃取他人保管密码作案，或操纵计算机程序串户作案，或利用技术管理漏洞违规透支、截留、拆借资金等进行犯罪，或利用信息技术伪造变造凭证、单据，空存骗支、偷改记录侵吞、窃取存款和公款等。[1]一些掌握着高超电脑技术的金融系统一线员工还会利用金融业务的时间差、地点差、利息差、行际差作案。[2]例如，经对北京市2007~2009年各个系统职务犯罪的周期统计分析，金融系统职务犯罪的犯罪周期平均为6.3年，远远高于司法、教育、城建等其他各个领域。[3]2009~2013年，北京市检察机关立案侦查的金融领域职务犯罪显示，从首次作案到被立案侦查的平均潜伏期为4.2年，最长的达13年。[4]即便在一些作案手段简单的金融职务犯罪中，由于隐蔽性较强，案件的潜伏期也较长。例如，湖南郴州查办的会计刘某挪用储户存款一案，即利用银行未及时销毁的票证，通过类似于"老鼠仓"的形式进行平账，作案手段简单，却整整持续了两年时间才被察觉。[5]

## 二、金融职务犯罪的原因

金融职务犯罪的产生是多方面因素共同作用的结果，笔者主要从经济原因、立法原因、金融监管原因和犯罪人原因等角度展开分析。

### （一）经济原因

从计划经济走向市场经济是社会发展的产物。市场经济大大提升了国家经济能力、综合国力和人民生活水平。本质上，市场经济是法制经济，当经济法制不够健全时，市场经济中的一些弊端就可能被放大。当前，我国金融市场仍不够成熟，如市场融资机制不健全，银行贷款领域出现各种乱象。例如，企业需要寻求银行贷款满足资金需求，导致银行的垄断地位更显突出。

---

〔1〕　王勋爵："简论金融职务犯罪的预与防"，载《中国刑事法杂志》2012年第11期。

〔2〕　参见李松、黄洁、吴萌："金融领域职务犯罪两极分化态势明显"，载《法制日报》2010年12月7日，第4版。

〔3〕　参见李松、黄洁、吴萌："金融领域职务犯罪两极分化态势明显"，载《法制日报》2010年12月7日，第4版。

〔4〕　参见池强主编：《金融领域职务犯罪预防与警示》，法律出版社2014年版，第3页。

〔5〕　王勋爵："简论金融职务犯罪的预与防"，载《中国刑事法杂志》2012年第11期。

而企业为获取银行贷款而主动"拉关系",不惜重金贿赂有贷款审批权的人,形成了"欲获贷款、先行贿"的行业潜规则。同时,银行经营模式单一,存贷差仍然是银行最主要的盈利模式,为了争夺市场份额和优质的客户群,银行间展开了恶性竞争,将吸储能力作为考核的重要指标,致使银行工作人员为吸收大额存款而长期向国有企业等大客户行贿。[1]

(二) 立法原因

当前,我国金融法律法规总体上比较全面,各个金融业务领域都制定了相关规范性文件,但是,面对迅猛发展的金融业,还是暴露出金融法律法规的滞后性和效力层次低的问题。有学者指出,中国人民银行指定的规章操作性较强,但因其属于部门规章,法律层次不高,约束力差,对愈演愈烈的金融渎职犯罪,这些部门规章确实有点力不从心,金融渎职犯罪的泛滥也就在所难免。[2]例如,规范金融机构贷款行为的主要是《商业银行法》《贷款通则》,《商业银行法》对贷款行为的规范比较笼统,《贷款通则》规定得较为详尽和具体,但《贷款通则》仅是中国人民银行发布的部门规章,层级较低,不属于违法发放贷款罪中的"国家规定"。又如,规范金融票证行为的主要有《票据法》《支付结算办法》《国内信用证结算办法》,但《支付结算办法》《国内信用证结算办法》是中国人民银行发布的部门规章,层级较低,缺乏全面、详尽的规范,在面对日益多发的金融票证犯罪时,这些规章制度在打击该犯罪方面显得力不从心。[3]

(三) 金融监管原因

金融职务犯罪存在"十案九违规"的现象,这暴露出当前金融监管中存在的诸多问题。有人曾将银行事业比喻成"行长经济",这表明银行或其他金融机构的法人治理仍旧不完善,决策权、执行权、监督权未能有效分开,相关规章制度以及内控管理制度形同虚设,从而导致监管的失效。例如,中国农业银行齐齐哈尔龙沙支行原行长王某、汽车信贷部原经理李某挪用公款3700万元一案,在该行 60 余名职工中,因本案受到处分的就有 40 余人,其中 6 人被直接开除。基层"一把手"掌管权过大,客观上已经形成了"一人

---

[1] 池强主编:《金融领域职务犯罪预防与警示》,法律出版社 2014 年版,第 13 页。
[2] 李永升主编:《金融犯罪研究》,中国检察出版社 2010 年版,第 371 页。
[3] 郭华主编:《金融证券犯罪案例精选》(第 1 辑),经济科学出版社 2015 年版,第 128、148 页。

犯罪、全行配合"的局面。[1]一些银行或者其他金融机构对内控制度建设不够重视，内部审批和分段授权制度仍未有效建立，从而导致违法运用资金罪、吸收客户资金不入账、对违法票据承兑、付款、保证等犯罪活动的发生。例如，在票据业务中，票据业务的特殊性决定了银行或者其他金融机构应该加强票据承兑或付款业务的监督力度。然而，由于内部监管不到位，稽核部门、合规部门以及风险控制部门均未有效发挥职能作用，导致犯罪得逞。[2]因此，由于机制性漏洞的存在，大到笼统的监管制度，常规监督有名无实，小至印鉴、凭证、票据及款物的保管，日常规范流于形式，造成法制滞后，管理疏忽，使犯罪分子有机可乘，这是难以有效预防金融职务犯罪的动态因素。[3]而且，职务犯罪即使被揭发，也会因各种原因未能得到及时、有效的处理，"尽管我国早已建立了金融内控和案件移送机制，但内部反腐缺乏应有的独立性，内部预防流于形式，移送机制形同虚设，以纪代法，以罚代刑，对腐败案件能捂得住就不报，瞒得了就不移，压不住则保，保不住则拖，这种执纪不严、有案不查、压案不报的做法往往导致恶性循环，使金融反腐往往陷入被动局面。实践中除非引发重大社会事件，否则检察机关难以掌握相应的犯罪线索，主动介入极其不易，直接导致了金融领域腐败现象高发"[4]，这在一定程度上纵容了金融职务犯罪的蔓延。

### （四）犯罪人原因

市场经济在创造社会财富的同时，也使得一部分人先富起来，拜金主义思想充斥在社会的各个领域。金融职务犯罪涉案人员对财富和金钱形成了片面的观念，"拜金主义""一切向钱看""金钱万能""利己主义"成为他们的道德观念，一旦个人合法收入不能够满足其贪欲时，利用职务之便获取非法利益便成为"捷径"，进而将其所拥有的权力物化、商品化，"用我的钱买你的权，再用你的权赚我的钱"便成为权钱交易、权力寻租行为的写照，贪欲与权力的结合正是金融职务犯罪发生的重要原因。对此，有学者指出，"社会转型中，'经济人'追求利益最大化的观念被不断强化，经济行为的多元化加

---

[1]　参见谢海英："当前金融领域职务犯罪的原因及防控"，载《中国检察官》2010年第7期。

[2]　郭华主编：《金融证券犯罪案例精选》（第1辑），经济科学出版社2015年版，第156页。

[3]　王勖爵："简论金融职务犯罪的预与防"，载《中国刑事法杂志》2012年第11期。

[4]　王勖爵："简论金融职务犯罪的预与防"，载《中国刑事法杂志》2012年第11期。

大了不同职业、身份者经济落差，物质财富与社会角色的对应关系引起了社会结构的变化，影响着社会的公共观念，并逐渐成为社会的主流认识，这一切也必然会对作为社会成员组成部分的公职人员价值观念的变迁带来影响，有职务者利用公共权力缩小与其他社会成员的经济落差成为实施职务犯罪最直接的动机和选择。"[1]同时，金融职务犯罪涉案人员存在法制观念淡薄、侥幸过关的心理状态，他们自认为有一定的身份、地位，见识多广，对自身的专业能力十分自信，相信自己的犯罪手段十分高明，外人不易发现，且熟知金融管理、监督等制度的漏洞，所以心存侥幸，误认为自己的违法行为不会被发现，更不会被查处。[2]

## 第二节　金融职务犯罪的司法适用

在认定背信运用受托财产罪、违法运用资金罪、违法发放贷款罪、吸收客户资金不入账罪、违规出具金融票证罪、对违法票据承兑、付款、保证罪的相关行为时，刑法理论和司法实践中出现了许多新问题，需要在理论上对相关问题进行探讨并解决。

### 一、背信运用受托财产罪的司法认定

根据我国《刑法》第 185 条之一第 1 款的规定，背信运用受托财产罪，是指商业银行、证券交易所、期货交易所、证券公司、期货经纪公司、保险公司或者其他金融机构，违背受托义务，擅自运用客户资金或其他委托、信托的财产，情节严重的行为。

（一）背信运用受托财产罪客观方面的认定

1. "违背受托义务"的认定

理论上一般认为，受托义务不仅包括金融机构与客户之间约定的义务，还包括法律、行政法规、部门规章规定的法定义务。立法机关研究后认为，本条所谓"违背受托义务"，不能简单地认为仅限于违背了委托人与受托人之

---

〔1〕 赵秉志、魏昌东："寻租型职务犯罪的衍生机理和控制对策"，载《人民检察》2008 年第 3 期。
〔2〕 池强主编：《金融领域职务犯罪预防与警示》，法律出版社 2014 年版，第 11 页。

间具体约定的义务，其还包括而且首先应当包括违背了法律、行政法规、部门规章规定的受托人应尽的法定义务。[1]司法实践中，对于本罪"违背受托义务"的认定，应注意以下三点内容：其一，本罪刑法条文中规定的"受托义务"通常来源于商业银行、证券交易所、期货交易所、证券公司、期货经纪公司、保险公司或者其他金融机构与客户之间的合同关系，但其理应受制于《商业银行法》《证券法》《保险法》及《信托法》等相关金融法律、行政法规规定的法定义务。其二，合同并不是受托义务来源的唯一形式，只要能够形成受托义务的形式都可以成为受托义务的来源。其三，本罪成立条件之一的"违背受托义务"与挪用类犯罪成立条件之一的"利用职务上的便利"是不同的。只要有受托的事项存在，即便是没有任何职务便利的人员也可能"违背受托义务"；而"利用职务上的便利"则无须受托事项的存在，只要有职务存在，行为人就可以利用职务上的便利。

2."擅自运用"的认定

"擅自运用"是指未经客户或委托人的同意而私自动用受托资金的行为，如证券公司擅自动用客户保证金的行为等。在实践中，我们要注意区别擅自运用与不当运用。如果仅仅是不当运用客户资金或其他委托、信托的财产，则并不构成背信运用受托财产罪。笔者认为，两者最根本的区别在于是否违背受托义务和是否有客户的明确授权，前者是在没有客户明确授权的情况下违背了受托义务运用受托资金，而后者是在客户的明确授权范围内不当运用受托资金，但就根本而言并没有违背受托义务。在认定的过程中有必要结合具体的业务内容，委托人与受托人之间的具体达成的约定事项，以及法律对相关具体行为的规定来加以认定。例如，《证券法》第141条第1款规定："证券公司接受证券买卖的委托，应当根据委托书载明的证券名称、买卖数量、出价方式、价格幅度等，按照交易规则代理买卖证券……"第143条规定："证券公司办理经纪业务，不得接受客户的全权委托而决定证券买卖、选择证券种类、决定买卖数量或者买卖价格"。因此，只要该具体投资行为经过了客户的明确授权，就不应以本罪论处。

需要注意的是，此处所指的"擅自"与擅自设立金融机构罪及擅自发行

---

〔1〕 黄太云："《刑法修正案（六）》的理解与适用（下）"，载《人民检察》2006年第15期。

股票公司、企业债券罪中的"擅自"是不同的。后两罪中的"擅自"均是指未经国家有关主管部门的同意和批准，而本罪中的"擅自"并非指没有经过受托金融机构的上级主管部门或者金融监管部门的同意和批准，而是指没有得到委托人或者受益人的同意和批准。当然，此处的"擅自"还应当结合双方当事人之间具体的约定来加以认定，只要委托人在合同中已经授权受托人处理某项事务，即使后来受托人在处理这项事务中的具体情节时未征求委托者的意见，仍然不能将受托人的行为认定为"擅自运用"。

3. "情节严重"的认定

2010 年最高人民检察院、公安部《关于公安机关管辖的刑事案件立案追诉标准的规定（二）》第 40 条对本罪的立案标准规定如下：商业银行、证券交易所、期货交易所、证券公司、期货公司、保险公司或者其他金融机构，违背受托义务，擅自运用客户资金或者其他委托、信托的财产，涉嫌下列情形之一的，应予立案追诉：①擅自运用客户资金或者其他委托、信托的财产数额在 30 万元以上的；②虽未达到上述数额标准，但多次擅自运用客户资金或者其他委托、信托的财产，或者擅自运用多个客户资金或者其他委托、信托的财产的；③其他情节严重的情形。

（二）背信运用受托财产罪主观方面的认定

本罪的主体是特殊主体，包括商业银行、证券交易所、期货交易所、证券公司期货经纪公司、保险公司或者其他金融机构。其他金融机构，主要包括信托投资公司、投资咨询公司、投资管理公司等金融机构。个人不能成为本罪的主体。

本罪的主观方面是故意，过失不能构成本罪，即从事委托理财业务的金融机构明知背信运用受托财产会造成破坏金融理财秩序的后果，而希望或是放任该种结果的发生。至于行为人是否具有目的以及具有何种目的则均在所不问。

## 二、违法运用资金罪的司法认定

根据《刑法》第 185 条之一第 2 款的规定，违法运用资金罪，是指社会保障基金管理机构、住房公积金管理机构等公众资金管理机构，以及保险公司、保险资产管理公司、证券投资基金管理公司，违反国家规定运用资金的，对其直接负责的主管人员和其他直接责任人员，依照背信运用受托财产罪的相关规定进行处罚。

（一）违法运用资金罪客观方面的认定

1. "违反国家规定"的认定

在《刑法修正案（六）》中，立法者将本罪的客观方面表述为"违反国家规定运用资金"，那么，此处就涉及"违反国家规定"的范围问题。根据《刑法》第96条的规定，"违反国家规定"是指违反全国人大及其常委会制定的法律和决定，国务院制定的行政法规、规定的行政措施、发布的决定和命令。由此可以看出，立法者更倾向于对违法运用资金罪的违法依据采取严格解释，即将规范性文件的制定主体限定在全国人大及其常委会和国务院。根据这一规定，国务院之下的各部、委制定的规章，各地方人大及其常委会和地方政府制定的地方性法规、规章均不属于"国家规定"。具体而言，本罪中"违反国家规定运用资金"中的"国家规定"应该包括以下两个方面：①国家对运用社会保障基金、住房公积金的规定，如《全国社会保障基金投资管理暂行办法》《全国社会保障基金境外投资管理暂行规定》《社会保障基金财政专户管理暂行办法》和《住房公积金管理条例》等；②国家对保险公司、保险资产管理公司、证券投资管理公司运用资金的规定，如《保险法》《证券法》《证券投资基金法》和《证券投资基金管理公司管理办法》等。

2. "情节严重"仍应是违法运用资金罪的构成要件

本罪虽然在法条中没有明确规定要以给公众利益造成较大损失等情节作为本罪构成的要件，也没有像背信运用受托财产罪在法条中明确规定"情节严重"的构罪要件，但这并不意味着构成本罪不需要"情节严重"的要件。本罪与背信运用受托财产罪一同被规定在《刑法》第185条之一中，正是因为这两个罪之间具有同质性，均属于金融机构违背受托义务，擅自运用客户资金或者是其他委托、信托的财产。由于社会保障基金、住房公积金等公众资金具有特殊性，因而《刑法》才在规定背信运用受托财产罪后，另设一款专门规定违法运用资金罪。而且，《刑法》明确规定违法运用资金罪按照背信运用受托财产罪的相关规定进行处罚，既然构成背信运用受托财产罪需要达到"情节严重"，那么违法运用资金罪同样也要达到"情节严重"才能进行定罪处罚。从刑法解释的体系角度看，这是符合立法原意的。此外，2010 年《关于公安机关管辖的刑事案件立案追诉标准的规定（二）》第 41 条也对本罪的追诉标准进行了与背信运用受托财产罪十分类似的规定：社会保障基金管理机构、住房公积金管理机构等公众资金管理机构，以及保险公司、保险资产管理公司、证券投资基金管理公司，违反国家规定运用资金，涉嫌下列情形之一的，应予立案追诉：①违反国家规定运用资金数额在 30 万元以上的；②虽未达到上述数额标准，但多次违反国家规定运用资金的；③其他情节严重的情形。从这一角度看，将"情节严重"作为本罪的构成要件，也符合相关法律文件的规定精神。

（二）违法运用资金罪主体的认定

我国《刑法》第 31 条规定："单位犯罪的，对单位判处罚金，并对其直接负责的主管人员和其他直接责任人员判处刑罚。本法分则和其他法律另有规定的，依照规定。"这是我国《刑法》关于单位犯罪处罚原则的相关规定。根据这一规定在理论上，大多数人认为《刑法》对单位犯罪一般采取双罚制的原则，即单位犯罪的，对单位判处罚金，同时对单位直接负责的主管人员和其他直接责任人员判处刑罚。但是，当《刑法》分则和其他相关法律（特别刑法）对单位犯罪另有规定不采取双罚制而采取单罚制的，则属例外情况。因为，单位犯罪的情况具有复杂性，其社会危害程度差别很大，一律采取双罚制的原则，并不能全面准确地体现罪刑相适应原则和足以对单位犯罪起到警戒的作用。[1]根据《刑法》规定，本罪主体仅包含"直接负责的主管人员和其他直接责任人员"，因此本罪属于单罚制的单位犯罪。当然，也有学者对单罚制单位犯罪的概念和存在意义提出了质疑，代表性人物为刘宪权教授，他认为，单罚制在惩罚单位犯罪方面表现了它的积极作用，但它的消极方面也不容忽视。一是责任的不公平性，即单罚制的存在客观上导致了犯罪主体与受刑主体的分离，违背了罪责自负原则，体现出承担刑事责任的不公平性。二是弱化了刑罚的威慑效力，其结果可能会出现这样的情况：单位组织通过牺牲其自然人成员的办法来达到犯罪目的，或者因只惩罚单位自身而使实施

---

〔1〕 参见高铭暄、马克昌主编：《刑法学》，北京大学出版社、高等教育出版社 2017 年版，第 105 页。

了危害行为的自然人逃脱了法律制裁，其负面影响较大。[1]此外，刘宪权教授还专门撰文指出，将单罚制看作是对"单位犯罪"进行处罚之例外的观点，既缺乏法理依据，也与刑事立法精神相悖，且与司法解释的内容不符，我国《刑法》中规定的所谓单罚制的"单位犯罪"，实际上应当属于自然人犯罪。[2]

### 三、违法发放贷款罪的司法认定

根据《刑法》第186条规定，违法发放贷款罪，是指银行或者其他金融机构的工作人员违反国家规定发放贷款，数额巨大或者造成较大损失的行为。

（一）违法发放贷款罪客观方面的认定

1. "违反国家规定"的认定

《刑法》第96条规定："本法所称违反国家规定，是指违反全国人民代表大会及其常务委员会制定的法律和决定，国务院制定的行政法规、规定的行政措施、发布的决定和命令。"该规定将"国家规定"的制定主体限定在了全国人大及其常委会和国务院，因此违法发放贷款罪的认定依据也只能是由全国人大及其常委会和国务院制定的法律、法规，规章、地方性法规及内部规定均不能作为本罪认定依据。在司法实践中，对于"国家规定"的理解，也还存在以下三种不同的观点：①认为违反国家规定是指违反法律、行政法规有关贷款发放条件、程序等的规定；②认为国家规定包括法律、行政法规及规章，具体为《商业银行法》《贷款通则》和银行业监管机构关于信贷管理的规定；③认为国家规定不仅包括法律、行政法规、规章，还包括商业银行的内部规定。笔者认为，根据《刑法》第96条的规定，"国家规定"的制定主体被限定在了全国人大及其常委会和国务院，那么国务院之下的各部、委制定的规章，各地方人大及其常委会和地方政府制定的地方性法规、规章均不属于"国家规定"。而作为国务院部门的中国人民银行发布的《贷款通则》等规章也理应不能作为"国家规定"而成为违规发放贷款的违法依据。在2006年《刑法修正案（六）》中，立法者将"违反法律、行政法规规定"的

---

〔1〕　参见刘宪权：《刑法学名师讲演录》，上海人民出版社2016年版，第182~183页。

〔2〕　参见刘宪权、周舟："违法运用资金罪的刑法分析"，载《法学杂志》2010年第9期。

表述修改为"违反国家规定"。立法者通过这一修改，事实上已经对上述争议做出回应。

然而，全国人大常委会颁布的《商业银行法》只是对商业银行贷款作了原则性的规定，缺乏详细、确定的标准，这就导致在实践操作中对于发放贷款的违法性认定存在一定的困难，这在一定程度上也是背离刑法罪刑法定的本质要求。即便如此，也不应随意扩大本罪违法依据的制定主体，而超出全国人大及其常委会和国务院这个范围。刑罚的强制性和严酷性决定了刑法应当具有谦抑性和补充性的特征，也即刑法作为防范不法行为的最后手段，只有在侵权行为法与行政处罚法不足以控制犯罪的情况下，才动用刑法加以控制。违反国务院部门规章甚至地方性法规、规章固然亦会产生一定的社会危害性，但尚可由位阶更高的民事、行政性法律、法规加以惩治，故此时无需动用刑法。对于这种情况，笔者认为，全国人大常委会应当加强立法解释，对法律的有关问题及时进行解释；对于法律未规定的事项，国务院也应当及时在其立法权限内制定行政法规。

2. "关系人"范围的确定

《刑法》第186条第4款规定："关系人的范围，依照《中华人民共和国商业银行法》和有关金融法规确定。"根据《商业银行法》第40条第2款的规定，所谓关系人是指商业银行的董事、监事、管理人员、信贷业务人员及其近亲属和上述所列人员投资或者担任高级管理职务的公司、企业和其他经济组织。所谓"近亲属"，根据《民法通则》和1988年4月2日最高人民法院《关于贯彻执行〈中华人民共和国民法通则〉若干问题的意见（试行）》的规定，是指配偶、父母、子女、兄弟姐妹、祖父母、外祖父母、孙子女、外孙子女。除了商业银行能办理贷款业务之外，其他金融机构如农村信用社、城市信用社也可能发放贷款。对此，《商业银行法》第93条规定："城市信用合作社、农村信用合作社办理存款、贷款和结算等业务，适用本法有关规定。"因此，《商业银行法》第40条第2款中的关系人范围的规定同样适用于农村合作信用社、城市信用合作社。

3. "数额巨大或者造成重大损失"的认定

《刑法修正案（六）》修改本罪的成立条件和加重情节，由原来的"造成重大损失"和"造成特别重大损失"分别变更为"数额巨大或者造成重大损失"和"数额特别巨大或者造成特别重大损失"。犯罪的成立条件由原来的结果犯改变为行为犯兼结果犯，即在行为人违法发放贷款造成重大损失或行为虽未造成重大损失但其违法放贷数额已经达到巨大标准时，均可构成本罪。根据2010年《关于公安机关管辖的刑事案件立案追诉标准的规定（二）》第42条的规定，银行或者其他金融机构及其工作人员违反国家规定发放贷款，涉嫌下列情形之一的，应予以立案追诉：①违法发放贷款，数额在100万元以上的；②违法发放贷款，造成直接经济损失数额在20万元以上的。因此，依照上述标准可对"数额巨大或者造成重大损失"进行认定。而对于"数额特别巨大或者造成特别重大损失"，则有待于司法机构作出进一步的解释。本罪中损失的范围应指直接损失，而不应该包括间接损失。因为金融机构的间接损失是金融工作人员违法发放贷款时所无法预料的。将间接损失作为本罪的损失范围无疑扩大了行为人的罪责范围，这显然与罪责自负原则相悖。

（二）违法发放贷款罪主观罪过的认定

关于本罪的罪过形式，历来是争议较大的问题，理论界对违法发放贷款罪的主观罪过观点主要有"故意说""过失说"和"复合罪过说"。复合罪过说即本罪在主观罪过方面是故意与过失并存，具体可细分为两种观点：第一种观点认为本罪的罪过形式既可能是故意，也可能是过失。如有学者认为行为人违法放贷在造成重大损失时主观罪过是过失或间接故意，而在行为人违法放贷数额巨大但没有造成重大损失时构成本罪时，则此时只能以其对行为的心理态度来认定其罪过，即此时行为人主观上是直接故意。[1]第二种观点认为本罪的罪过形式只能是过失和间接故意，不包括直接故意。如有学者认为："违法发放贷款罪的主观方面，亦与违法向关系人发放贷款罪一样，可以是过失，即行为人应当预见违法发放贷款可能给放贷的金融机构造成重大损失，但由于疏忽大意而没有预见，或者已经预见但轻信可以避免；也可以是间接故意，即行为人已经预见到其违法发放贷款的行为可能给放贷的金融机构造成重大损失，而放任损失的发生。"[2]故意说认为本罪的罪过形式是故

---

〔1〕　刘宪权：《金融犯罪刑法学原理》，上海人民出版社2017年版，第236页。
〔2〕　胡启忠：《金融刑法适用论》，中国检察出版社2003年版，第345页。

意。但在实践中，一般是间接故意。[1]过失说认为本罪的罪过形式是过失。如有学者认为，行为人对于其非法发放贷款的行为可能造成的重大损失是出于过失，这种过失一般是过于自信的过失。至于行为人实施的发放贷款行为本身则是出于故意，尤其滥用职权，更是故意而为，但本罪属于结果犯，行为人对行为的故意并不影响其对结果的过失，因而本罪仍属于过失犯罪。[2]

笔者认为，违法发放贷款罪的罪过形式属于复合罪过，即对违反国家规定发放贷款数额巨大的贷款，主观罪过应为故意；对于造成重大经济损失的，主观罪过应认定为过失。罪过的评价对象是危害结果。上述各种观点虽有争议，但它们均承认行为人对违法发放贷款的行为是明知的。有的观点以对行为的明知作为罪过评价标准，认为本罪的罪过形式是故意。这种观点虽然结论正确，但是理由显然缺乏法律依据。因为我国刑法关于故意和过失的规定，都是以行为人对危害结果的心理态度作为标准的。在违法发放贷款罪中，行为人对于自己发放贷款的行为"违法性"这一点是明知的，显然是不言而喻的，但是这种明知并不能成为判断行为人主观罪过的标准。在违法发放贷款罪中，判断行为人的主观罪过标准只能是行为人对于发放贷款数额的明知和对发放贷款所可能导致的损失结果的明知。由此而言，我们可以分两种情况具体分析：作为银行或者其他金融机构的工作人员对于违反国家规定发放了数额巨大贷款的这一结果，在发放贷款时理应是明知，其中不可能存在有所谓过失问题；而对发放贷款行为有可能导致重大损失的结果，行为人主观上则完全有可能是出于过失或间接故意。

## 四、吸收客户资金不入账罪的司法认定

根据《刑法》第 187 条的规定，吸收客户资金不入账罪，是指银行或者其他金融机构的工作人员吸收客户资金不入账，数额巨大或者造成重大损失的行为。《刑法修正案（六）》对本罪进行了三个方面的修正：①删除了以

---

〔1〕 曲新久：《金融与金融犯罪》，中信出版社 2003 年版，第 230 页；李西亭等：《金融领域犯罪的预防和打击》，中国人民公安大学出版社 2003 年版，第 84 页。

〔2〕 谷福生、胡耀民、杨振祥：《金融、税务、工商移送涉嫌犯罪案件标准及认定界限》，中国检察出版社 2003 年版，第 74 页。

牟利为目的的规定；②删除了将资金用于非法拆借、发放贷款的规定；③增加"数额巨大"与原来的"造成重大损失"一并作为入罪标准。

（一）吸收客户资金不入账罪客观方面的认定

1. "吸收客户资金不入账行为"的界定

客户资金，既包括个人储蓄，也包括单位存款；既包括以合法方式吸收的公众存款，也包括以违反规定提高利率或其他不正当方式吸收的存款。根据《刑法》第187条的规定，吸收客户资金的来源并不影响本罪的构成。2001年《全国法院审理金融犯罪案件工作座谈会纪要》也指出，吸收客户资金不入账，是指不记入金融机构的法定存款账目，以逃避国家金融监管，至于是否记入法定账目以外设立的账目，则不影响该罪成立。不入账的情况既包括将客户资金全部不入账，也包括将客户资金部分不入账；既包括将客户资金记入个人的小账，也包括将客户资金记入单位的小金库账；既包括将客户资金未记入金融机构的正式账目（即"大账"），也包括将客户资金形式上记入"大账"，但所记入的内容没有如实反映吸收客户资金的情况。《金融违法行为处罚办法》第11条对金融机构的账外经营行为进行了列举：①办理存款、贷款等业务不按照会计制度记账、登记，或者不在会计报表中反映；②将存款与贷款等不同业务在同一账户内轧差处理；③经营收入未列入会计账册；④其他方式的账外经营行为。这些账外经营行为实际上也属于本罪所规制的吸收客户资金不入账行为。

2. "数额巨大或造成重大损失"的认定

修正后的《刑法》第187条在原来"造成重大损失""造成特别重大损失"的基础上，明确将吸收客户资金不入账的数额也作为本罪的入罪标准。2001年《全国法院审理金融犯罪案件工作座谈会纪要》指出，对于银行或者其他金融机构工作人员以牟利为目的，采取吸收客户资金不入账的方式，将资金用于非法拆借、发放贷款，造成50万元~100万元以上损失的，可以认定为"造成重大损失"，造成300万元~500万元以上的损失的，可以认定为"造成特别重大损失"。对于单位实施用账外客户资金非法拆借、发放贷款造成损失构成犯罪的数额标准，可按个人实施该犯罪的数额标准2倍~4倍掌握。由于该座谈会纪要是以原刑法条文的规定为依据的，因而并没有对于"数额巨大"和"数额特别巨大"的具体认定标准作出规定，为满足实践操作需要，2010 年《关于公安机关管辖的刑事案件立案追诉标准的规定（二）》第 43 条对"数额巨大"的认定标准进行了规定：银行或者其他金融机构及其工作人员吸收客户资金不入账，涉嫌下列情形之一的，应予立案追诉：①吸收客户资金不入账，数额在 100 万元以上的；②吸收客户资金不入账，造成直接经济损失数额在 20 万元以上的。当然，该规定同时也对"造成重大损失"进行了规定，而该追诉标准规定中的"造成重大损失"标准与前述座谈会纪要的标准不同，应以较新的规定即追诉标准的规定为准。

（二）吸收客户资金不入账罪与非法吸收公众存款罪的界限

从构成要件上看，吸收客户资金不入账罪与非法吸收公众存款罪主要有三个方面的区别：①行为方式不同。本罪的行为方式是吸收客户资金不入账，有吸收客户资金和不入账两个过程；而非法吸收公众存款罪的行为方式只有一个吸收资金过程。②犯罪主体不同。本罪的主体是特殊主体，即银行或者其他金融机构及其工作人员；而非法吸收公众存款罪的主体是一般主体。③构成犯罪的起刑点要求不同。本罪必须达到数额巨大或者造成重大损失的程度才能构成犯罪；而非法吸收公众存款罪只要求扰乱金融秩序即可构成犯罪，不要求发生具体的损失后果。

两罪存在交叉的可能，因为吸收客户资金不入账罪也往往采用非法吸收公众存款罪的办法。但吸收客户资金不入账并不限于非法吸收公众存款，还包括采用正当手段吸收的客户资金不入账。如果采取非法吸收公众存款的手段已构成犯罪，而且吸收的存款不入账，又数额巨大或者造成重大损失，则视为牵连犯，按重罪即吸收客户资金不入账罪处理；如果非法吸收公众存款已入账或虽未入账，但未达到数额巨大或者造成重大损失的程度，而该行为已达到非法吸收公众存款罪的定罪标准，对行为人的行为则应按非法吸收公众存款罪定罪处罚。

## 五、违规出具金融票证罪的司法认定

根据《刑法》第 188 条的规定，违规出具金融票证罪，是指银行或者其他金融机构的工作人员违反规定，为他人出具信用证或者其他保函、票据、存单、资信证明，情节严重的行为。

（一）犯罪对象的认定

根据刑法规定，违规出具金融票证罪的犯罪对象包括信用证、保函、票据、存单及资信证明。信用证是指开证银行或者其他金融机构根据客户（申请开证人）的请求或者自己主动向一方（受益人）签发的一种书面约定，如果受益人满足了该书面约定的各项条件，开证银行或者其他金融机构即向受益人付款的书面凭证。保函亦称"担保函"或者"保证书"，是指担保人（金融机构）应申请人或者委托人的请求，向第三者（收益人）开出的一种无条件或者有条件的保证文件，保证当收益人按照保函规定完成了特定义务时，申请人或者担保人将履行保函所规定的责任和义务。票据是指票据法规定的汇票、本票、支票。汇票是出票人签发的、委托付款人在见票时或者在指定日期无条件支付确定的金额给收款人或者持票人的票据。汇票分为银行汇票和商业汇票。本票是出票人签发的、承诺自己在见票时无条件支付确定的金额给收款人或者持票人的票据。支票是出票人签发的，委托办理支票存款业务的银行或者其他金融机构在见票时无条件支付确定的金额给收款人或者持票人的票据。存单是开展存款业务的金融机构向存款人出具的证明其存款日期、存款金额、存款种类、存款期限、利率的，存款人据以主张其权利的单据。资信证明是指银行或者其他金融机构应他人请求出具的，证明持证人具有相应的资产、资金实力和信用的证明文件。[1]

（二）违规出具金融票证罪客观要件的认定

1. 对于"违反规定"的理解

违规出具金融票证罪的客观行为明确要求"违反规定"为他人出具金融票证，那么对于"违反规定"的内容应作何理解？应当看到，《刑法》第188条违规出具金融票证罪的立法中，并没有如同其他金融犯罪一样规定"违反国家规定"。例如，《刑法》第186条规定的违法发放贷款罪中，明确规定是"违反国家规定"。而《刑法》对本罪只指明"违反规定"。由于我国《刑法》第96条对"违反国家规定"进行了专门解释，即本法所称违反国家规定，是指违反全国人民代表大会及其常务委员会制定的法律和决定，国务院制定的行政法规、规定的行政措施、发布的决定和命令，但对"违反规定"则没有

––––––––––

〔1〕　参见《中华人民共和国票据法》第2、19、73、82条。

相应解释，这就引发了对"违反规定"内容的不同理解。正因为如此，笔者认为，从文义上理解，"规定"的外延应当较"国家规定"广，其不仅包括最高国家机关发布的规范性文件，而且也包括其他位阶较低的规范性文件，甚至也可以包括金融机构内部的规则、规章。据此，违规出具金融票证罪的"违反规定"的含义，应理解为包括法律、法规有关出具金融票证的规定和金融机构内部制定的关于出具金融票证的规定。

2. 对于"情节严重"的理解

《刑法修正案（六）》则将本罪的成立要件由原来的"造成较大损失"修改为"情节严重"，将法定从重情节由原来的"造成重大损失"修改为"情节特别严重"。这主要是因为，司法实践中往往难以认定违规出具金融票证的行为所造成的损失，但经修正案修正后，这类行为只要涉及的资金数额巨大或者有其他严重情节的，即可追究行为人的刑事责任。由于目前司法机关尚未对"情节严重""情节特别严重"的认定标准作出具体规定，因而司法实践中对于违规出具金融票证罪的认定仍存在有较大的问题。笔者认为，出具的金融票证涉及的资金数额、所造成的经济上直接损失的数额、违规出具的次数以及违反规定的程度等其他情节，理应是"情节严重"的主要表现形式。对此，根据 2010 年《关于公安机关管辖的刑事案件立案追诉标准的规定（二）》第 44 条的规定，银行或者其他金融机构及其工作人员违反规定，为他人出具信用证或者其他保函、票据、存单、资信证明，涉嫌下列情形之一的，应予立案追诉：①违反规定为他人出具信用证或者其他保函、票据、存单、资信证明，数额在 100 万元以上的；②违反规定为他人出具信用证或者其他保函、票据、存单、资信证明，造成直接经济损失数额在 20 万元以上的；③多次违规出具信用证或者其他保函、票据、存单、资信证明的；④接受贿赂违规出具信用证或者其他保函、票据、存单、资信证明的；⑤其他情节严重的情形。

（三）违规出具金融票证罪主观罪过的认定

对本罪的主观罪过，在理论界有不同认识。有学者认为，该罪的主观方面主要是过失，也可能出于间接故意。如果明知出具信用证、保函等行为会给银行带来损失，而故意为之，希望损失结果发生，则不免构成诈骗犯罪的共犯。[1]有学者认为，该罪主观上必须是出于故意。[2]也有学者认为，行为人主观上只能是过失。[3]还有学者认为，该罪主观方面表现为故意，即行为人明知自己为他人出具金融票证的行为违反法律、法规的规定，并且会导致公私财产的损失和对金融秩序的破坏，却放任这种结果发生的心理态度。[4]对此，笔者认为，违规出具金融票证罪的罪过形式既可以是故意，也可以是过失。理论上之所以对违规出具金融票证罪的主观方面出现不同认识，其实主要还是涉及这里的罪过是相对于非法出具的行为及其所造成的结果，还是相对于具体损失。本罪的罪过评价对象是行为人对于自己非法出具金融票证会造成金融管理秩序的破坏的结果的态度，而不是对非法出具金融票证所造成的较大损失结果的态度。造成较大损失只是客观处罚条件。行为人违反规定为他人出具金融票证既可能是出于滥用职权，也可能出于玩忽职守。滥用职权的罪过形式是故意，包括直接故意和间接故意，而玩忽职守的罪过形式是过失。现行《刑法》有关违规出具金融票证罪是以"情节严重"为成立要件，其范围要远远大于以前的"造成较大损失"，也即在今后完全可能存在行为人的非法出具行为没有造成实际经济损失，但却因为出具金融票证涉及的数额巨大、特别巨大等严重情节而构成本罪的情形。在此情况下，认为行为人的主观罪过中包含有直接故意似乎不应有任何障碍。

## 六、对违法票据承兑、付款、保证罪的司法认定

根据《刑法》第189条的规定，对违法票据承兑、付款、保证罪，是指从事票据业务的金融机构或者其工作人员在票据业务中，对违反票据法规定的票据予以承兑、付款或者保证，造成重大损失的行为。

### （一）"重大损失"的认定

根据《刑法》规定，要构成对违法票据承兑、付款、保证罪需以"造成重大损失"为必要要件。理论上，对于"重大损失"的争议主要集中在受害

---

[1]　参见马克昌主编：《经济犯罪新论——破坏社会主义市场经济秩序罪研究》，武汉大学出版社1998年版，第282页。

[2]　参见王作富主编：《中国刑法的修改与补充》，中国检察出版社1997年版，第133页。

[3]　参见苏惠渔主编：《刑法学》，中国政法大学出版社1997年版，第526页。

[4]　参见黄京平主编：《破坏市场经济秩序罪研究》，中国人民大学出版社1999年版，第414页。

者应该如何加以确定这一问题上。有学者认为，所谓"重大损失"，是指由于行为人的违法承兑、付款、保证，使银行、金融机构被骗，造成重大经济损失。[1]也有学者认为，对违法票据承兑、付款、保证罪的重大损失应包括给承兑人付款、保证的金融机构造成的损失，也包括给其他受害人造成的损失。[2]还有学者认为，"重大损失"主要是指给本单位或者客户造成重大经济损失。[3]

由于现行《刑法》并未对重大损失的受害者作出明确规定，因而从理论上讲，理应作全面的理解。首先，对违法票据承兑、付款、保证罪的"重大损失"受害者主要应该是金融机构。银行或者其他金融机构的工作人员由于玩忽职守或者滥用职权，对违法票据承兑、付款、保证，往往给本单位造成经济损失。因为银行或者其他金融机构一旦承兑、付款、保证，就必然有某种款项的支出，如果这种支出是不该支出的，就造成了经济损失。这是因为，金融工作人员的付款行为，是一种款项的实际支付，如果付款不当，必然造成金融机构的实际损失。其次，对违法票据承兑、付款、保证罪的"重大损失"受害者也包括其他单位或个人。因为金融机构在对汇票承兑、保证后（付款除外，因为付款只造成金融机构本身的损失），持票人进行背书转让、抵押、质押等行为后，如果后手在向金融机构请求付款或追索时，金融机构本身破产而无力偿付时，就会给其他单位或个人造成经济损失。2010年《关于公安机关管辖的刑事案件立案追诉标准的规定（二）》第45条规定，银行或者其他金融机构及其工作人员在票据业务中，对违反票据法规定的票据予以承兑、付款或者保证，造成直接经济损失数额在20万元以上的，应予立案追诉。由这一规定分析，我们不难发现，规定中只指明所谓的损失是直接经济损失，但没有限定损失仅指金融机构的损失，可见，对违法票据承兑、付款、保证罪的"重大损失"并没有完全将其他单位或者个人排除在外。

（二）对违法票据承兑、付款、保证罪主观罪过的认定

对于本罪的主观罪过，理论界存在以下分歧：有学者认为，该罪的主观

---

[1] 胡康生、李福成主编：《中华人民共和国刑法释义》，法律出版社1997年版，第254、255页。
[2] 蒋勇主编：《破坏社会主义市场经济秩序罪》，法律出版社2000年版，第376页。
[3] 周道鸾、张军主编：《刑法罪名精释——对最高人民法院最高人民检察院关于罪名司法解释的理解和适用》，人民法院出版社1998年版，第305页。

方面是过失，即行为人虽然明知是违法票据而予以承兑、付款、保证，但对由此造成的重大损失，并不希望，也不持放任心态，否则构成诈骗、侵占等其他故意犯罪。[1]有学者认为，该罪的主观方面是出于过失或者间接故意，即对于对违法票据承兑、付款、保证造成重大损失的结果是出于疏忽大意的过失或过于自信的过失，或者虽不希望但放任这种结果的发生，但实施对违法票据承兑、付款、保证的行为往往出于故意，也可能出于过失。[2]还有学者认为，该罪的主观方面表现为故意，即行为人明知是违法票据，并且对于明知该违法票据予以承兑、付款、保证会导致银行或者其他金融机构遭受重大损失的后果，却放任这种危害后果发生的心理态度。[3]

　　笔者认为，对违法票据承兑、付款、保证罪的罪过形式既可以是过失，也可以是故意，既包括直接故意，也包括间接故意。其一，本罪的罪过形式可以是过失。因为本罪的发生主要是金融工作人员由于工作不认真负责，审查不严所致，即属于玩忽职守行为。而对于玩忽职守理论界公认为是一种过失的罪过形式。在《刑法》对本罪作出规定前，我国1995年颁行的《票据法》第105条曾明确指出这种行为是玩忽职守行为，该条规定："金融机构工作人员在票据业务中玩忽职守，对违反本法规定的票据承兑、付款或者保证的，给予处分；造成重大损失，构成犯罪的，依法追究刑事责任。"2004年修正的《票据法》第104条则完全承袭了这一规定。可见，对违法票据承兑、付款、保证罪的罪过形式可以由过失构成。其二，本罪的罪过形式也可能是故意，因为1997年《刑法》在吸收票据法的规定时已取消了"玩忽职守"的限制，从道理上实际已经确认了本罪也可能出于"滥用职权"的原因。而滥用职权的罪过形式是故意，既包括直接故意，也包括间接故意。正如前文笔者提出的观点，判断对违法票据承兑、付款、保证罪的罪过形式应该以行为人对金融秩序破坏的结果的态度为根据，"重大损失"只是一种表明行为危害程度的客观处罚条件。

---

〔1〕　周道鸾、张军主编：《刑法罪名精释——对最高人民法院最高人民检察院关于罪名司法解释的理解和适用》，人民法院出版社1998年版，第305页。

〔2〕　马克昌主编：《经济犯罪新论》，武汉大学出版社1998年版，第286页。

〔3〕　赵秉志主编：《新刑法全书》，中国人民公安大学出版社1997年版，第706页。

## 第三节 金融职务犯罪的对策

防治金融职务犯罪是一项系统工程，需要进行综合治理，如"运用政治的、法律的、行政的、经济的、文化的、教育的等多种手段，打防结合，预防为主"。对此，笔者主要从完善金融法律法规和金融职务犯罪刑事立法、深化金融体制改革、加强金融监管、健全权力监督机制等角度进行探讨。

### 一、完善金融法律法规和金融职务犯罪刑事立法

防治金融职务犯罪首先需要构建起完善法律体系，对此，可以从两个方面展开。一方面，完善金融法律法规。当前，针对诸多金融业务主要由部门规章进行调整的现状，今后应考虑通过制定法律、法规，提高调整金融业务的法律层级。对此，有学者指出，为防止金融渎职犯罪，当务之急是尽快使一些效力级别不高的部门规章上升为行政法规或者法律，尤其是将操作规范上升为法律，避免无法可依的情况出现。[1]例如，作为部门规章的《贷款通则》，国务院完全可以考虑加以吸收并以行政法规的形式另行颁布，上升至"国家规定"的层面。另一方面，完善金融职务犯罪的刑事立法。金融职务犯罪皆是利用职务上的便利实施的犯罪行为，因此，有必要进一步完善惩治金融职务犯罪的刑罚体系，尤其是在适用自由刑和罚金刑的基础上，应合理扩大资格刑的适用，即可以对金融职务犯罪中的自然人和单位犯罪主体采用"从业禁止"的处罚。同时，全国人大常委会应当加强立法解释，对《刑法》有关金融职务犯罪的争议性规定进行解释。

### 二、深化金融体制改革

在金融职务犯罪中，大量犯罪出现在授信审批、融资担保、财务管理等环节，尤其是一些企业在发展过程中基于融资的需要，在向银行贷款时不惜采用贿赂的方式，这其实在一定程度上也反映了当前金融融资制度不够合理，

---

〔1〕 李永升主编：《金融犯罪研究》，中国检察出版社 2010 年版，第 372 页。

今后应当进一步完善金融服务市场，深化金融体制改革，扩宽和规范民间融资渠道，防止金融领域钱权交易的现象发生。具体而言，一是金融机构产权主体的多元化，以破除金融机构的官商作风，强化金融机构内部的合理竞争；民间资本稳步进入银行业，实现金融主体成分的多元化。二是金融机构业务的多元化，为社会组织的融资提供多种选择的可能性，推动银行业有效服务实体经济。三是金融机构运作方式的市场化，用市场手段调节配置金融资源。四是资金价格的市场化，加快推进利率市场化。[1]

## 三、加强金融监管

银行或者其他金融机构首先要加强内控制度建设和提升风险防范意识，尤其是在信贷和财务管理上要强化监管。内控体系较为健全的商业银行，如花旗、汇丰、德意志银行等，皆有严格的授权、审批制度，对工作人员进行额度控制和权限控制，总行对分行、支行具有完全的控制力。[2]可以说，国外商业银行的内控制度是值得借鉴的。就我国而言，在信贷管理体系上，严格执行审贷分离制度和贷款"三查"制度，实行岗位制衡，做到信贷调查、审查、审批、经营管理四个环节的责任落实，提高从信贷发放到管理各个环节的相互制衡作用，实现决策与监督制衡；在财务管理体系上，做到财务收支、财务结算、财务监督三个方面的严格管理，建立财务收支控制机制，严格审批程序，增强支出透明度。同时，完善会计内控体系建设，对储蓄、结算环节中现金、账证、印章管理等岗位实施多层次、序时有效的监控管理。[3]唯此，才能有效预防与减少金融职务犯罪。

## 四、健全权力监督机制

金融领域是职务犯罪的高发领域，如银行贷款等业务活动中最易出现金融腐败问题，"金融犯罪与金融腐败犯罪在很大程度上有共生关系，许多金融

---

〔1〕　于成信："深化银行改革有效预防金融腐败"，载《金融时报》2016年7月11日，第10版。

〔2〕　郭华主编：《金融证券犯罪案例精选》（第1辑），经济科学出版社2015年版，第129页。

〔3〕　参见王凌云："预防金融机构职务犯罪"，载《中国农村信用合作报》2013年8月13日，第7版。

犯罪，如果没有腐败，很难长期存活"。[1]实践中，一些行为人实施违法发放贷款、违规出具金融票证罪等犯罪活动，常常伴随着索贿受贿、挪用公款等行为，而这些行为人一般也以受贿罪、挪用公款罪等定罪处罚。可以说，金融腐败发生的根源是权力的异化，权力成为谋取私益的工具。"权力的自然属性及其与腐败的引发关系要求对其进行监督制约"[2]，而"限制与约束公共权力是反腐败的根本措施"[3]，由此可见，在建构防治金融职务犯罪的综合治理体系中，权力监督是关键环节。2018 年 3 月 20 日正式实施的《监察法》第 3 条规定："各级监察委员会是行使国家监察职能的专责机关，依照本法对所有行使公权力的公职人员进行监察，调查职务违法和职务犯罪，开展廉政建设和反腐败工作，维护宪法和法律的尊严。"今后要发挥监察委员会在防治金融犯罪中的作用，如监察委员会与金融监管机构的衔接机制建设等问题都是值得大力研究的课题。同时，要进一步加强对金融机构工作人员的法制教育和道德教育，增强其守法意识，尽心尽责履行其职务。

---

〔1〕 王文华："我国金融犯罪的修正问题研究"，载刘明祥、冯军主编：《金融犯罪的全球考察》，中国人民大学出版社 2008 年版，第 68 页。

〔2〕 杨春洗主编：《腐败治理论衡》，群众出版社 1999 年版，第 386 页。

〔3〕 信春鹰："反腐败之本：约束公共权力"，载《政治学研究》1997 年第 4 期。

第八章

# 外汇犯罪的防治

CHAPTER 8

外汇是国际贸易的产物，它是国家之间经济交往的支付手段。外汇在很大程度上反映或体现了一个国家的经济实力，亦是国家的重要经济资源，因而各国和地区一般均制定有关外汇管理的法律法规，有些还会将危害外汇管理制度的行为纳入刑事犯罪之中。长期以来，出于稳定外汇管理秩序和维护金融安全的考虑，我国对外汇实行较为严格的管理制度，大力惩治外汇犯罪活动。

## 第一节　外汇犯罪的特征与原因

我国《外汇管理条例》第3条规定："本条例所称外汇，是指下列以外币表示的可以用作国际清偿的支付手段和资产：①外币现钞，包括纸币、铸币；②外币支付凭证或者支付工具，包括票据、银行存款凭证、银行卡等；③外币有价证券，包括债券、股票等；④特别提款权；⑤其他外汇资产。"外汇犯罪，是指违反国家外汇管理制度，故意实施逃汇、骗购外汇、非法买卖外汇，依照刑法应受刑罚处罚的行为。根据现行《刑法》的规定，外汇犯罪包括的罪名有逃汇罪和骗购外汇罪。

### 一、外汇犯罪的状况与特征

在金融犯罪中，外汇犯罪总体发案率并不高，尤其在外汇管制逐渐放松的背景下，外汇犯罪的适用率偏低。不过，近年来外汇犯罪仍呈上升趋势，尤其是涉案金额越来越高。外汇犯罪具有严重社会危害性，它不仅直接造成国家外汇的大量流失，威胁到人民币币值的稳定，甚至引发金融危机、危害国家经济安全。

（一）外汇犯罪的状况

近年来，我国外汇犯罪呈现出一定的上升趋势，涉案金额越来越大。1998年1~7月，我国对外贸易顺差为267亿美元，而同期国家外汇储备仅增加了7亿美元，其中巨额的外汇资金空缺主要归因于逃汇、骗购外汇犯罪。[1]1998年公安机关立案查处的骗汇案件涉案金额在500万美元以上的达到225件，涉及骗汇金额总计达到80亿美元左右。[2]2009年各地外汇管理部门和公安机关成功破获11起地下钱庄案件、8起网络炒汇案件、11个非法买卖外汇案，查获逾51个非法交易窝点，涉案金额达300多亿元人民币。[3]2007~2011年，外汇管理部门共查处外汇违法违规案件1.5万多起，共处行政罚款12.7亿元人民币；配合公安机关共破获210起地下钱庄、非法买卖外汇和网络炒汇案件，涉案金额逾1000亿元人民币，抓获犯罪嫌疑人1000余名，共处行政罚款约1.6亿元人民币。[4]《2016年度上海金融检察白皮书》指出，上海地区外汇犯罪呈上升趋势，除非法经营外汇汇兑案上升明显外，多年未有的逃汇、骗购外汇案在2016年均有发生，其中逃汇案5件11人、骗购外汇案2件10人。[5]

（二）外汇犯罪的特征

近年来，我国外汇犯罪依然较为严重，并呈现出一些新的发展趋势，具体而言，外汇犯罪主要特征如下：

1. 外汇犯罪具有专业化特点

例如，在上海首例利用转口贸易逃汇案中，根据浦东检察院指控，在2012年8月至2013年5月期间，王某先后向上海7家不同银行提供虚假的业

---

〔1〕 参见郝宏奎主编：《金融犯罪案件侦查》，中国人民公安大学出版社2006年版，第185页。

〔2〕 参见郝宏奎主编：《金融犯罪案件侦查》，中国人民公安大学出版社2006年版，第185页。

〔3〕 牛娟娟："去年我国成功破获多起地下钱庄、网络炒汇等案件"，载《金融时报》2010年2月13日，第2版。

〔4〕 "外汇管理部门查处外汇违法违规案件1.5万多起"，载证券时报网，http://kuaixun.stcn.com/content/2012-02/27/content_4872743.htm，2017年1月23日访问。

〔5〕 上海市检察院金融检察处："涉互联网金融领域刑事风险上升"，载《检察日报》2017年7月17日，第3版。

务资料申请国内银行外汇贷款或办理进口押汇以获取外汇融资资金共计 76 笔，累计金额 2.94 亿美元；其实际控制的 6 家境外公司开设在汇丰银行（香港）的账户依照融资合同约定收到上述外汇后，又以转口贸易收汇形式将外汇电汇至他的实业公司账户，兑换成人民币。[1] 又如，在一些骗购外汇犯罪活动中，骗汇团伙内部人员分工明确，骗汇程序"一条龙"运作，有人负责组织所谓的"公司"，物色外贸公司，炮制莫须有的进口合同，为骗汇做掩护；有人专门提供虚假报关单和组织骗汇所需的人民币资金；有人在境外开设账户，专门处理骗购得的外汇。[2] 再如，在一起案件中，被告人以中国境内企业、境外关联公司作为三方交易主体，利用转口贸易两头在外、不受海关监管的特点，使用虚假的交易合同、发票、提单等单证，构造转口贸易背景、逃避海关监管，以注册在中国境内的企业公司作为资金中转平台，利用境外公司的离岸账户接受资金，借转口贸易之名行非法转移资金之实。[3] 可见，外汇犯罪具有专业性、技术性的特征。

2. 外汇犯罪常采用"地下钱庄"的犯罪形式，并与其他犯罪活动相联系

"地下钱庄"是对从事地下非法金融活动的组织的称谓。"地下钱庄"被视为非法金融机构，通过"地下钱庄"从事外汇买卖，即"在国家规定的交易场所以外非法买卖外汇"为法律所禁止。据统计，2016 年全国公安机关共破获地下钱庄重大案件 380 余起，抓获犯罪嫌疑人 800 余名，打掉作案窝点 500 余个，涉案交易总金额逾 9000 亿元。[4] 2017 年 1~6 月，相关部门共配合破获地下钱庄案件 30 余起，涉案金额 3000 多亿元人民币，依法刑事拘留 200 余人。[5] 实践中，通过"地下钱庄"实施的违法犯罪活动主要有非法吸收存款和发放贷款、非法买卖外汇、洗钱等。广东省公安厅有关负责人指出，目前查处的地下钱庄案件主要有三种运作手法：一是传统的现金交易和跨境汇兑型，如行为人通过到处"收购"当地外贸企业的外币支票，再支付人民币

〔1〕 王雅君、金莉娜："上海首例利用转口贸易逃汇案被提起公诉"，载《中国贸易报》2014 年 6 月 19 日，第 5 版。

〔2〕 李永升主编：《金融犯罪研究》，中国检察出版社 2010 年版，第 375 页。

〔3〕 毛玲玲：《经济犯罪与刑法发展研究》，法律出版社 2017 年版，第 461 页。

〔4〕 李海洋："打击地下钱庄亟须破解法律适用难题"，载《中国商报》2017 年 3 月 16 日，第 5 版。

〔5〕 许婷："今年以来立案查处外汇违法违规行为 822 起"，载《金融时报》2017 年 6 月 8 日，第 2 版。

现金给客户，非法买卖外汇；二是资金不出境，境内外资金池"对敲"完成交易；[1]三是虚构贸易背景实施骗汇或直接把人民币转出境外，如犯罪团伙通过在境内外设立空壳公司、虚构贸易背景等手段向银行骗购外汇，然后对外付款，将资金转移出境。[2]其中，以非法买卖外汇、跨境汇兑为主要业务的地下钱庄，主要分布在广东、福建、上海、山东等沿海地区，目前公安机关每年查获的地下钱庄大案大多属于这种类型。外汇犯罪与地下钱庄的"共生"是外汇犯罪的重要特征，外汇犯罪往往也与洗钱等犯罪活动相联系。外汇犯罪特别是猖獗的骗汇活动，往往还是洗钱、走私、骗税等犯罪的铺垫。[3]

3. 自贸区内外汇犯罪手段多样且更为隐蔽

在新经济形态下，特别是自贸区范围内将实行外汇管理制度的重大创新，实现人民币与外汇所在项目的自由兑换甚至自由进出，公司、企业或者个人均可以自由兑换外汇，也可以携带外汇自由出入境，无疑会对我国高度管制的外汇制度带来巨大冲击，也极有可能使得自贸区成为外汇犯罪的"真空"地带。[4]有学者认为，实现"人民币与外汇在所有项目的自由兑换"，外汇犯罪将在自贸区内失去存在的意义。[5]不过，目前即使在自贸区内，我国外汇管理也未完全放开，外汇犯罪仍旧存在，仍有必要依法惩治涉自贸试验区的逃汇等犯罪行为。[6]据统计，2016年针对上海自贸区面积扩大、功能深化等新探索，在依法办理涉及自贸区的新类型犯罪中，办理利用虚假跨境贸易逃汇、骗汇等刑事案件154件166人。[7]在自贸区内的外汇犯罪，主要表现为行为人往往利用转口贸易的资金流、货物流分离、交易主体复杂、跨境取证困难、离岸账户不受监管等特性，进行非法跨境资金转移，且行为方式多

---

〔1〕 "对敲"一般是指客户将人民币存入地下钱庄指定的境内账户之后，客户的境外账户收到等值外币，"对敲"意味着资金未发生跨境转移。

〔2〕 叶前："2000多亿元如何从地下钱庄进出"，载《光明日报》2016年1月12日，第5版。

〔3〕 李永升主编：《金融犯罪研究》，中国检察出版社2010年版，第375页。

〔4〕 张建："新经济形态中刑法评价的再考量"，载《苏州大学学报》（哲学社会科学版）2015年第5期。

〔5〕 毛玲玲：《经济犯罪与刑法发展研究》，法律出版社2017年版，第460页。

〔6〕 参见2016年《最高人民法院关于为自由贸易试验区建设提供司法保障的意见》第3条。

〔7〕 参见戴佳："立足检察职能保障金融安全"，载《检察日报》2017年3月6日，第3版。

样。[1]由于自贸区外汇管理制度的特殊性，自贸区内外汇犯罪的手段更为隐蔽。

## 二、外汇犯罪的原因

当前，我国外汇犯罪是由诸多因素共同作用的产物，笔者主要从经济原因、刑事立法和刑事司法原因、金融监管原因和国际环境等角度展开分析。

（一）经济原因

随着对外开放的不断深化和我国社会主义市场经济体系的不断完善，我国对外贸易额也不断增长，出口成为与消费、投资并驱的拉动经济增长的"三驾马车"之一。外贸的不断增长也使越来越多的企业等组织对外汇的依赖越来越强，这也为违反外汇管理犯罪行为提供持续高发的环境因素。[2]例如，2013年逃汇犯罪初现端倪，即与国家宏观政策密切相关。在转口贸易中一些企业已由单纯赚取差价转向为套取境内外利差、汇差而异化为虚构转口贸易；随着国家防止热钱冲击国内金融稳定政策导向的增强，外汇犯罪也浮出水面。[3]《2016年度上海金融检察白皮书》也指出，资本具有跨市场、跨国境逐利的天性，国内外经济形势的发展变化都将影响国内金融犯罪的态势，2016年的外汇犯罪突增，就与有的国家进入加息通道、国内进入转型调整期密切相关。这些因素导致跨境资金流动的不确定性增大，企业避险或套利的意愿增强，以此为目的的外汇犯罪就此浮出水面。[4]随着我国经济的不断发展，国际贸易以及国际交往的越发频繁，目前的银行业务以及外汇管理制度需要相应的升级，平衡外汇供需关系，满足合法用汇的现实需求，否则，这将在一定程度上导致一些外汇犯罪的发生，也正是如此，有人甚至将地下钱庄非法外汇交易行为称为一种"金融创新"。

（二）刑事立法和刑事司法原因

外汇犯罪的刑事立法与外汇管理制度存在密切的关系。新中国成立之后，

---

〔1〕 毛玲玲：《经济犯罪与刑法发展研究》，法律出版社2017年版，第460~461页。

〔2〕 郭华主编：《金融证券犯罪案例精选》（第1辑），经济科学出版社2015年版，第253页。

〔3〕 上海市检察院金融检察处："信用卡诈骗罪连续五年居首位"，载《检察日报》2014年11月30日，第3版。

〔4〕 上海市检察院金融检察处："涉互联网金融领域刑事风险上升"，载《检察日报》2017年7月17日，第3版。

我国对于外汇犯罪的刑法规制经历了一个发展过程。1952 年海关总署发布《关于逃汇套汇案件应作为走私案件处理核示应行注意各点的命令》，根据该规范性文件，逃汇套汇案件以走私案件处理。1979 年《刑法》第 117 条将违反外汇管理法规、情节严重的行为规定为投机倒把罪。1988 年全国人民代表大会常务委员会《关于惩治走私罪的补充规定》第 9 条对违反外汇管理法规的犯罪行为予以专门规定，"这是我国刑事法律首次以独立的罪名规定了逃汇罪、套汇罪。"[1]1997 年《刑法》第 190 条规定了逃汇罪，"这种规定情形与当时 1994 年、1996 年两次外汇体制改革有关，这两次汇改的成果就是人民币经常项下实现可兑换，而且当时普遍预期我国将与国际接轨、逐渐放松资本项下的管制，立法者出于上述考虑，取消了逃汇犯罪。"[2]同时，非法买卖外汇的行为构成犯罪的，依据非法经营罪定罪处罚。1997 年随着亚洲金融危机的发展，一些不法分子利用我国当年逐步放宽外汇管制的条件，千方百计骗购外汇，涉案金额巨大，严重破坏国家金融制度和经济稳定。[3]为了惩治骗购外汇、逃汇和非法买卖外汇的犯罪行为，维护国家外汇管理秩序，第九届全国人民代表大会常务委员会第六次会议于 1998 年 12 月 29 日通过《关于惩治骗购外汇、逃汇和非法买卖外汇犯罪的决定》，该决定主要内容包括：①增设骗购外汇罪；②对逃汇罪予以了修订，如将逃汇罪的主体由"国有公司、企业或者其他国有单位"扩大为"公司、企业或者其他单位"，完善了逃汇罪的定罪起点、刑罚设置等内容；③将非法买卖外汇依照非法经营罪的规定定罪处罚。总体而言，我国外汇犯罪的刑事立法较为完善。

但是，随着外汇犯罪呈现出一些新的特征，外汇犯罪的刑事立法与刑事司法也存在无法有效惩治外汇犯罪的问题。一方面，外汇犯罪的刑事立法并不完善。根据《刑法》第 190 条的规定，逃汇罪主体为"公司、企业或者其他单位"，逃汇罪的只有单位犯罪主体。实践中，个人实施的逃汇案件亦比较严重，由于《刑法》对逃汇罪排除了自然人犯罪主体，对自然人实施逃汇行为只能依据外汇管理法规予以行政处罚，这不利于打击外汇犯罪活动。另一方面，应对外汇犯罪的刑事司法效能不足。外汇犯罪具有专业性、网络化、

---

〔1〕 刘宪权：《金融犯罪刑法学原理》，上海人民出版社 2017 年版，第 403 页。
〔2〕 毛玲玲：《经济犯罪与刑法发展研究》，法律出版社 2017 年版，第 459 页。
〔3〕 韩玉胜主编：《刑法各论案例分析》，中国人民大学出版社 2014 年版，第 132 页。

技术性、智能性、跨国性的特征，这导致对外汇犯罪的查处较为困难。一些非法买卖外汇案件表明，对交易对手的查处工作存在诸多难点，如对非法买卖外汇行为的认定、具体非法交易金额的确定、证据材料是否完整、对交易对手的查找、笔录的制作、行政处罚的执行等，都存在不少困难。[1]例如，对非法买卖外汇行为的查处需要外汇局、人民银行和有关司法行政机关的密切配合，如外汇局对地下钱庄非法交易线索进行排查时，仅靠外汇业务数据是不充分的，还需要向人民银行反洗钱部门寻求数据支持。[2]但是，近年来针对地下钱庄非法经营活动，中国人民银行配合公安机关、外汇部门开展了多次专项打击行动，但最终的处罚效果并不理想。究其原因，境内外对地下钱庄是否属于非法行为法律认定不同，尤其是汇兑型地下钱庄业务经营以跨境交易居多，如果境外政府认定地下钱庄为合法，我国大陆地区警方无法对其跨境调查；如果境外认定地下钱庄为非法，跨境取证亦困难重重。[3]可见，针对跨境交易式的汇兑型地下钱庄犯罪活动，有赖于国际刑事司法协助，但目前侦查机关境外取证和固定证据方面存在较大障碍。

（三）外汇监管原因

在外汇管理工作中，只有对外汇业务进行真实性与合规性审查，才能有效预防与控制外汇犯罪，因此，这需要建立一套行之有效的外汇管理制度。实践中，我国一些外汇犯罪的发生，监管不力是重要原因。在一些骗汇案件中，某些职能部门存在监管不力的问题，如对海关报关单一次核对手续把关不严，甚至把海关报关单交给购汇企业自己采取所谓"二次"核对等。[4]2016年，浙江省金华兰溪人民法院开庭审理了全国最大的非法买卖外汇系列案。据悉，本案涉及8个相对独立的团伙，涉案金额4100亿元，交易记录多达130多万条。本案暴露出监管中的诸多问题：一是宣传不到位。在庭审上，犯罪嫌疑人施某的父亲表示："在义乌，私下买卖外汇非常普遍，并不是（我）儿子一人"。二是银行监管失职。该系列案件中，赵某团伙、施某团伙

---

〔1〕　国家外汇管理局管理检查司："非法买卖外汇案"，载《中国外汇》2016年第21期。

〔2〕　赵阳："地下钱庄非法买卖外汇模式及打击策略研究"，载《金融发展研究》2017年第7期。

〔3〕　武江、许井荣："整治汇兑型地下钱庄的制约因素及对策建议——以公安部督办的'910'特大汇兑型地下钱庄案件为例"，载《金融会计》2017年第4期。

〔4〕　李永升主编：《金融犯罪研究》，中国检察出版社2010年版，第402页。

等多次提到，以为国内购汇还是境外购汇都不违法，因为他们在公开交易过程中，从未被相关银行监管人员或者银行工作人员阻止过，银行方面甚至还提供了相应的"帮助"。三是监管漏洞。该系列案与以往地下钱庄"对敲"平账的操作手法不同，该系列案利用 NRA 账户在监管方面的漏洞，可直接将大额资金汇到境外，该系列案是全国首例通过 NRA 账户实施资金非法跨境转移的新型地下钱庄案件；按照国家外汇管理局相关规定，金融机构应将 NRA 账户视为境外账户进行管理，客户如要将境内账户资金汇入 NRA 账户，需向金融机构提交相关证明材料并经过审核，但此前部分商业银行的业务系统并不能有效识别 NRA 账户。[1]可见，由于外汇监管不力，致使外汇违法犯罪未能得到有效的预防。

（四）国际环境原因

外汇犯罪具有国际性特征，国际经济环境和金融形势对外汇犯罪的产生起到了一定的推动的作用。1997 年随着亚洲金融危机的爆发，人民币贬值预期强烈，出现了大量骗购外汇的行为，如"假进口、真骗汇"等违法犯罪活动。2016 年的外汇犯罪突增，就与有的国家进入加息通道、国内进入转型调整期密切相关。这些因素导致跨境资金流动的不确定性增大，企业避险或套利的意愿增强，以此为目的的外汇犯罪就此浮出水面。[2]总之，外汇犯罪的存在两个重要国际性因素：一是"热钱"的大量流入，加剧了外汇管理的难度；二是跨国公司及其关联交易也成为外汇管理犯罪检测的难点，当前跨国公司来华经营和我国公司跨出国门的行为日益普遍，但跨国公司更容易利用关联交易将人民币经常项目与资本项目相混合，规避资本监管，而且不宜在国际统计中监测。[3]

# 第二节　外汇犯罪的司法适用

外汇犯罪主要涉及逃汇罪和骗购外汇罪两个罪名，笔者将上述两个罪名

---

〔1〕 施娜："8 个团伙非法买卖外汇 4100 亿，利用银行默许态度打通'绿色通道'"，载《每日经济新闻》2016 年 1 月 20 日，第 4 版。

〔2〕 上海市检察院金融检察处："涉互联网金融领域刑事风险上升"，载《检察日报》2017 年 7 月 17 日，第 3 版。

〔3〕 郭华主编：《金融证券犯罪案例精选》（第 1 辑），经济科学出版社 2015 年版，第 254 页。

的司法适用问题进行分析。

## 一、逃汇罪的司法认定

根据《刑法》第190条的规定，逃汇罪，是指公司、企业或者其他单位，违反国家规定，擅自将外汇存放境外，或者将境内的外汇非法转移到境外，数额较大的行为。

（一）逃汇罪客观方面的认定

本罪的客观要件主要包括以下三个要素：①违反国家规定，擅自将外汇存放境外；②将境内的外汇非法转移到境外；③数额较大。

1. 逃汇罪客观行为的认定

本罪的客观行为主要表现为"违反国家规定"，擅自将外汇存放境外，或者将境内的外汇非法转移到境外。"违反国家规定"包含的范围应该有哪些？根据《刑法》第96条的规定，本法所指的"违反国家规定"，是指违反全国人民代表大会及其常委会制定的法律和决定，国务院制定的行政法规、规定的行政措施、发布的决定和命令。因此，本罪中的"违反国家规定"应该是指违反法律、行政法规等规定中的有关外汇存放境外或者将境内的外汇非法转移到境外的规定。例如《外汇管理条例》中有关外汇存放境外的规定，国家实行国际收支统计申报制度，有违反规定将境内外汇转移境外，或者以欺骗手段将境内资本转移境外等逃汇行为的，由外汇管理机关责令限期调回外汇，处逃汇金额30%以下的罚款；情节严重的，处逃汇金额30%以上等值以下的罚款；构成犯罪的，依法追究刑事责任。[1]但是，某些部委规章、细则、办法不能直接作为判断是否构成犯罪的依据，如中国人民银行1997年10月7日发布的《境内外汇账户管理规定》，此规定属于规章，不能作为定罪的依据。但是，由于部委规章、细则、办法实际上提供了认定行为性质较为具体的标准，因此，对于确认本罪行为的违法性无疑具有参考作用。

所谓"擅自"，是指未经外汇管理机关批准，自行将外汇存放境外。"擅自"决定了行为人境外存放外汇行为的非法性。所谓"存放"，其本来含义是寄存、储存。而这似乎排除了对事物营运或使用的可能。从这层意义上说，

---

〔1〕《外汇管理条例》第6、39条。

将外汇存放境外，只能是指将外汇存入境外金融机构，或者私自保存，或者托付别人保存等，而不能包括将外汇在境外营运或挪作他用的情况，尽管后述情况亦是典型的逃汇行为。可见，若仅从"存放"的本来含义理解，显然将逃汇罪的调整范围界定得过于狭窄，无法适应同外汇犯罪做斗争的现实需要。因此，对"存放"的理解，并非局限于一般意义上的储存、寄存，而是应作引申理解，这里的"存放"应该表示一种存在的或者不予调回境内的事实状态。只要将应该调回的外汇未调回国内，无论该外汇是储存、寄存，还是投资、挪作他用，都应认为是"存放境外"。所谓"境外"，是与境内相对而言的，在刑法上所言，中华人民共和国的国边境以外，是包括香港、澳门和台湾地区在内的。所谓"非法"，即指违反国家的外汇转移境外的法律、法规和其他有关规定。如《关于对携带外汇进出境管理的规定》、《境内居民外汇存款汇出境外的规定》（已失效）都对居民将外汇带出或汇出境外做了规定。凡是违反这些规定而将外汇带出或汇出的，就属于"非法"。所谓"转移到境外"，是指将境内的外汇携带、托带或者邮寄到境外的行为。

司法实践中，逃汇罪的表现形式多种多样。例如，未经外汇管理机构批准，境内机构擅自将收入的外汇私自保存、使用、存放境外的；境内机构以低报出口货价、佣金或者高报进口货价、佣金等手段多报外汇支出，将隐匿的外汇私自保存或者存放在境外的；不按国家规定将外汇卖给外汇指定银行的；违反国家规定将外汇汇出或者携带出境的。在认定某行为是否属于逃汇的时候，应该把握逃汇的本质特征，即违反外汇管理法规，将应该售给国家的外汇，私自存放境外或者私自将境内的外汇非法转移到境外的行为。不管行为的具体方式如何，只要具有这一本质特征，都应当认定为逃汇。

2. "数额较大"的认定标准

根据 2010 年《关于公安机关管辖的刑事案件立案追诉标准的规定（二）》第 46 条的规定，公司、企业或者其他单位，违反国家规定，擅自将外汇存放境外，或者将境内的外汇非法转移到境外，单笔在 200 万美元以上或者累计数额在 500 万美元以上的，应予立案追诉。

（二）逃汇罪主体的认定

逃汇罪的主体只能由单位构成，自然人不能成为本罪的主体。这是刑法中为数不多，没有规定自然人犯罪，只规定单位可以构成犯罪主体且又实行两罚制的犯罪。根据全国人大常委会《关于惩治骗购外汇、逃汇和非法买卖外汇犯罪的决定》，本罪的主体已由 1997 年《刑法》规定的特殊主体"国有公司、企业或者其他国有单位"改为"公司、企业或者其他单位"。因此，所有单位都能成为本罪的主体。

## 二、骗购外汇罪的司法认定

根据《关于惩治骗购外汇、逃汇和非法买卖外汇犯罪的决定》第 1 条的规定，骗购外汇罪，是指使用伪造、变造的海关签发的报关单、进口证明、外汇管理部门核准件等凭证和单据，或者重复使用海关签发的报关单、进口证明、外汇管理部门核准件等凭证和单据，或者以其他欺骗方法，向外汇指定银行骗购外汇，数额较大的行为。

（一）骗购外汇罪客观方面的认定

1."使用欺骗方法"的认定

骗购外汇罪的行为方式表现为行为人使用欺骗的方法购买外汇，也即这里强调的是"骗购"，而非"骗取"外汇，这是骗购外汇的客观特征。具体而言，主要存在以下三种"骗购"方法：

（1）使用伪造、变造的海关签发的报关单、进口证明、外汇管理部门核准件等凭证和单据。所谓"报关单"，是指进出口商向海关申报进出口的主要单证，它必须经过海关签发，才能认定进出口行为为合法；所谓"进口证明"，是指报关单位在申请进口付汇时向海关提交的除报关单以外的各种证明进口事项的单据和凭证，包括进口许可证，进口合同、进口登记证明等；所谓"外汇管理部门核准件"，是指在进口付汇过程中，由进口单位及受委托单位填写的、外汇管理部门（包括外汇管理局及其分局）审核批准的外汇指定银行据以付汇的文件、凭证，如出口收汇核销单证等。所谓"其他凭证和单据"，包括商业发票、运输单据、收费单据等。应该看到，上述骗购外汇行为的虚假性主要表现为行为人使用"伪造、变造的"凭证和单据，因为这些凭证、单据本身就是虚假的，所以使用这些虚假的凭证和单据去购买外汇，足以证明其行为本身有骗购外汇的性质。当然这里的伪造、变造的凭证和单据理应存在以下四点特征：①伪造、变造的凭证和单据应该是假的，但它们必须是模仿真的凭证和单据制造的，如果不是使用仿制的这些相关凭证和单据，而纯粹是行为人自己设计的凭证和单据，则不符合该项的行为方式。②这里的伪造、变造不仅包括仿造相关表格，也包括相关凭证和单据的表格是真的，但是其签字、公章是伪造的情况。③这里的变造，在本质上仍然属于假的，因为它是通过涂改、挖补、剪贴等方法变造而来的。甚至这种变造的凭证和单据绝大部分是真的，但仅在某几个字上进行了涂改、挖补等，但同样属于假的。④只要在海关签发的报关单、进口证明或外汇管理部门核准件等凭证和单据中有部分是伪造、变造的，就应以伪造、变造论。根据《关于惩治骗购外汇、逃汇和非法买卖外汇犯罪的决定》的规定，"伪造、变造海关签发的报关单、进口证明、外汇管理部门核准件等凭证和单据，并用于骗购外汇的，依照前款的规定从重处罚。"因此，对于既伪造、变造凭证、单据，又使用这些凭证、单据的行为，仍然以骗购外汇罪定性，但须从重处罚。

（2）重复使用海关签发的报关单、进口证明、外汇管理部门核准件等凭证和单据。所谓"重复使用"，即将已办理过购买外汇手续的有关凭证、单据再次予以使用。重复使用既包括重复使用一次，也包括重复使用多次，次数的多少不受限制。重复使用的凭证、单据虽然是无效的，但必须是未经伪造、变造的，也即这里使用的凭证和单据应该属于真的，只是已经用于购买了外汇而再次用来购买外汇，如果重复使用伪造、变造的凭证、单据，就属于使用伪造、变造的海关签发的报关单、进口证明、外汇管理部门核准件等凭证和单据骗购外汇的方法。

（3）以其他欺骗方法骗购外汇。所谓"以其他欺骗方法骗购外汇"，这是一种列举之后的概括性（或称"兜底式"）立法方式，以防止一些不常见但同样具有严重社会危害性的骗购外汇行为疏漏于法网之外。其内容应是指与上述二种情形具有基本相同特征的其他骗购外汇的行为方式，例如使用无效的、过期的、捡来的或者通过签订虚假合同向海关、外汇管理部门骗取来的，甚至与海关人员串通以虚假合同领取的海关签发的报关单、进口证明、外汇管理部门核准件等凭证和单据去骗购外汇的行为。

2. "数额较大"的认定

骗购外汇达到"数额较大"的标准是认定本罪的必要条件。犯罪数额可以分为犯罪指向数额和犯罪所得数额，指向数额是指犯罪行为所指向的金钱或物品的数量；所得数额则是指行为人通过行为的实施而实际取得的非法利益。对于本罪中的"数额"，笔者理解显然是指犯罪指向数额，即行为人通过欺骗方式实际购买到外汇的数额。关于数额较大的标准，全国人大常委会《关于惩治骗购外汇、逃汇和非法买卖外汇犯罪的决定》没有作出明确规定，而按照 2010 年最高人民检察院、公安部《关于公安机关管辖的刑事案件立案追诉标准的规定（二）》第 47 条规定，骗购外汇，数额在 50 万美元以上的，应予立案追诉。显然对于骗购外汇罪的"数额较大""数额巨大""数额特别巨大"和"其他严重情节""其他特别严重情节"等认定标准，还必须由司法机关尽快作出具体解释，以便于司法实践中能正确加以适用。

（二）骗购外汇罪主观方面的认定

1. 骗购外汇罪主体认定

与逃汇罪主体只能由单位构成不同的是，骗购外汇罪的主体既可以由自然人构成也可以由单位构成，且均为一般主体。在司法实践中，实施骗购外汇行为的多为单位，自然人较少。而单位犯罪中，单位主体多为具有进出口经营权的外贸公司、企业或者其他单位。对于单位的所有制性质和行业，法律没有作出限制性规定，因此，无论何种所有制性质和行业的公司、企业、事业单位、机关、团体都可以成为本罪的主体。根据《关于惩治骗购外汇、逃汇和非法买卖外汇犯罪的决定》的规定，单位犯骗购外汇罪的，对单位依照第 1 款的规定判处罚金，并对其直接负责的主管人员和其他直接责任人员，处 5 年以下有期徒刑或者拘役；数额巨大或者有其他严重情节的，处 5 年以上 10 年以下有期徒刑；数额特别巨大或者有其他特别严重情节的，处 10 年以上有期徒刑或者无期徒刑。

2. 骗购外汇罪主观罪过的认定

骗购外汇罪行为人主观上只能由故意构成，这显然没有异议。但是，理论上有学者认为，本罪的主观方面可以包括间接故意。因为从《关于惩治骗购外汇、逃汇和非法买卖外汇犯罪的决定》的规定看，并没有将骗购外汇罪的故意限定在直接故意范围，而且从实践中发生的案件看，放任骗购外汇结果发生的案件并不在少数。因此，骗购外汇罪在主观上包括直接故意和间接故意。《关于惩治骗购外汇、逃汇和非法买卖外汇犯罪的决定》没有规定骗购外汇罪的目的，也表明从立法本意讲对故意的范围未作任何限定。[1]笔者认为上述看法值得商榷。正如前所述，本罪实质上是一种"骗购"外汇的行为，也即行为人的行为实际上是欺骗与购买行为的结合。在这种情况下，行为人购买外汇必然是持积极追求态度的，不可能是放任。其相关"骗购"行为必然具有目的，也是不言自明的，法律不必作特别的限定。上述学者认为《关于惩治骗购外汇、逃汇和非法买卖外汇犯罪的决定》未规定"目的"表明了本罪可以不具有目的，是不能成立的，因为刑法中的许多犯罪目的并不一定都表明在条文之中。既然本罪在主观上要求有非法购取外汇的目的，那么其就是目的犯，而目的犯的罪过形式就必然是直接故意，不可能存在间接故意。尽管本罪行为人的犯罪动机可能多种多样，包括用于违法犯罪活动、牟取非法利益，用于炒汇，牟取暴利，非法持有、使用等，但是，其犯罪动机的内容不影响本罪的构成。

## 第三节　外汇犯罪的对策

外汇犯罪的产生原因是多方面的，笔者主要从完善外汇立法、完善外汇管理制度、综合治理"地下钱庄"犯罪活动等角度展开分析。

### 一、完善外汇立法

我国外汇管理制度主要依据《外汇管理条例》等行政法律法规，今后应当进一步完善外汇管理法律法规，这是对外汇实施有效管理的前提，也是预防外汇违法犯罪的基础。同时，还应当完善外汇犯罪的刑事立法。一是将《关于惩治骗购外汇、逃汇和非法买卖外汇犯罪的决定》纳入刑法典。1999年至2017年期间，我国采用刑法修正案的形式对刑法典进行了十次修正，《关于惩治骗购外汇、逃汇和非法买卖外汇犯罪的决定》属于1997年《刑法》之后至今唯一的一部单行刑法。有学者认为，为了有利于刑法功能的发挥，应当将《关于惩治骗购外汇、逃汇和非法买卖外汇犯罪的决定》纳入刑法典，

---

〔1〕 张相军："骗购外汇犯罪的认定与处罚"，载姜伟主编：《刑事司法指南》（第1辑），法律出版社2000年版，第80页。

究其原因，该决定与我国刑法体系完整性的要求不符，且破坏了我国刑法体系的统一性。[1]笔者认为，将《关于惩治骗购外汇、逃汇和非法买卖外汇犯罪的决定》纳入刑法典确有必要，这势必提升逃汇罪和骗购外汇罪的规范性与严肃性。1997年《刑法》之前通过制定单行刑法以惩治外汇犯罪，受当时外汇管理制度和立法水平局所限，1997年《刑法》颁行之后，通过单行刑法的方式应对外汇犯罪，已不符合刑法典发展的趋势，也不利于有效惩治外汇犯罪。二是增加逃汇罪的自然人犯罪主体。根据我国《刑法》，逃汇罪犯罪主体为单位，不包括自然人，这与我国相关法律规定并不一致，如《外汇管理条例》中的法律责任并未排除追究个人逃汇行为的法律责任，不少学者建议将逃汇罪主体扩大至自然人。当然，将自然人纳入逃汇罪主体范围，仍要考虑个人合理的外汇需求。

## 二、完善外汇监管制度

完善外汇监管制度可以从以下四个方面展开：①外汇监管制度建构的基本原则为坚持外汇业务的真实性与合规性审查，尤其是强化真实性审核。实践中，应当重点核查进口多付汇、虚假转口贸易、虚假贸易融资、个人分拆购付汇等跨境资金异常流动风险较高的项目和业务，"通过逐笔核对跨境收支行为的真实性合规性，剥下虚假交易的'外衣'，显露其真实面目。"[2]②强化银行监管职责，健全外汇监管措施。例如，完善进出口收、付汇核销制度；提高贸易外汇监管的有效性；规范和整顿服务贸易外汇收支活动；[3]加强外汇领域信用体系建设；强化跨部门的执法合作；加强法制教育，提升公民守法意识，提高"地下钱庄"交易行为违法性的认识度等。③加强跨境资金流动的监测体系。外汇监管机构要强化国际收支统计与调查，推进对外金融资产负债及交易统计制度建设，加强统计申报数据核查；加强监测分析和调查研究，强化跨境资金流动的双向监测，完善非现场分析报告体系，积极开展

---

〔1〕　赵秉志、袁彬："建议将惩治外汇犯罪决定纳入刑法典"，载《法制日报》2012年2月22日，第12版。

〔2〕　许婷："今年以来立案查处外汇违法违规行为822起"，载《金融时报》2017年6月8日，第2版。

〔3〕　岳竹芳："我国地下钱庄的成因、危害及防治对策"，载《黑龙江金融》2009年第3期。

信息调研，构建与银行的联动机制等；同时，规范"热钱"自由流动的规章制度，如大额外汇资金出入可疑报告制度等。[1]④提升外汇监管人员的专业素养。例如，提升外汇监管人员的监管能力，尤其要提升辨别可疑交易的能力；积极开展对外汇管理人员的法制教育和警示教育。

### 三、综合治理"地下钱庄"犯罪活动

当前，"地下钱庄"成为外汇犯罪的主要形式，预防与控制外汇犯罪要重点防治"地下钱庄"违法犯罪活动，遵循综合治理的原则，即外汇管理部门、公安部门、人民银行、金融机构、海关、税务部门、工商部门等有关机构，协同合作，共同防治"地下钱庄"违法犯罪活动。实践中，外汇局在打击地下钱庄过程中，十分注重强化部门合作，形成合力，保持高压态势；与公安等部门密切配合，建立了线索会商、信息共享等工作机制，在数据分析、可疑排查、线索移送、侦办跟踪、法规支持等办案流程中，发挥各自优势，共同对地下钱庄等违法犯罪活动保持高压打击态势。[2]外汇局要发挥自身的数据优势和非现场分析技术优势，积极配合公安机关开展打击地下钱庄的工作。[3]同时，在外汇严管背景下，"围绕国家宏观调控目标，稳步推进资本项目可兑换进程，不断满足境内个人合理的境外投资需求。"[4]

---

〔1〕 郭华主编：《金融证券犯罪案例精选》（第1辑），经济科学出版社2015年版，第254页。

〔2〕 许婷："今年以来立案查处外汇违法违规行为822起"，载《金融时报》2017年6月8日，第2版。

〔3〕 赵阳："地下钱庄非法买卖外汇模式及打击策略研究"，载《金融发展研究》2017年第7期。

〔4〕 赵阳："地下钱庄非法买卖外汇模式及打击策略研究"，载《金融发展研究》2017年第7期。

20 世纪中叶以后，鉴于洗钱犯罪的巨大危害性，不少国家将洗钱行为予以入罪化。1960 年法国议会修改了《法国刑法典》，将淫媒犯罪的非法收入予以合法化的行为规定为犯罪。1986 年美国国会通过了《洗钱控制法》，该法将洗钱行为确立为刑事犯罪。[1]在国际社会，1988 年《联合国禁止非法贩运麻醉药品和精神药物公约》首次将洗钱行为明确为犯罪行为，洗钱犯罪成为一种国际犯罪。洗钱罪的上游犯罪最初主要指向毒品犯罪，"9·11 事件"发生后，洗钱犯罪与恐怖主义融资相联系。我国自改革开放以来，洗钱犯罪问题日趋严峻。20 世纪 90 年代开始，我国建构了反洗钱法律体系，不断健全反洗钱监管制度、加强国际合作，以期有效防治洗钱犯罪。

## 第一节　洗钱犯罪的特征与原因

洗钱（Money Laundering）的表面意思为将"脏钱"洗干净的行为，通俗而言，即将"黑钱"漂白清洗为"白钱"的行为。洗钱是指通过货币转换来掩饰其非法来源的过程，或者通过金融体系转换货币或其他资产以达到掩饰其非法来源的目的。[2]对于"洗钱"的表述，一定程度上已不能全面涵盖当今的洗钱行为。究其原因，洗钱往往不需要钱，甚至不涉及钱，不论是现金形式的还是银行账户中的钱；相反，它涉及多种财产或资产类型（从不动产到知识产权），而且为了操控钱，各种金融工具或机制（证券、比特币和信用

---

〔1〕 赵秉志、杨诚主编：《金融犯罪比较研究》，法律出版社 2004 年版，第 185~186 页。
〔2〕 ［英］蒂姆·帕克曼：《精通反洗钱和反恐融资：合规性实践指南》，蔡真译，人民邮电出版社2014 年版，第 1 页。

卡等）都会被充分利用。[1]本质上，洗钱行为是将犯罪所得及其收益披上合法的外衣，"洗净"为表面上的合法所得，使犯罪所得与合法所得混为一体，意图掩盖犯罪事实。美国财政部的金融犯罪执法网络（Financial Crimes Enforcement Network，FinCEN）将洗钱定义为"将非法所得（即'赃款'）合法化（即'净化'）的过程"，一般包括"三个步骤：处置、培植和融合"。"首先，非法资金会被暗中投入合法的金融渠道；其次，通过让资金在多个账户之间转换或流动制造混乱；最后，通过额外的交易将这笔钱融入金融体系，直至'赃款'被'洗净'。"[2]传统意义上，洗钱犯罪是指通过一定的操作和安排来掩饰、隐瞒非法所得及其收益的存在、性质、非法来源和/或非法使用，从而使得该等非法所得及其收益在公开市场中披上合法化外衣。[3]据此，洗钱犯罪，是指明知是毒品犯罪、黑社会性质的组织犯罪、恐怖活动犯罪、走私犯罪、贪污贿赂犯罪、破坏金融管理秩序犯罪、金融诈骗犯罪的所得及其产生的收益，而实施掩饰、隐瞒犯罪所得及其收益的来源和性质，依照刑法应受刑罚处罚的行为。

## 一、洗钱犯罪的状况与特征

洗钱犯罪对各国都产生了严重的危害性，它不仅会破坏金融秩序，还会危及社会安全和国家安全。因洗钱犯罪往往又与腐败犯罪、恐怖犯罪存在密切的关系，正如学者小弗莱彻·N. 鲍德温（Fletcher N. Baldwin Jr.）和罗伯特·J. 门罗（Robert J. Munro）认为的，对国家和社会而言，洗钱最大的危害在于，洗钱使不同的犯罪之间产生相乘效应，使犯罪得以进一步繁殖。[4]洗钱活动逐步与上游犯罪相分离，与金融产品紧密结合，发展成为独立的犯罪行为，有的甚至为恐怖组织活动融资或提供资金来源，并对金融安全、财经

---

〔1〕 ［英］史蒂芬·普拉特：《资本犯罪：金融业为何容易滋生犯罪》，赵晓英、张静娟译，中国人民大学出版社 2017 年版，第 27 页。

〔2〕 ［英］史蒂芬·普拉特：《资本犯罪：金融业为何容易滋生犯罪》，赵晓英、张静娟译，中国人民大学出版社 2017 年版，第 28 页。

〔3〕 参见刘守芬、牛广济："反国际洗钱犯罪面临的问题与应对"，载刘明祥、冯军主编：《金融犯罪的全球考察》，中国人民大学出版社 2008 年版，第 357 页。

〔4〕 参见白建军主编：《金融犯罪研究》，法律出版社 2000 年版，第 529 页。

安全、社会安全和国家安全构成严重威胁。[1]当前，我国洗钱犯罪的"黑数"问题较为严重，洗钱犯罪涉及的金额往往巨大，尤其随着我国金融业的创新与发展，以及经济全球化的外部影响，我国洗钱犯罪将处于高发的状态。

（一）洗钱犯罪的状况

洗钱据说古已有之，传统洗钱方式如将犯罪所得及收益藏匿于家中。20世纪20年代以后，美国工业中心芝加哥等城市出现了阿里·卡彭、约·多里奥和勒基·鲁西诺为首的庞大的有组织犯罪集团，这些犯罪集团利用美国经济发展过程中广泛运用现代化大规模生产技术的机会，大力发展自己的犯罪企业，谋求巨额的经济利益。该有组织犯罪集团中的一个财务总管购置了一台自动洗衣机，为顾客清洗衣服，并收取现金，然后将犯罪企业的收入混入这部分现金之中一起向税务机关申报，将犯罪收入变为合法收入，这就是现代意义上的洗钱。[2]美国一位前任联邦检察官曾说："20世纪90年代的白领犯罪就是洗钱。"[3]当今世界，洗钱犯罪的日益猖獗，洗钱犯罪和毒品犯罪、有组织犯罪、恐怖主义犯罪一样困扰着世界各国。1988年国际货币基金组织给出的数据为每年大约占全球GDP的2%~5%的钱被洗掉；1988年美国政府部门保守估计为1000亿美元到3000亿美元；2000年美国有学者保守地估计全球每年的洗钱数额在5000亿美元到6000亿美元，甚至达到8000亿美元或10 000亿美元；2001年经济合作与发展组织下属的反洗钱金融行动工作组给出的数据为每年最高为14 600亿美元，最低为5310亿美元。[4]世界银行曾指出，全球每年流动的跨境犯罪经费、腐败所得等约为1万亿至1.6万亿美元，其中约50%从发展中国家和经济转轨国家流向发达国家。另据估算，在1970年至1999年，非洲国家每年外逃资金占GDP总额的60%，最严重的尼日利

---

〔1〕　俞光远："加强中国反洗钱立法和反洗钱工作的对策建议"，载《法制日报》2016年3月2日，第9版。

〔2〕　康均心、林亚刚："国际反洗钱犯罪与我国的刑事立法"，载《中国法学》1997年第5期。

〔3〕　参见［美］马克斯·考夫曼、亚当·列维斯、布鲁斯·米勒："洗钱罪"，王大东译，载《外国法译评》1998年第1期。

〔4〕　转引自刘守芬、牛广济："反国际洗钱犯罪面临的问题与应对"，载刘明祥、冯军主编：《金融犯罪的全球考察》，中国人民大学出版社2008年版，第358~359页。

亚达外债总额的 93%，这等于援助和贷款回流发达国家。[1]一般认为，当今每年有多少数额的"赃款"被"洗净"，没有一个确切的数字，然而这一数额肯定是惊人的。

20 世纪 90 年代开始，我国公职人员腐败、贪污受贿情况开始蔓延，一些腐败分子成为走私、黑社会性质犯罪等违法犯罪活动的帮凶甚至主谋，洗钱活动有了更为广泛的需求，造成国内资产大量外流。1991～1998 年，我国共发生走私案件 4200 起，总金额达 1300 亿美元，平均每年为 160 亿美元。每年通过低下钱庄清洗出境的黑钱约 2000 亿元人民币，其中约 300 亿元属于腐败收入。据世界银行经济研究所的研究，1997 年中国银行体系中存在 480 亿美元的"额外"储蓄，约占当年 GDP 的 5%，这与当时中国城市居民的年收入和支出明显不符，可以认定与洗钱有密切关系。[2]2015 年中国反洗钱监测分析中心向有关部门移送或通报可疑交易线索 588 份，人民银行分支机构开展反洗钱调查 3623 次，向侦查机关移送线索 1540 起，同比上升 67.4%。[3]广义上而言，我国洗钱犯罪包含《刑法》第 191 条的洗钱罪，第 312 条的掩饰、隐瞒犯罪所得、犯罪所得收益罪和第 349 条的窝藏、转移、隐瞒毒品、毒赃罪。2006～2016 年的 10 年间，全国法院依照《刑法》第 191 条、第 312 条和第 349 条审理宣判洗钱案件超过 10.1 万件，生效判决被告人约 10.8 万人。[4]但以"洗钱罪"定罪处罚的案件并未占据主体地位。1997～2009 年全国法院审理的、以《刑法》第 191 条洗钱罪追究刑事责任的洗钱案件仅 20 余件。[5]然而，我国金融行业中可疑交易报告的数量呈剧增的发展趋势。根据 2008 中国人民银行反洗钱报告显示，相对于 2007 年，2008 年银行业可疑交易报告接受数量翻了近 6 倍，期货证券业翻了近 5 倍，保险业更是翻了高达近 40 倍，分别达到 68 596 792 件、147 482 件及 170 904 件。[6]

---

〔1〕 高波："加快构建国际反腐新秩序恰逢其时"，载《中国纪检监察报》2016 年 6 月 28 日，第 1 版。

〔2〕 参见王荣珍：《金融机构反洗钱培训教程》，山西人民出版社 2010 年版，第 11 页。

〔3〕 金苹："中国反洗钱十年磨一剑"，载《金融时报》2016 年 8 月 1 日，第 1 版。

〔4〕 金苹："中国反洗钱十年磨一剑"，载《金融时报》2016 年 8 月 1 日，第 1 版。

〔5〕 刘为波："《关于审理洗钱等刑事案件具体应用法律若干问题的解释》的理解与适用"，载《人民司法》2009 年第 23 期。

〔6〕 黄晓亮等："消除社会发展之瘤——洗钱罪问题与治理"，载《中国检察官》2010 年第 16 期。

（二）洗钱犯罪的特征

传统洗钱犯罪主要体现为个体犯罪，当前洗钱犯罪呈现出一些新的发展趋势，具体而言，洗钱犯罪的主要特征如下：

1. 洗钱犯罪手段多样化，隐蔽性强

实践中，犯罪分子利用金融、财务、会计、律师、信托、典当、评估、拍卖等专业服务进行洗钱，有数据显示，通过典当（占1.2%）、信托、拍卖机构（占0.8%），对艺术品（占1.9%）、贵金属（占13%）、古玩珠宝、高档用品（占7.4%）进行投资洗钱。而各类影子金融机构、金融衍生品、比特币等虚拟货币、互联网支付等新兴金融领域拓宽了洗钱通道，这些新兴金融业不受地理时空限制、交易匿名性、费用低廉、交易环节众多、支付便利等特点，如行为人将自己的非法所得经过互联网支付平台转换成虚拟资金，然后再通过网络交易的"过滤净化"，将虚拟资金转化成现实的财产，实现由"黑钱"向合法财产的转变。[1]同时，地下钱庄成为犯罪所得转移境外的重要途径，"随着金融业务类型的扩展，地下钱庄转移资金方式不断翻新，利用新型金融业务如离岸业务、人民币跨境结算业务的情况逐渐增多"[2]。可见，在互联网金融的背景下，虚拟货币、第三方支付等新兴领域成为洗钱的高发区。洗钱行为表现出专业化、智能化、复杂化的特征，洗钱犯罪更加隐蔽，犯罪"黑数"高。

2. 腐败洗钱现象严重

当前，洗钱犯罪与腐败犯罪是亟待解决的全球性问题。腐败分子通过贪污、受贿等方式获取非法所得之后，急需将这些非法所得"洗净"，使之具有合法化的表征，而洗钱就成为他们最佳的选择，通过洗钱，腐败分子的非法所得被隐瞒或掩饰成为合法所得。洗钱犯罪与腐败犯罪越来越密不可分，腐败洗钱也成为洗钱犯罪中新的组成部分。对此，王新环认为："贪污贿赂犯罪的性质决定了腐败和洗钱的关系极为密切，可以说，洗钱是腐败行为的继续

---

〔1〕　参见俞光远："加强中国反洗钱立法和反洗钱工作的对策建议"，载《法制日报》2016年3月2日，第9版；王延伟："提升反洗钱监管国际化水平"，载《中国社会科学报》2016年12月21日，第4版；张建、郭大磊："互联网金融面临洗钱和擅自发行股票两大风险"，载《检察日报》2015年9月2日，第3版。

〔2〕　徐子福："高举反洗钱利剑，维护浙江经济金融安全——浙江反洗钱工作十周年回顾与展望"，载《浙江金融》2016年第8期。

和延伸。"[1]邵沙平指出，洗钱与腐败是犯罪之树上的两个具有密切联系的毒瘤，对于社会具有极大的危害性。洗钱保护腐败，腐败又推动了洗钱。[2]可以说，洗钱犯罪在一定程度上是腐败犯罪的助推器，预防与控制腐败犯罪，首当其冲要防治洗钱犯罪。当前我国腐败洗钱现象也日趋严重，腐败分子在获得非法所得后采用各种方式进行洗钱，有的采用传统的洗钱方式，有的借助于新金融进行洗钱，而且腐败洗钱中腐败分子亲属实施洗钱犯罪的情况较为常见。例如，2008年8月1日，重庆市巫山县交通局原局长晏大彬因受贿2226万元，被法院以受贿罪判处死刑。同一天，晏大彬的妻子付尚芳，因犯洗钱罪被判处有期徒刑3年，缓刑5年。法院审理认定，付尚芳为掩饰、隐瞒晏大彬非法所得巨额钱财的来源和性质，将赃款中的943万元用于以自己和他人的名义购7处房产、投资多种金融理财产品和存入其银行账户。[3]

3. 恐怖融资中的洗钱犯罪现象日趋严峻

恐怖活动融资是指利用金融系统为恐怖活动融资的过程，它既要掩盖资金来源，也要掩盖资金用途。[4]自美国"9·11事件"后，洗钱和恐怖融资的结合为国际社会和各国高度重视。毋庸讳言，洗钱和恐怖主义融资关系日益密切。在对客户进行洗钱和恐怖主义融资例行排查时，合规员常用到的两个术语就是反洗钱和打击恐怖主义融资。它们的概念截然不同，洗钱是关注钱的来源，而恐怖主义融资在很大程度上则是（但不完全是）关注钱的去向。[5]当前，洗钱犯罪分子越来越精通于利用金融机构藏匿犯罪所得，向恐怖主义提供资金的人也发现了利用金融系统能为制造恐怖袭击筹集和转移所需资金。例如，通过金融系统以外的替代性汇款体系进行融资，恐怖主义融资者已成功地将资金隐藏在企业法人、慈善组织以及其他合法或准合法的公司当中，并且熟谙金融之道，让资金顺利通过金融系统看门人的审查，利用

---

〔1〕 参见孙艳敏："当贪污受贿'傍'上洗钱……"，载《检察日报》2011年7月26日，第6版。

〔2〕 参见乐欣："反腐败与反洗钱需要加强国际法律合作"，载《检察日报》2004年3月8日。

〔3〕 参见孙艳敏："当贪污受贿'傍'上洗钱……"，载《检察日报》2011年7月26日，第6版。

〔4〕 ［英］蒂姆·帕克曼：《精通反洗钱和反恐融资：合规性实践指南》，蔡真译，人民邮电出版社2014年版，第1页。

〔5〕 ［英］史蒂芬·普拉特：《资本犯罪：金融业为何容易滋生犯罪》，赵晓英、张静娟译，中国人民大学出版社2017年版，第23页。

金融系统遍布全球的渠道和复杂性实现自己的目标。[1]显然，没有金钱，就无法策划战略层面的犯罪活动：如果说到有组织犯罪，那么金钱就是其追逐的目标；如果说到恐怖主义活动，金钱对其而言则是其为了达到其目的而必不可少的一种手段。[2]可见，通过洗钱活动为恐怖主义活动提供资金表明二者之间的密切关联性，但二者仍旧存在显著的差异：洗钱都是将犯罪所得及其收益予以合法化的活动，恐怖融资的资金并非全都来自于犯罪所得，有不少资金是具有合法来源的。总之，当前通过洗钱为恐怖主义犯罪、有组织犯罪等严重犯罪提供资金的现象日趋严峻，洗钱犯罪与其资助的相关犯罪猖獗，这是今后值得我们重点关注的动向。

4. 洗钱犯罪具有跨国性特征

洗钱犯罪又被称为"无国界犯罪"，这充分说明洗钱犯罪的国际性、跨国性的特征。加拿大皇家警察一份文件指出，该国的洗钱案件中有 80% 的案件具有国际性因素。[3]2013 年 5 月，经过一项跨越 17 个国家的深入调查，位于哥斯达黎加的自由储备银行公司（Liberty Reserve）停止了运营。调查发现，该公司涉嫌洗钱活动，涉案金额高达 60 亿美元，其非法收入主要来源于毒品交易、儿童色情、信用卡诈骗、身份盗窃及电脑黑客等多项犯罪活动。该公司联合创始人最终认罪，数罪并罚被判处最高 75 年有期徒刑。[4]在经济全球化的时代背景下，互联网金融、移动支付、网上银行等使得洗钱犯罪摆脱了地域限制，"许多洗钱者利用不同国家和地区法律制度与经济制度之间的差异，大范围地进行跨国间的洗钱活动，并利用现代社会快捷的交易途径和手段以及资金传输渠道，从事各类洗钱活动"[5]。实践中，洗钱犯罪分子为了隐瞒或掩饰其非法所得，往往在多个国家之间操作"洗净"赃款，这种方式更为隐蔽。境外洗钱机构也利用我国对外资的税收优惠和法律优惠等制度，

〔1〕［英］理查德·普拉特编：《反洗钱与反恐融资指南》，王燕之审校，中国金融出版社 2008 年版，第 4 页。

〔2〕［法］玛丽-克里斯蒂娜·迪皮伊-达侬：《金融犯罪》，陈莉译，中国大百科全书出版社 2006 年版，序一。

〔3〕赵秉志、杨诚主编：《金融犯罪比较研究》，法律出版社 2004 年版，第 180 页。

〔4〕［英］史蒂芬·普拉特：《资本犯罪：金融业为何容易滋生犯罪》，赵晓英、张静娟译，中国人民大学出版社 2017 年版，第 23 页。

〔5〕刘宪权：《金融犯罪刑法学原理》，上海人民出版社 2017 年版，第 422 页。

将脏钱以外资的形式输入我国，通过投资漂白，再转移出去。[1]

## 二、洗钱犯罪的原因

当前，我国洗钱犯罪日益猖獗，造成这一现象的原因是多方面的，笔者主要从立法原因、刑事司法原因、反洗钱监管原因、"市场需求"原因、国际反洗钱等方面进行分析。

### （一）立法原因

反洗钱法律体系包括民事法律体系、行政法律体系和刑事法律体系。近年来，我国反洗钱法律体系逐渐完善起来，但与一些法治发达国家以及相关国际公约相比较，我国反洗钱法律系统仍旧显得较为滞后，很多内容已不能适应反洗钱工作的需要。例如，《反洗钱法》是防治洗钱违法犯罪活动的重要法律依据，但自 2007 年 1 月 1 日实施以来，本法诸多原则性规定不利于有效开展反洗钱工作，"随着国际社会对金融业反洗钱监管的日趋严密，特定非金融行业，包括房地产业、博彩业、黄金珠宝业、律师业、注册会计业等领域日益受到洗钱侵蚀，引起国际反洗钱界高度关注，对现行反洗钱法规提出了挑战"[2]，如《反洗钱法》关于反洗钱国际合作只有三个条文，显然无法有效应对洗钱犯罪的国际化特征。

就洗钱犯罪的刑事立法而言，在我国计划经济体制时代，国内的洗钱行为极少，因而 1979 年《刑法》并未规定洗钱罪。第七届全国人民代表大会常务委员会第九次会议于 1989 年 9 月 4 日批准了《联合国禁止非法贩运麻醉药品和精神药物公约》，该公约将隐瞒或掩饰贩毒收益的洗钱行为予以入罪。为了履行公约义务，第七届全国人民代表大会常务委员会第十七次会议于 1990 年 12 月 28 日通过了《关于禁毒的决定》[3]，该决定第 4 条第 1 款规定："包庇走私、贩卖、运输、制造毒品的犯罪分子的，为犯罪分子窝藏、转移、隐瞒毒品或者犯罪所得的财物的，掩饰、隐瞒出售毒品获得财物的非法性质和来源的，处 7 年以下有期徒刑、拘役或者管制，可以并处罚金。"这是我国首

---

〔1〕 汪东升、孙晴、张启明：《金融犯罪专业化公诉样本》，中国检察出版社 2014 年版，第 223 页。
〔2〕 王延伟："提升反洗钱监管国际化水平"，载《中国社会科学报》2016 年 12 月 21 日，第 4 版。
〔3〕 该决定已失效，现行有效的法律为《中华人民共和国禁毒法》。

次将掩饰或隐瞒毒品犯罪收益的行为规定为犯罪。《关于禁毒的决定》虽未出现"洗钱"的表述，但对"掩饰、隐瞒出售毒品获得财物的非法性质和来源的"行为予以定罪，即掩饰、隐瞒毒赃性质、来源罪，这与《联合国禁止非法贩运麻醉药品和精神药物公约》的精神相一致，此时洗钱犯罪的上游犯罪仅限于贩卖毒品罪。1997 年《刑法》第 191 条增设了洗钱罪，第 312 条和第 349 条分别规定了掩饰、隐瞒犯罪所得、犯罪所得收益罪和窝藏、转移、隐瞒毒品、毒赃罪，上述两个罪名与洗钱罪共同构成了我国反洗钱刑法体系。美国"9·11 事件"发生后，出于打击恐怖主义犯罪的需要，《刑法修正案（三）》第 7 条对洗钱罪的上游犯罪增加了"恐怖活动犯罪"，并提高了单位洗钱犯罪的法定刑。出于反腐败以及保障金融管理秩序的需要，《刑法修正案（六）》第 16 条对洗钱罪的上游犯罪又扩大至"贪污贿赂犯罪、破坏金融管理秩序犯罪、金融诈骗犯罪"。经过两次修正，我国洗钱罪的上游犯罪包括七类犯罪，即毒品犯罪、走私犯罪、黑社会性质的组织犯罪、恐怖活动犯罪、贪污贿赂犯罪、破坏金融管理秩序犯罪和金融诈骗犯罪。但是，随着洗钱犯罪呈现出的新特点，洗钱罪的上游犯罪范围、洗钱罪的主体、洗钱罪的行为方式等规定已经无法有效惩治洗钱犯罪。

（二）刑事司法原因

洗钱犯罪本身是处置犯罪所得及其收益的一种犯罪类型，犯罪分子就是要采取各种隐蔽的手段消灭上游犯罪所得的各种线索和证据，此类犯罪较之传统犯罪更难查获，"现在的洗钱犯罪不同于传统意义上简单的暴力犯罪，它已经成为典型的高智商和高科技犯罪，具有隐蔽性和复杂性的特点。传统的侦查和举报手段面对海量的交易数据只能望洋兴叹。"[1]根据《中国反洗钱报告 2008》的统计数据，2008 年全国各地侦查机关根据人民银行的报案线索共立案侦查 215 起，占报案数的 28.6%。虽然"比上年提高 11 个百分点，表明反洗钱调查的有效性不断提高"，但这仅仅是从纵向上比较得出的结论，总体上不到 30% 的比例仍然比较低，从而在总量上制约了洗钱罪的适用率。[2]洗钱犯罪的特征对防治洗钱犯罪的刑事司法活动提出了更高的要求，但我国

---

〔1〕 欧阳卫民："国际反洗钱的现状和趋势"，载《中国金融》2015 年第 17 期。
〔2〕 黄晓亮等："消除社会发展之瘤——洗钱罪问题与治理"，载《中国检察官》2010 年第 16 期。

反洗钱的刑事司法存在不少不足之处。一方面，专业人才匮乏。应对洗钱犯罪问题，需要既掌握法律知识，又要熟知金融、计算机信息技术等知识，但我国在这一领域的专门人才急缺。另一方面，洗钱犯罪侦查与上游犯罪侦查之间的衔接工作不够完善。在一些腐败洗钱案件中，由于上、下游犯罪管辖分工不同，在办理有关案件时公安经侦部门与检察院较多关注本部门所负责的那部分罪名，削弱了对洗钱犯罪的查处力度。检察院即使发现了洗钱犯罪的线索，也可能做追赃处理而不主动移交公安经侦部门。[1]王新环认为腐败洗钱案件查处难度大致体现在四个方面：①证据的收集、固定存在难度，洗钱行为具有高度的隐蔽性和专业性，给贪污受贿犯罪的侦查行为提出了挑战；②跨国洗钱行为增多，而国际反洗钱合作机制仍在逐步完善之中，而且也极大地提高了侦查的成本；③科技监控能力还有待提高；④洗钱行为向非传统金融领域及非金融特定领域迅速扩展，但相关领域的监控机制还不完善，影响了贪污受贿案件侦查的有效开展。[2]

（三）反洗钱监管原因

当前，金融成为犯罪分子进行洗钱的重要途径，"金融机构参与洗钱和滋生犯罪是我们这个时代的两大弊端。因为有了金融机构，世界范围内的毒品交易、人口贩卖、偷税漏税、行贿受贿、恐怖主义等活动才有了可能。更糟糕的是，大多数银行在整个过程中是无意识的（不排除少数监守自盗的），这种对金融机构的滥用在更大程度上起因于部分银行的玩忽职守，而非政策性失误导致的洗钱和犯罪"。[3]因此，尽管出现了许多新形式的洗钱渠道，但无论从因洗钱而遭受的损失和从犯罪者掩盖转移犯罪所得的手段，还是从国家发现、证实洗钱犯罪的线索来看，银行的角色是独一无二的。银行不属于反洗钱一方，就属于洗钱一方。因为银行如果不重视反洗钱工作，必然招来密切关注金融系统薄弱环节的洗钱者，成为洗钱者的合伙人。[4]由于洗钱犯罪通常缺乏受害者，有些金融机构出于自身利益的考虑，不会将有关洗钱的线

---

〔1〕黄晓亮等："消除社会发展之瘤——洗钱罪问题与治理"，载《中国检察官》2010年第16期。

〔2〕参见孙艳敏："当贪污受贿'傍'上洗钱……"，载《检察日报》2011年7月26日，第6版。

〔3〕［英］史蒂芬·普拉特：《资本犯罪：金融业为何容易滋生犯罪》，赵晓英、张静娟译，中国人民大学出版社2017年版，第2页。

〔4〕参见白建军主编：《金融犯罪研究》，法律出版社2000年版，第541～542页。

索反馈给有关部门。有时反洗钱监管体系建设也不能适应反洗钱的需要。例如，就洗钱与恐怖融资而言，由于洗钱涉及的资金往往数额巨大，这样的账户就是值得特别关注的较高风险账户；对涉嫌恐怖的资金而言，交易金额可能相对较小，交易类型与其他专业客户也并不一定有区别，银行几乎无法单从账户活动本身识别出潜在的恐怖主义分子。[1]我国反洗钱监管体系尚处于发展阶段，其应有的功能尚未得到有效发挥。一方面，反洗钱工作存在一些监管盲区或弱点。例如，2017年3月8日，火币网、比特币中国、币行三家平台纷纷发布公告宣布延期开放比特币提币业务。提币业务关系到监管最敏感的反洗钱问题，目前可能还无法从系统层面规避，这就需要花更长时间来升级系统，以及跟监管层协商解决办法。[2]在金融业不断创新与发展过程中，不少行业的准入条件以及监管制度存在空白，如客户身份识别、交易记录保存、可疑交易报告等制度有待完善，而且非金融机构反洗钱监管体系尤为薄弱。另一方面，反洗钱信息资源共享制度不够完善。在互联网和大数据时代，利用多种信息数据资源，特别是政务信息辅助开展反洗钱监测分析，是反洗钱工作发展的重要方向。当前，反洗钱信息资源共享程度较低，信息处理能力不能满足需要，成为制约反洗钱工作充分发挥作用的瓶颈。[3]实践中，反洗钱监管部门、反洗钱义务主体以及相关司法行政部门的协作合作机制也不够顺畅，上述因素制约着我国反洗钱工作的展开。

（四）"市场"需求原因

洗钱罪作为一种"下游犯罪"或"派生犯罪"，是行为人对"上游犯罪"或"原生犯罪"所得及其非法受益进行清洗的行为。洗钱犯罪与上游犯罪的关系密不可分，没有上游犯罪就无所谓洗钱犯罪。[4]当前，有组织犯罪激增，一些有组织犯罪还形成了自己的犯罪企业，这些犯罪企业获得了大量的犯罪所得，为了逃避法律制裁，实现脏钱的完全循环使用，犯罪分子迫切需要洗

---

〔1〕［英］理查德·普拉特编：《反洗钱与反恐融资指南》，王燕之审校，中国金融出版社2008年版，第2页。

〔2〕崔启斌、刘双霞："反洗钱法律体系2020年初步形成"，载《北京商报》2017年9月14日，第1版。

〔3〕张末冬："有效防范洗钱、恐怖融资和逃税违法犯罪活动，进一步健全国家治理体系和现代金融监管体系"，载《金融时报》2017年9月30日，第2版。

〔4〕刘宪权：《金融犯罪刑法学原理》，上海人民出版社2017年版，第434页。

钱。有需要就有市场，为上游犯罪分子洗钱的行业也就随着上游犯罪的猖獗应运而生。[1]可以说，洗钱犯罪为上游犯罪而生，上游犯罪的犯罪所得及其收益需要"洗净"，这在客观上造成了洗钱犯罪的高发。

（五）国际反洗钱原因

当前洗钱犯罪越来越多采取跨越国界的方式实施，这无疑需要通过国际合作予以惩治，"从某种程度上讲，洗钱似乎成了国际合作的'典范'"。[2]近年来，联合国制定了《联合国禁止非法贩运麻醉药品和精神药物公约》《制止向恐怖主义提供资助的国际公约》《联合国打击跨国有组织犯罪公约》《联合国反腐败公约》等国际公约；而且针对恐怖活动融资，2001 年 9 月 28 日联合国安理会第 4385 次会议一致通过了第 1373（2001）号决议，该决议为落实以一切手段打击恐怖主义的决定，根据宪章第 7 章采取行动，规定所有国家负有不得资助恐怖主义的义务，并把恐怖主义与洗钱犯罪联系起来予以关注。2004 年 10 月 8 日安全理事会第 5053 次会议通过第 1566（2004）号决议，进一步强调各国采取冻结恐怖主义者资产的措施。[3]可见，上述公约和决议对有效防治洗钱犯罪具有积极作用，但"所涉及领域仍然在贪污、反恐、贩毒等有限领域，很多上游犯罪比如偷税、侵犯知识产权犯罪和抢劫等领域并未达成共识。而且，由于各国国情和国家利益的不同导致打击洗钱犯罪的严厉程度和标准不同，使得国际社会缺乏一个统一的标准和一致行动。虽然有了一些国际公约，但缺乏强有力的执行机构和监督机制，对国际公约的执行仍然要依赖各成员国国内法来实现"[4]。可见，反跨国洗钱犯罪的国际法律基础以及国际合作仍较为薄弱。而且，我国在人民币国际化以及"一带一路"倡议推动下，跨境资金流动逐年快速增长，混杂其中的腐败洗钱、贸易洗钱、投资洗钱等，均对我国反洗钱监管国际合作提出了严峻考验。[5]

---

〔1〕 李永升主编：《金融犯罪研究》，中国检察出版社 2010 年版，第 427 页。

〔2〕 ［英］史蒂芬·普拉特：《资本犯罪：金融业为何容易滋生犯罪》，赵晓英、张静娟译，中国人民大学出版社 2017 年版，第 24 页。

〔3〕 邵沙平、李日龙："国际反洗钱法的新发展与我国反洗钱法治"，载《法学杂志》2007 年第 2 期。

〔4〕 参见刘守芬、牛广济："反国际洗钱犯罪面临的问题与应对"，载刘明祥、冯军主编：《金融犯罪的全球考察》，中国人民大学出版社 2008 年版，第 357 页。

〔5〕 王延伟："提升反洗钱监管国际化水平"，载《中国社会科学报》2016 年 12 月 21 日，第 4 版。

# 第二节　洗钱犯罪的司法适用

洗钱罪，是指明知是毒品犯罪、黑社会性质的组织犯罪、恐怖活动犯罪、走私犯罪、贪污贿赂犯罪、破坏金融管理秩序犯罪、金融诈骗犯罪的所得及其产生的收益，掩饰、隐瞒其来源和性质，并使其表面上合法化的行为。

## 一、洗钱罪客观方面的认定

### （一）洗钱罪客体的认定

我国现行《刑法》将洗钱罪规定在刑法分则第三章"破坏社会主义市场经济秩序罪"的第四节"破坏金融管理秩序罪"之中。从立法思路上进行分析，我们不难得出国家金融管理秩序是洗钱罪侵犯客体的结论。理论上通常认为，立法上之所以将洗钱罪归入破坏金融管理秩序罪中，主要因为大多数的洗钱行为是通过金融机构实行的，这种行为在很大程度上会破坏金融体系的纯洁性，影响金融机构在公众中的形象和声誉，削弱公众对金融机构的信任。另外，洗钱行为往往涉及数额巨大，其手段又具有极大的不确定性，因而很容易导致金融秩序的混乱甚至引起金融危机的发生。

### （二）洗钱罪客观要件的认定

洗钱罪的客观方面表现为行为人实施了掩饰、隐瞒犯罪的违法所得及其收益的性质和来源的行为。这里所谓的"掩饰"是指行为人采用作假的方式掩盖七类上游犯罪违法所得及其收益等的事实真相，而"隐瞒"则是指行为人刻意不让他人知悉实际存在的七类上游犯罪违法所得及其收益的事实真相。两者相同点在于行为的本质均是为了掩盖事实真相，而主要区别在于是否存在作假的内容。根据《刑法》第 191 条的规定，洗钱罪的行为方式有五种：①提供资金账户的；②协助将财产转换为现金或者金融票据的；③通过转账或者其他结算方式协助资金转移的；④协助将资金汇往境外的；⑤以其他方式掩饰、隐瞒犯罪的违法所得及其收益的性质和来源的。2009 年最高人民法院《关于审理洗钱等刑事案件具体应用法律若干问题的解释》第 2 条对上述第五种行为方式的认定作出了相关的解释：具有下列情形之一的，可以认定为《刑法》第 191 条第 1 款第 5 项规定的"以其他方法掩饰、隐瞒犯罪所得及其收益的来源和性质"：①通过典当、租赁、买卖、投资等方式，协助转移、转换犯罪所得及其收益的；②通过与商场、饭店、娱乐场所等现金密集型场所的经营收入相混合的方式，协助转移、转换犯罪所得及其收益的；③通过虚构交易、虚设债权债务、虚假担保、虚报收入等方式，协助将犯罪所得及其收益转换为"合法"财物的；④通过买卖彩票、奖券等方式，协助转换犯罪所得及其收益的；⑤通过赌博方式，协助将犯罪所得及其收益转换为赌博收益的；⑥协助将犯罪所得及其收益携带、运输或者邮寄出入境的；⑦通过前述规定以外的方式协助转移、转换犯罪所得及其收益的。

综观我国洗钱犯罪行为方式的规定，虽然《刑法》有"其他方法掩盖、隐瞒……"的概括式规定，但是我国《刑法》对于洗钱罪的行为方式侧重于赃款的"转换"。无论是提供资金账户的"提供"、协助将财产转换为现金或者金融票据的"转换"，还是通过转账或者其他结算方式协助将资金转移和协助将资金汇往境外，都是一种财产转换的具体表现，而未涉及其他的洗钱方式。但是，时下国际条约及许多国家和地区的立法中大多数则规定了"转换""转让""掩饰""隐瞒""获取""持有"和"使用"七种基本犯罪形式，而我国仅规定了"转换"这种形式，这显然不利于打击洗钱犯罪的国际合作。例如，对于"获取、持有、使用非法收益"，我国《刑法》对这三种行为只规定于一般赃物犯罪中，对于特定的物品如毒品则规定了窝藏、转移、隐瞒毒品、毒赃罪和非法持有毒品罪，也即对获取、持有、使用非法收益在我国是不作为洗钱犯罪的。但是，国际条约和多数国家和地区刑事法律均将这些行为归入洗钱犯罪的范围之内，具体区分两种情况：一是将这些行为视为一种独立的洗钱方式，与"替换"或"转移"方式并列规定，不作为独立的犯罪；二是将这些行为作为洗钱类罪中的一个独立的罪名。因此，与国际条约和国外、境外反洗钱立法相比，我国在洗钱罪的行为方式的规定上存在刚性过强而柔性不足的问题。虽然我国《刑法》明确规定了罪刑法定原则，而罪刑法定原则的当然要求就是法律规定的"明确性原则"。但是，鉴于洗钱犯罪活动的不断发展变化，如果立法上规定的刚性过强，如果司法实践中对许多洗钱犯罪活动强行适用，无疑将有违罪刑法定原则。

## 二、洗钱罪主观方面的认定

### （一）洗钱罪主体的认定

洗钱罪的主体既可以是自然人，也可以是单位，但理论上对于上游犯罪的行为人本身能否成为洗钱罪主体的问题，存在比较大的争议。洗钱犯罪行为是对赃物的处置，按照传统的刑法理论，对于犯罪行为已经终止，而犯罪行为造成的非法状态仍在继续的状态犯而言，犯罪人在不法状态下对犯罪对象的处置行为不具有可罚性。这在理论上属于事后不可罚行为。如果行为人盗窃以后又自行销售了赃物，无论是理论上还是实践中对行为人只定性为盗窃罪而非盗窃罪和销赃罪数罪并罚。据此，有学者认为，洗钱罪的主体不应是"上游犯罪"的实行犯或其共犯，即它只能是"上游犯罪"行为以外的与之没有共犯关系的自然人或者单位。事实上，《欧洲反洗钱公约》也持这样的观点，认为洗钱罪不适用于实施上游犯罪的行为人。但是，理论上有人主张，洗钱犯罪的主体也应包括"上游犯罪"的行为人。持该观点的学者认为，上游犯罪的行为人从事的洗钱行为与局外人从事的洗钱行为从行为的方式、危害结果乃至主观方面都没有实质性区别，对于相同的行为由于不同的主体实行导致了不同的法律后果有违"刑法面前人人平等"原则。何况洗钱犯罪和传统的赃物犯罪又有不同，传统的赃物犯罪是指在他人已经实施了有关犯罪后，行为人转移赃物的场所或占有权，它是财产犯罪的事后帮助行为。而洗钱犯罪意在"漂白脏钱"而不只是"转移"赃物，复杂的洗钱过程大大改变了赃物的性质、形式、来源、流向、支配权和所有权，洗钱活动使犯罪所得及其产生的收益披上"合法"的外衣，实现了黑钱的安全运行，洗钱犯罪是独立于"上游犯罪"的另一个完全独立的犯罪过程。有鉴于此，有学者主张，洗钱犯罪的主体不应排除实施"上游犯罪"的行为人。实施了上游犯罪的行为人又实施了洗钱犯罪的，应当数罪并罚。事实上，出于惩治洗钱犯罪的需要，现在不少国家和地区已经开始认可或逐渐认可上游犯罪的行为人同样可以成为洗钱犯罪的主体。

对刑法条文的理解必须结合刑法规定本身进行。根据法条规定，上游犯罪行为人实施的洗钱行为，不应构成洗钱罪。因为，从我国《刑法》第 191

条的规定看，该条文前四项内容构成洗钱罪都是一种帮助行为，"提供""协助"等词语的使用足以说明这一点。该条文第5项内容虽无"协助"之类词语的使用，但它作为一种"兜底条款"，与前四项的规定应当具有相同的行为特征或本质属性，在这个意义上，其也应具有"帮助"或"协助"的意义。这表明我国现行刑事立法的原意实际上认为洗钱罪的主体是这几类上游犯罪行为人以外的人。如果上游犯罪行为人可以成为洗钱罪的主体的话，刑法有关洗钱罪规定中的"提供""协助"等带有帮助性质的用词也就失去了意义。

（二）洗钱罪主观罪过的认定

洗钱罪的主观方面表现为故意，且行为人明知是毒品犯罪、黑社会性质的组织犯罪、恐怖活动犯罪、走私犯罪、贪污贿赂犯罪、破坏金融管理秩序犯罪、金融诈骗犯罪的所得及其收益。对于本罪"明知"的理解，应注意两方面的问题。一方面，明知的内容必须是确定的，即行为人明确知道自己的洗钱行为是在掩饰、隐瞒七类特定"上游犯罪"的违法所得及其所产生的收益的来源和性质。如果行为人所明知的仅仅是概括的犯罪所得，但不知其为七类特定犯罪的所得，则不能构成洗钱罪。另一方面，《刑法》分则中对于具体犯罪主观方面所要求的"明知"与故意犯罪概念中的"明知"并非同一概念。在内容上具体犯罪中的"明知"实际上通常是对犯罪对象的明知，而故意犯罪概念中的"明知"则是对危害社会结果的明知。另外，根据刑法基本原理，对于危害社会结果的明知，我们应该强调必须达到"确知"的程度；但根据我国司法实践的通常观点，对于犯罪对象性质等的明知可以存在"确知"和"应当知"两种情况。例如，最高人民法院、最高人民检察院、公安部、国家工商行政管理局于1998年5月8日联合发布的《关于依法查处盗窃、抢劫机动车案件的规定》第17条提到："本规定所称的'明知'，是指知道或者应当知道。有下列情形之一的，可视为应当知道，但有证据证明确属被蒙骗的除外……"以上有关"明知"的阐释对统一认识、规范司法起到了应有的作用，而且还蕴涵了推定应当以排除行为人的合理解释为原则，具有一定的合理性。

当前在洗钱罪"明知"的司法证明问题上，关键的问题应当是如何寻求科学界定"应当知道"的具体方法和路径，以确保在允许刑事推定的情形下，故意的范围不被任意扩大、无罪推定原则得以顺利贯彻、被告人人权得以切实保障。2009 年《关于审理洗钱等刑事案件具体应用法律若干问题的解释》第 1 条对"明知"作出了相关的解释：《刑法》第 191 条、第 312 条规定的"明知"，应当结合被告人的认知能力，接触他人犯罪所得及其收益的情况，犯罪所得及其收益的种类、数额，犯罪所得及其收益的转换、转移方式以及被告人的供述等主、客观因素进行认定。具有下列情形之一的，可以认定被告人明知系犯罪所得及其收益，但有证据证明确实不知道的除外：①知道他人从事犯罪活动，协助转换或者转移财物的；②没有正当理由，通过非法途径协助转换或者转移财物的；③没有正当理由，以明显低于市场的价格收购财物的；④没有正当理由，协助转换或者转移财物，收取明显高于市场的"手续费"的；⑤没有正当理由，协助他人将巨额现金散存于多个银行账户或者在不同银行账户之间频繁划转的；⑥协助近亲属或者其他关系密切的人转换或者转移与其职业或者财产状况明显不符的财物的；⑦其他可以认定行为人明知的情形。

### 三、洗钱罪与掩饰、隐瞒犯罪所得、犯罪所得收益罪的界限

1997 年《刑法》第 312 条原来规定为窝藏、转移、收购、销售赃物罪，即"明知是犯罪所得的赃物而予以窝藏、转移、收购或者代为销售的行为"。这一犯罪同样具有掩饰、隐瞒犯罪所得的性质和特点，与洗钱罪的本质具有相通之处，因而在一定程度上起到了对洗钱罪起到了补充作用。但是，一些实践部门提出，该条规定的犯罪对象是否包括赃款并不明确，构罪的行为方式也存在局限性，导致了对洗钱罪的补充作用有限。因此，立法者通过《刑法修正案（六）》和《刑法修正案（七）》对原第 312 条进行较大修改：一是将犯罪对象由原来的"犯罪所得的赃物"扩大为"犯罪所得及其产生的收益"；二是将行为方式由原来的"窝藏、转移、收购或者代为销售"修改为"窝藏、转移、收购、代为销售或者以其他方法掩饰、隐瞒"；三是增加了单位犯罪的规定，从而使得该罪的主体范围与洗钱罪相一致。这一修改使得《刑法》第 312 条掩饰、隐瞒犯罪所得、犯罪所得收益罪与《刑法》第 191 条洗钱罪形成了紧密的互补和衔接关系。比较两罪，主要存在以下三点区别：①侵害的客体不同。洗钱罪的客体包括金融管理秩序和司法机关的正常活动；

掩饰、隐瞒犯罪所得、犯罪所得收益罪侵犯的客体只是司法机关的正常活动。②客观方面不同。洗钱罪表现为将特定的七种上游犯罪的所得及其收益在性质上予以合法化的行为，不包括对犯罪所得财产及其收益实体的掩饰或隐瞒；后罪主要是将犯罪所得进行隐匿、转移、收购、代为销售，未曾改变其性质，而且该罪也没有特定上游犯罪的规定。③行为方式表现不同。洗钱罪的法定的洗钱方式表现出与金融领域直接相关的特点，而掩饰、隐瞒犯罪所得、犯罪所得收益罪则无此要求。

## 第三节　洗钱犯罪的对策

基于对洗钱犯罪的原因分析，笔者认为防治洗钱犯罪应当从完善洗钱犯罪的刑事立法[1]、强化应对洗钱犯罪的刑事司法功能、完善反洗钱监管体系、加强反洗钱国际合作等方面展开。

### 一、完善洗钱犯罪的刑事立法

在刑事立法中确立洗钱罪意在遏制上游犯罪，学界和实务界围绕洗钱罪的上游犯罪范围、洗钱罪的主体[2]、洗钱罪的行为方式[3]等展开了讨论。其中，洗钱罪的上游犯罪范围对反洗钱工作影响最为深远。一方面，从国际公约的视角看，洗钱罪的上游犯罪范围不断扩大。1988 年《联合国禁止非法贩运麻醉药品和精神药物公约》首次明确对洗钱罪予以了规制，并规定洗钱罪的上游犯罪主要为毒品犯罪；2000 年《联合国打击跨国有组织犯罪公约》第 6 条第 2 款第 1 项规定洗钱罪"适用于范围最为广泛的上游犯罪"，第 2 项又规定应将所有严重犯罪和参加有组织犯罪集团、腐败行为和妨害司法的犯

---

〔1〕　反洗钱工作的有效展开需要完善的反洗钱法律体系，如不少学者主张应尽快制定《反洗钱法》实施细则或条例等。事实上，我国已经加入《联合国反腐败公约》等国际公约，根据"条约必须遵守"的原则，我国应当完善相关立法，以符合公约对反洗钱的基本要求。

〔2〕　2017 年国务院办公厅《关于完善反洗钱、反恐怖融资、反逃税监管体制机制的意见》第 10 条指出，推动研究完善相关刑事立法，修改惩治洗钱犯罪相关规定，即按照我国参加的国际公约和明确承诺执行的国际标准要求，将上游犯罪本犯纳入洗钱罪的主体范围。可见，当前将上游犯罪行为人纳入洗钱罪的主体范围是今后《刑法》修订的方向。

〔3〕　显然，为有效惩治洗钱犯罪，应将扩充洗钱罪的行为方式作为今后《刑法》修订的方向。

罪列为上游犯罪。2003 年《联合国反腐败公约》第 23 条第 2 款第 1 项规定，洗钱罪"适用于范围最为广泛的上游犯罪"，第 2 项又规定，"各缔约国均应当至少将其根据本公约确立的各类犯罪列为上游犯罪"。国际反洗钱组织——金融行动特别工作组要求金融机构关注走私毒品所获资金，很快就要求金融机构关注范围更广的犯罪，包括逃税、腐败等获取的资金收益。"9·11 事件"后，国际社会认为金融监管者应采取措施，防止向恐怖主义提供资金的人利用金融系统进行融资活动。[1]可见，洗钱罪的上游犯罪范围在国际社会层面不断地扩大，上游犯罪甚至指向一切能产生所得或收益的犯罪。另一方面，从各国洗钱罪的上游犯罪范围的规定来看，很多国家经历了由少到多、由具体的罪名向类罪甚至所有犯罪发展的立法过程。[2]很多国家对洗钱罪的上游犯罪范围采取较为宽泛的立法模式，如美国《洗钱控制法》规定，"上游犯罪"包括杀人、拐卖人口、赌博、行贿受贿、毒品交易、淫秽物品交易以及其他能够获得收益并进行非法交易的重罪；意大利的立法吸收了《欧洲反洗钱公约》的内容，对于清洗、使用任何犯罪的非法所得的行为均予严惩。[3]可见，洗钱罪的上游犯罪范围包括三种情形：①狭义上的上游犯罪，如仅将毒品犯罪视为洗钱罪的上游犯罪；②广义上的上游犯罪，即明确几类犯罪为上游犯罪，各国较多采取此种模式；③最广义的上游犯罪，即将所有犯罪都视为上游犯罪。

其实，我国《反洗钱法》立足于预防洗钱犯罪的立场，也并未将洗钱罪的上游犯罪限定于《刑法》所规定的犯罪类型。[4]因此，我国洗钱罪的上游犯罪范围比较狭窄，甚至没有达到有关公约要求的最小范围。立足于惩治洗钱犯罪以及遵守国际公约的需要，学界对扩大洗钱罪的上游犯罪范围达成基

---

〔1〕［英］理查德·普拉特编：《反洗钱与反恐融资指南》，王燕之审校，中国金融出版社 2008 年版，第 4~5 页。

〔2〕赵远："洗钱罪之'上游犯罪'的范围"，载《法学》2017 年第 11 期。

〔3〕刘宪权：《金融犯罪刑法学原理》，上海人民出版社 2017 年版，第 435 页。

〔4〕《反洗钱法》第 2 条规定："本法所称反洗钱，是指为了预防通过各种方式掩饰、隐瞒毒品犯罪、黑社会性质的组织犯罪、恐怖活动犯罪、走私犯罪、贪污贿赂犯罪、破坏金融管理秩序犯罪、金融诈骗犯罪等犯罪所得及其收益的来源和性质的洗钱活动，依照本法规定采取相关措施的行为。"《反洗钱法》在列举了毒品犯罪等七种类型的犯罪之后，又使用了"等"字，这显然扩大了洗钱犯罪的上游犯罪。

本共识，〔1〕但上游犯罪如何扩大，却存有争议。有学者认为，洗钱犯罪的上游犯罪应包括除刑法规定的七种犯罪以外的其他严重犯罪，严重犯罪的范围可限定为法定最低刑在有期徒刑 6 个月以上的故意犯罪。这可以将我国司法实践中比较突出的因盗窃、诈骗、抢劫等侵犯财产犯罪和其他严重犯罪的洗钱活动纳入洗钱罪刑事规制范围。〔2〕有学者主张，应将洗钱罪的上游犯罪扩大到"一切能产生所得及收益的犯罪"或一切故意犯罪。〔3〕笔者认为，考虑到刑法稳定性的需要，频繁修改洗钱罪的规定并不妥当，但鉴于当前洗钱犯罪的严峻形势，今后应适时扩大洗钱罪的上游犯罪范围。〔4〕"试想，如果处理毒资是非法行为的话，那么处理如抢劫银行或其他类型犯罪的所得就是合法行为吗？"〔5〕洗钱罪的上游犯罪范围是扩大几类犯罪，还是包含所有故意犯罪，则需要审慎的考虑。如果从严厉打击洗钱犯罪的目标出发，洗钱罪的上游犯罪可以包括所有可能产生收益的严重犯罪。不过，洗钱罪的立法应当着眼于打击洗钱犯罪的现实需要与国际合作，而不必在罪名和罪类设置上谋求与国际立法或其他国家的一一对应。因此，目前较为可行的方案是，增加几类社会危害性大的严重犯罪（如偷税罪、侵犯知识产权犯罪等）作为洗钱罪的上游犯罪；对于其他具有掩饰隐瞒犯罪所得和收益的行为，则可通过《刑法》第 312 条和 349 条追究刑事责任。

## 二、强化应对洗钱犯罪的刑事司法功能

为有效惩治洗钱犯罪，应强化相关刑事司法功能。一方面，在洗钱犯罪

---

〔1〕 也有不学者从司法资源相对有限性、刑法谦抑性、洗钱罪与《刑法》第 312 条和第 349 条所规定之罪名相配合等角度，认为目前不宜扩大洗钱罪的上游犯罪范围。

〔2〕 刘宪权：《金融犯罪刑法学原理》，上海人民出版社 2017 年版，第 438 页。

〔3〕 参见李希慧："全球化视野下洗钱犯罪的刑法立法对策浅探——以我国加入的国际公约为参照"，载刘明祥、冯军主编：《金融犯罪的全球考察》，中国人民大学出版社 2008 年版，第 371 页；李永升主编：《金融犯罪研究》，中国检察出版社 2010 年版，第 428 页。

〔4〕 事实上，我国已经开始考虑扩大洗钱罪的上游犯罪范围，2017 年国务院办公厅《关于完善反洗钱、反恐怖融资、反逃税监管体制机制的意见》第 10 条指出，推动研究完善相关刑事立法，修改惩治洗钱犯罪相关规定，即按照我国参加的国际公约和明确承诺执行的国际标准要求，研究扩大洗钱罪的上游犯罪范围。

〔5〕 [英] 史蒂芬·普拉特：《资本犯罪：金融业为何容易滋生犯罪》，赵晓英、张静娟译，中国人民大学出版社 2017 年版，第 25 页。

高发地区，可以考虑建立专业化的反洗钱侦查机构，以提高收集证据的能力，"虽然通过金融机构洗钱客观上使犯罪资金的转移更为隐蔽、秘密，但是，资金的流动总会留下轨迹。如果以资金流向的调查为中心，改传统的'人—事'的大众侦查模式为'资金—人—案'的侦查模式，并辅之以其他侦查手段，将有利于及时洞悉暗藏在资金流动背后的犯罪踪迹，使犯罪嫌疑人清洗黑钱的目的不能得逞，甚至起到从下游堵截上游职务犯罪的根本作用。"[1]同时，构建侦查机构与人民银行等反洗钱义务主体的协同合作机制，提高侦查机构获取相关线索和证据的效率。另一方面，强化对相关办案人员的反洗钱培训，提升办案人员办理洗钱犯罪的能力。

### 三、完善反洗钱监管体系

完善反洗钱监管体系是预防洗钱犯罪行为的重要措施，"能否在实施有效的反洗钱措施方面达到公共预期及政治预期是金融业面临的一项严峻挑战"。[2]《联合国打击跨国有组织犯罪公约》在关于"打击洗钱活动的措施"中，明确指出要完善监管体系，该公约第7条第1款规定，各缔约国均应在其力所能及的范围内，建立对银行和非银行金融机构及在适当情况下对其他特别易被用于洗钱的机构的综合性国内管理和监督制度，以便制止并查明各种形式的洗钱。对此，完善反洗钱监管体系应从以下几个方面展开：

1. 坚持以"风险为本"的监管原则

当前，很多国家强调反洗钱监管体系建设应坚持"风险为本"的原则。我国2017年国务院办公厅《关于完善反洗钱、反恐怖融资、反逃税监管体制机制的意见》也强调"建立健全防控风险为本的监管机制"。[3]因此，反洗

---

〔1〕　黄晓亮等："消除社会发展之瘤——洗钱罪问题与治理"，载《中国检察官》2010年第16期。

〔2〕　[英]理查德·普拉特编：《反洗钱与反恐融资指南》，王燕之审校，中国金融出版社2008年版，第1页。

〔3〕　2017年国务院办公厅《关于完善反洗钱、反恐怖融资、反逃税监管体制机制的意见》第14条规定：建立健全防控风险为本的监管机制，引导反洗钱义务机构有效化解风险。以有效防控风险为目标，持续优化反洗钱监管政策框架，合理确定反洗钱监管风险容忍度，建立健全监管政策传导机制，督促、引导、激励反洗钱义务机构积极主动加强洗钱和恐怖融资风险管理，充分发挥其在预防洗钱、恐怖融资和逃税方面的"第一道防线"作用。综合运用反洗钱监管政策工具，推行分类监管，完善风险预警和应急处置机制，切实强化对高风险市场、高风险业务和高风险机构的反洗钱监管。

钱监管体系建设应坚持以"风险为本"的原则，完善洗钱风险评估机制、风险预防体系，对风险等级较高的客户及其交易进行监控，同时监管部门应对金融机构等反洗钱义务主体的风险状况进行有效监控。

2. 扩大反洗钱义务主体

我国反洗钱义务主体主要限定在法律所规定的金融机构，如商业银行、城市信用合作社、农村信用合作社、邮政储汇机构、政策性银行、证券公司、期货经纪公司、基金管理公司，保险公司、保险资产管理公司，信托投资公司、金融资产管理公司、财务公司、金融租赁公司、汽车金融公司、货币经纪公司以及中国人民银行确定并公布的其他金融机构。同时，中国人民银行是国务院反洗钱行政主管部门，依法对金融机构的反洗钱工作进行监督管理。[1]实践中，洗钱活动开始向非金融领域蔓延，一些非金融机构也开始参与洗钱活动，对此，应规定一些特定非金融机构的反洗钱义务，特别是海关、经济、贸易、商务、项目审批、房地产业、博彩业、艺术品、古玩珠宝、贵金属交易业、典当业、租赁业、拍卖业、财政、税务等机构反洗钱的义务。[2]同时，还要明确互联网支付机构的反洗钱主体地位。[3]反洗钱义务主体的内涵与外延应适时扩大，以应对反洗钱工作的要求。

3. 健全反洗钱工作的专业化、合作化机制

反洗钱工作应朝专业化、合作化的方向发展。一方面，健全专门的反洗钱监管机构，通过专业培训，提升金融机构从业人员以及监管人员的反洗钱意识和技能，组建专业人才队伍。对此，2017年国务院办公厅《关于完善反洗钱、反恐怖融资、反逃税监管体制机制的意见》第19条指出，建立全面覆盖各类反洗钱义务机构的反洗钱培训教育机制，提升相关人员反洗钱工作水平。积极鼓励创新反洗钱培训教育形式，充分利用现代科技手段扩大受众范围，加大对基层人员的教育培训力度。另一方面，强化反洗钱机构的协同合作机制。王新环曾指出，洗钱犯罪的监管和查处是一个系统工程，需要多个

〔1〕参见《反洗钱法》第15条、《金融机构反洗钱规定》第2~3条。
〔2〕俞光远："加强中国反洗钱立法和反洗钱工作的对策建议"，载《法制日报》2016年3月2日，第9版。
〔3〕张建、郭大磊："互联网金融面临洗钱和擅自发行股票两大风险"，载《检察日报》2015年9月2日，第3版。

部门协调配合，应当建立一个包括金融、税务、海关、财政、司法等部门在内的控制洗钱犯罪的网状体系，充分利用各部门的数据信息、监管信息、监测分析成果，加强反腐败和反洗钱合作。[1]在某种程度上，反洗钱协同合作机制就是要完善数据信息共享机制。英国学者巴瑞·瑞德认为，反洗钱的真正价值在于它收集的金融情报，这些情报可以用于锁定犯罪分子，特别是有助于税收部门开展工作。[2]截至2017年，全国2800余家反洗钱义务机构与中国反洗钱监测分析中心建立了电子化数据报送渠道，涵盖银行、证券、保险、非银行支付清算等领域。[3]因此，通过构建"洗钱数据云"，实现我国反洗钱账户监管智能化的数据支撑。全面提升中国反洗钱数据监测分析中心大数据分析与监控水平，逐步整合金融、贸易、海关、外汇、商务、质检等行业，建立一个跨系统、跨平台、跨数据结构的监测平台，消除各个"信息孤岛"。[4]在"健全数据信息共享机制"的基础上，要充分运用大数据、云计算等科技手段，刷选、查寻、确定洗钱活动的线索、犯罪证据，以有效预防与控制洗钱犯罪活动。在使用数据信息的同时，一定要平衡反洗钱工作与保护商业秘密和个人隐私之间的关系，必须要"明确相关单位的数据提供责任和数据使用权限"[5]，防止以反洗钱工作为名，侵犯公民个人隐私和企业合法的商业秘密。

4. 完善反洗钱监管的具体制度

对银行而言，更重要的不是洗钱行为被查处后如何承担刑事责任，而是如何在相关业务活动和规章制度中保障反洗钱目标的实现。[6]可以说，从"无条件保密"到"可疑交易报告"，从"客户至上"到"了解你的客户"，是金融系统在反洗钱新形势下发生的一场观念变革。[7]《欧共体理事会关于防

---

〔1〕　参见孙艳敏："当贪污受贿'傍'上洗钱……"，载《检察日报》2011年7月26日，第6版。

〔2〕　魏革军："更加有效地预防和控制金融犯罪——访反金融犯罪专家巴瑞·瑞德教授"，载《中国金融》2010年第22期。

〔3〕　张末冬："有效防范洗钱、恐怖融资和逃税违法犯罪活动进一步健全国家治理体系和现代金融监管体系"，载《金融时报》2017年9月30日，第2版。

〔4〕　王延伟："提升反洗钱监管国际化水平"，载《中国社会科学报》2016年12月21日，第4版。

〔5〕　参见2017年国务院办公厅《关于完善反洗钱、反恐怖融资、反逃税监管体制机制的意见》第8条。

〔6〕　参见白建军主编：《金融犯罪研究》，法律出版社2000年版，第544页。

〔7〕　欧阳卫民："国际反洗钱的现状和趋势"，载《中国金融》2015年第17期。

止为洗钱目的而利用银行系统的指令》（Council Directiveon Prevention of the Use of the Financial System for the Purpose of Money Laundering）也对金融机构和金融行业如何预防洗钱活动的发生进行了规制，其中金融机构和金融行业比较重要的法定义务包括：一是规定了金融机构在顾客申请开户时必须履行审核顾客身份的义务；二是规定了金融机构和金融从业人员在与顾客从事金融交易时应当履行"合理谨慎"审核义务；三是规定了金融机构和金融从业人员与政府主管机关进行合作特别是提供有关可疑信息的义务。[1]今后我国理应进一步完善反洗钱监管的相关制度。①完善客户身份识别制度。为了避免成为洗钱的工具，银行首先要"了解自己的客户"，即掌握客户的真实身份和随时关注客户的资金走向，客户身份识别制度是有效"了解自己的客户"的前提条件。只要客户的真实身份与贩毒、走私等黑社会性质的犯罪集团有关，或者客户的某笔资金转移可疑，就应及时早与司法机关取得联系。[2]②完善大额交易制度和可疑交易报告制度。在美国，FinCEN 接收的大额交易报告包括现金交易报告、赌场现金交易报告、现金与货币工具国际交易报告、外国银行与金融账户报告，这些报表的数据项包括客户身份信息、账户基本信息、交易基本情况等；可疑交易报告包括可疑交易报告、证券期货业可疑交易报告等，这些报告表列出了可疑活动的时间区间、特征、可能造成的损失等 13 项指标，引导报告者详细地展示出交易与违法犯罪行为的联系，以帮助当局对可能涉及的犯罪行为作出判断。[3]我国反洗钱工作应制定各行业可疑交易的报告标准和识别指引，尽快建立网上银行和手机支付等业务的可疑交易的报告标准，制定网上可疑交易的识别指引，切实加大对网上银行和移动支付的反洗钱监控力度等。[4]③完善跨境异常资金监控制度。有必要建立跨境异常资金监控制度，以预防与控制跨境金融犯罪活动。对此，2017 年国务院办公厅《关于完善反洗钱、反恐怖融资、反逃税监管体制机制的意见》第 18 条指出，以加强异常交易监测为切入点，综合运用外汇交易监测、跨境

---

〔1〕 赵秉志、杨诚主编：《金融犯罪比较研究》，法律出版社 2004 年版，第 183 页。

〔2〕 参见白建军主编：《金融犯罪研究》，法律出版社 2000 年版，第 542 页。

〔3〕 欧阳卫民："国际反洗钱的现状和趋势"，载《中国金融》2015 年第 17 期。

〔4〕 参见俞光远："加强中国反洗钱立法和反洗钱工作的对策建议"，载《法制日报》2016 年 3 月 2 日，第 9 版。

人民币交易监测和反洗钱资金交易监测等信息，及时发现跨境洗钱和恐怖融资风险。有关负责人强调，反洗钱跨境资金监控的对象是犯罪活动赃款和涉嫌资助恐怖活动的资金，监控方式是通过模型指标在后台筛选，不会增加居民和企业对跨境资金的申报要求，不影响居民和企业正常、合法的跨境资金运用。[1]

### 四、加强反洗钱国际合作

为了有效防治洗钱犯罪，理应加强国际合作，构建行之有效的刑事司法合作制度，切断国内外洗钱犯罪的流通渠道。对此，《联合国打击跨国有组织犯罪公约》第7条第4款指出："缔约国应努力为打击洗钱而发展和促进司法、执法和金融管理当局间的全球、区域、分区域和双边合作。"当前，反洗钱国际合作主要包括两种形式：一是在国际组织指导下开展反洗钱国际合作；二是采用双边或多边形式开展国家间的反洗钱国际合作。近年来，我国一直致力于参与相关国际合作开展反洗钱工作。2004年12月我国与俄罗斯等6国共同发起成立了欧亚反洗钱和反恐怖融资组织（EAG），成为我国踏入反洗钱国际舞台的关键一步。目前EAG成员覆盖中、俄、印等欧亚9国，是全球覆盖领土最广、人口最多的区域性反洗钱组织，成为我国加强与中亚、南亚地区非传统安全领域合作的重要平台。2007年6月中国成为反洗钱金融行动特别工作组（FATF）正式成员，更广泛地参与到了反洗钱国际合作事务中。2009年7月中国恢复在亚太反洗钱组织（APG）的合法地位，并成为该组织有影响力的重要成员。[2]同时，我国与相关国家的反洗钱合作也取得了显著成绩。截至2017年8月底，中国人民银行已与美国、澳大利亚、韩国、俄罗斯、法国、日本、新西兰等47个国家和地区的对口机构正式建立反洗钱金融情报交流合作关系或反洗钱监管合作机制，连续多年与美国财政部牵头开展中美反洗钱与反恐怖融资研讨活动，接收和发出的国际协查请求数量逐年增

---

〔1〕　李丹丹："反洗钱体系进一步完善融资监管范围将扩大"，载《上海证券报》2017年9月30日，第2版。

〔2〕　金莘："中国反洗钱十年磨一剑"，载《金融时报》2016年8月1日，第1版。

长，为追逃追赃等执法工作提供了重要情报支持。[1]当前，我国反洗钱国际合作的格局已初步建成，今后重点工作是提升反洗钱国际合作的广度与效度，就广度而言，应当积极与反洗钱国际（区域）组织进行合作，与更多国家建立反洗钱情报交流合作机制、引渡制度等；就效度而言，应当强化反洗钱国际合作的有效性，如"提升我国在反洗钱国际（区域）组织中的话语权和影响力"，促使达成的双边或多边合作机制发挥其应有功能。唯此，我国才能与相关国家共同有效打击跨国洗钱犯罪活动。

---

[1] 张末冬："有效防范洗钱、恐怖融资和逃税违法犯罪活动，进一步健全国家治理体系和现代金融监管体系"，载《金融时报》2017年9月30日，第2版。

金融诈骗犯罪是经济犯罪中案发率较高且社会危害性较大的一类犯罪。近年来，随着"中晋案""e租宝案"等案件的曝光，金融诈骗犯罪问题引起社会广泛关注。在某种程度上，社会公众更能直观地感受到金融诈骗犯罪的危害性，如涉众型金融诈骗犯罪直接侵犯到公民的财产权。因此，防治金融诈骗犯罪意义深远。

## 第一节　金融诈骗犯罪的特征与原因

金融诈骗意指采取诈骗手段非法取得财物或者谋取利益的行为。金融诈骗犯罪，是指以非法占有为目的，在金融领域内采用欺诈方法，实施集资、贷款、票据、金融凭证、信用证、信用卡、有价证券和保险诈骗，数额较大（或数额巨大），依照刑法应受刑罚处罚的行为。金融诈骗犯罪亦被称为"破坏金融交易秩序罪"。金融欺诈犯罪是与金融诈骗犯罪密切相关的一个概念。金融欺诈犯罪，是指出于非法牟利或其他目的，违反金融法规，在金融活动以及与之相关的经济中，实施欺诈行为，侵犯金融管理秩序，破坏市场经济，危害严重，依法应受刑罚处罚的经济犯罪。[1]金融欺诈犯罪与金融诈骗犯罪之间是一种包容关系，即金融欺诈犯罪包括金融诈骗犯罪，但不限于金融诈骗犯罪，还包括部分不以非法占有为目的的破坏金融管理秩序的犯罪。[2]"庞

---

〔1〕　王昌学："论金融与金融欺诈犯罪"，载陈光中、〔加〕丹尼尔·浦瑞方廷主编：《金融欺诈的预防和控制》，中国民主法制出版社1999年版，第139页。

〔2〕　赵秉志主编：《防治金融欺诈——基于刑事一体化的研究》，中国法制出版社2014年版，第129页。

氏骗局"也许是最早且最为著名的金融诈骗手段。[1]根据我国现行《刑法》的规定，金融诈骗犯罪包括八个罪名：集资诈骗罪、贷款诈骗罪、票据诈骗罪、金融凭证诈骗罪、信用证诈骗罪、信用卡诈骗罪、有价证券诈骗罪和保险诈骗罪。

## 一、金融诈骗犯罪的状况与特征

当前，金融诈骗犯罪具有严重的社会危害性，其不仅破坏正常的金融管理秩序，一些涉众金融诈骗犯罪易转化为群体性事件，甚至引发区域性风险。

### （一）金融诈骗犯罪的状况

在互联网金融的背景下，金融诈骗违法犯罪的数量和涉案金额呈上升态势。根据中国人民银行的统计，1997 年共发生金融诈骗案件 691 件，比 1996年同期上升 14.02%，涉案金额 46.14 亿元。[2]近年来，金融诈骗违法犯罪活动日益猖獗，根据腾讯安全联合实验室反诈骗实验室公开数据显示，每天平均发生的金融欺诈行为达 5 万次。[3]2016 年全国检察机关公诉部门共受理集资诈骗案 1200 余件，[4]起诉集资诈骗等犯罪 16406 人，这一数字比 2015 年的 12791 人增加了 3615 人。[5]在一些重大的金融诈骗犯罪中，涉案金额大、投资人或受害人多的特征显著。例如，在中晋系非法集资案中，截至 2016 年4 月 5 日案发，国太集团非法集资共计 400 多亿元，案发时未兑付本金共计 48

---

〔1〕 "庞氏骗局"的"原创人"是美籍意大利裔投机商查尔斯·庞兹（Charles Ponzi），其于 1919 年欺骗他人向一个子虚乌有的企业投资，虚构该企业购买欧洲的邮政票据再转卖到美国，许诺投资者将在 3个月内得到 40% 的巨额利润回报。实际上，庞兹是把新投资者的钱作为快速盈利付给最初投资人，以诱使更多人上当。庞兹欺骗了数以万投资者，诈骗数额高达 1500 万美元。作为金融诈骗犯罪的鼻祖，"庞氏骗局"的本质就是拆东补西、空手套白狼，其核心在于号称高额投资回报，其实只是偶尔或者完全不进行经营，初期投资者赎回资金和获取收益的金钱并非来源于"运营者"投资赢利，而是后期投资者的资金。参见周剑云、谢杰：《金融刑法——问题、争议与分析》，上海人民出版社 2016 年版，第 161 页。
〔2〕 参见文海兴、张劲松："论金融诈骗及其防范"，载陈光中、[加] 丹尼尔·浦瑞方廷主编：《金融欺诈的预防和控制》，中国民主法制出版社 1999 年版，第 76 页。
〔3〕 参见唐卫毅："治理互联网金融诈骗必须下'猛药'"，载《中国商报》2017 年 7 月 26 日，第P2 版。
〔4〕 参见王地："'对破坏经济秩序者应予严惩'"，载《检察日报》2017 年 3 月 7 日，第 2 版。
〔5〕 参见崔启斌、程维妙："去年集资诈骗被起诉人数大涨"，载《北京商报》2017 年 3 月 13 日，第 7 版。

亿余元，涉及 1.2 万余名集资参与人。[1]又如，"e 租宝"案借助互联网非法吸收 115 万余人公众资金累计人民币 762 亿余元，非法吸收资金共计 598 亿余元。至案发，集资款未兑付共计 380 亿余元，[2]"e 租宝"案受害人遍布全国31 个省区市。

（二）金融诈骗犯罪的特征

当前，我国金融诈骗犯罪呈高发态势，尤其是信用卡诈骗犯罪在整个金融犯罪中占有较大比重，具体而言，我国金融诈骗犯罪呈现出如下主要特征：

1. 金融诈骗案件类型相对集中

在金融诈骗犯罪案件中，信用卡诈骗犯罪案件占有较大比重。北京市检察机关 2013 年以来查办的信用卡诈骗犯罪案件数量逐年上升，该类型犯罪案件约占金融犯罪的 80%。[3]根据上海市检察院发布的《2012 年上海金融检察白皮书》至《2017 年度上海金融检察白皮书》，上海检察机关受理的金融诈骗犯罪总体状况如下：2012 年上海检察机关受理的金融犯罪案件中，信用卡诈骗犯罪占 79.1%，恶意透支型信用卡诈骗案件持续高发。[4]2013 年上海市检察机关共受理金融诈骗类犯罪 1301 件，其中信用卡诈骗罪已连续 5 年居金融犯罪案件首位，占全部金融犯罪案件的 87.3%；集资诈骗案 6 件；骗取贷款案 13 件，比 2012 年（3 件）上升 333%，案值总计 3.8 亿余元，与 2012 年案值总额（100 万）相比显著激增。[5]2014 年上海市检察机关共受理金融诈骗类犯罪 1823 件，其中信用卡诈骗犯罪案件以 1752 件的数量占全部金融犯罪案件的 84.9%，连续 6 年居金融犯罪案件首位外。[6]2015 年上海市检察机关共受理金融诈骗类犯罪 1793 件，其中信用卡诈骗案件连续 7 年居金融犯罪

---

〔1〕　参见余东明、梁宗："中晋系非法集资 400 亿元案一审宣判"，载《法制日报》2018 年 9 月 20 日，第 8 版。

〔2〕　刘双霞："'e 租宝'案进入立案执行阶段"，载《北京商报》2018 年 2 月 8 日，第 7 版。

〔3〕　参见徐日丹："关注新趋势聚焦新问题严厉打击金融犯罪"，载《检察日报》2015 年 9 月 24 日，第 2 版。

〔4〕　参见林中明、金红："上海首次发布金融检察白皮书"，载《检察日报》2013 年 5 月 9 日，第 1 版。

〔5〕　上海市检察院金融检察处："信用卡诈骗罪连续五年居首位"，载《检察日报》2014 年 11 月 30 日，第 3 版。

〔6〕　上海市人民检察院金融检察处："金融犯罪上升监管及法规都需跟进"，载《检察日报》2015 年 5 月 10 日，第 3 版。

首位，计 1701 件，占总量的 79.5% 之外。[1]2016 年上海市检察机关共受理金融诈骗类犯罪案件 1137 件，其中信用卡诈骗案件以 1027 件的数量占全部金融犯罪案件 61%，连续 8 年居金融犯罪案件首位，但从其所占比重来看，相较于 2015 年，已有明显下降。[2]2017 年上海检察机关受理金融诈骗类犯罪 878 件，其中审查起诉集资诈骗案件数 54 件，比 2016 年上升 46%；审查起诉信用卡诈骗案件 765 件，自 2015 年以来已连续 3 年呈下降态势，尤其是恶意透支型信用卡诈骗案件降幅更为明显。此外，其他信用卡诈骗案件犯罪手法较为趋同，例如，拾得他人遗失在 ATM 机中信用卡的案件比重较大，占到其他类型信用卡诈骗案件的 20%，反映出信用卡持卡人用卡安全意识仍不足，给不法分子以可乘之机。[3]可见，从检察环节来看，信用卡诈骗犯罪案件数量大体占金融诈骗案件总数的 60%~90% 之间，且大多数信用卡诈骗罪又表现为恶意透支型信用卡诈骗犯罪，但近年来信用卡诈骗犯罪案件数量呈下降趋势。

2. 金融诈骗犯罪具有欺骗性与隐蔽性特征

如果说金融犯罪具有欺骗性和隐蔽性，那么，金融诈骗犯罪的欺骗性和隐蔽性则更为典型。在互联网金融时代的背景下，与一般诈骗犯罪相比，金融诈骗犯罪手段多样，并常常借助虚假的"正面形象"而极具欺骗性、隐蔽性。实践中，金融诈骗只要没有出现"资金链"断裂等方面的严重问题，就能以各方都能接受的方式存在，诈骗技巧高的，还会成为地方政府的"座上宾"，与地方政府签订战略合作协议。[4]在"e 租宝"案中，安徽钰诚控股集团、钰诚国际控股集团有限公司在不具有银行业金融机构资质的前提下，通过"e 租宝"和"芝麻金融"两家互联网金融平台，发布虚假的融资租赁债权项目及个人债权项目，包装成若干理财产品进行销售，并以承诺还本付息

---

〔1〕 上海市检察院金融检察处："涉互联网金融犯罪骤增"，载《检察日报》2016 年 8 月 10 日，第 3 版。

〔2〕 上海市检察院金融检察处："涉互联网金融领域刑事风险上升"，载《检察日报》2017 年 7 月 17 日，第 3 版。

〔3〕 上海市检察院金融检察处："涉众型金融犯罪风险容易扩散叠加"，载《检察日报》2018 年 7 月 27 日，第 3 版。

〔4〕 参见谭浩俊："要对金融创新与金融诈骗进行明确区分"，载《中国商报》2017 年 7 月 12 日，第 2 版。

为诱饵对社会公开宣传，向社会公众非法吸纳巨额资金。[1]根据上海市检察院发布的《2017年度上海金融检察白皮书》，2016年开始，各种利用通道业务、银行承兑汇票回购式转贴现业务等方式骗取银行巨额资金的犯罪案件不断出现。[2]在信用卡诈骗犯罪活动中，随着互联网金融行业迅速发展，互联网支付功能不断强大，银行卡犯罪更多地从传统的ATM机、POS机等线下支付渠道，向电商平台、第三方支付平台等网上支付渠道转移。[3]

3. 金融诈骗共同犯罪比例较高，从业人员实施金融诈骗犯罪占据很大比重

金融业务是复杂的经济行为和法律行为的结合体，实施金融诈骗犯罪一般难以依靠一个人独立完成，金融诈骗共同犯罪的比例较高。例如，银行或者其他金融机构疏于内部人员的教育和管理工作，致使当前多数贷款诈骗犯罪的得逞都是由于银行或其他金融机构内部工作人员的直接参与而为不法分子提供了便利条件。[4]究其原因，金融机构内部工作人员，熟悉相关金融业务，也知道规避相关规章制度，金融机构内部工作人员与外部人员"合作"，才能使得贷款诈骗犯罪屡屡得逞。80%以上的金融诈骗罪是金融机构工作人员内外勾结实施的。[5]实践中，内外勾结型金融诈骗犯罪主要发生在贷款诈骗罪、票据诈骗罪、保险诈骗罪等犯罪活动中。同时，信用卡诈骗犯罪也存在共同犯罪的情形，犯罪分子通常分工合作、相互配合，有的案件是国内外犯罪分子共同实施信用卡诈骗犯罪。例如，在一起信用卡诈骗案件中，马来西亚籍张某、朱某伙同几名中国人，用非法获取的他人信用卡磁条信息、密码伪造信用卡，然后指使其他同伙在郑州、深圳等地的ATM上提现，共骗的105万余元。[6]另外，信用卡诈骗犯罪主体多为中青年无业男性。根据2010

〔1〕　参见肖岳："丁宁：规模最大庞氏骗局始作俑者获刑"，载《法人》2017年第10期。

〔2〕　上海市检察院金融检察处："涉众型金融犯罪风险容易扩散叠加"，载《检察日报》2018年7月27日，第3版。

〔3〕　参见"上海警方破获信用卡诈骗案800余起"，载《中国防伪报道》2016年第8期。

〔4〕　郭华主编：《金融证券犯罪案例精选》（第1辑），经济科学出版社2015年版，第181页。

〔5〕　冯殿美、孙丽："金融诈骗罪若干问题研究"，载张智辉、刘远主编：《金融犯罪与金融刑法》，山东大学出版社2006年版，第182页。

〔6〕　参见贺平凡等："上海信用卡诈骗犯罪的现状、原因与防治对策"，载《中国信用卡》2011年第7期。

年度上海法院审结的信用卡诈骗犯罪案件，在审结生效的 976 名被告人中，多数为中青年无业男性，如处于 18 岁至 25 岁之间的有 201 人，无业人员有 556 人，男性有 788 人。[1]

### 4. 金融诈骗犯罪具有国际化特征

在经济全球化的背景下，包括金融欺诈犯罪在内的各种经济犯罪不断通过各种手段跨越国境，出现了全球化的趋势。有荷兰学者指出，金融欺诈犯罪从本质上来看是通过破坏金融制度或者经济制度赖以建立的基础及信用损害这些制度的完整性，在全球化的背景下，大规模欺诈违法犯罪对金融制度的完整性危害最大。全球化的金融欺诈犯罪主要发生在国际贷款、跨国资本流动等国际金融业务中，如假融资、信用证欺诈、金融票据欺诈和信用卡欺诈。[2]随着国内信用卡与国际接轨，使用境外信用卡或者伪造境外信用卡在国内实施信用卡诈骗的案件不断发生。[3]

## 二、金融诈骗犯罪的原因

金融诈骗犯罪的猖獗与蔓延，是多方面因素共同作用的结果。如中晋诈骗案对我国的互联网金融法制建设、社会信用体系建设、虚拟经济引导实体经济发展的指导原则、政府在新时期的金融监管能力都带来了强烈的冲击，影响深远。[4]笔者主要从经济原因、立法原因、金融监管原因和被害人原因等方面进行探讨。

### （一）经济原因

当前，我国经济体制处于转型时期。在改革开放之前，生产经营性借贷所占比重相对较低，改革开放四十年来，我国国民的财富在增长，民间借贷的内容也在发生变化，目前生产经营性借贷大幅度上扬，借贷主体逐渐从自然

---

〔1〕 贺平凡等："上海信用卡诈骗犯罪的现状、原因与防治对策"，载《中国信用卡》2011 年第 7 期。

〔2〕 参见赵秉志主编：《防治金融欺诈——基于刑事一体化的研究》，中国法制出版社 2014 年版，第 56 页。

〔3〕 贺平凡等："上海信用卡诈骗犯罪的现状、原因与防治对策"，载《中国信用卡》2011 年第 7 期。

〔4〕 参见滕娟："中晋系庞氏骗局落幕，投资也须知己知彼"，载《财会信报》2016 年 10 月 24 日，第 A8 版。

人之间的借贷、自然人与企业之间的借贷发展到企业与企业之间的借贷。[1]然而，银行贷款资金仍主要流向了国有企业和资产良好的大型民营企业，中小民营企业因无法通过严格的银行贷款审查，不能获得银行贷款审查，不能获得银行贷款，资金困难的局面无法解决。在中小企业融资困难，流动性资金紧张，一些企业和个人在资金周转不灵的情况下，可能会利用群众拥有闲散资金，有投资理财需求进行新的集资诈骗等犯罪活动。[2]可以说，民营企业的融资问题一直困扰着民营企业的发展。计划经济时代不会有"吴英案"，完善的市场经济时代也不会有"吴英案"，"吴英案"是当前改革过渡期的产物。[3]在信贷管理方面，由于金融政策不稳，有时鼓励放贷，有时又紧缩银根，如此种种不正常的经济现象，使很多违法犯罪分子利用金融体制改革中存在的缺陷捞取了巨大的财富。[4]质言之，在我国市场经济发展的进程中，金融政策、货币政策在不断地调整，对民间资本市场的规范与引导存在诸多不到位的地方，这是金融诈骗犯罪多发的重要原因。

（二）立法原因

金融诈骗犯罪的高发，暴露出金融法律法规的滞后。例如，利用 P2P 网贷平台模式实施重大金融诈骗犯罪案件，反映出现行金融法律法规对 P2P 理财缺乏明确、具体的规定，金融犯罪者正是利用法律规定的滞后性实施金融诈骗犯罪，同时，相关法律法规规定不明，也导致监管部门无法有效开展监管，执法效率低下。就金融诈骗犯罪的刑事立法而言，其与经济体制及金融业的发展存在密切的关联。新中国成立后的前三十年，由于实行高度集权的计划经济体制，我国的金融事业发展缓慢，对金融活动的规范和管理以行政手段为主。[5]在计划经济体制下，由于经济活动都是在政府有计划地组织下进行的，集资、贷款、使用票据、金融凭证、信用证、信用卡、有价证券的

---

〔1〕　"最高人民法院负责人就《最高人民法院关于审理民间借贷案件适用法律若干问题的规定》答记者问"，载最高人民法院网，http://www.court.gov.cn/zixun-xiangqing-15152.html，2018 年 3 月 6 日访问。

〔2〕　赵秉志主编：《防治金融欺诈——基于刑事一体化的研究》，中国法制出版社 2014 年版，第 57 页。

〔3〕　郭华主编：《金融证券犯罪案例精选》（第 1 辑），经济科学出版社 2015 年版，第 171 页。

〔4〕　李永升主编：《金融犯罪研究》，中国检察出版社 2010 年版，第 542 页。

〔5〕　朱大旗：《金融法》，中国人民大学出版社 2015 年版，第 49 页。

行为以及保险等活动都比较少，缺乏进行金融诈骗活动的环境，因而金融诈骗犯罪现象比较少见。[1]因此，1979年《刑法》未直接规定金融诈骗犯罪的内容，有关金融诈骗的行为通过诈骗罪予以惩治，即金融诈骗行为按照普通的诈骗罪定罪处罚。随着改革开放的深入，经济领域中市场化的发展，金融领域中的诈骗类犯罪频发。诈骗的表现形式越来越多：以所谓投资进行诈骗；以非法集资实施诈骗；利用证券、股票诈骗；利用保险制度诈骗等。[2]为了有效规范金融交易行为，维护金融市场秩序，金融立法开始全面展开。1995年被称为"金融立法年"，该年制定的《商业银行法》第80条、《票据法》第103条、《保险法》第131条等条款对金融欺诈行为予以了规制，即通过附属刑法的方式规制金融诈骗犯罪。鉴于金融诈骗犯罪的社会危害性比普通的诈骗犯罪更大，不少学者主张应将金融诈骗犯罪从普通诈骗犯罪中分离出来，予以专门规定。全国人民代表大会常务委员会1995年颁布的《关于惩治破坏金融秩序犯罪的决定》开宗明义地指出：为了惩治伪造货币和金融票据诈骗、信用证诈骗、非法集资诈骗等破坏金融秩序的犯罪，本决定新增了集资诈骗罪、贷款诈骗罪、票据诈骗罪、信用证诈骗罪、信用卡诈骗罪、保险诈骗罪六种独立的金融诈骗犯罪罪名。1997年《刑法》在充分吸收上述决定有关内容的基础上，增设金融凭证诈骗罪和有价证券诈骗罪，并将金融诈骗犯罪统一规定在分则第三章"破坏社会主义市场经济秩序罪"的第五节"金融诈骗罪"中，"在立法者的认识中，各种金融诈骗犯罪与普通诈骗犯罪，已经不是同一层次的诈骗犯罪类型。金融诈骗罪是作为破坏社会主义市场经济秩序罪中的犯罪，因而与侵犯财产罪中的诈骗罪是区别对待的。在立法者看来，金融诈骗行为涉及侵犯社会法益的市场领域秩序，普通诈骗行为主要关涉个人法益的生活领域安全。"[3]1997年《刑法》仍然保留了对金融诈骗犯罪（即集资诈骗罪、票据诈骗罪、金融凭证诈骗罪、信用证诈骗罪）的死刑规定，这种立法规定在一定程度是受到当时"严打"思维的影响，当然，在适用死

---

〔1〕 赵秉志主编：《防治金融欺诈——基于刑事一体化的研究》，中国法制出版社2014年版，第29、117页。

〔2〕 黄泽林："经济诈骗犯罪的立法与对策研究"，载《重庆社会科学》1994年第2期。

〔3〕 蔡道通："特别法条优于普通法条适用——以金融诈骗罪行为类型的意义为分析视角"，载《法学家》2015年第5期。

刑时，1997 年《刑法》规定了较为严格的条件。随着人们对金融行为刑法规制认识的不断深入，为了平衡打击金融犯罪与促进金融创新和发展之间的关系，此后多个修正案涉及对金融诈骗犯罪的修正。《刑法修正案（五）》第 2 条增加了信用卡诈骗罪的行为方式，即"使用以虚假的身份证明骗领的信用卡的"；《刑法修正案（八）》第 30 条废除了票据诈骗罪、金融凭证诈骗罪、信用证诈骗罪的死刑；《刑法修正案（九）》第 12 条删去《刑法》第 199 条的规定，从而废除了集资诈骗罪的死刑。至此，我国的金融诈骗犯罪均没有了死刑。

但是，随着金融诈骗犯罪呈现出的新的特点，金融诈骗犯罪刑事立法已经显现出无法有效惩治金融诈骗犯罪的问题。一是关于单位犯罪。现行《刑法》规定了集资诈骗罪、票据诈骗罪、金融凭证诈骗罪、信用证诈骗罪和保险诈骗罪的单位犯罪主体，但是，贷款诈骗罪、信用卡诈骗罪、有价证券诈骗罪三个罪名没有规定单位犯罪主体，"但面对现实生活中诸多单位通过虚构事实或者隐瞒真相等非法方法，实施贷款诈骗、有价证券诈骗、信用卡诈骗，并将骗取的资金归单位所有不予归还的恶劣现象大量存在，刑法典对此却无能为力。"[1]显然，相对于自然人实施金融诈骗犯罪而言，单位实施金融诈骗犯罪的社会危害性通常更大。因此，对于诸如贷款诈骗罪只是规定自然人可以成为犯罪主体，"这种情况无疑是对金融欺诈行为的放纵，显然不利于金融欺诈犯行为的防治。"[2]二是关于金融诈骗犯罪构成要件。通说认为，金融诈骗犯罪在主观上应当具有"以非法占有为目的"，但现行《刑法》只是在集资诈骗罪、贷款诈骗罪中规定了"以非法占有为目的"，这不利于办案人员正确适用刑法，如果认为其他金融诈骗犯罪的构成不需要"以非法占有为目的"，就会无形中扩大金融诈骗犯罪的处罚范围。三是关于信用卡诈骗罪的司法适用。目前，信用卡诈骗犯罪大体占金融诈骗犯罪案件总数的 80% 以上，信用卡诈骗犯罪的入罪门槛被认为太低。四是关于金融诈骗犯罪刑罚体系。金融从业人员实施金融诈骗犯罪的比例较高，然而对金融诈骗犯罪者适用

---

〔1〕　李永升、冯文杰："金融诈骗罪若干争议问题解析"，载《贵州警官职业学院学报》2016 年第 4 期。

〔2〕　赵秉志主编：《防治金融欺诈——基于刑事一体化的研究》，中国法制出版社 2014 年版，第 50 页。

"从业禁止"并不广泛，这不利于对金融诈骗犯罪的防治。

（三）金融监管原因

近年来我国金融诈骗犯罪之所以高发，一个很重要的原因就是相关金融监管的失效或者无效。例如，针对司法实践中高发的集资诈骗案件，民间融资的监管不足难逃其责。我国对民间融资行为及民间融资的管理主体法律上都没有明确的规定，没有针对民间融资设立专门的监管体系。对民间借贷的规范，仅体现在借贷利率是否高于央行规定的基准利率的4倍，高于4倍就是属于违法的民间借贷。因此，民间借贷管理的现状是：当其正常运行时，相关部门就默许它的存在；当问题出现时又严厉地制裁。企业在经营过程中出现亏损、资金链的紧张都是正常的问题，在当今的金融体系下，应当对犯罪行为进行严厉的制裁还是对金融业发展提供相应的保障是一个令人深思的问题。[1]面对规模庞大的民间融资活动，"分业监管"的模式存在不少弊端，由于缺乏统一的监管机构，监管效率难免会低下。又如，针对频发的贷款诈骗犯罪，银行监管不力是该类犯罪产生的重要原因。实践中，银行或其他金融机构在内控和防范上往往存在不足，尤其是在银行贷款业务中存在许多漏洞直接导致在贷款事前审查程序上有所疏于防范，或是在贷款发放后监督过程中没有尽职尽责，使一些不法分子钻了漏洞，贷款诈骗能够顺利得逞。[2]再如，针对保险诈骗犯罪，保险机构同样存在监管不力的问题。有些保险公司的重要制度形同虚设，在管理和制度建设方面存在漏洞，承保、理赔环节混乱，使保险诈骗犯罪分子有可乘之机；保险理赔的不规范运作，很大程度上助长了保险诈骗之风的蔓延。[3]可见，正是监管部门的第一道防线出现了漏洞，才导致金融诈骗犯罪的猖獗。

（四）被害人原因

在金融诈骗犯罪中，被害人或投资人因素无疑是金融诈骗犯罪产生的重要原因。例如，在信用卡诈骗犯罪中，银行虽然为被害人，但其在发卡过程中疏忽与不负责任也是恶意透支型信用卡诈骗犯罪高发的重要原因。近年来，我国信用卡市场处于"跑马圈地"的状态中，各大银行为抢占市场，片面追求

---

〔1〕 郭华主编：《金融证券犯罪案例精选》（第1辑），经济科学出版社2015年版，第171~172页。

〔2〕 郭华主编：《金融证券犯罪案例精选》（第1辑），经济科学出版社2015年版，第180页。

〔3〕 郭华主编：《金融证券犯罪案例精选》（第1辑），经济科学出版社2015年版，第211页。

发卡数量，忽视相关的风险控制管理，对申办客户的信用以及返款能力等事项疏于审核，对此，有不少人评价道，"除了发卡，银行几乎什么都不管"〔1〕。北京市东城区人民检察院办理的一起案件中，某单位招聘工作人员利用应聘者留下的身份证复印件办理信用卡，银行办卡人员当时就站在旁边，明知签字的不是本人却不制止。最后犯罪嫌疑人共透支人民币 24 000 余元，被判处有期徒刑 1 年，并处罚金 2 万元。〔2〕可见，作为信用卡诈骗犯罪中的被害人，银行存在风险防范意识薄弱、信用卡管理不力等问题，一些犯罪分子正是利用了银行自身存在的监管漏洞。又如，集资诈骗罪一个特殊之处在于：被害人在促成犯罪的发生中所起的作用非常大，被害人往往是有过错的。集资诈骗罪之所以频频发生，其重要原因乃是被害人受利益驱动，迷信"天上会掉下馅饼"所致。犯罪人实施集资诈骗的花样可能很多，但其手段并不高明，归根结底无非是以高息为诱饵，只要被害人稍加辨识，不贪小便宜，将闲余资金投向合法的融资渠道，则犯罪人的目的就很难得逞。〔3〕有些集资诈骗案件，都已经被调查了，投资者竟然还觉得"公司不会那样做的"。〔4〕这在一定程度上也揭示出，集资诈骗犯罪活动为何在农村地区高发。近年来由于农村外出务工者增加，农村留守人员多为老人、儿童，缺乏相应的金融消费知识和防范意识，使得农村成为金融诈骗犯罪活动的高发区域。另外，由于农村地理位置偏远、文化水平相对较低、信息不对称等原因，村民的金融消费环境始终滞后于城市，农村防范金融诈骗形势较城市更加复杂。〔5〕

## 第二节　金融诈骗犯罪的司法适用

金融领域是一个较为复杂的领域，对这一领域中的诈骗犯罪的认定当然也不会很简单。特别是在市场经济条件下认定有关金融诈骗犯罪时，刑法理论和司法实践中出现了许多新的问题，如何解决这些问题需要我们进行深入

〔1〕　参见党小学、鞠璐："'除了发卡，银行几乎什么都不管'"，载《检察日报》2012 年 9 月 5 日，第 8 版。

〔2〕　参见彭波："信用卡诈骗犯罪去年激增 9 倍"，载《人民日报》2013 年 3 月 28 日。

〔3〕　郭华主编：《金融证券犯罪案例精选》（第 1 辑），经济科学出版社 2015 年版，第 169 页。

〔4〕　"中晋资产倒下，投资人竟然'不相信、不报案'"，载《中国经济周刊》2016 年第 15 期。

〔5〕　参见杨召奎："农村成金融诈骗高发区域"，载《工人日报》2016 年 10 月 27 日。

探讨。笔者将对金融诈骗犯罪中的一些总体问题，如该类犯罪的主观构成要件，以及较为频发的贷款诈骗罪、票据诈骗罪、信用卡诈骗罪和保险诈骗罪等金融诈骗个罪进行探讨。

## 一、金融诈骗犯罪主观要件辨析

根据最高人民法院和最高人民检察院对罪名所作的司法解释，我国现行《刑法》中的金融诈骗犯罪应该包括 8 个：集资诈骗罪、贷款诈骗罪、票据诈骗罪、金融凭证诈骗罪、信用证诈骗罪、信用卡诈骗罪、有价证券诈骗罪和保险诈骗罪。然而，这 8 个罪名中只有集资诈骗罪和贷款诈骗罪在主观构成要件方面有明确规定"非法占有目的"，其余 6 个罪名均没有类似的规定。那么金融诈骗犯罪的成立是否都要求主观上具有"以非法占有为目的"，无论在理论界还是司法实务中均存在较大的分歧。

（一）"非法占有目的"是金融诈骗犯罪的必要要件

对于"非法占有目的"是否是金融诈骗犯罪的必要构成要件，学界存在三种观点。第一种观点认为，基于罪刑法定和刑法谦抑的理由，未明文规定目的的金融诈骗犯罪均不成立目的犯。第二种观点认为，金融诈骗犯罪的犯罪构成一般要求"非法占有目的"这一主观要件，但是在我国刑法中仍存在一些"占用型"的金融诈骗犯罪，例如《刑法》第 195 条第 1 款第 3 项规定的"骗取信用证的"行为就是典型的"占用型"金融诈骗犯罪，对于骗取信用证的行为而言，无论行为人是出于非法占有目的还是非法占用目的，其行为都构成信用证诈骗罪。[1]第三种观点认为，由于金融诈骗犯罪来源于普通诈骗犯罪，由于普通诈骗犯罪以"非法占有目的"为必要构成要件，所以，在我国刑法中应当承认"非法占有目的"是所有金融诈骗犯罪的必要构成要件。[2]笔者认为，无论是从立法原意出发，还是从刑法体系解释角度考虑，金融诈骗犯罪都应当以非法占有目的为必要要件。

首先，从刑法体系解释角度看，金融诈骗罪属于诈骗犯罪的范畴，其行为人理应均必须具备诈骗犯罪行为人主观上的"非法占有目的"。金融诈骗罪

---

〔1〕 卢勤忠："金融诈骗犯罪中的主观内容分析"，载《华东政法学院学报》2001 年第 3 期。
〔2〕 刘宪权、吴允锋："论金融诈骗罪的非法占有目的"，载《华东政法学院学报》2001 年第 7 期。

是从（普通）诈骗罪中分离出来的特殊诈骗罪，金融诈骗罪与（普通）诈骗罪是特别法与普通法的法条竞合关系，金融诈骗罪区别于（普通）诈骗罪的特殊之处在于诈骗的方法、侵犯的客体以及发生的领域等方面，但两者均属于"诈骗"犯罪，其行为的性质应该是相同的。诈骗犯罪的共同特征主要表现在客观上的骗取财物行为与主观上的非法占有目的。虽然刑法对于诈骗罪等取得型财产犯罪均未作"非法占有目的"的明文规定，但是理论界与实务界对于行为人必须具有"非法占有目的"均没有任何争议。既然金融诈骗也属于诈骗犯罪的一种类型，应当具有相同的行为性质。根据体系解释的要求，金融诈骗犯罪在主观上同样也要求具备"非法占有目的"。

其次，刑法对金融诈骗罪的目的作不同规定是出于立法技术上的需要，以便区分刑法中易相混淆的相关罪名。对于集资诈骗罪与贷款诈骗罪，如果在立法上不明文规定非法占有目的，仅考虑其行为方式，则很难将其与刑法中相类似的罪名区分开来。众所周知，集资诈骗罪与非法吸收公众存款罪，在客观行为表现方面都能以非法集资方式进行，如果行为人主观上具有非法占有目的，则以集资诈骗罪认定，反之，则以非法吸收公众存款罪认定。由此可见，在同样采取非法集资行为方式的情况下，行为人主观上是否具有非法占有目的是区分集资诈骗罪与非法吸收公众存款罪的关键所在。至于贷款诈骗罪，其特点是行为人在贷款过程中虚构事实或隐瞒真相，以非法占有为目的，骗取贷款。但高利转贷罪的行为方式同样可以是虚构事实或隐瞒真相，因为其高利转贷行为本身必然不符合金融机构正常贷款的目的要求，若要转贷成功，行为人除虚构事实或隐瞒真相外别无他法。由此，在行为方式相同的情况下，如果行为人主观上具有非法占有目的，就应构成贷款诈骗罪；如果行为人不具有非法占有目的而只具有转贷牟利目的，则构成高利转贷罪。可见，行为人主观上是否具有非法占有目的也是区分贷款诈骗罪和高利转贷罪的关键所在。正因为如此，我国刑法才在集资诈骗罪与贷款诈骗罪中规定"以非法占有为目的"。由于金融诈骗犯罪中的其余 6 种犯罪不存在与刑法条文中其他罪名相互混淆的情况，即集资诈骗罪与非法吸收公众存款罪、贷款诈骗罪与高利转贷罪只能通过主观上是否具有非法占有目的进行区分，因此也没有必要所有金融诈骗犯罪都明确规定非法占有目的。

最后，对于未明文规定"非法占有目的"的金融诈骗犯罪也应以其作为必要构成要件的论断，在司法层面上也得到了最高审判机关的认同。2001 年《全国法院审理金融犯罪案件工作座谈会纪要》中就明确指出，在我国目前的刑法体系下，应当认为非法占有目的是金融诈骗犯罪的必要构成要件。

（二）"以非法占有为目的"之认定

非法占有目的始终是一种主观心理活动，在司法实践中如何对其进行证明是认定金融诈骗此类犯罪的关键环节。在司法实践中，认定是否具有非法占有目的，应当根据主客观相一致的原则，既不能仅单纯根据结果进行客观归罪，也不能仅凭被告人的供述，而应当根据案件具体情况具体分析。

对金融诈骗罪中非法占有目的的认定，在 2001 年《全国法院审理金融犯罪案件工作座谈会纪要》中，提出了认定金融诈骗罪具有非法占有目的的七种情形：①明知没有归还能力而大量骗取资金的；②非法获取资金后逃跑的；③肆意挥霍骗取资金的；④使用骗取的资金进行违法犯罪活动的；⑤抽逃、转移资金、隐匿财产，以逃避返还资金的；⑥隐匿、销毁账目，或者搞假破产、假倒闭，以逃避返还资金的；⑦其他非法占有资金、拒不返还的行为。2010 年最高人民法院《关于审理非法集资刑事案件具体应用法律若干问题的解释》中对集资诈骗罪非法占有目的的认定进行规定。该司法解释第 4 条指出，使用诈骗方法非法集资，具有下列情形之一的，可以认定为"以非法占有为目的"：①集资后不用于生产经营活动或者用于生产经营活动与筹集资金规模明显不成比例，致使集资款不能返还的；②肆意挥霍集资款，致使集资款不能返还的；③携带集资款逃匿的；④将集资款用于违法犯罪活动的；⑤抽逃、转移资金、隐匿财产，逃避返还资金的；⑥隐匿、销毁账目，或者搞假破产、假倒闭，逃避返还资金的；⑦拒不交代资金去向，逃避返还资金的；⑧其他可以认定非法占有目的的情形。

上述会议纪要、司法解释或学者提出的从一些"无法返还""拒不返还"的事实来推定出行为人具有非法占有目的，这是一种由果溯因的反推思维模式。在多数情况下，这种推定是符合事实的。但是，在非法占有目的这个"因"与未返还这个"果"之间并不存在完全的一一对应关系。如果行为人具有非法占有目的，则必然导致未返还的结果；但仅根据未返还的事实并不一定得出行为人必然具有非法占有目的的结论。亦即非法占有目的只是未返还的充分条件，而非必要条件。因为未返还完全有可能是非法占有目的以外的其他原因造成的，如被骗、经营不善等。在没有排除其他可能性的前提下，而只是根据一些客观事实尤其是未返还的事实，认定行为人具有非法占有目的，势必会陷入客观归罪的泥潭。只有在根据客观行为推出的主观心理状态是唯一的情况下，运用司法推定才是可行的。也即根据司法推定得出的结论必须是唯一的。2001 年《全国法院审理金融犯罪案件工作座谈会纪要》在阐述有关贷款诈骗和贷款纠纷的界限时特别强调：对于合法取得贷款后，没有按规定的用途使用贷款，到期没有归还贷款的，不能以贷款诈骗罪定罪处罚；对于确有证据证明行为人不具有非法占有目的，因不具备贷款的条件而采取了欺骗手段获取贷款，案发时有能力履行还贷义务，或者案发时不能归还贷款是因为意志以外的原因，如因经营不善、被骗、市场风险等，不应以贷款诈骗罪定罪处罚。[1]显然这一规定并没简单地将没有或不能归还贷款作为认定贷款诈骗罪的唯一依据，而是强调要综合考虑各种因素。由此可见，在处理金融诈骗案件时，对于行为人主观上是否具有非法占有目的之认定，我们必须坚持主客观相一致的原则。也即我们在具体认定时，必须以其实施的活动为基础，综合所有事实，经过周密论证，排除其他可能，才能得出正确的结论。尤其是要注意行为人提出的反证，对于有证据证明行为人不具有非法占有目的的，不能单纯以财产不能归还就按金融诈骗罪处罚。

## 二、贷款诈骗罪的司法认定

根据《刑法》第 193 条的规定，贷款诈骗罪，是指以非法占有为目的，使用虚构事实或者隐瞒真相的方法（包括编造引进资金、项目等虚假理由的，使用虚假的经济合同的，使用虚假的证明文件的，使用虚假的产权证明作担保或者超出抵押物价值重复担保的，以其他方法诈骗贷款的），诈骗银行或者其他金融机构的贷款，数额较大的行为。

（一）单位贷款诈骗行为的认定

我国刑法是以惩罚自然人犯罪为原则，以惩罚单位犯罪为例外。也即单位犯罪负刑事责任，应该以刑法规定为前提条件，如果刑法没有规定的，则

---

〔1〕 最高人民法院刑一庭、刑二庭编：《刑事审判参考》（2001 年第 2 期），法律出版社 2001 年版，第 64 页。

单位不能成为该罪的犯罪主体。由于我国《刑法》第 193 条关于贷款诈骗罪的规定，没有明确单位可以成为本罪的主体，这就意味着，单位不能成为贷款诈骗罪的主体。正如最高人民法院刑二庭负责人就落实《全国法院审理金融犯罪案件工作座谈会纪要》答《人民法院报》记者问时所指出的，单位不能构成贷款诈骗罪。对于单位实施的贷款诈骗行为，不能以贷款诈骗罪定罪处罚，也不能以贷款诈骗罪追究直接负责的主管人员和其他直接责任人员的刑事责任。[1]目前，理论上对于单位不能成为贷款诈骗罪的主体已经没有争议，但是对于单位确实以非法占有为目的，骗取银行和其他金融机构贷款的情况是否应构成犯罪并追究刑事责任？理论上和实践中主要存在以下三种观点：第一种观点认为，对于单位不能以贷款诈骗罪论处，但对于单位的直接负责的主管人员和其他直接责任人员可以按照贷款诈骗罪追究刑事责任。理由是：首先，这种行为既是单位的行为也是有关个人的行为，它具有双重性的特点，立法者基于刑事政策的考虑，在有的时候可以"赦免"单位的刑事责任，而仅仅规定追究有关个人的刑事责任。其次，我国现行刑法中有一些条文规定的虽然是单位犯罪，但并不采取双罚制，而是单罚制。最后，《刑法》第 193 条并没有将为了单位利益诈骗贷款排除在犯罪之外。因为非法占有不能仅仅理解为只是非法占为己有，还可是非法占为他人所有或者非法占为单位所有。[2]第二种观点认为，对单位不能以贷款诈骗罪论处，而且对其直接负责的主管人员和其他直接责任人员也不能追究刑事责任。因为追究直接负责的主管人员和其他直接责任人员的刑事责任是以单位构成犯罪为前提的，如果单位不构成贷款诈骗罪，对其直接负责的主管人员和其他直接责任人员按贷款诈骗罪追究刑事责任显然没有任何依据。[3]第三种观点认为，对单位及其直接负责的主管人员和其他直接责任人员都不能以贷款诈骗罪追究

---

〔1〕 雷存柱："最高法院刑二庭负责人解读全国法院审理金融犯罪案件工作座谈会纪要"，载《人民法院报》2001 年 3 月 20 日。

〔2〕 周振晓："金融诈骗罪三题"，载赵秉志主编：《新千年刑法热点问题研究与适用》，中国检察出版社 2001 年版，第 1088 页。

〔3〕 莫开勤："贷款诈骗罪立法评说"，载赵秉志主编：《新千年刑法热点问题研究与适用》，中国检察出版社 2001 年版，第 1153 页。

刑事责任，但如果构成其他犯罪的，可以其他犯罪论处。[1]

笔者认为，第一种观点存在明显不合理之处，追究单位直接负责的主管人员和其他直接责任人员的刑事责任，其前提条件是单位可以成为贷款诈骗罪的犯罪主体，而现在这一条件不存在，当然就不能以贷款诈骗罪追究单位的直接负责的主管人员和其他直接责任人员的刑事责任。这一点在 2001 年《全国法院审理金融犯罪案件工作座谈会纪要》中得到了明确，即对于单位实施的贷款诈骗行为，不能以贷款诈骗罪定罪处罚，也不能以贷款诈骗罪追究直接负责的主管人员和其他直接责任人员的刑事责任。第二种观点也有偏颇之处，因为不以贷款诈骗罪追究单位及其直接负责的主管人员和其他直接责任人员，并不意味着不能以其他犯罪追究单位的刑事责任。因此，笔者认为，对于单位贷款诈骗完全可以按合同诈骗罪定罪处罚。正如 2001 年《全国法院审理金融犯罪案件工作座谈会纪要》中指出的：在司法实践中，对于单位十分明显地以非法占有为目的，利用签订、履行借款合同诈骗银行或其他金融机构贷款，符合《刑法》第 224 条规定的合同诈骗罪构成要件的，应当以合同诈骗罪定罪处罚。

对单位贷款诈骗行为以合同诈骗罪论处，在理论上不应该有什么障碍，理由是：贷款诈骗罪与合同诈骗罪之间的关系在刑法理论上属于法条竞合关系，也即合同诈骗相对于贷款诈骗是普通法条，而贷款诈骗是特别法条，两者具有包容关系。对于法条竞合，理论上一般认为应遵循特别法条优于普通法条原则，即如果行为人的行为既符合特别法条的规定，又符合普通法条的规定，应优先适用特别法条，除非按普通法条的规定处罚为重的。如果行为人的行为不符合特别法条的规定，但却符合普通法条的规定，则应按普通法条追究行为人的刑事责任。正因为如此，对单位贷款诈骗，由于刑法未规定单位可以成为贷款诈骗罪的主体，因而不能按照贷款诈骗罪追究单位的刑事责任；但是，刑法对于合同诈骗罪则明文规定单位可以成为该罪的犯罪主体，同时，由于单位贷款诈骗行为往往是单位利用借款合同实施的，单位在签订、履行借款合同过程中，骗取金融机构钱款，数额较大的，完全符合合同诈骗

---

　　[1]　莫开勤："贷款诈骗罪立法评说"，载赵秉志主编：《新千年刑法热点问题研究与适用》，中国检察出版社 2001 年版，第 1153 页。

罪的构成要件，所以，以合同诈骗罪追究单位及其直接负责的主管人员和直接责任人员的刑事责任也是合情合理的。这既符合罪刑法定原则，也与我国刑法理论中适用法条竞合的原则不相矛盾。

**（二）事后故意不归还贷款行为的认定**

实践中，对于行为人在获取贷款时并无非法占有目的，而在归还时候却因为各种各样的原因产生了占有目的和占有行为，对于该种行为如何定性，理论上和实践中都存有较大争议。司法实践中主要表现为两种情况。一种是以合法手段取得贷款后，再采取欺诈手段不归还贷款。这种情况往往是行为人通过合法的手段申请并获取银行或者其他金融机构的贷款后，在规定的归还到期之前，以经营亏损为由，采取转移或隐藏资金、携款潜逃等方式逃避归还贷款。另一种是以欺诈手段取得贷款后，先使用贷款再采取欺诈手段不归还贷款。这种情况主要是行为人在向银行或者其他金融机构申请并获取贷款时，虽然使用了一定的欺诈手段，但有证据证明行为人主观上并无非法占有目的，而只是想使用贷款，但在使用过程中，行为人萌发占有目的，以经营亏损为由，采取欺诈手段逃避归还贷款。

对此，理论上称之为"事后故意"，有人认为这种案件不能以贷款诈骗罪论处。理由是：构成贷款诈骗罪，必须是既采用了刑法条文中规定的欺诈方法，又具有非法占有贷款的目的，二者必须同时具备，缺一不可。而在这种案件中行为人虽然具有非法占有贷款的目的，但这一目的产生是在贷款后，且行为人不具有刑法条文中所规定的贷款诈骗方法。[1]也有人认为，事后故意虽然产生在取得贷款以后，但行为人仍具备"非法占有金融机关贷款"的主观目的。另外，行为人客观行为方式符合《刑法》第 193 条第 5 款规定的"以其他方法诈骗贷款"的情况，因此，事后故意行为符合贷款诈骗罪的主客观构成要件，应以贷款诈骗罪处理。[2]还有人认为，事后故意的占有贷款行为虽具有相当大的社会危害性，其行为直接威胁到银行贷款的安全，但本罪的客观方面行为应当是先采用虚构事实、隐瞒真相等方法欺骗银行等金融机

---

〔1〕 转引自侯国云、肖云洁："有关金融诈骗罪的几个问题"，载赵秉志主编：《新千年刑法热点问题研究与适用》，中国检察出版社 2001 年版，第 1078 页。

〔2〕 转引自吕敏、王宗光："浅析当前贷款诈骗罪的特征与认定"，载赵秉志主编：《新千年刑法热点问题研究与适用》，中国检察出版社 2001 年版，第 1175 页。

构，使其信以为真，从而骗取贷款。如果行为人在贷款到手后才使用欺骗手段非法占有贷款，不符合贷款诈骗罪的主观特征，而且国家立法机关和"两高"也没有对贷款诈骗罪中的"其他方法诈骗贷款"的含义作出明确司法解释，因而，事后故意的贷款欺诈行为不构成贷款诈骗罪。[1]

笔者认为，对于事后故意不归还贷款行为的定性，应该具体问题具体分析，不能一概而论。关键是看行为人是否具有非法占有的目的，并且行为人是否采用了欺骗的手段获取贷款。当然，行为人使用了欺骗的手段获取贷款并不意味着行为人在主观上一定具有非法占有的目的，如果行为人具有其他目的，可构成高利转贷罪或骗取贷款、票据承兑、金融票证罪等。对此，2001 年《全国法院审理金融犯罪案件工作座谈会纪要》明确指出：对于合法取得贷款后，没有按规定的用途使用贷款，到期没有归还贷款的，不能以贷款诈骗罪定罪处罚；对于确有证据证明行为人不具有非法占有的目的，因为具备贷款的条件而采取了欺骗手段获取贷款，案发时有能力履行还贷义务，或者案发时不能归还贷款是因为意志以外的原因，如因经营不善、被骗、市场风险等，不应以贷款诈骗罪定罪处罚。对于这一规定，可以从两个方面进行把握：一方面，对于合法取得贷款后到期没有归还的情况，一般不能构成贷款诈骗罪，即使行为人没有按规定的用途使用贷款而导致到期没有归还贷款。但是，如果行为人合法取得贷款后，采用抽逃、转移资金、隐匿财产等手段，以逃避返还资金的；或者采用隐匿、销毁账目，以及搞假破产、假倒闭等手段，以逃避返还资金的，则应构成贷款诈骗罪。因为在这些情况下，尽管行为人是以合法的手段获取贷款，但事后明显产生了非法占有的目的，并实施了逃避返还资金（即占有贷款）的行为，当然可以构成贷款诈骗罪。另一方面，对于因不具备贷款的条件而采取了欺骗手段获取贷款后到期没有归还的情况，则应以行为人是否具有非法占有目的为标准，作为划分此罪彼罪的界限。如果确有证据证明行为人不具有非法占有的目的，即使行为人使用欺骗手段获取贷款后到期不能归还贷款的，也不能以贷款诈骗罪加以认定。当然，我们应该看到，上述纪要是在《刑法修正案（六）》出台之前颁布

---

〔1〕 转引自吕敏、王宗光："浅析当前贷款诈骗罪的特征与认定"，载赵秉志主编：《新千年刑法热点问题研究与适用》，中国检察出版社 2001 年版，第 1175 页。

的，事实上《刑法修正案（六）》已经将滥用贷款的行为规定在新增设的骗取贷款、票据承兑、金融票证罪中（《刑法》第 175 条之一），因此，对于上述因不具备贷款的条件而采取了欺骗手段获取贷款后到期没有归还，给银行或者其他金融机构造成重大损失的，行为人的行为可以构成骗取贷款、票据承兑、金融票证罪。反之，如果行为人具有非法占有的目的，同时又采用了欺骗手段获取贷款且到期不归还的，则可以贷款诈骗罪论处。由此可见，对于事后故意不归还贷款行为的定性，关键不在于行为人是合法取得贷款还是非法取得贷款，主要还在于要查明行为人是否具有非法占有的目的，无论这种目的产生在贷款之前还是在贷款之后，只要行为人具有非法占有的目的，均可构成贷款诈骗罪。反之，行为人如不具有非法占有的目的，即使以欺诈手段获取贷款也只能构成其他犯罪，而不能构成贷款诈骗罪。

### 三、票据诈骗罪的司法认定

根据《刑法》第 194 条的规定，票据诈骗罪，是指行为人以非法占有为目的，利用虚假的金融票据进行诈骗活动，数额较大的行为。

（一）票据诈骗罪客观方面的认定

票据诈骗罪在客观方面具体表现为五种行为方式。

1. 明知是伪造、变造的汇票、本票、支票而使用的

应该看到，使用明知是伪造、变造的汇票、本票、支票进行诈骗活动，无疑是票据诈骗罪在客观方面的最主要的表现形式之一。这里的"伪造、变造"既可以是他人伪造、变造，也可以是自己伪造、变造。从理论上说，此处的"使用"，是指以非法占有为目的，按照票据的通常使用方式，将伪造、变造的票据作为真实票据予以利用，从而骗取财物的行为。[1]换言之，只有可以用票据进行支付结算等经济行为才属于这里的"使用"。由于在金融业务活动中，票据具有汇兑、信用、支付、结算、融资等职能，因此，这里的"使用"显然应该包括使用伪造、变造的票据进行汇兑、信用、支付、结算、融资等金融活动的内容。

---

〔1〕 于改之："票据诈骗若干问题研究"，载《甘肃政法学院学报》2006 年第 6 期。

2. 明知是作废的汇票、本票、支票而使用的

对于"作废"票据的范围应包括哪些？理论上有几种不同的观点：有人认为，作废的票据是指根据法律和有关规定不能使用的金融票据，它既包括票据法中所说的过期票据，也包括无效以及被依法宣布作废的票据。[1]有人则认为，所谓作废的票据是指按照票据法律法规规定而不能使用的票据，包括已经实现付款请求权的票据、票据法规定的无效票据、银行宣布停止使用的票据和超过票据权利时效的过期票据等四类票据。[2]也有人认为，据《现代汉语词典》解释，"作废"是指因失效而作废。可见，"作废"有一个从有效到失效的发展变化过程，如果自始至终均无法律效力，则无所谓作废的问题。由此决定，作废的票据只能包括付款请求权已经实现的票据、过期的票据和被依法宣布作废的票据三类。[3]由此可见，关于作废的票据，其争议的焦点主要在于是否包括无效票据。就一般意义而言，所谓无效票据，是指那些不能发生法律效力的票据。无效票据实际上并非是真正的票据，不能作为票据权利的载体。如果一份票据有效，那么它就是作为有价证券的票据，可以依其行使票据权利，如果之后失效，则应视为作废的票据。一份票据如果从一开始就是无效的，那么它根本不是法律意义上的票据，当然不能依其行使任何票据权利，因此无效票据也就不可能成为票据诈骗罪中的作废票据。需要注意的是，票据诈骗罪中所谓"作废的票据"与"伪造的票据"最主要的区别在于是否实际存在过票据权利的设定。作废的票据存在有从有效到失效的过程，而伪造的票据则不存在有效的前提。在票据（用纸）上虚假设立票据权利而成的票据，只能视为伪造的票据而不能视为作废的票据。

3. 冒用他人的汇票、本票、支票的

所谓冒用他人的票据，是指行为人擅自以合法持票人的名义，支配、使用、转让自己不具备支配权利的他人的汇票、本票、支票的行为。冒用行为的本质特征在于假冒票据权利人行使票据权利，因此，冒用行为只能表现为两种类型：一是假冒票据权利人行使票据权利；二是假冒票据权利人的代理

---

[1] 王晨：《诈骗犯罪研究》，人民法院出版社2003年版，第126页；孙军工主编：《金融诈骗罪》，中国人民公安大学出版社2003年版，第74页。

[2] 刘华：《票据犯罪研究》，中国检察出版社2001年版，第174页。

[3] 李文燕主编：《金融诈骗犯罪研究》，中国人民公安大学出版社2002年版，第139~140页。

人行使票据权利。这里必须突出行使票据权利的行为，即冒用行为中既有"冒"也有"用"，但行使他人的票据权利则是具有决定意义的行为。必须指出的是，这里的"冒用"不能包括行为人假冒票据权利人的名义在票据上签章的行为。因为根据票据法原理，一张未经权利人签章的票据，实际上就意味着权利人没有设立票据权利，此时我们只能将其视为票据（用纸）。行为人假冒票据权利人的名义在票据上签章，本质上还是虚假设立票据权利的行为，因而属于伪造票据的性质。如果行为人以此进行诈骗活动的，应以票据诈骗罪中使用伪造的票据行为认定，而不能以冒用他人的票据行为定性。

**4. 签发空头支票或者与其预留印鉴不符的支票，骗取财物的**

与票据诈骗罪前三项法定行为不同的是，以签发空头支票或者与其预留印鉴不符的支票骗取财物为手段的行为人是合法出票人，即行为人相关票据诈骗行为是利用其形式上的合法出票人身份，通过欺诈性出票得以实施的。为此，理论上有人将此类票据诈骗行为称之为滥用型票据犯罪。所谓"空头支票"，是指出票人签发的支票金额超过付款时在付款人处实有的存款金额的支票。根据《票据法》的规定，使用支票必须在银行或者其他金融机构开立支票账户，也只有在银行开立支票存款账户，并注入一定的资金，才能领用支票。所谓"预留印鉴"，是指银行开户人在申请开户时，留给银行供银行按照委托在其所设立的账户中支付款项时，核对、鉴定付款凭证、印章的底样。

**5. 签发无资金保证的汇票、本票或者在出票时作虚假记载进行诈骗**

同样，该诈骗手段的行为人也是合法出票人。依据票据法有关条款规定，汇票出票人必须与付款人具有真实的委托付款关系，并且具有支付汇票金额的可靠资金来源；本票的出票人必须具有支付本票金额的可靠资金来源，并保证支付。因此，票据的出票人在持票人承兑票据时具有按票据支付的能力即为"有资金保证"，否则，便视为"无资金保证"。"虚假记载"是指汇票、本票的出票人在出票时故意作出与实际情形不符的记载，例如在汇票上故意记载根本不存在的出票地或付款地等。票据是文义证券，票据上的权利义务关系是通过票据上的记载事项来反映的；票据是要式证券，票据的制作必须依票据法规定的方式进行；票据上记载的文义也必须在票据法规定的范围内，才发生票据法上的效力。票据上的记载事项是确定票据当事人享有票据权利或承担票据责任的凭据。作虚假记载不仅可以使出票人逃避票据责任，而且可以使持票人无法享有票据权利，从而破坏票据信用。因而形式上完备但实质上虚假的记载，不仅记载无效，而且破坏了票据信用关系，以此骗取他人财物的，即可能构成虚假记载型的票据诈骗犯罪。

（二）票据诈骗罪罪数的认定

1. 票据诈骗罪与伪造、变造金融票证罪牵连形态的认定

司法实践中，票据诈骗行为往往均会涉及伪造、变造的金融票据，因为行为人为进行票据诈骗，往往需要伪造、变造票据或者伪造、变造他人印章等。如果使用者与伪造、变造者为不同的人，且行为人之间没有共同故意，那么对于相关行为人只要按各自行为的特征分别定罪即可，使用者的行为以票据诈骗罪认定，而伪造、变造者的行为则以伪造、变造票证罪认定。若使用者与伪造、变造者为同一人，或者在共同故意下的不同人的票据犯罪中，那么伪造、变造行为与使用行为之间的关系其实属于方法行为和目的行为的牵连关系，而且票据诈骗罪的构成要件中已经将相关行为包容进去，特别是行为人实施伪造、变造行为与使用行为的目的均是通过利用票据最终骗得财物。就此而言，完全符合刑法理论上的牵连犯特征，应按牵连犯从一重处断的原则追究行为人的刑事责任。

2. 盗窃、侵占他人票据后又冒用的行为认定

对于盗窃、侵占他人票据后又冒用的行为认定，理论上存在有不同的观点，有人主张以盗窃罪、侵占罪对行为人的行为定性；也有人主张以票据诈骗罪（即冒用型票据诈骗罪）定性；也有人主张对行为人的行为实行数罪并罚。笔者认为，由于行为人目的上及对象上的一致性，在这种情况下，对行为人的行为实行数罪并罚显然不符合刑法基本原理。实际上，此种情形应属于刑法理论上所说的牵连犯，二者之间具有方法行为和目的行为的牵连关系，应从一重处断，即原则上应认定为本罪，但在以盗窃罪处罚更重时，则应以盗窃罪进行处罚。需要指出的是，认定盗窃罪、侵占罪或者票据诈骗罪的数额应该以行为人冒用后实际获得的数额作为标准，如果行为人盗窃、侵占他人票据后并未加以使用，则因无法认定数额而不能认定犯罪。

## 四、信用卡诈骗罪的司法认定

根据《刑法》第 196 条的规定，实施以下行为之一，即使用伪造的信用

卡，或者使用以虚假的身份证明骗领的信用卡的、使用作废的信用卡的、冒用他人信用卡的、恶意透支的，进行信用卡诈骗活动，数额较大的，构成信用卡诈骗罪。

（一）伪造信用卡并加以使用行为的认定

根据我国《刑法》的规定，对于伪造信用卡的行为以伪造金融票证罪定罪处罚，而使用伪造信用卡的行为以信用卡诈骗罪定罪处罚。对于伪造信用卡并加以使用的行为如何处理，刑法并没有作出相应规定，理论上和司法实践中也有不同的观点和不同的做法。有人认为，伪造行为和使用行为具有牵连关系，应当从一重罪处罚，但由于伪造金融票证罪和信用卡诈骗罪的法定刑相同，则应以牵连犯中的结果行为即以信用卡诈骗罪处罚。[1]也有人认为，信用卡属于金融票证，只要行为人主观上有牟利的目的，客观上有伪造行为，无论是否加以使用，均应认定为伪造金融票证罪。[2]还有人认为，伪造并使用伪造的信用卡虽然是牵连犯罪，但不应按一罪而应按数罪并罚。[3]

伪造信用卡并加以使用的行为完全符合刑法理论上牵连犯的构成要件。从行为人主观方面分析，伪造信用卡和使用信用卡的目的应该基本相同，即均以获取非法利益或非法占有为目的，这就符合了牵连犯必须出于"一个犯罪目的"的主观要件；从行为人客观行为分析，尽管行为人客观上实施了伪造行为和使用行为，但无论是伪造还是使用行为均符合信用卡诈骗罪"虚构事实、隐瞒真相"的客观特征，即伪造行为完全被信用卡诈骗罪的客观要件所包容。同时，由于我国刑法中对伪造信用卡并加以使用行为的处理并未作明确规定，因而只能按刑法理论上牵连犯"从一重处断"或"从一重重处断"的原则进行处理，但由于两罪的法定刑完全一样，那究竟是认定伪造金融票证罪，抑或是信用卡诈骗罪？刑法虽未对伪造信用卡并加以使用行为的处理作出规定，但是刑法对相类似的伪造货币行为则作了明确规定，如《刑法》第171条第3款规定：伪造货币并出售或者运输伪造的货币的，依照伪造货币罪定罪从重处罚。从这一规定分析，刑法对于既有伪造行为又有出售

---

〔1〕 中国人民大学法学院刑法专业组织编写：《刑事法专论》（下卷），中国方正出版社1998年版，第1130~1131页。

〔2〕 卢松主编：《金融领域犯罪问题研究》，经济管理出版社2000年版，第428页。

〔3〕 周仰虎、于英君："论信用卡犯罪的立法完善"，载《法学》1996年第9期。

或者运输行为的处理，是以初始行为（即伪造行为）作为定罪依据的，在这种情况下，以伪造行为作为认定的依据并无不妥，因为行为人伪造信用卡的目的就是为了牟利，而具体的使用行为正体现了行为人的牟利目的。

（二）"使用以虚假的身份证明骗领的信用卡"行为的认定

所谓"使用以虚假的身份证明骗领的信用卡"，是指行为人使用以伪造的身份证等虚假的身份证明材料所骗领的发卡银行发放的信用卡的行为。司法实践中"使用以虚假的身份证明骗领信用卡"的情况较为复杂，主要可以分为两种情况：一是虚构一个并不存在的申请人的身份证信息骗领信用卡并使用的；二是用他人的身份证信息骗领信用卡并使用，但他人并不知情的。与信用卡诈骗罪新增设"使用以虚假的身份证明骗领的信用卡的"行为方式相对应，《刑法修正案（五）》第1条还专门规定了妨碍信用卡管理的犯罪，在该犯罪四种表现形式中就包含"使用虚假的身份证骗领信用卡"的行为。

需要指出的是，"使用以虚假的身份证明骗领的信用卡的"行为与"使用虚假身份证骗领信用卡的"行为是既有联系又有区别的行为。前者虽然是以后者行为的存在为前提，但其属于信用卡诈骗罪的行为方式之一，而后者则是属于妨碍信用卡管理犯罪的行为方式之一。在行为人使用虚假的身份证明骗领信用卡后又加以使用的情况下，因为行为人的骗领行为实际上是使用行为的前提条件，两者具有牵连关系，且信用卡诈骗罪的法定刑明显重于妨害信用卡管理罪的法定刑，因此，对行为人的行为应以信用卡诈骗罪定性。但用虚假身份证明骗领信用卡后没有使用的行为不能认定为信用卡诈骗罪，而应该构成妨碍信用卡管理犯罪。

（三）冒用他人信用卡行为的认定

2018年11月28日最高人民法院、最高人民检察院联合发布的《关于办理妨害信用大管理刑事案件具体应用法律若干问题的解释》（以下简称《妨害信用卡管理解释》）第5条规定，《刑法》第196条第1款第3项所称"冒用他人信用卡"，包括以下情形：①拾得他人信用卡并使用的；②骗取他人信用卡并使用的；③窃取、收买、骗取或者以其他非法方式获取他人信用卡信息资料，并通过互联网、通讯终端等使用的；④其他冒用他人信用卡的情形。

刑法理论和实务中，对于拾得信用卡及获取密码后加以使用行为的定性，存在比较大分歧，主要争议集中在是以盗窃罪认定还是以信用卡诈骗罪认定的问题上。有学者认为，诈骗罪中的受骗者必须是自然人，如果没有自然人受骗，就不可能基于认识错误处分财产。诈骗罪与盗窃罪的关键区别在于：受骗人是否基于认识错误处分（交付）财产。但是，机器是不能被骗的，即机器因为没有意识而不会陷入认识错误，更不会基于认识错误处分财产。[1]有学者认为，取得密码后在自动柜员机上使用别人的信用卡的情况，不存在有"骗"的问题，因为信用卡是真的，密码也是真的，何骗之有？[2]笔者认为，拾得信用卡并取得密码后在自动柜员机上取款的行为，显然属于冒用他人信用卡的行为，完全符合刑法中规定的冒用行为的特征。尽管在这种情况下，信用卡是真的，密码也是真的，但人却是假的。对于该问题的争议，相关司法解释也已经作出明确规定。2008 年 5 月 7 日最高人民检察院《关于拾得他人信用卡并在自动柜员机（ATM 机）上使用的行为如何定性问题的批复》中明确指出：拾得他人信用卡并在自动柜员机（ATM 机）上使用的行为，属于《刑法》第 196 条第 1 款第 3 项规定的"冒用他人信用卡"的情形，构成犯罪的，以信用卡诈骗罪追究刑事责任。

除此之外，实践中，对于行为人以欺骗、抢夺等方式获取他人信用卡并加以使用的行为，以及行为人使用他人委托保管的信用卡的行为，如何认定也存有较大争议。大多数人认为，按照刑法有关盗窃信用卡并使用的，以盗窃罪定罪处罚的立法精神，对于上述行为理应以行为人的先前行为作为定性的依据。即如果行为人以欺骗、抢夺等方式骗取他人的信用卡并加以使用的，应以诈骗罪或者抢夺罪论处；如果行为人使用他人委托保管的信用卡的，在"拒不退还"的情况下，应以侵占罪论处。

尽管盗窃信用卡并使用以盗窃罪定罪处罚，在理论上尚有值得讨论的余地，但是，这毕竟是刑法的明确规定，在该立法改变之前，我们在具体定罪量刑时理应以此为依据。由于这一立法规定属于法律拟制，而法律拟制规定最为典型的特征就在于其具有不可推而广之性，即法律拟制不具有普遍意义而仅适用于法律所特别规定的情形，不得推而广之对类似的情形比照拟制的

---

〔1〕 张明楷："机器不能成为诈骗罪的受骗者"，载刘宪权主编：《刑法学研究》（第 2 卷），北京大学出版社 2006 年版，第 84 页。

〔2〕 黄祥青："信用卡诈骗罪司法适用中的四个问题"，载陈兴良主编：《刑事法判解》（第 2 卷），法律出版社 2000 年版，第 135～136 页。

规定处理。因而，对于这一立法规定，我们绝对不能简单地套用于其他犯罪之中。特别是在行为人的先前行为为诈骗、抢夺或者侵占行为时，如果我们简单地套用盗窃信用卡并使用的规定，就必然会出现很不合理且罪责刑不相适应的结果。刑法有关诈骗罪、抢夺和侵占罪的法定刑均低于信用卡诈骗罪，若是根据盗窃信用卡并使用定盗窃罪的规定，也以先前行为作为定性的依据，即以诈骗罪、抢夺罪、侵占罪认定，而如果行为人采取了非犯罪手段获取他人信用卡并使用的，我们目前只能对其行为以信用卡诈骗罪定性，反而对其处以刑罚较重的罪名，这显然既不符合刑法基本原理，也与罪刑相适应的原则相悖。其实《刑法》第196条明文规定，冒用他人信用卡的，以信用卡诈骗罪定性。这就意味着无论行为人是采用何种手段获取他人信用卡的，只要冒用即可构成信用卡诈骗罪。

需要指出的是，对以犯罪手段获取他人信用卡后并加以使用的行为，应如何定性，不能一概而论，需具体问题具体分析。除盗窃信用卡并使用的，以盗窃罪论处外，其他行为则应以重罪吸收轻罪的精神具体定罪处罚。例如，行为人以抢劫方式获取他人信用卡并使用的，因抢劫罪属于侵犯复杂客体的犯罪，并不以其所非法占有的财产数额大小作为入罪标准，而且，抢劫罪的法定刑要远远重于盗窃罪或信用卡诈骗罪，故而对抢劫信用卡并使用的行为一般理解为牵连犯并以较重的抢劫罪定罪处罚。

（四）恶意透支行为的认定

根据我国《刑法》第196条的规定，恶意透支，是指持卡人以非法占有为目的，超过规定限额或者规定期限透支，并且经发卡银行催收后仍不归还的行为。按照规定，构成恶意透支型的信用卡诈骗罪应当具备以下四个条件：

1. 行为人为合法持卡人

这是区别于其他形式的信用卡诈骗罪的关键点。时下，理论和实践中对于合法持卡人利用有效真卡进行恶意透支和合法持卡人与他人合伙利用有效真卡异地恶意透支这两种形式并无异议，但对于持卡人利用无效真卡恶意透支行为的定性则颇有争议。持卡人利用无效真卡恶意透支的情况则完全不同，尽管其利用的信用卡是由金融机构发出的，但是这种卡已经无效，也即该卡属于已经作废的卡。利用作废的信用卡进行恶意透支，其实质已经不是违反透支规定的问题，而是"使用作废的信用卡"的问题了。在这种情况下，行为人并非合法持卡人，所以不能以恶意透支形式的信用卡诈骗罪定性。同样，行为人如果冒用他人的信用卡或使用伪造的信用卡加以恶意透支，也应以《刑法》中"冒用他人信用卡"或"使用伪造的信用卡"形式的信用卡诈骗罪认定。

2. 行为人在主观方面具有恶意

也即行为人在主观上必须出于直接故意，并且具有非法占有的目的。行为人在明知自己信用卡账户上没有资金或资金不足的情况下，故意违反信用卡章程和申领信用卡协议中有关限额、限期透支的规定而进行透支。这种恶意集中表现为持卡人具有非法占有发卡机构资金的目的。《妨害信用卡管理解释》第6条第2款规定，对于是否以非法占有为目的，应当综合持卡人信用记录、还款能力和意愿、申领和透支信用卡的状况、透支资金的用途、透支后的表现、未按规定还款的原因等情节作出判断。不得单纯依据持卡人未按规定还款的事实认定非法占有目的。同时，该司法解释第6条第3款规定，持卡人具有以下情形之一的，应当认定为《刑法》第196条第2款规定的"以非法占有为目的"，但有证据证明持卡人确实不具有非法占有目的的除外：①明知没有还款能力而大量透支，无法归还的；②使用虚假资信证明申领信用卡后透支，无法归还的；③透支后通过逃匿、改变联系方式等手段，逃避银行催收的；④抽逃、转移资金，隐匿财产，逃避还款的；⑤使用透支的资金进行犯罪活动的；⑥其他非法占有资金，拒不归还的情形。

3. 行为人有超限情况

这里所谓的超限应包括超过规定限额和超过规定期限两种情况。超过规定限额，是指超过信用卡章程和申领信用卡协议明确规定的透支限额。《妨害信用卡管理解释》第9条规定：恶意透支的数额，是指公安机关刑事立案时尚未归还的实际透支的本金数额，不包括利息、复利、滞纳金、手续费等发卡银行收取的费用。归还或者支付的数额，应当认定为归还实际透支的本金。检察机关在审查起诉、提起公诉时，应当根据发卡银行提供的交易明细、分类账单（透支账单、还款账单）等证据材料，结合犯罪嫌疑人、被告人及其辩护人所提辩解、辩护意见及相关证据材料，审查认定恶意透支的数额；恶意透支的数额难以确定的，应当依据司法会计、审计报告，结合其他证据材料审查认定。人民法院在审判过程中，应当在对上述证据材料查证属实的基础上，对恶意透支的数额作出认定。超过规定期限，是指超过信用卡章程和申领信用卡协议明确规定的允许透支的期限。需要指出的是，这里所指的超过规定期限是相对于持卡人限额以内的透支而言的，对于行为人超过规定限额的透支是不存在有所谓规定期限问题的。

4. 经发卡银行催收后仍不归还

根据现行《刑法》规定，持卡人虽然违反了有关透支的规定，但只要经发卡银行催收后予以归还的，就不构成恶意透支，只有经过催收后仍不归还的，才构成恶意透支型信用卡诈骗罪。即在认定恶意透支型信用卡诈骗罪时，必须以经催收后仍不归还作为构罪的必要要件。从法理上分析，这一条件显然是以行为人透支后的还款情况和还款态度作为确定是否判断是否属于"恶意透支"的依据。对此，《妨害信用卡管理解释》第6条第1款规定：持卡人以非法占有为目的，超过规定限额或者规定期限透支，经发卡银行两次有效催收后超过3个月仍不归还的，应当认定为《刑法》第196条规定的"恶意透支"。

至于何为"有效催收"，《妨害信用卡管理解释》第7条规定：催收同时符合下列条件的，应当认定为本解释第6条规定的"有效催收"：①在透支超过规定限额或者规定期限后进行；②催收应当采用能够确认持卡人收悉的方式，但持卡人故意逃避催收的除外；③两次催收至少间隔30日；④符合催收的有关规定或者约定。对于是否属于有效催收，应当根据发卡银行提供的电话录音、信息送达记录、信函送达回执、电子邮件送达记录、持卡人或者其家属签字以及其他催收原始证据材料作出判断。

但应注意，考虑到恶意透支型信用卡诈骗罪毕竟是一种"真卡真人"型的欺骗程度较低的信用卡诈骗罪，《妨害信用卡管理解释》第10条对其规定了从宽处理原则，即恶意透支数额较大，在提起公诉前全部归还或者具有其他情节轻微情形的，可以不起诉；在一审判决前全部归还或者具有其他情节轻微情形的，可以免予刑事处罚。但是，曾因信用卡诈骗受过两次以上处罚的除外。

（五）盗窃信用卡并加以使用行为的认定

《刑法》第196条第3款规定："盗窃信用卡并使用的，依照本法第264条的规定定罪处罚。"据此，盗窃信用卡并使用行为一概构成盗窃罪。在当时的时代背景下，该规定着实具有一定的合理性与必要性。随着信息网络技术的迅猛发展，信用卡的虚拟化程度逐步提高，信用卡信息资料的实际功能逐渐等同于信用卡。与此同时，司法实践中涉信用卡的财产犯罪行为模式也发生了巨大变化，盗窃实体信用卡并使用的情况渐趋减少，而窃取信用卡信息资料并使用的情形则日益成为盗窃信用卡并使用行为的主要表现形式。在此情形下，《刑法》第196条第3款关于盗窃信用卡并使用定盗窃罪的规定凸显出了严重的滞后性，并导致了诸多司法疑难问题。《妨害信用卡管理解释》第5条第2款第3项规定了窃取他人信用卡信息资料并使用的行为构成信用卡诈骗罪。[1]这一规定突破了传统上所认为的信用卡诈骗罪的对象仅可能是实体信用卡的观点，而直接将信用卡信息资料作为信用卡诈骗罪的对象。然而，该司法解释的规定明显与《刑法》第196条第3款的规定存在冲突。[2]那么，盗窃信用卡并使用定盗窃罪的规定究竟属于何种性质的规定？

《刑法》第196条第3款的规定究竟属于注意规定抑或法律拟制尚存较大争议，而定性为注意规定抑或法律拟制则会直接影响到对该规定的司法适用以及对相关行为的性质判定。有学者认为，"即便没有《刑法》第196条第3款的规定，对于盗窃信用卡并在ATM机上使用的行为，因为并不符合诈骗罪或信用卡诈骗罪的构成特征，而完全符合盗窃罪的构成要件。"[3]因此，《刑法》第196条第3款当属注意规定。也有学者进一步指出，"盗窃信用卡行为本身即构成了盗窃罪，后面对所窃取的信用卡的使用行为仅是一种事后不可罚行为，不应再认定为犯罪。因为，行为人盗窃信用卡后，必然要实现盗窃

---

[1] 该司法解释第5条第2款规定："刑法第196条第1款第3项所称''冒用他人信用卡'，包括以下情形：①拾得他人信用卡并使用的；②骗取他人信用卡并使用的；③窃取、收买、骗取或者以其他非法方式获取他人信用卡信息资料，并通过互联网、通讯终端等使用的；④其他冒用他人信用卡的情形。"

[2] 仅从对象的角度而言，《刑法》第196条第3款和《妨害信用卡管理解释》第5条规定之间似乎并无冲突，即盗窃信用卡系指盗窃实体信用卡，而窃取信用卡信息资料则是指窃取信用卡所蕴含的电子信息数据。但从行为定性的角度来看，《刑法》第196条第3款对"盗窃信用卡并使用"行为的定性与《妨害信用卡管理解释》第5条对"窃取他人信用卡信息资料并在互联网、通讯终端使用"行为的定性则存在着严重冲突，具体表现在以下两个方面：其一，仅仅因为行为对象的不同，就将盗窃实体信用卡并使用的行为定性为盗窃罪，而将窃取信用卡信息资料并使用的行为定性为信用卡诈骗罪；其二，窃取信用卡信息资料的行为实际上已经完全被涵括于盗窃信用卡并使用的行为之中，但前者根据《妨害信用卡管理解释》第5条的规定构成信用卡诈骗罪，而后者根据《刑法》第196条第3款的规定构成盗窃罪。

[3] 张明楷："支付用Card犯罪的现状、立法对策与研究课题"，载冯军主编：《比较刑法研究》，中国人民大学出版社2007年版，第98页。

所得的利益，那么行为人在客观上就必然要实施冒用行为，而冒用行为则应纳入到盗窃行为中进行评价。因此，盗窃信用卡并使用定盗窃罪的规定应当属于注意规定。"〔1〕笔者认为，盗窃信用卡并使用定盗窃罪的规定应当属于法律拟制而非注意规定，其实际上是将信用卡诈骗罪拟制为盗窃罪。

1. 盗窃信用卡行为不构成盗窃罪

盗窃信用卡并不能等同于盗窃财物，即行为人通过盗窃获取了信用卡并不等于就获得了信用卡内的财物。实际上，这里涉及对信用卡的理解问题。对此，有学者认为，取得了他人信用卡知悉了卡的密码并不等于就取得了卡上的钱款，而只是为获取钱款创造了便利条件，就如同取得了他人在开放式的存物柜中的钥匙一样，即应将带密码的信用卡理解为一种"开放式储物柜的钥匙"。〔2〕对此，笔者认为，信用卡应当理解成为一种"不可移动的电子钱柜"，信用卡的账号和密码则应该是电子钱柜的钥匙。也就是说，仅盗窃信用卡而没有将其中的财物取出，是不可能对他人的财产权造成严重损害的，故而是不构成盗窃罪的。〔3〕因为信用卡账户只是记载数字化财物的载体，其本身并非财物，行为人取得信用卡只是占有了记载数字化财物的载体。这种载体本身不具有财产属性，行为人必须通过使用行为才能实际获得载体所记载的数字化财物（包括取现、转账等方式）。应当看到，盗窃记载数字化财物的载体并不能构成盗窃罪。因为，在我国现行《刑法》中，盗窃罪的对象仅限于财物，但行为人在使用信用卡前，行为人所窃取的还仅仅是实体信用卡本身，信用卡上所记载的数字化财物实际上仍然由持卡人或银行所占有或控制，而信用卡卡片除非价值不菲，否则并不具有财产属性，也无法成为财物。就此而言，笔者认为，不应当将那些仅实施盗窃信用卡行为但并无使用所盗窃的信用卡的行为认定为盗窃罪。应当看到，1998 年 3 月 4 日最高人民法院《关

---

〔1〕　参见周振想主编：《金融犯罪的理论与实务》，中国人民公安大学出版社 1998 年版，第 461 页；陈兴良、陈子平：《两岸刑法案例比较研究》，北京大学出版社 2010 年版，第 66 页。

〔2〕　参见刘明祥："抢劫信用卡并使用行为之定性"，载《法学》2010 年第 11 期。

〔3〕　参见刘宪权、林雨佳："'盗窃信用卡并使用'的本质是诈骗"，载《检察日报》2018 年 1 月 10 日，第 3 版。

于审理盗窃案件具体应用法律若干问题的解释》的规定也印证了这一点。[1]该司法解释规定，对于"盗窃信用卡并使用"的行为，应按盗窃罪定罪处罚，并应根据行为人所实际使用信用卡上的数额来确定盗窃数额。该司法解释的规定实际上表明了，如果行为人仅仅盗窃了信用卡而不加以使用是不构成盗窃罪的。

2. 使用盗窃的信用卡行为构成信用卡诈骗罪

"盗窃信用卡并使用"实际上包含了两个行为：一是盗窃信用卡；二是使用盗窃的信用卡。如前所述，如果是仅盗窃信用卡而并不加以使用，除非该信用卡本身价值不菲，否则该行为是绝对不可能构成犯罪的。"盗窃信用卡并使用"的行为可能构成犯罪的根本原因在于"使用"行为，而这里的"使用"行为的本质即是"冒用他人信用卡"。前述认为使用盗窃的信用卡行为是一种事后不可罚行为的观点并不妥当。笔者认为，行为人在通过盗窃行为获取他人信用卡后，必然会积极利用所窃得的信用卡去实现盗窃所得的利益，由此客观上就必然会实施冒用他人信用卡的行为。因此，应当将盗窃信用卡和冒用他人信用卡的行为置于一个行为过程中进行评价，而且仅能以一个罪名进行评价。而在事后不可罚行为中，即便行为人没有实施后行为，其前行为也已独立构成犯罪，并且可以完全、充分评价整个行为过程。以盗窃财物并掩饰、隐瞒赃物的行为为例，一般情况下其前行为即已构成盗窃罪，即便没有后来的掩饰、隐瞒赃物行为，亦不影响盗窃罪之构成，而即使有后来的掩饰、隐瞒赃物行为，也只能以盗窃罪一罪论处。对于盗窃信用卡并使用的行为而言，既然先行的盗窃信用卡行为都不构成犯罪了，更遑论将之后的使用行为认定为事后不可罚行为。况且，使用盗窃信用卡的行为已经破坏了另一新的社会关系，该行为无法涵括于对先行的盗窃信用卡行为的评价体系中，不符合事后不可罚行为的基本特征。由此可见，《刑法》第196条第3款所要规制的应是盗窃信用卡之后的使用行为而非先前的盗窃信用卡行为。根据

---

〔1〕 该司法解释已于2013年4月4日失效。2013年4月4日施行的最高人民法院、最高人民检察院《关于办理盗窃刑事案件适用法律若干问题的解释》第15条规定："本解释发布实施后，《最高人民法院关于审理盗窃案件具体应用法律若干问题的解释》（法释〔1998〕4号）同时废止。"虽然该司法解释已经失效，但司法实践中对于盗窃信用卡并使用的案件，其盗窃数额仍是根据行为人盗窃信用卡后使用的数额确定。

《刑法》第196条第1款第3项之规定，"冒用他人信用卡"的行为系信用卡诈骗罪的行为方式之一，作此规定的主要原因是银行对于行为人冒用他人信用卡无法加以识别，在实际使用者冒充持卡人的情况下，银行会误以为实际使用者是信用卡的主人而"自觉自愿"地付款。应当看到，《妨害信用卡管理解释》第5条就将"拾得他人信用卡并使用"和"骗取他人信用卡并使用"的行为规定为"冒用型"信用卡诈骗罪。从本质上看，骗取信用卡并使用与盗窃信用卡并使用的行为均是以非法手段获取他人信用卡并使用的行为，两者仅在非法获取信用卡的手段上存在区别而已，但"使用信用卡"的行为是完全相同的。拾得信用卡的行为更不能说是以非法手段获取他人信用卡，只是因拾得者有"使用信用卡"行为而被认定为构成犯罪。由此可见，在这些行为中，拾得、骗取或盗窃的行为并不具有独立评价的意义，起关键作用的实际上是后面的使用行为，如果没有使用行为就不可能达到犯罪目的。而这一使用行为正是行为人通过冒充持卡人签名等诈骗手段实施的，完全符合诈骗犯罪的客观特征。因此，如果行为人只是拾得或骗取他人信用卡，但没有使用信用卡，是不构成犯罪的。如果没有《刑法》第196条第3款的规定，对盗窃信用卡并使用的行为的定性无疑会与"拾得他人信用卡并使用"及"骗取他人信用卡并使用"等行为一样，即均被认定为信用卡诈骗罪而非盗窃罪。

3. 盗窃信用卡并使用定盗窃罪的规定明显不可推而广之

法律拟制规定最为典型的特征就在于其不可推而广之，即法律拟制不具有普遍意义而仅适用于法律所特别规定的情形，不得对类似的情形比照拟制的规定处理。而盗窃信用卡并使用定盗窃罪的规定就明显具有这一特征，该特征主要体现为以下两个方面：一方面，通过盗窃之外的其他手段非法获取他人信用卡并使用的行为并不依照前行为构罪，而是根据后行为构成信用卡诈骗罪。实际上，诈骗、抢夺等侵财行为均是与盗窃社会危害性相当、手段方式相似的行为，但通过诈骗、抢夺等盗窃之外的手段非法取得信用卡并使用的行为则并不构成诈骗罪、抢夺罪等犯罪，而是均构成信用卡诈骗罪。对此，《妨害信用卡管理解释》第5条已经明确规定，骗取他人信用卡并使用的行为属于"冒用他人信用卡"，应构成信用卡诈骗罪。虽然司法解释没有明确规定对抢夺信用卡并使用的行为应如何定性，但无论是在刑法理论上还是在司法实务中，对此行为均一概认定为信用卡诈骗罪。当然，抢劫罪则因其属于侵犯复杂客体的犯罪，并不以其所非法占有的财产数额大小作为入罪标准，而且，抢劫罪的法定刑要远远重于盗窃罪或信用卡诈骗罪，故而对抢劫信用卡并使用的行为一般理解为牵连犯并以较重的抢劫罪定罪处罚。可见，盗窃信用卡并使用定盗窃罪的规定不可推而广之适用于通过盗窃之外的其他手段获取信用卡并使用的行为。另一方面，盗窃信用卡之外的记载财物的载体并使用的行为并不构成盗窃罪。从《刑法》第194条对票据诈骗罪的规定来看，虽然该法条并没有规定对盗窃印鉴齐全的汇票、本票或支票并使用的行为应如何定性，但司法实践中对于盗窃印鉴齐全的汇票、本票或支票并加以使用的行为，并不会像盗窃信用卡并使用行为的定性那样根据前行为认定犯罪，而是会几乎毫无争议地根据后行为认定为票据诈骗罪。可见，盗窃信用卡并使用定盗窃罪的规定亦不可推而广之适用于盗窃信用卡之外的记载财物的载体。综上可见，《刑法》第196条第3款的规定是立法者在特定时代环境下所做的法律拟制规定，盗窃信用卡并使用行为之本质乃是信用卡诈骗罪中的"冒用他人信用卡"的行为。

此外，需要注意的是，盗窃信用卡后并使用情况中的"信用卡"应该是指真实的信用卡，而不包括伪造的或已经作废的信用卡。如果行为人盗窃他人伪造的或已经作废的信用卡后并加以使用的，对于行为人应以信用卡诈骗罪定罪处罚。这是因为，行为人所盗窃的伪造或已经作废的信用卡，实际上并不属于信用卡，本身并不具有支付凭证的特点，因而行为人的盗窃行为不能构成犯罪；而这种情况中的使用行为则完全符合《刑法》规定信用卡诈骗罪中的"使用伪造的信用卡"和"使用作废的信用卡"的行为，因而行为人理应构成信用卡诈骗罪。同样，对于行为人盗窃以虚假的身份证明骗领的信用卡后又予以使用的行为，也不能以盗窃罪定罪处罚。尽管使用虚假的身份证明骗领的信用卡，是银行发行的真实有效的信用卡，但是由于持卡人（或名义人）往往是虚构的，银行不可能从持卡人（或名义人）那里收回被使用的款项，实际遭受财产损失的就有可能是发卡银行而不是持卡人。因此，不能将盗窃并使用以虚假身份骗领的信用卡的行为以盗窃罪定罪处罚。应当认为，"使用以虚假的身份证明骗领的信用卡"的行为构成信用卡诈骗罪。

## 五、保险诈骗罪的司法认定

根据《刑法》第 198 条的规定，保险诈骗罪，是指投保人、被保险人或者受益人违反保险法规，用虚构事实、隐瞒真相等方法，骗取数额较大保险金的行为。

### （一）保险诈骗罪客观方面的认定

对于保险诈骗罪客观方面的行为方式，主要有以下五种：①财产投保人故意虚构保险标的，骗取保险金的；②投保人、被保险人或者受益人对发生的保险事故编造虚假的原因或者夸大损失的程度，骗取保险金的；③投保人、被保险人或者受益人编造未曾发生的保险事故，骗取保险金的；④投保人、被保险人故意造成财产损失的保险事故，骗取保险金的；⑤投保人、受益人故意造成被保险人死亡、伤残或者疾病，骗取保险金的。除此之外，理论和实践中对于其他骗保方式的认定存在一定的争议。

虚构保险标的之典型情形是虚构根本不存在的保险标的，即无中生有，而虚构部分保险标的之内容也属于虚构保险标的的情形之一。从广义解释角度考虑，虚构既可包括编造完全不存在的内容，也可包括编造与实际不相同的内容。虚构保险标的并不局限于保险标的的不存在，也包括保险标的的存在，但虚构者对与保险标的有关的一些重要事实不如实说明。因此，对于恶意超额保险、恶意重复保险、事后保险等常见情形，也应当认定虚构保险标的，从而构成保险诈骗罪。

恶意超额保险，是指故意超过保险标的之实际价值予以投保，使保险金额大于保险标的之实际价值，以便在保险标的发生保险事故时能获得超过其实际损失价值的保险金。根据保险法的规定，保险金额不得超过保险价值；超过保险价值的，超过的部分无效。"虚构保险标的"包括虚构保险标的之价值，即恶意超额保险。需要指出的是，如果超额保险是由于投保人的善意所致，则不属于保险诈骗，如由于投保人不了解市场行情，过高地估计了财产的价值，即属于因投保人的善意所致。

重复保险是指投保人对同一保险标的、同一保险利益、同一保险事故分别向两个以上保险人订立保险合同的保险。根据《保险法》的规定，重复保险的投保人应当将重复保险的有关情况通知各保险人。重复保险的保险金额总和超过保险价值的，各保险人的赔偿金额的总和不得超过保险价值。除合同另有约定外，各保险人按照其保险金额与保险金额总和的比例承担赔偿责任。所谓恶意重复保险，是指投保人对同一保险标的、同一保险利益、同一保险事故分别向两个以上保险人订立保险合同，并故意对各保险人隐瞒其重复保险的有关情况，以便在保险标的发生保险事故时能从各保险人处获得超过保险价值的赔偿总额。

事后保险，是指发生保险事故后才投保或者续保，即为了骗取保险金，行为人将投保前或者续保前发生的保险事故伪报成投保后或者续保后发生的保险事故。事后保险应当归属于"虚构保险标的"这种情形，因为发生事故后，标的灭失或者受损，均不符合投保的要求，投保人隐瞒标的已发生事故的真相，欺骗保险人与之签订保险合同，实际上就是将不符合投保要求的保险标的虚构为符合投保要求的保险标的，因此属于"虚构保险标的"的行为。

（二）保险诈骗罪主体的认定

一般情况下，保险诈骗罪的犯罪主体应该是与保险标的有保险利益的人，而在共同犯罪中，其他自然人也可能成为本罪的主体。与保险标的有保险利益的人主要包括投保人、被保险人和受益人等。所谓投保人，是指与保险人订立保险合同，并根据保险合同承担支付保险费义务的人。所谓被保险人，是指在保险事故发生或者约定的保险期间届满时，依据保险合同，有权向保险人请求补偿损失或者获取保险金的人。所谓受益人，是指由保险合同明确指定的或者依照法律规定有权取得保险金的人。应该看到，在有的保险合同中，投保人、被保险人、受益人可能是一个人，而在有的保险合同中，可能分别是三个人。

根据我国《刑法》第 198 条第 4 款的规定，保险事故的鉴定人、证明人、财产评估人故意提供虚假的证明文件，为他人诈骗提供条件的，以保险诈骗的共犯论处。这里所谓的保险事故的鉴定人、财产评估人，是指参加保险事故调查工作的人员。所谓证明人，是指参与保险事故调查工作，出具证言，说明保险事故发生原因等情况的人。这些人虽然与保险利益没有直接的关系，但是，他们的行为可能直接影响保险事故的定性。如果这些人通过自己的行为为他人实施保险诈骗提供条件，就很容易使保险诈骗成功。由于这些行为人故意实施的行为实际上已经与保险诈骗行为构成一个整体，所以刑法将这些人的提供条件行为，视为保险诈骗的共同犯罪行为，是完全合理的。

（三）保险诈骗罪的罪数认定

由于行为人在实施保险诈骗犯罪行为过程中，很容易在行为方式或结果上又触犯《刑法》规定的其他罪名，例如，为了骗赔而采取故意杀人、放火、故意伤害、故意毁坏财物等手段，因此就产生了一罪与数罪的划分问题。在这类案件中，虽然行为人的诈骗行为与杀人、放火等行为之间，具有一定的关联性，但并不符合刑法理论上牵连犯的构成要件。关于牵连犯的构成要件，从主观上分析，行为人应具有一个犯罪目的；从客观上分析，行为人的方法行为与目的行为或原因行为与结果行为在法律上应包含于一个犯罪构成客观要件之中。但上述保险诈骗犯罪中，行为人的诈骗、杀人、放火等行为，在构成要件上无法相互包容，即杀人、放火等行为无法被保险诈骗罪中"虚构事实、隐瞒真相"的客观特征所包含，因此该种情形并不能视为牵连犯。对此，《刑法》第198条第2款也规定，若投保人、被保险人故意造成财产损失的保险事故，或是造成被保险人死亡、伤残或者疾病，骗取保险金，同时构成其他犯罪的，依照数罪并罚的规定处罚。对于行为人为实施保险诈骗行为而事先伪造有关公文、证件、印章的，因为伪造公文、证件、印章的行为目的在于虚构事实骗取保险金，与诈骗行为存在典型的方法行为与目的行为的牵连，因此属于牵连犯，应从一重罪处罚。

对于行为人仅实施了制造保险事故的犯罪行为，但还未向保险人提出索赔的情形，不应实行数罪并罚。行为人在制造保险事故后，既然没有提出索赔，那也就不存在骗取保险金的可能，制造保险事故的相关行为只是为骗取保险金创造条件。数罪并罚的前提是实施了数个行为，但上述情形只存在制造保险事故的犯罪行为，因此不应认定为数罪。

（四）保险诈骗罪的共同犯罪形态认定

投保人、被保险人、受益人与其他人员相互勾结，基于共同骗取保险金的故意，共同实施了保险诈骗行为的，符合保险诈骗罪的构成要件，成立保险诈骗罪的共犯，这是最常见的共犯形态。而对于投保方人员与保险事故鉴定人、证明人、财产评估人共同骗取保险金的共同犯罪的问题，现行《刑法》198条第4款规定："保险事故的鉴定人、证明人、财产评估人故意提供虚假的证明文件，为他人诈骗提供条件的，以保险诈骗的共犯论处。"对《刑法》这一规定是否属于刑法理论上的片面共犯，理论界存在不同的观点。第一种观点认为，该条款属于对一般共同犯罪的提示性规定。[1]即它是在《刑法》已有相关规定的前提下，提示司法人员注意，以免司法人员忽略的规定，它并没有改变相关规定的内容，只是对相关规定内容的重申或具体化。根据这种观点，《刑法》第198条第4款并没有改变刑法总则关于共犯的规定，保险事故的鉴定人、证明人、财产评估人故意提供虚假证明文件的行为，只有同时符合《刑法》第25条关于共同犯罪的规定，才能构成保险诈骗的共犯，即鉴定人等只有在与他人有诈骗保险金之共谋的前提下提供虚假证明文件时，才构成保险诈骗的共犯。主要理由是：其一，由于《刑法》第229条规定了提供虚假证明文件罪，保险事故的鉴定人、证明人、财产评估人故意提供虚假的证明文件，为他人诈骗保险金提供条件的行为，也可能符合《刑法》第229条的规定，故本款旨在提示司法人员对于上述行为不得认定为提供虚假证明文件罪，而应以保险诈骗罪的共犯论处；其二，即使没有本款规定，对于上述行为也应当按照刑法总则关于共犯的规定，以保险诈骗罪的共犯论处。第二种观点认为，该条款属于对片面共犯的特别规定。[2]其特殊性在于：保险诈骗的共犯在鉴定人、证明人、财产评估人只具有单方面故意的情况下也可以成立。因为其故意是单方面的，而不是行为人之间的共同故意，与我国《刑法》规定的共同犯罪的一般概念有所区别。笔者认为，鉴定人、证明人、财产评估人构成保险诈骗罪的共犯以明知投保人、被保险人或者受益人欲利用其所提供的有关证明文件进行保险诈骗即可，并不需要二者进行共谋。换言之，二者有共谋的，自然构成保险诈骗罪的共犯；没有共谋，但鉴定人、

---

〔1〕　张明楷：《刑法学》，法律出版社2016年版，第637~638页。类似观点还可参见赵秉志、杨诚主编：《金融犯罪比较研究》，法律出版社2004年版，第339页；华广林："论保险诈骗罪"，载《中国刑事法杂志》2003年第2期；林荫茂："保险诈骗犯罪定性问题研究"，载《政治与法律》2002年第2期；张亚杰、刘新艳："保险诈骗罪之立法评价——对刑法第198条的思考"，载《政治与法律》2004年第5期。

〔2〕　参见刘宪权、卢勤忠：《金融犯罪理论专题研究》，复旦大学出版社2002年版，第146页。类似观点还可参见吕艳珍："保险诈骗罪法律适用中的几个问题"，载《河南公安高等专科学校学报》2001年第1期；屈学武：《金融刑法学研究》，中国检察出版社2004年版，第164页；薛瑞麟主编：《金融犯罪研究》，中国政法大学出版社2000版，第396页；杜国强："保险诈骗罪共犯问题研究"，载《人民检察》2005年第1期；单长宗主编：《新刑法研究与适用》，人民法院出版社2000年版，第430页。

证明人、财产评估人也构成保险诈骗罪，即成立片面共犯。

## 第三节　金融诈骗犯罪的对策

金融诈骗犯罪的产生是多方面原因的结果，"防治金融欺诈犯罪也属于社会治理的范畴，在这个过程中，不管是通过刑事司法的治理、还是通过经济规制的治理，还是一般的社会治理，国家统一制定的一系列防治金融欺诈犯罪的刑事政策、经济政策或社会政策同样承担着导向功能、规范功能、调控功能和分配功能。"[1]预防与控制金融犯罪既有赖于经济体制与金融体制的完善，[2]也需要完善金融诈骗犯罪的刑事立法、强化应对金融诈骗犯罪的刑事司法功能、加强金融监管、提升社会公众对金融诈骗犯罪的防范意识。

### 一、完善金融诈骗犯罪的刑事立法

从我国金融诈骗犯罪刑事立法的演进来看，在逐步废除死刑的过程中，金融诈骗犯罪的刑事立法也呈现扩大惩治范围的特征，"金融欺诈犯罪作为一种犯罪的类型，刑罚是惩治该类犯罪的主要手段，而犯罪化与非犯罪化、刑种和刑期的选择、刑罚适用方式的裁量等一系列问题，都会影响到金融欺诈犯罪的防治效果。"[3]当前，如何在促进金融业发展的同时，有效防治金融诈骗犯罪，则是刑事立法必须妥善解决的问题。其一，增加单位犯罪主体。现行《刑法》没有规定贷款诈骗罪、信用卡诈骗罪、有价证券诈骗罪三个罪名的单位犯罪主体。单位实施贷款诈骗犯罪的，虽可依照《全国法院审理金融犯罪案件工作座谈会纪要》和全国人民代表大会常务委员会《关于〈中华人民共和国刑法〉第30条的解释》处理，但是，同样是从普通诈骗罪分离出来的集资诈骗罪、票据诈骗罪、金融凭证诈骗罪、信用证诈骗罪和保险诈骗罪，

---

〔1〕　赵秉志三编：《防治金融欺诈——基于刑事一体化的研究》，中国法制出版社 2014 年版，第 80 页。

〔2〕　例如，集资诈骗犯罪、贷款诈骗犯罪的产生有其经济方面的原因，完善金融体制，拓宽民间融资渠道、开放金融市场是预防与控制此类犯罪的重要手段。

〔3〕　赵秉志三编：《防治金融欺诈——基于刑事一体化的研究》，中国法制出版社 2014 年版，第 87 页。

《刑法》却规定了单位犯罪主体，而且与贷款诈骗罪相近似的骗取贷款也规定了单位犯罪主体。因此，从司法实践的统一以及惩治贷款诈骗犯罪的立场，今后刑法修订时可以考虑增加贷款诈骗罪的单位犯罪主体。其二，明确增加"以非法占有为目的"的要件。无论是从立法原意出发，还是从刑法体系解释的角度考虑，金融诈骗犯罪都应以非法占有目的作为必要要件。基于司法实践的统一，今后刑法修订时应当写明"以非法占有为目的"要件。其三，增设资格刑。金融从业人员实施金融诈骗犯罪的比重较高，一些金融诈骗犯罪还存在内外勾结的情形，因此，应当加大对金融诈骗犯罪适用"从业禁止"的处罚。

## 二、强化应对金融诈骗犯罪的刑事司法功能

为了有效应对金融诈骗犯罪，应当进一步强化刑事司法功能。其一，提升金融诈骗犯罪的侦查、检察和审判的专业化水平。在互联网金融的快速发展过程中，对金融诈骗犯罪的罪与非罪、此罪与彼罪往往存有争议，如非法吸收公众存款罪、集资诈骗罪与合法的民间融资行为的判定等。因此，既要支持金融创新与发展，又要防治金融诈骗犯罪，这就需要提升侦查、起诉和审判的专业化水准。例如，2015 年起北京市朝阳法院面临涉众型金融犯罪案件呈现井喷式增长，如朝阳法院当年收案 43 件，次年增至 94 件，2017 年已达 156 件。涉众型金融犯罪专业审判组应运而生，成员都是从朝阳法院刑事审判庭抽调的业务骨干。[1]显然，组建专业审判组是值得借鉴的。其二，践行宽严相济的刑事政策。信用卡诈骗犯罪在金融诈骗犯罪中占有极大的比重，尤其是恶意透支型信用卡诈骗行为呈现高度犯罪化的态势，因此，应当对信用卡诈骗犯罪践行宽严相济的刑事政策，即对不同类型的信用卡诈骗犯罪予以区别对待。对此，有学者指出，对于使用伪造、废卡和冒领、冒用信用卡进行诈骗的行为，因其严重扰乱信用卡管理秩序和侵犯他人财产，应当予以严格规制；对于恶意透支的犯罪，其主要侵害金融机构财产权，可视情降低处罚的强度，并根据出罪机制，依法对符合条件的轻微犯罪行为进行非犯罪

---

〔1〕 黄洁："北京朝阳法院'三化'应对金融案井喷"，载《法制日报》2018 年 1 月 19 日，第 3 版。

化或免除处罚。[1]进而言之，对恶意透支型信用卡诈骗罪的出罪，一方面，公安机关立案之前积极敦促恶意透支人偿还透支款息，另一方面，合理运用"但书"条款，对于确因客观原因无法于立案前偿还全部透支款息而于审判前偿还，且在"数额较大"范围、主观恶性和人身危险性均较小的恶意透支行为以无罪论处。[2]其三，对恶意透支型信用卡诈骗案件不起诉的适用。在美国联邦金融欺诈犯罪刑事检察实践中，不起诉协议（Non-Prosecution Agreement）一直被联邦检察官认为是一种公正、有序、高效的金融检察机制。尤其是在查处全美范围内具有特别重大影响的金融欺诈犯罪案件时，不起诉协议适用率高达90%。[3]美国联邦检察官在金融检察实务中广泛适用不起诉协议，不仅以较低的司法成本高效地办结证据繁复、法律适用疑难的金融欺诈犯罪案件，而且通过数以万计的巨额罚款，公正地震慑金融欺诈犯罪行为主体、充分地补偿金融欺诈犯罪的被害人，在一定程度上实现了公正与效率的平衡。[4]2013年1月至2014年4月，我国某市检察分院共依法备案审查不起诉案件906件1069人。其中，恶意透支型信用卡诈骗有110件110人，占所有不起诉案件总数的12.14%和10.29%，占所有不起诉备案审查信用卡诈骗犯罪案件的96.65%。可见，恶意透支型案件在所有不起诉案件中占有相当高的比重。[5]事实上，从恶意透支型信用卡诈骗犯罪的高犯罪化，以及该类犯罪产生的原因上分析，合理适用不起诉是有必要的，这也是宽严相济刑事政策的重要体现。其四，强化刑事司法机关与相关部门的协同合作。例如，集资诈骗是社会经济生活中的变异行为，涉及面广，需要公安、司法、工商、银行、银监会等相关职能部门各司其职，通力合作。[6]

---

〔1〕　周剑云、谢杰：《金融刑法——问题、争议与分析》，上海人民出版社2016年版，第155页。

〔2〕　张建、俞小海："恶意透支型信用卡诈骗罪出罪之实践反思与机制重构"，载《中国刑事法杂志》2013年第12期。

〔3〕　周剑云、谢杰：《金融刑法——问题、争议与分析》，上海人民出版社2016年版，第155页。

〔4〕　周剑云、谢杰：《金融刑法——问题、争议与分析》，上海人民出版社2016年版，第166页。

〔5〕　王吉春、陈旭："信用卡诈骗案件不起诉问题研究——以某市检察分院案件为测评对象"，载《江西警察学院学报》2016年第2期。

〔6〕　郭华主编：《金融证券犯罪案例精选》（第1辑），经济科学出版社2015年版，第172页。

### 三、加强金融监管

金融机构监管不力是金融诈骗犯罪产生的重要原因，加强金融监管是有效预防与控制金融诈骗犯罪的重要手段。对金融机构而言，加强自身防范和内部管理至为关键。一方面，强化风险管理意识，尤其是要提高内部工作人员的道德素养、守法意识和业务能力，防止内外勾结型金融诈骗犯罪的发生。另一方面，健全金融机构内部规则制度，规范业务操作流程，强化内控建设。如在办理发放信贷、理赔保险等业务中应加强相关材料真实性的审查；在审查金融单据过程中应逐渐完善甄别制度；通过现代防伪技术和手段，改善和提高货币、票证、公文、证件、印章、软件制作技术和水平，提高其防伪难度，预防和减少犯罪。尤其是对于信用卡诈骗犯罪的惩防，应当加强对特约商户 POS 机的管理，严厉打击违法套现行为。[1]针对贷款诈骗犯罪，为保障贷款资金安全，银行或其他金融机构应制定并完善贷款业务手续规范和流程规范，确保做到依法放贷和依法追踪贷款。还应该加强内部人员管理工作，强化金融机构及其人员的风险防范意识，增强金融工作人员预防犯罪的能力。[2]针对信用卡诈骗犯罪，应当规范银行的信用卡业务，防止为占有市场而盲目发卡的行为。银行对信用卡申请人应当进行严格的资信审查，在信用卡使用期间，还应严格审查信用卡的真实性，防止恶意透支的行为。

### 四、提升社会公众对金融诈骗犯罪活动的防范意识

金融消费者在金融诈骗犯罪的产生中起到一定的作用，例如有的金融诈骗犯罪是犯罪人和被害人相互作用的产物，提高金融机构或者金融消费者的风险防范意识是有效预防金融诈骗犯罪的重要途径。就金融消费者而言，要促使其认识到，投资有风险，任何承诺高于银行存款利率的金融理财产品都具有无可否认且不应掩饰的先在性风险。高收益高风险的规律从一个侧面提醒投资者，巨额收益承诺在一定程度上意味着血本无归，而隐藏在其背后的

---

〔1〕 周剑云、谢杰：《金融刑法——问题、争议与分析》，上海人民出版社 2016 年版，第 163 页。
〔2〕 郭华主编：《金融证券犯罪案例精选》（第 1 辑），经济科学出版社 2015 年版，第 182 页。

可能只是一个根本不存在任何理财经营的、赤裸裸的金融诈骗谎言。[1]因此，有关部门应通过电视、广播、网络等各种媒体加强宣传，提升社会公众的风险防范意识，培养理性的投资理念，针对不同类型的金融诈骗犯罪，尤其是集资诈骗犯罪，要进行有针对性的告知；对于广大农村地区，应通过大力宣传提升公众对集资诈骗等犯罪活动的防范意识。

---

〔1〕　周剑云、谢杰：《金融刑法——问题、争议与分析》，上海人民出版社 2016 年版，第 162 页。

# 主要参考文献

## 一、著作类

1. 李永升主编：《金融犯罪研究》，中国检察出版社 2010 年版。

2. 刘宪权：《金融犯罪刑法学原理》，上海人民出版社 2017 年版。

3. 郭华主编：《金融证券犯罪案例精选》（第 1 辑），经济科学出版社 2015 年版。

4. 白建军主编：《金融犯罪研究》，法律出版社 2000 年版。

5. 曲新久：《金融与金融犯罪》，中信出版社 2003 年版。

6. 赵秉志主编：《防治金融欺诈——基于刑事一体化的研究》，中国法制出版社 2014 年版。

7. 高铭暄、马克昌主编：《刑法学》，北京大学出版社、高等教育出版社 2017 年版。

8. 赵秉志主编：《中国刑法案例与学理研究》（分则篇·二），法律出版社 2001 年版。

9. 胡启忠等：《金融犯罪论》，西南财经大学出版社 2001 年版。

10. 马克昌主编：《经济犯罪新论》，武汉大学出版社 1998 年版。

11. 张军主编：《破坏金融管理秩序罪》，中国人民大学出版社 2003 年版。

12. 张明楷：《刑法学》，法律出版社 2016 年版。

13. 王作富主编：《刑法分则实务研究》，中国方正出版社 2007 年版。

14. 白建军：《证券欺诈及对策》，中国法制出版社 1996 年版。

15. 黄京平主编：《破坏市场经济秩序罪研究》，中国人民大学出版社 1999 年版。

16. 赵秉志主编：《新千年刑法热点问题研究与适用》，中国检察出版社 2001 年版。

17. 王牧主编：《新犯罪学》，高等教育出版社 2016 年版。

18. 许章润主编：《犯罪学》，法律出版社 2016 年版。

19. 康树华、张小虎主编：《犯罪学》，北京大学出版社 2011 年版．

20. 张智辉、刘远主编：《金融犯罪与金融刑法新论》，山东大学出版社 2006 年版。

21. 池强主编：《金融领域职务犯罪预防与警示》，法律出版社 2014 年版。

22. 毛玲玲：《金融犯罪的实证研究——金融领域的刑法规范与司法制度反思》，法律出版社 2014 年版。

23. 刘明祥、冯军主编：《金融犯罪的全球考察》，中国人民大学出版社 2008 年版。

24. 吴卫军主编：《刑事案例诉辩审评——破坏金融管理秩序罪》，中国检察出版社 2014 年版。

25. 陈伶俐、于同志、鲍艳：《金融犯罪前沿问题审判实务》，中国法制出版社 2014 年版。

26. 打击证券期货违法犯罪专题工作组编：《证券期货违法犯罪案件办理指南》，北京大学出版社 2014 年版。

27. 张小虎主编：《犯罪学》，中国人民大学出版社 2013 年版。

28. 黄达编著：《金融学》，中国人民大学出版社 2012 年版．

29. 周剑云、谢杰：《金融刑法——问题、争议与分析》，上海人民出版社 2016 年版。

30. 张友麟、杜夋娟主编：《金融学概论》，上海财经大学出版社 2013 年版．

31. 卢建平主编：《刑事政策学》，中国人民大学出版社 2013 年版。

32. 陈光中、〔加〕丹尼尔·浦瑞方廷主编：《金融欺诈的预防和控制》，中国民主法制出版社 1999 年版。

33. 郝宏奎主编：《金融犯罪案件侦查》，中国人民公安大学出版社 2006 年版。

34. 朱大旗：《金融法》，中国人民大学出版社 2015 年版。

35. 缪因知著：《中国证券法律实施机制研究》，北京大学出版社 2017 年版。

36. 〔意〕切萨雷·贝卡里亚：《论犯罪与刑罚》，黄风译，商务印书馆出版社 2017 年版。

37. 〔法〕玛丽-克里斯蒂娜·迪皮伊-达侬：《金融犯罪》，陈莉译，中国大百科全书出版社 2006 年版。

38. 〔日〕大谷实：《刑事政策学》，黎宏译，中国人民大学出版社 2009 年版。

39. 〔日〕上田宽：《犯罪学》，戴波、李世阳译，商务印书馆 2016 年版。

## 二、期刊类

1. 储槐植：“再说刑事一体化”，载《法学》2004 年第 3 期。

2. 储槐植、闫雨：“刑事一体化践行”，载《中国检察官》2013 年第 13 期。

3. 刘宪权：“论我国金融犯罪的刑罚配置”，载《政治与法律》2011 年第 1 期。

4. 白建军：“金融犯罪的危害、特点与金融机构内控”，载《政法论坛》1998 年第 6 期。

5. 刘仁文、陈妍茹：“论我国资本刑法的完善”，载《河南社会科学》2017 年第 5 期。

6. 蔡道通：“特别法条优于普通法条适用——以金融诈骗罪行为类型的意义为分析视角”，载《法学家》2015 年第 5 期。

7. 陈祥民、刘丹：“当前中国货币犯罪特点及成因”，载《中国人民公安大学学报》（社会科学版）2009 年第 2 期。

8. 李永升、冯文杰：“金融诈骗罪若干争议问题解析”，载《贵州警官职业学院学报》

2016 年第 4 期。

9. 姜涛："互联网金融所涉犯罪的刑事政策分析"，载《华东政法大学学报》2014 年第 5 期。

10. 赵远："洗钱罪之'上游犯罪'的范围"，载《法学》2017 年第 11 期。

11. 康均心、林亚刚："国际反洗钱犯罪与我国的刑事立法"，载《中国法学》1997 年第 5 期。

12. 刘为波："伪造货币罪的法律适用问题"，载《刑事法判解》2013 年第 2 期。

13. 吴华清："论骗取金融机构贷款、信用罪"，载《中国检察官》2006 年第 9 期。

14. 谢望原："简评《刑法修正案（七）》"，载《法学杂志》2009 年第 6 期。

15. 刘衍明："内幕交易罪的理解与适用"，载《中国检察官》2009 年第 6 期。

16. 卢勤忠："金融诈骗罪中的主观内容分析"，载《华东政法学院学报》2001 年第 3 期。

17. 刘宪权、吴允锋："论金融诈骗罪的非法占有目的"，载《华东政法学院学报》2001 年第 7 期。

18. 于改之："票据诈骗若干问题研究"，载《甘肃政法学院学报》2006 年第 6 期。

19. 欧阳卫民："国际反洗钱的现状和趋势"，载《中国金融》2005 年第 17 期。

20. 非法集资犯罪问题研究课题组："涉众型非法集资犯罪的司法认定"，载《国家检察官学院学报》2016 年第 3 期。

21. 孙国茂："互联网金融：本质、现状与趋势"，《公司金融研究》2015 年第 2 期。

22. 齐文远、李江："论《刑法修正案（九）》中的'从业禁止'制度——以证券犯罪为考察视角"，载《法学论坛》2017 年第 5 期。

23. 顾肖荣、陈玲："惩治证券犯罪效果的反思与优化"，载《法学》2012 年第 10 期。

24. 胡学相、张鹏："中国证券犯罪的立法完善与司法对策"，载《广东金融学院学报》2011 年第 2 期。

25. 赵运锋："证券犯罪刑事追究探析"，载《浙江金融》2011 年第 5 期。

26. 汪明亮："证券犯罪刑事政策的价值追求和现实选择——'牛市内幕交易第一案'杭萧钢构案引发的思考"，载《政治与法律》2008 年第 6 期。

27. 白建军："资源优势的滥用与证券犯罪"，载《法学》1996 年第 3 期。

28. 刘宪权："证券、期货犯罪的成因及防范透视"，载《犯罪研究》2004 年第 2 期。

29. 贺平凡等："上海信用卡诈骗犯罪的现状、原因与防治对策"，载《中国信用卡》2011 年第 7 期。

30. 王勋爵："简论金融职务犯罪的预与防"，载《中国刑事法杂志》2012 年第 11 期。

31. 赵秉志、魏昌东："寻租型职务犯罪的衍生机理和控制对策"，载《人民检察》2008 年第 3 期。

32. 陈伟、郑自飞："非法吸收公众存款罪的三维限缩——基于浙江省 2013～2016 年 397 个判决样本的实证分析"，载《昆明理工大学学报》（社会科学版）2017 年第 6 期。

33. 李晓明："P2P 网络借贷刑事法律风险防控再研究——以刑事一体化为视角"，载《中国政法大学学报》2015 年第 4 期。

34. 罗开卷、马骏："论金融犯罪的立法及完善"，载《铁道警察学院学报》2016 年第 3 期。

35. 顾肖荣、陈玲："惩治证券犯罪效果的反思与优化"，载《法学》2012 年第 10 期。

36. 苏双丽等："共商风险对策，保障金融创新——静安区检察院发布 2016 年度金融检察白皮书"，载《上海人大月刊》2017 年第 6 期。

37. 王吉春、陈旭："信用卡诈骗案件不起诉问题研究——以某市检察分院案件为测评对象"，载《江西警察学院学报》2016 年第 2 期。